黑龙江省教育厅海外学人科研资助项目
（ 项目编号：1152hq03）
黑龙江大学杰出青年科学基金项目
（项目编号：JC2006W4）

中俄科技合作中的知识产权法律保障问题研究

刘洪岩◆著

黑龍江大學出版社

图书在版编目(CIP)数据

中俄科技合作中的知识产权法律保障问题研究/刘洪岩著. --哈尔滨：黑龙江大学出版社，2011.1

ISBN 978-7-81129-357-9

Ⅰ.①中… Ⅱ.①刘… Ⅲ.①国际合作:科学技术合作-知识产权法-研究-中国、俄罗斯 Ⅳ.①D923.404②D951.23

中国版本图书馆 CIP 数据核字(2010)第 255141 号

书　　名	中俄科技合作中的知识产权法律保障问题研究
著作责任者	刘洪岩 著
出 版 人	李小娟
责任编辑	孟庆吉　国胜铁
出版发行	黑龙江大学出版社(哈尔滨市学府路 74 号　150080)
网　　址	http://www.hljupress.com
电子信箱	hljupress@163.com
电　　话	(0451)86608666
经　　销	新华书店
印　　刷	哈尔滨市石桥印务有限公司
开　　本	680×980　1/16
印　　张	21.75
字　　数	252 千
版　　次	2011 年 2 月第 1 版　2011 年 2 月第 1 次印刷
书　　号	ISBN 978-7-81129-357-9
定　　价	39.00 元

目　录

前 言

当今时代是科学技术发展最为迅速的时代,新的发现和发明层出不穷,有力地推动着世界生产力的发展和人类社会的进步。科学技术是在人类共同努力、相互交流中发展起来的。在今天,学科渗透日益扩展,科技领域逐年扩大,研究向纵深发展,有些项目越来越具有全球性,需要各国科学家共同参与。作为东北亚地区的两个近邻,近年来,随着中国和俄罗斯战略协作伙伴关系的不断深入,政治层面的互信加深,中俄两国经济贸易关系和科技合作得到迅猛发展和不断深化。俄罗斯将开展国际科技合作政策视为国家科技政策的一个重要组成部分。在兼顾国家安全利益、对外政策和对外经济方针的同时,通过国际科技合作可以在市场经济条件下,发展和变革俄罗斯科学体系。俄罗斯的政治、经济进程影响着国际科技合作的各项政策,其显著特点是世界经济一体化和全球化,广泛应用信息技术,建立面向21世纪的经济新模式——知识经济,或者说是以创新为主体的创新经济。科研开发、生产国际化、技术、科技产品和服务参与国际竞争,改革科学技术领域中传统的国际合作形式和机制,包括强化国家在国际合作方面的作用,国际科技合作需要科技政策,对外政策和经贸政策紧密结合。

在全球化背景下,中俄两国经济基础和发展历史的不同在一定程度上赋予了双方很强的互补性质,地缘政治因素客观上也推动着中俄两国之间广泛的互利合作。中俄两国在科技创新方面各有优势,有着很大的互补性[①]。加强中俄科技合作,有利于两国科技进步和创新、发展新兴产业、扩大经贸合作、促进产业结构调整和经济的可持续发展,

① 孙键等:《中俄科技合作现状分析与发展对策》,载《中国基础科学》,2008 年第 3 期。

对两国充实战略协作伙伴关系和睦邻友好合作关系、提高国际竞争力、应对全球化都具有重要意义并符合两国人民根本利益。俄罗斯利用联合国和其他国际组织，建立适应本国政治和经济利益的国际科技和创新合作体系。依据世贸组织协议有关保护知识产权贸易条款，以及世界知识产权组织的有关文件，充分运用保护知识产权的国际法则。1999年2月，中俄两国签署了政府间科技合作协定框架下知识产权保护和权利分配原则议定书。2006年7月，中俄两国知识产权局又签署了两局之间知识产权保护的谅解备忘录。目前，中俄双边科技合作保持着多渠道、多层次合作的格局，并在务实的前提下不断创新。作为中俄睦邻友好和战略协作关系重要组成部分的中俄知识产权合作水平也正在提升。

但同时，中俄两国经济发展和科技合作过程中也存在着一些问题。如，知识产权中欠缺法律保障，没有规范的交易规则等等。中俄两国科技成果贸易额每年虽然不断增加，但是相对于中美和中日来说，中俄贸易交易额占中国对外贸易的份额还很小。截至2005年，中俄整体贸易交易额刚刚接近300亿美金，其中知识产权方面交易所占的比例就更小。就中俄两国现有科技合作发展水平来看，无论从科技发展水平、抑或科技发展的规范程度，远远不能同与中俄两国政治发展水平和中俄战略协作伙伴关系相适应。中俄科技合作中交易的非规范性、科技成果交易结构非均衡性以及法律规范调整的欠缺性等等直接影响甚至是制约了中俄经济和科技合作的进一步加深。近几年，在俄罗斯，无论从远东到莫斯科还是其他城市，经常发生因为对俄罗斯知识产权保护的法律法规不了解，使得在俄华商的利益得不到有效的保障事情。同时，俄罗斯的很多商人不了解中国知识产权法律保护的政策和法规，并受到西方国家的负面宣传，对在中国智力成果投资也抱有恐惧甚至是怀疑的态度。这样的后果，直接影响到中国经济和科技合作的深度和广度。笔者曾在莫斯科做了5年的律师实践，对该知识产权保护问题曾进行深入研究，究其原因，主要的问题在于中俄经济和科技合作中欠缺有效的法律保障机制，我们双方都很少了解对方的政策和法规。在当今在中俄科技合作中，仍然一直沿用20世纪90年代初的中俄非规范的贸易交易规则。随着全球化的发展，这种交易习惯已经不能适应全球贸易一体化的发展需要。本课题最大现实意义在于直接服务于中俄两国经济和科技合作的现实需要,规范中俄两国科技合作中的知识产权保护问题,为中俄经济和科技合作立法提供精神动力和理论支持。论及中俄科技合作中知识产权保护问题,必然涉及以下几个方面内容:1. 中俄科技合作;2. 知识产权;3. 知识产权涉外保护(国际保护)。本书将从以上三个方面入手,对中俄科技合作中的知识产权保护进行详细的全面论述。

第一章　中俄科技合作历史溯源、发展进程及现存问题分析

第一节　中俄科技合作历史溯源及现状

一、中俄科技合作的历史溯源

中俄两国山水相连,有4300多公里的陆地边境线。中俄科技合作始于前苏联时期。中国建国后的1950年,苏联开始向中国提供大规模的技术援助。1954年10月签订的中苏科技合作协议是中俄科技合作史上的重要里程碑。仅在1950—1956年,苏俄就向中国援建了50个大型工业企业、156项工程,涉及冶金、电力、汽车修造、农产品加工及大型水利工程、核能及原子能利用等多个领域。1957—1960年,中苏又达成了共同开展155个科研项目的协议,包括矿产、机床制造、海洋勘探、水利、交通、电子、医学、农业等产业。在这10年合作中,苏联向中国提供了7000多个科研项目的技术资料,为中国培养了3000多名专家,其中最新研究项目200多个,覆盖核物理、国防工业、机器制造、航空技术、化学、拖拉机制造等多个行业。在这期间,苏联向中国共派出1.08万名专家、1000多名教师长期任教。在苏联的直接参与下我国建成了核反应堆,实现了在核物理研究领域质的突破①。可以说,这一时期的中苏"科技合作"中中国只是处于学生地位,中国绝大部分是在"配合"苏联的援助进行国内建设,并非真正意义上的科技合作,但它奠定了中国工业发展和中俄科技合作的良好基础,具有重大的历史意义。20世纪60年代初至80年代中后期,中苏关系处于

---

①　[俄]B. N. 谢尔吉延科著,殷剑平译:《中俄科技合作的现状与发展研究》,载《中俄区域合作研究》,第233页。

冻期,中俄科技合作基本陷于停顿,仅限于有限的民间往来。根据国内外形势发生的变化,1988 年 9 月,经当时的国家科委授权,黑龙江省与原苏联俄罗斯联邦签订了《中国黑龙江地区和苏联俄罗斯联邦共和国西伯利亚及远东地区建立科技合作协议》,同时确定了双方优势互补的七个合作项目。这是当时我国签署的第一个省级间对苏官方科技合作协议。这标志着中俄科技合作开始步入恢复阶段。1990 年 12 月,叶利钦总统首次出访我国,访问期间双方签订了有关经贸、科技与文化等领域进行合作的文件 24 个。1990 年开始,黑龙江省分别与俄罗斯乌拉尔地区、新西伯利亚地区和远东地区的科学分院、农业科学分院等签订科技合作协议,对今后的合作关系重新进行了全面定位,先后签订 40 多个项目,一些项目取得了令人满意的效果。中俄科技合作的坚冰逐步打破,迎来了一个新时期。

二、中俄科技合作的现状发展

伴随着中国的改革开放和苏联解体,两国关系正常化,中俄科技合作迈入了一个崭新的阶段。20 世纪 90 年代以来,中俄科技合作大体经历了两个阶段[①]:

1. 过渡调整及转型阶段(1992—1997 年):1992 年 2 月 18 日,叶利钦总统访华期间,双方签订了《中华人民共和国政府和俄罗斯联邦政府科学技术合作协定》,为两国科技合作奠定了法律基础。这一阶段俄政府对华科技政策是:鼓励和支持对口部门、科研单位和地区建立直接的科技合作关系,加强开展技术贸易和技术含量高的合作项目。1996 年两国建立战略协作伙伴关系,“做共同创新的科技合作伙伴”成为两国战略协作伙伴关系的重要内容。在 1997 年两国总理第一次会晤中,双方决定在委员会框架内设立科技合作分委员会,以统一协调和管理在科技合作领域中的事宜。两国在分委员会框架内还成立了“中俄重点科研院所合作工作小组”,并采取了各项政策措施,支持两国科研机构和企业在科技园区推广科技成果、加强科技园区管

① 高中毅:《中俄科技合作:现状、问题与前景》,载《东欧中亚市场研究》,2002 年第 4 期。

理方面的交流、形成在高科技领域的双边合作机制。

2. 产业化及技术创新阶段（1998 年至今）：1998 年 12 月，在俄方的倡议下，“中俄高新技术产业化合作示范基地”成立。1999 年在中俄科技合作委员会框架内成立了“中俄创新联合工作小组”。中俄两国于 1999 年 2 月 25 日签署了《中俄两国间知识产权保护和权利分配原则协议书》，其作用在于致力于解决两国政府机构之间、行政区域之间、社会团体之间、科学家个人之间、科学院所之间、教育机构之间、大学之间、企业之间在合作中所产生的知识产权问题。合作宗旨是：知识产权保护及分配原则的遵守与落实，充分保护发明者与创造者的高智能劳动成果和利益，全面实现上述协议与协议书所确定的各项具体目标。为了推动中俄双方在技术创新领域的合作，双方于 2000 年 11 月签订了《中国科技部和俄联邦工业与科学技术部关于在创新领域合作的谅解备忘录》。根据两国政府的协议，中国在俄罗斯建立“中俄科技园区”。随着两国交往增多和互信增强，中俄科技合作获得了实质性进展，主要体现在以下几个方面[①]：

1）中俄科技合作领域扩大。双方合作项目涉及的领域不仅包括传统的农业、矿业、能源、冶金、金属加工、机电、机械、纺织、仪表、化工、核能利用，还在生态技术、信息技术、新材料、环保、海洋开发、军事技术、航空航天等领域展开合作，其技术含量不断提高。

2）合作规模不断扩大。中俄科技合作出现了从一般项目向大项目的合作趋势。如：黑龙江大桥、天然气输气管道等一批大项目正在积极启动。政府间大型合作项目主要包括：核电站、热电站、水电站、石油天然气等。

3）科技合作多层次格局已形成。从国家合作到地方合作、部门合作到企业合作、科研单位合作到大学合作，多层次、交叉合作模式日渐形成。

4）合作水平增强[②]。中俄科技合作已从一般科技合作发展到创新型高科技合作。如：中俄双方已在生物技术、新材料、激光、超导、纳米

---

① 宋魁：《中俄科技合作新理念》，载［俄］《俄罗斯与亚太》，2005 年第 3 期。

② 蔡婧姝：《中俄科技合作的新特点》，载《边疆经济与文化》，2007 年第 1 期。

等高新技术领域以及军转民的重要领域展开合作,并已取得显著成果。

5)中俄科技合作平台与机构增多。如:在烟台科技工业园区内设立全国唯一的中俄高新技术产业化合作示范基地;2000 年 11 月,在哈尔滨设立"黑龙江中俄科技合作及产业化中心"及中俄农业科技合作中心;2001 年在浙江衢州设立中俄科技园;2002 年双方议定在莫斯科建立中俄科技园。两国有副总理级的中俄经贸科技合作委员会,科技部下设"中俄科技和高技术中心"协力会。同时,两国中央和地方组织了各种形式的技术洽谈会、交流会,以促进双方科技合作。

6)合作形式多样化。包括订立科技合作协议、联合建立科研机构、相互人才交流及培养、技术互换、联合建立企业等多种形式。如:中国自然科学基金会和俄罗斯联邦基础科学基金会签署的《科技合作协议》。在浙江衢州的中俄科技园就是以合资企业"巨(衢州)圣(彼得堡)化工集团"为中心辐射成立的。

可以说,中俄双方科技合作项目已遍及我国每个省区,在全国 50 多个经济技术开发区和近 40 个高新技术开发区都有与俄罗斯科技合作的项目。中俄科技合作虽然取得了积极的进展,但是,与美、欧、日相比,科技合作的规模还不大,合作的深度还不够,运作的方式还不太规范。在双边科技合作中,还存在一些不足,如:对俄罗斯的科技实力和科研水平估计过低;随机选择的小项目较多,战略选择的大项目显得偏少;双方缺乏规范的协调机制和力度,各自分散运作的较多,形成合力跨部门协同运作的较少;缺乏专业化的中介机构、信息网络和复合型人才。总之,两国间巨大的科技合作潜力远未充分发挥出来,与加强和巩固中俄战略协作伙伴关系的大国政治需要不相适应。

第二节　中俄科技合作存在的问题及原因分析

一、中俄科技合作中存在的问题

除了俄罗斯的宏观环境恶劣、市场风险大等因素以外，中俄科技合作中还存在以下问题：

1. 参与中俄科技合作人员的待遇问题。待遇问题是中俄科技合作最为直接的障碍因素之一。这个问题表现在两个方面：一是到俄进行考察的企业和主管部门人员待遇偏低，这使很多人明知俄罗斯的技术先进、价格低，也偏要到欧美国家引进价格昂贵的技术和设备。二是认为俄罗斯工资水平低，所以给俄专家的待遇按中国国内标准，与西方国家通行的国际标准——6 000 美元/月相距甚远。苏联解体后，大批俄罗斯专家流向美国、以色列等国而不是流向发展中国家便是最有力的证明。

2. 缺少科技、外语和管理均过硬的复合型人才及专业化的中介机构。成果转化的实质是科技成果作为无形财产的一种商品化，其交易的实现必须通过中介环节——技术市场来交换，需要技术经纪人和专门的仲裁机构来沟通和协调。在中俄科技合作实践中，专业人才缺乏是制约合作成效的重要原因之一。在我国，俄语科技人才较为集中的黑龙江省表现非常突出：一方面很多科技人员俄语不过关，另一方面俄语工作者不懂科学技术，这种情况使中俄科技交流、合作、研讨不畅；而俄语人才则由于不懂科技而无法承担科技合作中的翻译任务，或不敢涉足中俄技术贸易。俄罗斯也存在类似问题。

3. 俄罗斯对中方合作设置某些禁区。中俄两国同为联合国的常任理事国、核大国，在转让两用产品和技术上不存在原则性障碍，亦无歧视。由于技术转让涉及国家安全，因而存在着较多的限制和敏感问题。如在军事领域，中俄军技贸易同样受到政策与观念上的很大制约，俄罗斯拥有世界一流的军事科学技术，几年来与中国保持了一定交往。但是,俄罗斯在这一领域的交往上顾虑很多,政策上也有限制。

4. 双方科技合作的协调机制和力度还不尽人意。近几年来,中俄科技贸易与合作的交流渠道、相关组织沟通协调虽然得到一定发展,但还没有发挥最佳效益。一方面,两国工商界彼此对对方科研信息,实验技术、工业化技术等技术信息,商务信息了解不够,因而难以找到合适的合作项目和可靠的合作伙伴。另一方面,两国经贸科技合作的运转机制不畅。彼此沟通、协调、配合不力,也使两国经济技术合作未能达到人们所期望的规模。驻外科技、商务机构信息搜集、整理、反馈力度不够,国内信息传递不畅,许多为政府部门所截留,而真正要参与合作的工商企业却无从知晓。我国在对俄科技合作和人才引进方面存在"多头对外"的问题,这不仅使得引进力量分散,而且可能造成重复引进,我国必须避免过去技术引进中的此类问题的再度发生。

5. 认识上的误区和对外科技合作的错位。首先是对俄科技合作要重新定位。我国的对外科技合作的格局中, 在技术引进国上向西方"一边倒",俄罗斯一直在美国和欧盟之后而处于第三位。由于历史原因,我国科技界曾在一段时期里同俄罗斯失去接触。与此同时,却有了更多的机会走向西方世界,加上近年来大量外资挟种种技术涌入我国,又适逢俄罗斯经济持续滑坡,致使部分人产生了俄罗斯已落后于西方的认识,对中俄科技合作没有兴趣。

此外,中俄科技合作中还存在资金瓶颈梗阻,由于资金短缺使许多具有深远开发价值的项目搁浅;两国双边的技术贸易也很不平衡,我国出现大量逆差。

二、阻却中俄科技合作深入发展的原因分析

1. 中俄科技合作人员的待遇问题。科技人员在俄罗斯的待遇问题究其原因一方面是俄罗斯经济形势造成的。俄罗斯在社会转型过程中经济发展停滞不前,甚至在某些方面倒退,在全国经济形势逆转的情况下,科技人员待遇始终没有得到改善,甚至恶化,从而导致大量俄罗斯科技人才外流,这一问题已引起俄政府的高度关注。伴随俄罗斯近几年经济的迅速复苏,相信这一状况必然得到逐步改善。另一方面,待遇的改善还取决于决策者的观念及国家机关制定的政策。不可

否认，一些决策者对科技智力成果保护的不重视影响到对科技人员待遇的改善问题，而国家机关没有及时地制定出激励科技人员的物质鼓励及财政补贴政策也直接影响科技人员待遇的改善。

2. 俄语及复合型人才缺乏问题。我国在20世纪90年代中后期，许多中学生家长认为，俄语适用范围小，英语适用范围广，这种观念的存在使得学习俄语的人日益减少，甚至迫使很多地方的中学停止俄语教学，造成中俄科技合作人才后备不足，此种情况远远适应不了中俄经贸关系不断升级、科技合作不断向纵深发展的要求①。从高等教育领域来看，我国的教育体制缺少培育复合型人才的有效机制，缺少学生多向发展的培养路径，学生实践能力不足，很难满足中俄科技合作所需复合人才的能力要求。

3. 俄方设置障碍的原因。这主要是观念与意识形态造成的。一方面，走向私有化、民主制度的俄罗斯对社会主义的中国存在疑虑。20世纪90年代初中俄发展边贸过程中，中国某些不法商贩对俄罗斯人的不诚信之举更是加深了这种不信任。另一方面，中国大量打工移民涌入俄罗斯（特别是西伯利亚、远东地区），俄政界一些人基于原领土争端的考虑，对大量中国人进入土地广大、人口稀少的远东地区充满忧虑，担心造成事实占领和地区动荡。俄舆论界也有人不时地宣扬“中国威胁论”，从而大大影响了俄罗斯在军事技术和武器等科技方面与中国的合作。俄方对与中国科技合作的忽视，也在一定程度上影响了中俄两国的沟通与交流，以及双方科技合作的协调。相信伴随中俄友好关系的进一步发展，合作与交流的加深，科技合作的协调机制与工作力度会得到进一步改善。

4. 对加强与俄罗斯科技合作重视程度的问题。对与俄罗斯科技合作重视不够，原因是对俄罗斯的科技力量认识不足，对俄罗斯的科技实力和科研水平估计过低。事实上，俄罗斯基础科学研究水平处于世界的高位；在生物化学、遗传工程、激光技术、宇航和空间技术、数学物理、新材料研制等许多领域具有世界一流的专家和创新成果；在一

---

① 戚文海、赵传君：《中俄科技合作的前景与战略》，载《东欧中亚市场研究》，2001年第2期。

些应用技术的研制方面达到了先进水平。尽管在近10年中俄罗斯的经济技术实力有所减弱,但并没有失去世界科技大国的地位。目前,俄罗斯仍然拥有近百万的科技人员队伍(1997年为95万人)。俄罗斯学院及其西伯利亚分院、远东分院,以及下属的各个研究中心、科技园区仍然在基础科学和应用科学研究上,取得了大量先进的成果。

由于中俄两国对相互合作的轻视,一度造成中俄科技资金短缺、合作机制欠缺及相关制度不健全等若干问题,随着中俄友好互信的增强以及相互合作协商的进一步发展,以上问题正在逐步得到解决。

第三节　中俄科技合作发展趋势及政策推进

一、中俄科技合作发展趋势

(一)中俄科技合作的特点

1. 政府间科技合作发挥主导作用。自1992年12月中俄签订《科技合作协定》以来,双方共召开了12届副部长级科技合作联委会例会,签订了11个合作议定书,确立了几百项合作项目,涉及机械、电子、新材料、农业、生物技术、应用化学、基因工程、仪器制造和医学等领域,主要是一些大型科技项目。在两国总理会晤机制框架内设立的中俄科技合作分委员会,每年召开一次会议。双方通过官方渠道各自提出合作项目(20世纪90年代每年30—40个,2000年大约20个)。经过讨论和商定,双方签订合作议定书,各自进行项目的落实。

2. 对俄科技合作已进入技经结合、技贸结合的阶段[①]。中俄科技合作已度过一般性考察、互访和签订合作意向的阶段。中俄合作有较明确的目标并将合作的重点引向高新技术并实现产业化、商品化和国际化领域的合作。

3. 技术创新领域的合作成为科技合作的重点。为了推动中俄双

---

① 孙万湖:《面向新世纪、新时期的中俄科技合作》,载《俄罗斯东欧中亚研究》,2005年第1期。

方在技术创新领域的合作，双方于 2000 年 11 月签订了《中国科技部和俄联邦工业与科学技术部关于在创新领域合作的谅解备忘录》。为此，双方成立了司、局级创新工作组。中国科技部还专门在“科技型中小企业创新基金”中设立了“中俄高新技术产业化合作专项基金”。

4. 地方之间合作频繁，民间合作倾向于应用项目。近些年来，我国各省、市、自治区领导纷纷率团访俄，为扩大双边经贸、科技合作寻找合作伙伴，开辟合作领域，从而促进了技术引进和产业化合作。地方之间的科技合作，特别是技经、技贸相结合的合作又促进了企业之间、科研院所和大学之间以及行业协会、民间社团及个人之间开展各种形式的合作，为中俄政府之间的主渠道合作作了适当补充。

（二）中俄科技合作发展趋势

1. 进一步向高新技术商品化、产业化方向发展。加强中俄高新技术产业化方面的合作不仅是两国应对经济全球化的迫切需要，而且也是充实两国战略协作伙伴关系和提高两国国际竞争力的迫切需要。两国可以在以下技术领域加强合作：生物、能源、航天、信息、新材料、核能、激光、自动化、机电一体化和军民两用技术。两国应充分发挥各自的优势，即利用俄方的技术、人才和中方的市场机制、基础设施、资金，实现科研成果的商品化、产业化。

2. 向大科学领域的科技合作发展。大科学研究的领域主要集中在高能物理、核物理、核聚变、质子源、中子源、同步辐射源以及天文学、空间科学、环境科学和生命科学、人类基因组计划等学科和领域。而上述这些领域正是俄罗斯的强项，其科研水平在世界上属一流水平。近些年来，我国在上述领域科研水平也得到了迅速提高并取得了很多成果。两国合作能弥补双方在研究手段、设备和经费上的不足，以利于双方科学家迅速提高研究水平，并转化为现实生产力。

3. 以共同开拓国际市场为目标。经济全球化迫使中俄双方的科技合作，特别是产业化及合作办厂必须面向国际市场，才能在激烈的国际竞争中取得一席之地。如：北京双原同位素技术有限公司是由中国原子能科学研究院和俄联邦原子反应堆科学研究院于 1992 年合资兴建的企业。该公司目前已向国内及亚太地区销售自己的产品。该产品广泛应用于放射治疗及工业领域并发挥着不可替代的作用。这个合作项目正是利用了俄罗斯在此技术上的国际优势,不仅使我们少走了弯路,而且填补了我国国内空白。

4. 以企业为主导的民间交流、合作大有可为。俄罗斯与西方发达国家的科技合作经验是通过建立合营科技企业以保证双方应有的权益,通过运作商业风险投资公司等有效方式来扶持科技企业成长。正是由于采取了上述的运作方式,中俄两国近年来在高新技术领域里推进了一些大型项目,取得了具有长远意义的合作效益[①]。2002 年 5 月,俄罗斯有 36 家高新技术企业组团前来北京参加第五届国际科学技术博览会,带来了 139 个高新技术项目,引起了中方企业的高度关注,俄罗斯代表团团长恰普科维奇指出,在高新技术领域"要鼓励双方地方企业之间积极沟通,启动具体的高新技术项目来扩大双方合作规模"[②]。可见,两国民间合作,特别是企业科技合作还有很大潜力。

二、加强中俄科技合作中的政策推进

1. 多样化的科技合作方式。中俄科技合作的范围很广,合作的方法和手段应尽可能的多样化,除了传统的成套设备的进出口外,还应采用技术许可、技术转让、顾问咨询、技术服务、合作开发、合作生产等多种形式,在多个层面上展开双方科技合作和技术贸易。合作方式有政府的,民间的;有文字协议的,也有口头的。在实际合作中,从互派科技人员到互派专家,从资料交换到购买技术设备,从互访到合作研究开发,从共同开发到合作生产等。多种方式与多种渠道是并存的,利用多种渠道,包括政府、公司和企业、科研机构、高等学校、私人特别是知名专家学者的渠道等,实现科技合作。多种方式的引进包括"以技术换技术"、"以市场换技术"、"以资金换技术"的直接购买方式,独资开办高新技术企业的方式,还可合资、合营或股份的联营方式,也可

---

① 马书芳、崔霞:《俄罗斯科技对外合作态势与中国当前对俄科技合作对策》,载《世界科技研究与发展》,2003 年 10 月。

② [俄]恰普科维奇:《俄中高新技术合作已经取得实质性进展》,载《俄罗斯评论》,2002 年夏季号。

采用到俄罗斯收购、兼并高新技术企业的方式。

2. 人才引进与培养。在人才引进方面，可通过电视、广播、报纸、刊物、互联网等媒体及洽谈会、博览会发布引进人才的信息，直接引进所需人才，也可以通过在我国建立俄罗斯独资或中俄合资、合作企业的方式及俄方人才入股的方式间接引进人才，以此加大引进俄罗斯人才的力度。同时，也必须注重国内人才的培养。中俄科技合作，既需要新技术研究人才，也需要相应的高级管理人才。高新技术的国际合作，不仅涉及技术问题，还与科技管理，技术贸易（许可证贸易），知识产权，法律、金融、国际惯例等许多方面的问题密切相关，因此，必须建立复合型人才培训基地，有针对性地、有计划地、有步骤地培养一批懂科学技术、熟悉经营管理和国际惯例、了解世界市场动向、掌握本专业知识和贸易、掌握俄语的高级技术和管理人才，以满足中俄科技合作的需要[①]。长期开办复合型人才培训班，强化俄语口语、科技俄语，是一条有效的途径。

3. 促使两国媒体发挥正确导向作用[②]。媒体被看做是第三权力部门，在信息化时代，媒体发挥越来越重要的作用。中俄媒体应该对各个层次、各种渠道、各种方式的合作多作正面宣传，要起到积极促进作用。要多作增进相互了解、相互交流，创造良好的人文环境，提高诚信工作的水平，以便提高两国人民在对方心目中的地位和形象。双方主流媒体还应重视俄国社会"中国威胁论"的负面影响和宣传，另外，不少人对中俄合作有一种错误看法，认为中国对俄的需要远远大于俄对中国的需要，中俄科技合作俄方吃了亏，中国占了便宜。实际上，中俄科技合作双方都是受益者。媒体应发挥突破惯性思维和思想禁区的作用，为中俄科技合作创造良好的舆论环境。

4. 建立中俄科技合作风险投资基金和奖励基金。科技成果的转化存在诸多的不确定性，如：生产过程的不确定性，市场接受能力的不

---

① 戚文海、赵传君：《中俄科技合作的前景与战略》，载《东欧中亚市场研究》，2001年第2期。

② 孙万湖：《面向新世纪、新时期的中俄科技合作》，载《俄罗斯东欧中亚研究》，2005年第1期。

确定性,从而使新产品开发、技术的引进与再开发具有较大的风险,企业对风险的回避意识给科技成果转化为现实生产力造成了障碍。消除或减轻科技工作者、企业对技术引进风险的忧虑,必须由中俄两国政府及有关各方共同筹资建立风险投资基金。这样既极大地促进了科技成果的转化和技术引进的创新,又可使投资者享受丰厚的利润,需要特别指出的是,此处所说中俄科技合作风险投资基金主要是针对具体科技合作项目而言的。同时,可以把风险投资基金的一部分收益用于提高参与该项目的中俄科技人员待遇,一举三得。解决中俄科技合作中科技人员待遇问题的最好办法是由中俄政府牵头,设立专项科技合作奖励基金,凡参与的科技人员都有奖励,按贡献大小确定额度。基金运作由中俄专门机关派人共同负责,确保基金不断增值。

5.按照国际规则加强科技合作,同时注重保护知识产权。这一措施有两点含义:一是按照国际规则办事。中俄签订了很多涉及科技的合作条约,双方必须严格遵守。为保障条约履行,必须建立功能性协调与制度性协调相得益彰的制度化合作机制,简化操作程序、审批程序,提高工作效率;拓宽信息收集、流通渠道;建立部门沟通、协调制度。可以利用互联网络的便捷方式达到以上目的;二是科技合作中必须重视知识产权的保护。知识产权代表着智力结晶和财产利益,是一种私有权。保护中俄双方的知识产权,对合作中产生的知识产权合理分配,是公平互利原则的基本体现,是保证中俄科技合作顺利进行的前提。

第二章　中俄科技合作及知识产权保护的理论问题综述

第一节　中俄科技合作应遵循的基本原则、合作模式及法律规制问题

一、中俄科技合作中应遵循的基本原则

科技合作的基本原则是指适用于科技合作的一切领域、各个层次和不同主体的具有普遍意义的原则，它的核心价值目标就是加强友好合作，共同发展[①]。依据国际科技合作的目标与实践，中俄科技合作应包括以下几个原则：

（一）主权平等原则

中俄科技合作，尤其中俄科技合作条约，涉及到主权国家相互间科技政策的协调，应受国际法的调整，遵守国际法的基本原则。国家主权原则是国际法的基本原则，因此开展国际科技合作应首先遵守国家主权平等原则。其内涵是要求参与合作各方不论国家大小强弱和技术水平高低，在法律地位上都是平等的，每一国都有责任履行有效的科技合作条约确定的义务，并承担不履行义务所负担的责任。任何一方都不能凌驾于国家间处理相互关系的基础的合作方之上，更不能依靠其技术优势或经济实力在国际科技合作中谋求特权。另外，基于平等原则，不同国家的法人或自然人等非国家行为体在参与合作时，其法律地位也是平等的。主权平等原则，是开展中俄科技合作的前提。如：《中华人民共和国政府和俄罗斯联邦政府关于在知识产权保

---

① 罗玉中：《科技法学》，华中科技大学出版社 2005 年版，第 488 页。

护领域合作的协定》规定:"在平等互利原则的基础上,在保护知识产权领域开展合作。"

(二)公平互利原则

公平互利是主权平等在经济领域的延伸与补充,是建立新的国际经济秩序的重要原则,是国际正义在国际经济关系中的具体体现[①]。公平与互利是一个统一体,其中互利是核心和基础,没有互利就谈不上公平,公平必然要求互利,公平和互利密不可分。科技合作中的公平互利要求中俄合作双方地位平等、共担义务、共享成果、经济互利。为促进中俄双方合作的积极性,发挥各自更大潜力,保护双方利益,必须固守这一原则,特别是在知识产权的归属与保护问题上。公平互利原则,是开展中俄科技合作的基础和目的。值得一提的是俄罗斯对外科技合作战略中很重要的一条原则就是利益原则。

(三)促进科技进步原则

这一原则可以说是所有科技合作的目的与宗旨所在。中俄科技合作必须选择能够促进本国科技进步的领域、项目,特别是空白领域和高、精、尖端技术及与发达国家有差距的研究项目。无益于科技进步的合作也就失去了它的存在意义。1993 年颁布的《中华人民共和国科学技术进步法》规定:为了促进科学技术进步,在社会主义现代化建设中优先发展科学技术,发挥科学技术是第一生产力的作用,推动科学技术为经济建设服务,根据宪法,制定本法[②]。世贸组织的 TRIPS 协议规定的目标是:促进技术更新和技术转让及传播,技术知识的创造者与使用者之间的互利,增进社会与经济福利,平衡权利与义务[③]。所以,在中俄科技合作中任何有损或可能有损促进科技进步的做法都是不允许的。

---

① 古祖雪:《论国际法的理念》,载《法学评论》,2005 年第 1 期。

② 参见我国《科学技术进步法》第 1 条。

③ 参见 WTO《与贸易有关的知识产权协议》第 7 条。

（四）诚信原则

诚信原则的一个重要表现就是有约必守，不得以欺诈手段损害合作方利益。有约必守原则是一条古老的民商法原则，后被运用于国际关系领域，并成为国际法的一项基本原则，通常称为约定必须遵守原则。国际合作没有强制执行机关，条约必须遵守作为国际法的正义原则，之所以受到国际社会的普遍认同和高度重视，不仅因为它是维持和发展正常国际关系，维护国际和平与安全的保证，而且还是每一个国际社会成员基于自身利益而作出的一种明智选择。中俄科技合作中双方必须善意遵守合作条约或合作合同的约定，这样才能保证科技合作与交流的顺利进行。20 世纪 90 年代初中俄商贸中一些中国商贩向俄方倾销假冒伪劣产品，影响了中国人在俄国人心目中的形象。在科技合作中，只有坚持诚信原则，才能重塑形象，开创中俄科技合作的新局面。可以说诚信原则是开展中俄科技合作的重要保障。

以上国际科技合作的诸项原则，是相互联系、密不可分的，共同构成了中俄科技合作原则不可分割的一个整体。主权平等原则是开展科技合作的前提；促进科技进步原则是其宗旨；公平互利原则是其基础和目的；诚信原则是其顺利进行的保障。这些原则是国际实践普遍接受的，它们对调整国际科技合作关系的各方面，具有普遍的指导意义。在中俄科技交流与合作中各方应始终贯彻这些原则，在相互关系中要以这些原则为指导。

二、中俄科技合作的模式选择

（一）从推动力量来看，中俄科技的合作方式主要有：政府主导型、民间推进型、综合推进型（先由政府主导，逐渐过渡到民间推进）三种方式。

1. 政府主导型。政府主导型是指在科技合作项目中政府起主要的推进作用，或者说政府的参与是促成此科技合作项目的主要力量。政府主导型的科技合作主要是一些大项目，国家成为合作项目的主要投资者或主持者（如：提供贷款、政策扶持等）。政府的主导作用还体现在科技创新主体上,政府主导型创新的主体为政府、政府所属的科研机构、实验室及国有企业。如:2002 年我国国有研发机构有 4 347 个,其中从事研发的人员共有 20.6 万名。2006 年,政府部门研究机构共有科技活动人员 46.2 万人,政府研究机构研发经费达到 567.3 亿元[①]。而俄罗斯的科研体系集中在三大系统:科学院研究系统、工业设计研究系统以及高等院校和附属科研系统。中俄两国政府主导型的科技合作主要集中在一些周期长、投入大、对国民经济显示度高的重大项目上,其中许多大项目都是国家科研机构发起的。例如:1992 年中国原子能科学研究院和俄联邦原子反应堆科学研究院合资兴建了北京双原同位素技术有限公司。又如:2005 年黑龙江省政府拨出 11 亿元专项资金用于加快对俄科技合作。黑龙江省对俄科技合作及产业化中心引进的液流热能发生器、多用途水陆两栖轻型飞机、等离子发动机等项目已实现产业化并取得一定的经济效益[②]。中科院同俄罗斯科学院签有科学合作协定,通过年度执行计划开展了一批高水平、有成果、有效益的合作项目;我国国家自然科学基金会同俄罗斯科学院俄基础研究基金会也签有科学合作协议,两国以合作研究为主要形式,基金会对中俄合作采取倾斜性资助原则,所资助项目占近 3 年基金会全部合作项目的 73.4%,合作效果显著[③]。

2. 民间推进型。民间推进型是指民间力量,包括:民营企业、民间组织、民间行业协会、个人等,成为推动中俄两国科技项目合作的主导力量。民间推进型的中俄科技合作主要集中在一些中小项目上,侧重于面向市场、中低端的、实用型的创新产品和工艺改进。民间科技成果创新的主体由民间科技研究者、民办科研机构和民营科技企业三个部分构成,其中最主要的是中小型民营科技企业,也包括掌握工艺的基层技术人员、工人或农民。目前,我国民营科技企业已超过 15 万

① 辜胜阻、洪群联:《国家创新体系要汇集政府和民间两股力量》,载《求是》,2008 年 5 月。

② 吕萍:《黑龙江省对俄罗斯科技合作发展战略研究》,载《西伯利亚研究》,2007 年第 1 期。

③ 丁丽:《中俄科技合作现状、问题与对策》,载《黑龙江对外经贸》,2001 年第 2 期。

家。据国家知识产权局和全国工商联发布的统计数据显示，我国专利申请量的61%以上是民间创新者完成的；我国85%的新产品、65%的发明专利是民营中小企业创造的[①]。

3.综合推进型（先由政府主导，逐渐过渡到民间推进）。中俄科技合作已经走过了单纯依靠政府主导的时期，伴随两国民间经济主体的壮大，社会各民间阶层在中俄科技合作中发挥着越来越重要的地位。现时期的中俄科技合作已进入政府与民间力量综合推进的阶段。首先，公益性、重大、高端、投资大、回收期限长、自主研发、具有自主知识产权的关键技术和原始创新，以及各种人才培养和科技合作环境的培育都必须依靠政府来完成；其次，民间推进机制灵活、决策迅速，具备政府主导型创新所无法比拟的贴近市场、反应灵敏的优势，具有创新领域广、层次多、形式丰富等特点，其科技合作成果紧贴百姓日常生产和生活需要，可以弥补政府在科技合作中不能满足社会基本物质生活需求的缺陷。

（二）从合作的具体运作方式来看，中俄科技合作的形式主要有：科技交流、合作研究、共同开发、合作创办研究开发机构、技术贸易等。

（1）通过制订发展规划和合作协议进行合作研究和交流。1998年9月，中国新疆科技政策研究所同俄罗斯科学院国际经济与政治研究所详细制订了《俄罗斯和中国的区域发展和区域经济发展规划（以俄罗斯某一地区和中国新疆维吾尔自治区为例）》，以促进双方科技合作。1995年，俄远东国立技术大学与原长春科技大学签订了合作协议，旨在促进两校在教学研究、师生互访等方面的合作。新吉林大学成立后，为推动国际高校间的合作研究，又签署了新的合作交流协议书。据俄新网2008年12月12日报道，俄联邦军事技术合作局局长米哈伊尔·德米特里耶夫表示，近期该国可能与中国签署军事技术合

---

① 参见：《国家创新体系要汇集政府和民间两股力量》，来源：theory. people. com. cn/GB/49154/49156/7009549. html.

作领域一系列新合同，合作的方向包括：飞机制造（飞机和直升机）、发动机、舰艇、防空兵器和装甲装备。双方不仅继续开展军事技术合作，而且还将其提高到新的更高水平上。

（2）共同建立联合科研机构。科研中心的建立，加强了合作的技术支撑体系建设。目前已相继建立"中俄空间天气联合研究中心"、"俄智能信息处理联合实验室"、"中俄天体物理联合实验室（北京）"、"中俄研发中心（镇江）"、"中俄联合实验室（巨化）"、"中俄高科技联合实验室（大连）"等联合研究机构。沈阳工业学院与俄罗斯托木斯克理工大学将在西伯利亚托木斯克市建立联合科研中心。中国武汉工业大学与俄罗斯科学院结构宏观动力学与材料科学研究所联合建立了中俄 SHS（高温合成）技术联合研究中心，开展梯度材料、涂层技术、SHS 基础理论等方面的研究，至今已研制出多种金属陶瓷复合材料，取得显著成效。

（3）科技人才交流、培养。人才交流的主要方式是顾问咨询和技术服务及人才引进。江苏东升艾克科技股份有限公司，近年来从俄罗斯引进专业技术人才，通过转化高新技术成果使企业成长为长毛绒面料生产基地。哈尔滨电工学院和哈尔滨大电机研究所连续多年聘请俄罗斯科学院院士、圣彼得堡电力工程基础研究所所长、著名大电机理论及设计专家达尼列维奇教授来华进行技术指导，为哈尔滨大电机研究所的"双馈同步发电机"研制项目节省了科研经费，并大大缩短了研制周期。哈药集团不仅引进俄技术和人才，同时在实践中也培养和锻炼了一批从事生物技术的骨干力量。

（4）技术贸易。包括技术转让与技术许可。哈药集团引进俄生物重组人 A—2b 干扰素和 EPO 技术，同时，根据工程进展的需要，分期分批聘请俄有关科技人员来哈长期工作。吉林铁合金公司从俄车里亚宾斯克铁合金厂引进了大功率密闭矿热炉，并派职工到该厂接受技术培训。又如：在 1995 年俄罗斯与中国签署了一项军事采购合同，俄罗斯许可中国自行组装苏 -27CK 战斗机。

中国大庆同创集团在俄西伯利亚的伊尔库茨克州建立分公司，向俄方提供电脑散装零部件。我国华博公司从俄罗斯引进技术时，发现俄方主机——电气控制系统已落后于我国，于是向俄方推荐我方开发的产品，把我国生产的电子控制系统、液压和气动元件装配到俄方主机上，结果销路很好。中国核动力研究设计院的钴—60 远距离治疗机、铱—192r 探伤机等设备也已出口独联体及东欧国家。我国最大的铝镁合金加工厂——东北轻合金加工厂与全俄轻合金研究院及其附属工厂（卡缅斯克）乌拉尔冶金联合体、乌拉尔重型机械制造厂、米哈依洛夫铝加工厂、斯图平冶金联合体等进行了生产技术交流，就引进铝合金石油钻探管生产问题、超高强度铝合金问题、铝不粘锅生产线问题进行实质性合作，并准备向俄输出建筑材料、铝合金门窗生产、铝箔轧制等技术。

（5）技术交换。天津碱厂在与俄斯捷尔利塔马克碱业股份公司的合作中采用以技术换技术的方法，引进了我国急需的先进技术，在目前中俄产业科技合作中有借鉴和推广价值。天津碱厂拥有日产 800 吨纯碱的蒸汽燃烧炉设备及其相关技术，这是纯碱生产流程最后工序的主体设备，与同类设备相比，具有增产节能的优点，属 20 世纪 90 年代初国际先进水平。俄斯捷尔利塔马克碱业股份公司拥有从德国引进并经俄改造的筛板蒸氮塔设备及其相关技术，该设备的特点是洁净、节能，在同行业中属当今世界先进水平。

（6）联合建立企业。1992 年中国原子能科学研究院和俄联邦原子反应堆科学研究院合资兴建了北京双原同位素技术有限公司。该公司生产的 252Cf 中子源，60Co、192lrm 正等放射源及其相配套的仪器、设备，已向国内及亚太地区销售。252Cf 是一种新型的高强度同位素中子源。目前世界上只有美国、俄罗斯等极少国家掌握 252Cf 同位素生产技术。通过双方合作和优势互补，将填补中国生产 252Cf 中子源的空白并对高比度的 60Co、1921lrm 正等放射源的生产发挥补充、调剂作用。据新浪航空讯：在第七届珠海航展上，俄方人员表示，中俄在航空领域的合作已经从中方购买整套武器装备向中俄共同研发高端武器装备转型，针对中国大飞机的研发，俄方工作人员表示非常有兴趣参与，俄方愿意以技术参股等形式参与中国大飞机的研发。

（三）从科技合作主体上看，有官方科技合作、半官方科技合作和民间科技合作

半官方科技合作一般包括两种情况。其一，一国的政府部门和另一国的法人或自然人之间建立合作关系；其二，国家半官方机构之间以及它们同外国政府或者法人、自然人之间的科技合作。民间科技合作是两国法人、自然人、非政府组织相互之间开展的合作活动，凡与两国政府间科技合作协定以及两国政府部门间的合作协议无关的，均属民间国际科技合作的范畴[①]。民间科技合作的主体具有多样性，包括法人、自然人、非政府组织，可以包括但不限于企业集团、科研机构、大专院校和其他社会团体，以及科技工作者个人或集团。

三、中俄科技合作的法律规制及调整惯例

（一）国际间有关科技合作的法律规范的适用

国际间有关科技合作的法律规范其渊源主要包括：1）国际条约、协定、习惯及换文；2）涉及国际科技合作的各国国内单行法律和法规；3）其他法律中有关国际科技合作的附属性法律规定。具体涉及国际科技合作的法律规定一般应包括以下内容：1）科技人员的国际交流制度；2）科研开发机构设立制度；3）研究开发物资资源出入境制度；4）科技成果的权益归属制度；5）国际技术的引进与出口制度；6）科学技术信息保密制度。

其中的科技人员的国际交流制度涉及国家出入境管理法、国籍和永久居留资格的法律规定、法律对涉密科技人员进行国际交流的限制性规定等内容。

科研开发机构设立制度一般包括：国家政策及各部门制定的对设立联合科研开发机构的程序规定（包括审批程序）、限制及禁止性规定

---

① 王超：《国际科技合作中的知识产权归属问题研究》，厦门大学2006年论文，载中国知网中国硕士学位论文全文数据库。

(包括国家限制及禁入的研究领域、保密规定、知识产权归属及保护规定等)、对联合科研开发机构优惠及鼓励政策、联合科研开发机构及其人员的其他权利和义务等内容。

研究开发的物资、资源出入境制度及国际技术的引进与出口制度一般涉及以下内容:对合作研究开发的物资、资源进出口的优惠政策;对资源、技术的进出口限制;物资、资源及技术进出口的程序性规定;物资及技术进出口的知识产权保护规定等等。

科技成果的权益归属制度包括:知识产权法关于知识产权权益归属的一般性规定;涉及国家安全的知识产权权益归属;国家重大科技项目及重大投资项目的知识产权权益归属等内容。科学技术信息保密制度一般涉及:国家各部门的技术保密规定(如:技术交流保密提醒制度、劳动雇佣中的保密制度);知识产权法中有关智力成果信息保密的规定;反不正当竞争法侵犯商业秘密的规定;对属于国家秘密技术的进出口管理规定;对涉及国家安全的科技信息保密规定等。

(二)中俄有关科技合作的双边条约及协定

中俄两国签署的双边条约、协议、意向中对科技合作作出直接规定的,国家级的主要有:1992 年 12 月中俄双方正式签订的《中华人民共和国政府和俄罗斯联邦政府科学技术合作协定》;1994 年 5 月《中华人民共和国政府和俄罗斯联邦政府关于农工综合体经济与科技合作协定》;1997 年 11 月中俄签署的《中华人民共和国和俄罗斯联邦关于经济和科技合作基本方向的谅解备忘录》;2000 年 11 月在中俄两国总理定期会晤期间,双方正式签署的《创新领域合作的谅解备忘录》等等。

对中俄科技合作问题作出间接规定的有:1992 年 3 月 5 日中俄签署的《中华人民共和国政府和俄罗斯联邦政府关于经济贸易关系的协定》;1994 年 9 月《中华人民共和国政府和俄罗斯联邦政府海关合作与互助协定》;1995 年 6 月《中华人民共和国政府和俄罗斯联邦政府关于在信息化领域合作的协议》;1996 年 4 月《中华人民共和国政府和俄罗斯联邦政府关于在知识产权保护领域合作的协定》;2000 年 11 月签署的《关于中华人民共和国公民在俄罗斯联邦和俄罗斯联邦公民在中华人民共和国的短期劳务协定》;2006 年签署的《中国国家工商

行政管理总局和俄罗斯联邦反垄断局关于实施《中华人民共和国政府和俄罗斯联邦政府反不正当竞争和反垄断领域合作协定谅解备忘录(2006—2007年)》等。

地方与部门之间的有:2007年3月《俄罗斯铁路股份公司和中国铁道部关于科技合作的备忘录》,《俄罗斯联邦航天署和中国国家航天局关于联合探测火星和火卫一的合作协议》等等。

其中在中俄政府间1994年《关于农工综合体经济与科技合作协定》中两国约定:中俄将在9个方面开展农业技术合作,合作以6种形式开展,双方将建立联合俄中工作组执行与协调合作的实施。

中俄1997年《关于经济和科技合作基本方向的谅解备忘录》中约定:在经贸合作方面,双方鼓励两国企业开展多种形式的经济技术合作,为双边经贸关系增添新的增长点;在能源方面,双方表示愿相互扩大提供、联合生产能源设备;在机械制造方面,双方赞成合作方式多样化,包括设备租赁:合作研制和现代化改革、技术转让及共同开发第三国市场;在科学技术领域,双方将促进建立推广高新技术的联合中心和公司,并鼓励其高科技产品开拓第三国市场①。

2000年中俄《创新领域合作的谅解备忘录》对中俄共同项目所涉及的主要领域、项目挑选的原则和目的、双方给予支持的方式、项目执行情况的监督、合作成效的评估、知识产权的保护等内容都作了原则性规定。备忘录的签署促进了中俄双方根据优势互补、互利双赢的原则,在科技优先发展领域实质性全面合作的有效开展,进一步提升了两国科技合作的水平和层次。

此外,中俄《短期劳务协定》中涉及中俄科技合作中的人员交流问题,其中对劳务人员的管理、权利义务作出了相关规定。中俄《关于经济贸易关系的协定》中有关两国经济贸易的约定,以及中俄《海关合作与互助协定》中有关海关互助的约定则为中俄科技合作中的物资、资源及技术进出口问题的解决奠定了基础。

科技合作的原则是互利共赢,因此必须把保护知识产权置于重要

---

① 参见中俄《关于经济和科技合作基本方向的谅解备忘录》,来源:law. gaotai. gov. cn/inter/article/2005 -11 -6/1753 -1. html.

地位。在两国的《知识产权保护领域合作的协定》中第3条规定:双方的合作包括:协调有关知识产权保护的问题,并促成两国有关部门、组织之间的签订科技、专利、商标以及版权等领域中的知识产权保护合作的具体协议;交流国际合作经验和各自参加保护知识产权的国际多边条约或协定的信息及其执行情况;定期交流两国间在经贸科技方面的合作,特别是两国间在技术转让方面的信息,促进两国间技术转让的不断发展和扩大;举办包括知识产权项目的展览,研讨会,有关技术交流、知识产权保护问题的会议。第5条规定:在两国相互转让技术的过程中,双方将根据各自国家的法律、法规,采取法律上的有效措施,使对方自然人、法人及非法人团体在工业产权方面的合法权益能够得到有效的保护,并加强在技术转让的管理和程序方面的有关信息的交流和合作。第6条规定:如实施双边合作项目中涉及知识产权的保密问题或转让保密性的信息,应在相应的合同或协议中规定保密条款。双方有关组织将按照各自国家的法律、法规和合同或协定的规定履行其承担的保密义务。

(三)对中俄有关科技合作的规范调整的一般性惯例

1. 中俄科技合作应遵守条约与合同的约定

在通常情况下,中俄科技合作主要通过缔结科技合作条约和签订科技合作合同进行,双方合作者在平等互利基础上诚实履行条约与合同约定实现预期目的。科技合作条约的名称缔约方可以自由地选择,如条约、协定、议定书、换文等。不同名称的条约并不意味条约法律效力的不同[①]。科技合作条约一般包括以下几个部分:序文,合作的目的,术语解释,合作的原则,合作的内容,合作的方式,合作的实施,法律的适用,成果分享,争端解决及附件。一般在附件中都规定有知识产权条款,以明确知识产权归属,充分保护知识产权。

科技合作合同是中俄两国境内的法人、自然人或非法人团体相互间为了合作进行科学研究、技术开发和科学技术管理活动而签订的明确各自权利义务关系的契约。一般包括以下主要条款:序言,术语解

① 王铁崖:《国际法》,法律出版社1995版,第403页。

释,技术项目,合作计划,经费预算及结算方式,价款与支付方式,验收标准和方式,知识产权条款,责任承担,法律适用,争端解决等。国际科技合作合同由于适用的灵活性以及内容的广泛性,对国际科技合作的顺利开展,促进各国间的科技交流具有重要意义。

在决定科技成果的权益归属问题上,可以在合作与交流协议中以专门条款确定科技成果的权益归属;也可以签订知识产权保护专项合同,其中应规定:技术情报与未公开信息的保密;科技成果的权益归属和收益分成价款、报酬及支付方式;违约金及损失的责任承担;后续技术成果的权利义务约定;对第三方侵权的相互通报及协作禁止侵权行为,包括在特定国际起诉与应诉的义务与费用承担;发生纠纷时的法律适用选择及纠纷处理机制选择。

2. 在遵守条约与合同基础上,其他事项应尊重两国国内法的相关规定

中俄科技合作中科技人员的国际交流应遵守中俄两国的有关法律规定。如根据我国2004年《外国人在中国永久居留审批管理办法》第6条规定:对中国经济、科技发展和社会进步有重要推动作用的单位任职的外国籍高层次人才以及对中国有重大突出贡献或国家特别需要的人员有权获得我国的永久居留资格。这是我国引进科技人才的举措。又如:俄罗斯科学院在下达的“关于制止损害俄联邦活动的计划”的指示中,要求有关的实验室和学者本人做到:(1)把接到来自国外邀请的情况报告院部,并将邀请复印件交科学院学术秘书备案。(2)将所有外国人参观实验室的情况及时通知科学院外事部门。(3)因公出国人员应向科学院外事部门提供出访总结报告。以上是俄罗斯加强对国际交流监管的举措。

中俄科技合作研究开发的物资、资源出入境制度及国际技术的引进与出口制度应遵守中俄两国的有关进出口的法律规定。如:我国2002年《技术进出口管理条例》第9、10条规定:属于禁止进口的技术,不得进口;属于限制进口的技术,实行许可证管理,未经许可,不得进口。第32—34条规定:属于禁止出口的技术,不得出口;属于限制出口的技术,实行许可证管理,未经许可,不得出口;属于限制出口的技术,应当向国务院外经贸主管部门提出申请。我国2004年《对外贸

易法》第16、17条规定了可以限制或者禁止有关货物、技术的进口或者出口的理由。根据俄罗斯联邦政府2005年6月9日第363号《关于批准各别种类商品进、出口监督条例的决定》和第364号《关于批准对外商品交易领域许可证发放以及实行许可证联邦数据库的管理条例的规定》,16类战略性资源产品实施出口许可证管理;对包括放射性物质及其制品、爆炸物及烟火制品、神经致幻剂、麻醉剂、医药制品、信息保护设备、烈性酒类等多种商品的进口实施许可证管理。

中俄科技合作中科技成果的权益归属应遵守中俄两国的有关知识产权归属的法律规定。如:两国知识产权法都规定:在无特别的规定下,著作权属于作者,专利权属于发明人(即发明、实用新型、外观设计的作者),商标权属于申请商标注册的法人或个体工商业者。我国在2006年颁布的《关于国际科技合作项目知识产权管理的暂行规定》第8条中规定:在签订政府间国际科技合作协定或者部门间、省州间国际科技合作协议时,应在协议中明确研究成果的知识产权归属和利用等方面的基本原则,确保我国能够有效掌握、合理分享合作研究成果及其知识产权权益。其中的第14条对判定科技合作成果归属的原则作出了明确规定。1998年5月14日第556号和1998年7月22日第863号俄罗斯联邦总统令规定,在经济活动中,执行国家政策时应注意吸纳科技活动成果和科技领域的知识产权对象,在科技活动成果和科技领域知识产权对象的创造、法律保护和使用方面,应保障包括国家在内的法律关系主体权利与合法利益的平衡性,提高国产产品的竞争力是最重要的任务。上述命令成为俄罗斯制定知识产权归属政策的主要法律依据。

中俄科技合作中有关科技信息保密问题应遵守两国涉密科技成果信息保密的法律规定。如:我国颁布的《关于国际科技合作项目知识产权管理的暂行规定》中第11条中规定:项目承担单位需要派遣人员赴外国合作方进行研究的,应当与出国人员签订保密协议,确保国家秘密及本单位的技术秘密不向外泄密。我国2009年的《保守国家秘密法(修订草案)》将科学技术中的秘密事项列为国家秘密的一种予以保护,草案规定了国家秘密的保密制度、监督管理及侵犯国家秘密的法律责任。中俄两国的劳动法中都包含有雇员对工作中接触的秘密信息有保密义务的规定,保密义务应被约定在雇主与雇员签订的劳动协议或保密协议中。《俄罗斯民法典》第1401—1405条有关机密发明的内容规定:机密发明的申请、审查和处理必须遵守国家机密法的规定;关于机密发明的申请信息资料不予公布;对于机密发明的利用和专属权的处分应遵守国家机密法;对于机密发明不提供强制许可。2005年9月23日,普京签署111号总统令,对1997年通过的《机密信息清单》进行重新修订。2006年8月15日,俄罗斯政府通过504号决议,批准新的《机密信息技术保护条列》。新文件增加了许可要求与条件,以及违反规定的处罚内容,从而大大增强了条例的针对性。在当前俄罗斯,"安全法"、"保密法"、"商业秘密法"、"个人信息法"、"信息、信息技术和信息防护法"、"电子数字签名法"、刑法法典、民法法典、行政违法法典、"大众信息媒介法"等法律有关信息防护方面的规定构成了俄罗斯严密的信息保密法律体系。

第二节　中俄科技合作中的知识产权保护的基本理论问题

一、中俄科技合作中的知识产权范畴之厘界

知识产权制度起源于欧洲,是伴随着科技革命和工业化发展起来的。知识产权作为一个法律概念被正式确认是在1967年的《成立世界知识产权组织公约》中,公约以划定范围的方式定义了知识产权,列举了8个方面的权利。但是这种定义方式并不能体现知识产权的内涵。我国1986年颁布的《民法通则》在第五章《民事权利》的第三节首次以立法形式提出《知识产权》这一名词,但是没有对知识产权作出定义。我国学者多年来对知识产权的概念提出了多种定义。如:郑成思教授的定义是:"知识产权指的是人们可以就其智力创造的成果所依法享有的专有权利。"[①]刘春田的定义是:"知识产权是智力成果的创

① 郑成思:《知识产权法教程》,法律出版社2003年版,第2页。

造人基于创造性智力成果和工商业标记依法产生的权利的统称。”[①]吴汉东的定义是:“知识产权是人们对于自己的智力活动创造成果和经营管理活动中的标记、信誉依法享有的权利。”[②]刘春茂的定义指出:“知识产权是人们基于自己的智力活动创造成果和经营管理活动中的经验、知识的结晶而依法享有的民事权利。”[③]

随着技术信息和法学研究的进一步发展,前述知识产权的定义已不能准确表达知识产权的内涵。主要有以下几个方面原因:1. 知识产权的主体已不局限于智力成果所有人,还包括权利的继受人。2. 知识产权的客体外延扩大,除了智力成果和识别性标记以外,科学发现、传统知识、民间文化、商业秘密、信息都将纳入知识产权保护范围,随着科技、社会的进一步发展,知识产权的保护范围必将进一步扩大,上述概括性定义涵盖面小,不能适应社会发展需要。3. 知识产权本质是一种财产权、支配权,具有专有性,概念中必须有所体现。本人赞同下述知识产权定义:“知识产权是权利人直接支配创造性智力成果、工商业标记以及法律规定的其他知识信息并享受其利益的排他性权利。”[④]这一定义从主体、客体、内容三方面对知识产权作出了较为科学的定义,首次提出了知识信息的概念,这既体现了智力成果的内涵,又体现了标识性特征。狭义的知识产权包括著作权(版权)、专利权、商标权、外观设计权、育种成果权(植物新品种权)、反不正当竞争权。广义的知识产权还包括地理标志、集成电路布图设计、商号及商誉、数据库、生物工程成果及其他知识信息。

知识产权具有以下几个基本特征:

1. 无形私有财产。知识产权是一种无形财产权,它必须依附于一定的载体上,权利人可以通过转让、授权在智力成果上获得收益。但转让、授权的是使用权、销售权,不是知识产权产品,标的是一种权利。在大陆法系国家,知识产权被认定为是“以权利为标的的物权”。在英

① 刘春田:《知识产权法教程》,中国人民大学出版社 1995 年版,第 1 页。

② 吴汉东:《知识产权法》,中国政法大学出版社 2004 年版,第 3 页。

③ 刘春茂:《知识产权原理》,知识产权出版社 2002 年版,第 2 页。

④ 张伟等:《知识产权概念新论》,载《科技管理研究》,2006 年第 2 期。

美法系国家把它称为“诉讼中的准物权”。这两种表述体现了知识产权的私有性特征,所以知识产权法被纳入私法的民法体系范畴。但有些知识产权客体在上述特征上表现并不明显。如:科学发现。其实有很多对自然规律科学发现也必须付出智力劳动,如基因组的发现。但有的科学发现的财产性并不明显。如哈雷彗星的发现,更多的体现为署名权。

2. 专有性。知识产权的专有性是指权利人对智力成果等知识信息享有的排他的独占权利。具体表现在:未经权利人许可或法律授权任何人不得使用权利人的智力成果;在同一项智力成果上不能同时有两个具有同一属性的知识产权;权利人有权禁止与其知识产权有关的产品的制造、销售、使用。

3. 知识产权的地域性。知识的非物质性、传递性和再现性使得知识成果的创造者必须借助于法律的力量才能排他地控制、利用和支配其创造的知识成果,由此导致知识产权只能在一定地域范围内具有约束力,超出这一地域可能不受保护,知识产权从其产生的那一刻便具有了强烈的地域性特征[①]。

4. 知识产权的时间性。各国均规定了知识产权专有权的有效期限,一旦超出这一期限,知识产权将不受保护而成为人类共有财富。

5. 可复制性。这涉及到知识产权的客体。知识产权之所以能为某种财产权,是因为这些权利的客体被利用后,能够体现在一定产品、作品或其他物品的复制活动上[②]。没有这些有形物,专利权人也无从判断何为侵权。

二、有关中俄知识产权保护的理论基础

(一)有关中俄科技合作中知识产权保护的法哲学基础

法哲学是创造真、善、美相统一的人的各种可能的理想法律生活

---

① 王晨雁:《对知识产权概念的质疑与反思》,载《福建论坛》(人文社会科学版),2005年第9期。

② 郑成思:《知识产权法新世纪若干研究重点》,法律出版社2003年版,第192页。

及其理想的法律图景的思想方式与思维路径①。从知识财富到知识产权，不仅是一个制度设计与规范适用的法律问题，也是一个具有深刻理论内涵的哲学问题。诸如知识成为财产权对象的依据、知识财富的占有状态与权利形式、知识产权制度的社会功用及目标等，无一不是知识产权法哲学理论研究的对象。在这一领域，近现代的思想家们都提出了自己的财产权学说，为知识产权制度构建了相应的法哲学基础。

1. 卢梭的"社会公意"理论

卢梭是18世纪法国卓越的启蒙思想家。《社会契约论》作为世界思想史上的重要古典文献，在私法上，为新兴资本主义的财产权制度构建了哲学基础。卢梭的财产观的核心是社会公意理论。公意就是公民多数的意见，公意只着眼于公共的利益，卢梭认为：法律乃是公意的行为，是主权者的行为和"我们自己意志的记录"。在进入国家状态之后，由体现社会公意的法律所作用的结果，才使得对物的占有事实成为正式的财产权利即所有权。由此卢梭主张：1）财产权利、义务是对等的。财产权受到尊重与保护的社会秩序，是符合正义法则的。"需要有约定和法律把权利、义务结合在一起，并使正义能符合于它的目的。"②2）财产权利平等。"社会契约在公民之间确立了这样的一种平等，使他们大家全都遵守同样的条件并且全部应该享有同样的权利。……一切真正属于公意的行为——就都同等地约束着或照顾着全体公民。"③3）财产权制度的目标。在于实现"共同利益"、"公共幸福"。

2. 康德的"自由意志"理论

康德是18世纪德国著名哲学家、自由主义法学思想的代表人物，他在《法的形而上学原理》一书中阐述了他的财产"自由意志"理论。康德认为：1）占有分为感性的占有和理性的占有，前者可以理解为实

---

① 姚建宗：《法律生活的哲学观照：法哲学的智慧》，载《北方法学》，2007年第2期。

② ［法］卢梭著，何兆武译：《社会契约论》，商务印书馆1980年版，第6页。

③ ［法］卢梭著，何兆武译：《社会契约论》，商务印书馆1980年版，第25页。

物的占有；对于后者理解为对同一对象的纯粹法律的占有[①]。而在物与人的事实分离也不能改变人与物的关系的情况下，才能称为所有权。2）所有权的取得。主体须在主观意上有将该物作已独占物的要求；同时，“用我自由意志的行动，去阻止任何人把它当做他自己的东西来使用”。3）所有权包含着双重意志内容——个人意志的占有和共同意志的占有。共同意志即是全体社会成员对物主占有、控制某物的行为所持的共识、公认。4）两种意志包含两种所有权效力：一是宣布某种外在的东西是“我的”，其他人有义务不得侵犯物主对其行使了意志的特定对象；二是隐含着物主作出的承诺，即不侵犯其他人占有的属于他人的特定对象。

3. 黑格尔的“财产人格”理论

黑格尔是继康德之后又一位伟大的哲学家，是唯心主义法学的代表。在其《法哲学原理》一书中，黑格尔将他的私法思想，构筑在“意志—人格—财产”的基本范畴上。黑格尔的基本观点如下：人的本质是人格，而人格就是意志的自由。“人把他的意志体现于物内，这就是所有权的概念”，“所有权所以合乎理性不在于满足需要，而在于扬弃人格的纯粹主观性。人唯有在所有权中才是作为理性而存在的”[②]。所有权的产生归结为人格的存在和发展。可以说，人格就是财产的人格，或者说具象的财产就是抽象的人格；人的人格、理性，只有在财产中才能体现。根据这一理论，可以进而言之，精神产品是人类智力劳动的创造物，与特定主体的人格相联系。“精神所有权”使得创造者的人格在知识财产的实现过程得以存在和发展。

黑格尔还对精神所有权进行了相关论述：1）精神所有权转让的权利内容。黑格尔强调一个人可以把身体和精神的特殊技能以及活动能力的个别产品转让给他人，也可以把这种能力在一定时间的使用转让给他人。2）转让的对象。“精神产品的独特性，依其表现的方式和

---

① ［德］康德著，沈叔平译：《法的形而上学原理——权利的科学》，商务印书馆1991年版，第54～55页。

② 参见［德］黑格尔著，范扬、张企泰译，《法哲学原理》商务印书馆1961年版，第7页。

方法，可以直接转变为物的外在性。”[①]在这里，黑格尔的哲学理论已论及精神产品的可再现性及物质载体。按照黑格尔的说法，精神产品主要分为以下类别：一是艺术作品，二是著作品，三是发明技术装置，四是处于艺术作品或工匠产品这两极之间的各种不同阶段的精神产品。(3)受让者的权利内容。一是受让者“将其中所展示思想和包含的技术上的发明变成自己的东西”，同时“占有了就这样表达自己和复制该物的普遍方式和方法”；二是精神产品的创造者“坚持自己仍是复制这种作品或物品的普遍方式和方法的所有人”[②]。上述两种情况即是所有权的全部转让和部分转让。(4)精神所有权的保护。黑格尔认为“促进科学和艺术的纯粹消极但又是首要的方法，是保证从事此业的人免遭盗窃，并对他们的所有权加以保护”[③]，黑格尔对著作权作品复述与剽窃的界限进行简单论述。

4. 扎霍斯的“抽象物”理论

澳大利亚学者扎霍斯所著的《知识产权哲学》是当代知识产权学界一部重要著作。抽象物是扎霍斯在知识产权研究中经常使用的一个基本范畴。它“依赖于人类精神生活而存在，是由人类思想添附于有形世界之上而产生的物”。根据扎霍斯的考证，抽象物的说法导源于罗马法上的“无体物(incorporeal things)”，即“不可触及的物体(in-tan - gible objects)”。在古典哲学思想中，无体物的概念范畴可以追溯到斯多噶学派。同为人的精神的拟制物，罗马法上的无体物专指作为制度产品的财产权利(除所有权以外)，而扎霍斯的抽象物乃是作为知识产品的精神构思，即中介于知识产权关系的材料[④]。

抽象物有以下两个特点：第一，抽象物并不存在于有形世界，但通过表达而获得其有形性。在一个人主张其享有某一知识产权时，须对权利的客体作具体的说明。说明的方法可以是正式手续(如专利登

---

① [德]黑格尔著，范扬、张企泰译：《法哲学原理》，商务印书馆1961年版，第54页。

② [德]黑格尔著，范扬、张企泰译：《法哲学原理》，商务印书馆1961年版，第55页。

③ [德]黑格尔著，范扬、张企泰译：《法哲学原理》，商务印书馆1961年版，第54页。

④ See Peter Drahos, *A Philosophy of Intellectual Property*, Dhrtmouth Puhlishing Company Limited, 1996, p. 17.

记)，也可以是非正式的(如商业秘密)。这种说明的结果是，通过实际表达形式，产生了一个有着外在形式的实体。“一个可被表达之物乃是抽象之物，实际表达之物乃是有体之物。”第二，抽象物通过对相关有体物的控制而具有财产意义。扎霍斯认为，艺术家、作家和发明家为了生存，须将这种无形财产转化为有形财产。“一旦无体物之中的财产权利被法律所承认，在有体物世界里规制物化财产意义将更为重要。”①

知识产权是基于抽象物而产生的一种具有独占性质的财产权。扎霍斯通过对近代英国法的分析，阐述了知识产权制度存在的正当性理由。他写道，个人须通过劳动方能生存。发明者、作者与其他人一样有权获得报酬。但这种报酬仅仅只能是一个暂时的特许权，超出这一范围的利益即构成对他人劳动的侵犯并违反这个国家的基本法律。换言之，一个发明者或一个作者只能期待某种高于其他人的暂时优势，这一优势的性质乃是一种特许权。扎霍斯提出，绝不能超越这一特许权。因为它可能产生如下后果：一是危及他人自由。允许私人在抽象物上设定独占权利，当个人独占力量增长时，便会影响他人的消极性自由，即不受干预的权利面临危险。当财产扩展至抽象物时，倘若市民社会对独占权利进行无限制的追逐，便可能在社会同体中不是促进自由而是限制自由。在这个意义上，扎霍斯得出结论：“知识产权是一种有碍自由的特许权。”二是威胁分配正义。知识产权的独占性，不仅使得抽象物所有人控制无数个重现同一抽象物的有体物成为可能，而且促使抽象物的所有人控制更多的抽象物成为可能。这两种情况可能导致少数人会利用抽象物的财产权机制去获得那些被社会所普遍依赖的资源。从分配正义的观点看，独占权利的范围应予以限制。对于大量的“威胁权力”集中在少数人手中，扎霍斯的观点是：抽象物上的独占权利增强了个人力量的派别倾向和危险程度，因此有理由对这些权利的范围加以严格限制，或者将其中的一些加以剔除②。

---

① See Peter Drahos, *A Philosophy of Intellectual Property*, Dhrtmouth Puhlishing Company Limited, 1996, p. 17.

② See Peter Drahos, *A Philosophy of Intellectual Property*, Dhrtmouth Puhlishing Company Limited, 1996, p. 17.

综上所述，哲学家们以抽象思辨的方法回答了知识产权制度的一般性问题。即是：(1)知识财产的无形性特征。法律对知识财产的确认，标志着财产观从具体到抽象的转变。人们不再将财产的范围局限于有体物，而扩大到为数众多的不具备外在形体的财产，即是财产的抽象化与非物质化。早在洛克时期就受到了充分的关注。洛克在《政府论》一书中，曾在多种含义上表达"财产"的概念，而广义的财产则称为"property"，它是个人拥有的总和，包括身心和物质两个方面的内容以及有形和无形的两种形式。(2)知识产权的合理性。思想家对于知识产权的合理性作出了不同解释。在经济学范畴里，从洛克、斯密到马克思提出了"劳动价值学说"。而在法哲学领域里，"社会公意论"与"财产人格"理论则为我们探讨知识产权制度的合理性提供另外的视角。卢梭将财产权的依据归结为社会公意，即主权者(人民)意志的公意。知识产权的合理性无论从"人格"方面还是从劳动方面解说，在道德上都是可以接受的。在"财产人格"理论中，黑格尔强调自由意志主要是通过私人财产所有权来演绎的。黑格尔的人格理论不仅是佐证精神所有权合理性的一种学说观点，而且对近代欧洲大陆知识产权制度的创立产生了直接的思想影响[①]。(3)知识产权法的社会公益性。卢梭将正义理念寓含于他的财产观之中，认为法律应以全体成员的共同利益为依归，这才能体现正义。黑格尔主张在知识系统中划定法律界线，设定某种知识共有物("公共领域")有利于保证他人或后代的学习与发展需要。扎霍斯在其著作中担心独占权利的增长，可能造成分配的不均衡，其中隐含着应在知识产权制度中进行平衡与维护公益的意识。

(二)中俄科技合作中知识产权保护的价值分析

法的价值指的是法满足人类生存和需要的基本性能，即法对人的有用性[②]。纵观历史，古今中外的思想家、法学家提出过各种各样的法

---

① 大陆法系国家将"人格价值观"作为其著作权立法的哲学基础，并建立了不同于西欧体系的"作者权"体系。

② 万鄂湘、冯洁菡：《知识产权国际保护的新发展》，载《法律适用》，2003年第7期。

律价值,归纳起来,主要有自由、公平、秩序、正义、效益等几个方面。它们构建起了法的价值体系,成为现代法律的基石。就法律所促进的价值而言,正义与效益应是整个知识产权制度的立法目的和功能目标①。正义作为首要、基础的法律价值,可以衍生其他几个法律价值。法律的正义价值决定:不能无视创造者私人劳动及权利的存在,否则他们的智力活动投入就无法得到补偿,人们的精神生产领域将陷入无序状态。效益最大化目标,在知识产权领域可以理解为知识、技术、信息的广泛传播。对创造者来说,独占权利使得创造的费用得到了补偿;对于社会而言,其他人通过各种利用制度(主要是有偿使用,也包括合法的无偿使用)获得了新的知识。这一制度的基本功能在于调整创造者行使"专有权利"时与促进知识广泛传播的矛盾,协调创造者、传播者与使用者三者利益的关系。

从上述价值目标出发,现代知识产权制度应确立以下基本法律观:

1. 以私权为本位的复合价值。私权是与公权——即国家权力相对应的一个概念,指的是私人、个人(包括自然人与法人)所享有的各种民事权利。以私权为本位,强调包括知识产权在内的各种私人权利受国家法律的特别尊重与充分保护。具体体现为:第一,归结为私权范畴。知识产权是知识类无形财产的权利形态,其基本属性与财产所有权无异,都应归于民事权利的范围。保护人权首先在于全面维系人的各项私权,当然涵盖知识产权内容。第二,以权利制度为体系。知识产权制度是以实体法为基础的私权制度。诸如权利取得程序、权利变动程序、权利管理程序、权利救济程序等,概以创造者权利为中心,从而形成私权领域中独特的法律规范体系。第三,以权利为中心。就知识产权制度而言,在权利义务这个统一体内,是权利决定义务,而不是义务决定权利。换言之,知识产权制度是以权利为本位,在规范方法上是以授权性规范为主要内容,在立法上是以保护创造者权利为第一位。

知识产权制度以私权性质维护知识产权的同时,复合以下价值目

① 吴汉东等:《知识产权基本问题研究》,中国人民大学出版社 2005 年版。

标:(1)正义。知识产权法在正义价值层面更多的体现为分配正义,或者更确切地说,是体现了"信息分配正义"。根据洛克的劳动学说,适当的劳动涉及到公有物的改造.,使其变得对人类有用或更有价值。这种价值增加理论正是知识产权制度赖以解决"信息分配正义"的理论基础:创造性的劳动增加了知识产品的价值,基于价值增加理论,创造者对于公共商品的贡献使对其以财产权进行报偿具有正当性[①]。知识产权制度通过赋予专有权,使权利人能够在法律的保障之下实现其经济利益(包括其为创作、发明而投入的全部成本),获得其基于对公共商品作出的贡献而应得的报偿。

(2)自由。罗尔斯在他的巨著《正义论》中曾明确表示他的正义由两个基本原则构成,其中之一即每个人拥有广泛的平等的自由权利[②]。知识产权法在法律上保证权利人享有一定的独占使用期间,在这个期间内,权利人以外的任何人不得非法干预权利人自由行使其权利,以保证权利人获得回报。这种专有区域的设立,可以为智力创造者从事智力产品的生产提供足够的激励,其外部的自由区域保障了其他主体认识、支配、改造客体的自由。相对于财产法或物权法,自由价值在知识产权法中的地位相对较低。

(3)秩序。在商品社会中,知识产权人实现其经济利益(或报偿)是必须依赖市场的,知识产品市场的无序,如复制行为,将会损害权利人的市场占有力,损害其经济利益,进而挫伤权利人的创作积极性,因此,维护知识产品市场的良好秩序就成为一个极其重要的法的价值目标。知识产权制度中的反垄断、反不正当竞争、反盗版等行为都致力于维护良好的市场秩序。

2. 利益平衡。利益平衡是指当事人之间、权利主体与义务主体之间、个人与社会之间的利益应当符合公平的价值理念。利益平衡是民

① 冯晓青:《国际知识产权法哲学》,中国人民公安大学出版社 2003 年版,第 54 页。

② [美]罗尔斯著,何怀宏等译:《正义论》,中国社会科学出版社 1988 年版,第 56 页。

法精神和社会公德的要求,也是“人权思想和公共利益原则的反映”[①]。利益平衡融合了正义、公平、秩序等价值理念。知识产权法所强调的利益平衡,实质上是同一定形态的权利限制、权利利用制度相联系。知识产权制度所追求的利益平衡精神主要表现在以下两个方面:第一,创造者权利、传播者权利、使用者权利三者之间利益协调。体现为:主体之间公平对待,除合理使用外,交换应该是有偿、互利的,知识财产利益合理分享,在法定范围内应该兼顾各方利益。第二,私人利益与公共利益的平衡。出于公共利益目标,对创造者的专有权进行必要的限制,以保证社会公众对知识产品的合理利用。利用他人知识产品或是基于表现自由的目的,或是基于公共教育的需求,或是基于公共卫生与生活的必要,这些都是正当的、合理的,其本身都是人权公约所要求的[②]。总而言之,促进社会和谐与团结,促进公共利益和社会福利,是知识产权法律价值的重要特点。

3. 效益。效益是指以价值得以最大化方式分配和使用资源,或者说是财富的极大化[③]。知识产权法的效益价值寻求的是一个特殊的点,在这一点上,个人利益和社会利益均呈现相对的最大化,这突出表现在知识产权法对知识产权保护期限的界定方面:为了激励知识资产的生产,鼓励创新,法律需要给权利人界定产权,而为了使知识产品发挥更大的社会效用(或社会利益),又必须限定权利人的独占使用期限。效益这一价值目标,要求知识产权制度力求制定出最合理的保护期间,以便使权利人可以在这段时间里得到足够的回报,而超过这一期限后,该知识产权将进入公知公用领域,以更充分地发挥其社会效用,实现更大的社会利益[④]。对于效益的追求中,还应该包含对经济权利和生命权利之间的效益整合,即兼顾对生命健康权的保护。

---

① 奥德曼·R. 查普曼:《将知识产权视为人权:与第 15 条第 1 款第 3 项有关的义务》,载自国家版权局主办《版权公报》,2001 年第 3 期。

② 吴汉东等:《知识产权基本问题研究》,中国人民大学出版社 2005 年版。

③ 张文显主编:《二十世纪西方法哲学思潮研究》,法律出版社 1996 年版,第 200 页。

④ 张焱:《国际知识产权法基本理论研究》,大连海事大学 2006 年论文,载中国知网硕士学位论文全文数据库。

(三)中俄知识产权保护的作用机制

知识产权的各项基本制度,围绕着法律价值目标,发挥着保护权利、平衡利益、推动科技进步和经济增长的社会功能。知识产权制度的作用机制表现在以下几个方面:

1. 产权界定与创新激励机制。在知识产品中,科学成果与某些技术成果采取的是非市场机制的产权形式,政府往往通过特别的法律手段,支撑和激励创造者的精神生产。如:赋予优先权,发现人、发明人取得"命名"与奖金报酬的权利。

2. 产权交易与资源配置机制。知识产权制度在界定产权、权利人合法权益的同时,又要规制产权交易,促进知识、技术的广泛传播与利用。产权交易在相关法律上表现为知识产权利用,其主要制度就是授权使用、法定许可使用和合理使用。知识产权的交易制度,目的在于调整信息生产者、传播者、使用者的权利配置关系,以实现科技进步和经济增长的最优效益。

3. 产权限制与利益平衡机制。知识产权的限制,是对权利人的专有权利行使的限制,其功能在于通过产权的适度限制,平衡权利人与社会公众之间的利益,确保社会公众接触和利用知识产品的机会。

4. 产权保护与市场规范机制。知识产权制度保护的是产权化的创造性智力成果。生产经营者只有获得技术与品牌的知识产权(如专利技术与注册商标),才能受到法律的保护。打击侵权行为,既是对产权所有人的利益保护,也是对市场竞争秩序的规范、管制。侵犯知识产权的行为直接发生于精神产品的生产、传播、消费过程当中,对此,经济学观点是调节有关产权交易及保护的成本、收益的关系,促使理性的经济人放弃侵权以及其他违法行为①。通过立法增加侵权成本,制止侵权,维护市场秩序,已成为一条可行之路。

5. 产权管理与政府指导机制。知识产权行政管理,是国家机关依法对产权的取得、利用等行为进行审查、监督、协调、服务等活动的总

---

① 吕忠梅等:《经济法的法学与经济学分析》,中国检察出版社1998年版,第369页。

称。有关知识产权的各项管理活动,体现了国家相关立法的宗旨与目的,形成了政府在私权领域推动科技进步和经济增长的引导机制。具体说来主要表现在以下几个方面:一是制定政策。政府在知识产权领域的保护与管理过程中,首先扮演的是政策制定者的角色。知识产权制度本身就是国家经济、科技、文化政策的一部分。国家制定的发展规划与具体政策,如科技发展规划、文化政策、产业政策、投资政策、外资政策等,都会不同程度地涉及知识产权问题。因此,通过政府的政策指引,有利于实现促进社会发展和知识产权立法的目标。二是审查制度。除著作权自作品完成之日起自动取得外,多数智力成果需要由国家主管机关进行专门审查,有益于提高知识产权授予的质量。此外,也可以对无形的知识财产进行产权边界确认,明确产权的范围与归属。三是信息公开制度。在保护产权的前提下,要求权利人公开自己的发明创造的内容,这即是专利文献制度。信息公开实际上是技术创新资源的配置方式。利用知识产权信息资源,可以避免重复投入,节约研究经费,提高技术创新起点。四是监督机制。国家主管机关通过履行管理职能,规范产权交易行为,维护市场秩序,保护当事人合法权益。五是行政救济制度。在知识产权领域,国家行政部门有权对侵权违法行为采取行政救济手段,或是对违法行政相对人给予行政处罚,或是责令侵权人赔偿受害人的利益损失。

(四)中俄科技合作知识产权保护中权利冲突协调原则之法理分析

1. 当事人协商解决原则

当事人协商解决是指由发生权利冲突的民事主体在平等自愿的基础上,通过契约的方式自由决定协调冲突的方案。该原则的理论基础在于:

第一,当事人协商解决原则是私法自治或意思自治原则的具体化,在与知识产权保护有关的权利冲突中被经常采用。“法律制度赋予并且确保每个人都具有在一定的范围内,通过法律行为特别是合同法来调整相互之间关系的可能性。人们把这种可能性称做"私法自治"[①]，私法自治主要反映在《民法》的《债法》之中，但知识产权法领域也不排斥私法自治的运用。

第二，当事人协商原则可以缓解立法的局限性与滞后性。社会在发展，法律并不能够预见到所有权利冲突的内涵和外延，为当事人设计出兼顾各方利益的相应协调机制。"人类的历史已反复地告诉我们，由立法者认识能力的非至上性和民事活动的无限复杂性的矛盾所决定，立法者不可能制定出全知全能的法律。"[②]权利冲突复杂多样，当事人之间的分散决策可以解决立法所遇不到的问题，因而就能作出更符合实际的决策即协调冲突的办法来。

第三，当事人协商原则有利于实现当事人利益的平衡与公平。即使立法者能够考虑到某种权利冲突的各个细节，但是立法者面临多种协调的方案也难以知晓哪一种方案更加符合当事人的利益。当事人作为具有独立意志的理性人，只有他们自己才是自身最佳利益的判断者。立法者只能在当事人没有约定或者达不成协议的情况下，提供最终解决纠纷的方案，但一般而言，该方案相比当事人的选择是次优的。

这一原则可以适用于所有的与知识产权有关的权利冲突类型，除非法律的明令禁止。只有在当事人之间不愿或者不能达成协议的情况下，才适用下列协调原则。换言之，当事人协商原则要优先于其他原则得到优先适用。

2. 保护在先权利原则

保护在先权利是指，当在先权利遭到在后权利的侵犯时，应当恢复在先权利的原有状态或对在先权利人进行补偿[③]。该原则的理论基础在于：第一，保护在先权利是财产权得到保障的体现。保护在先权

① [德]卡尔·拉伦茨著，王晓晔等译：《德国民法通论》（上册），法律出版社2003年版，第54页。

② 徐国栋：《民法基本原则解释——成文法局限性之克服》（增订本），中国政法大学出版社2001年版，第64页。

③ 杨才然：《与知识产权有关的权利冲突协调原则之理论基础》，载《电子知识产权》，2005年11月。

利是为了在协调解决权利冲突问题时贯彻保护财产权原则的一种明确化的提法。第二,保护在先权利是法律秩序安定性的要求。在先权利人所享有的在先权利是一种既得权,在先权利人行使自己的权利并在此基础之上与他人形成一定的社会关系并可能获得一定的既得利益,在后权利限制、阻碍了在先权利的圆满实现,打破了原有的既定状态,所以保护在先权利才能维持社会关系的稳定和确保权利人预期的实现。

保护财产权的方法有两种规则——财产法则与补偿法则。“所谓财产法则系指:除非事前获得权利人之同意,否则法律禁止他方当事人侵害这个权利。……所谓补偿法则指:即使未得权利人的事先同意,相对人仍可侵犯权利人之财产权,但必须依法作适当的赔偿。”[①]这是两种互相排斥的保护方式,不可能同时运用于同一权利冲突,原则上应使用财产法则,在例外的情形应使用补偿法则。

(1)财产法则。财产法则作为保护在先权利的原则的理由如下:第一,财产权的排他性决定了财产法则作为保护在先权利的原则。财产法则就是通过宣告与在先权利相冲突的在后权利无效或撤销该在后权利来维护财产权的排他性的。第二,恢复原状是在财产权受到侵犯之后所能采取的保护财产权的最佳途径。“于侵权行为而发生损害赔偿者,赔偿义务人应填补赔偿权利人所受之损害,以至于如同侵权行为未曾发生一样。”[②]换言之,损害赔偿的最高指导原则是恢复原状。第三,财产法则允许他人与在先权利人通过协商来利用在先权利,它禁止的只是他人未经在先权利人同意而实施对在先权利构成限制或者阻碍的行为。

(2)补偿法则。补偿法则作为财产法则的补充的根据如下:第一,在当代财产权社会化趋势的影响下,财产权并非具有绝对的排他性。在法律上,为了兼顾社会公共利益,财产权受到一定的限制,其排他性就不是绝对的。第二,从效率与经济分析的角度来看,补偿法则是经

① 王文宇:《民商法理论与经济分析》,中国政法大学出版社 2002 年版,第 124 ~ 125 页。

② 曾世雄:《损害赔偿法原理》,中国政法大学出版社 2001 年版,第 14 ~ 17 页。

济合理性的体现与要求。第三,在协商成本过高的情况下,补偿法则能公平合理地协调权利冲突。但不可否认的是,补偿法则只能适用于因侵权而产生的权利冲突的极少数情形。它被采用往往基于以下因素:在后权利具有巨大的经济和社会价值;融入了新创造的价值;否认在后权利有悖于诚实信用原则或者属于滥用权利。

3. 维护权利平等原则

维护权利平等是指除了因侵权而产生的权利冲突外,协调权利冲突时对冲突的各方权利应一视同仁、平等对待,不能因维护一方权利而可以滥用权利以致限制或者妨碍另一方权利实现。该原则存在下列几个方面的理论基础:第一,任何权利在法律面前一律平等。第二,维护权利平等是建立在公平、正义的基础之上。第三,为维护权利平等之需要,在一些情形下有必要使权利冲突的一方对另一方作出一定让步或受到一定限制。这是利益平衡的体现。维护权利平等原则主要适用于因滥用权利、一方主体逾越权利边界而引起的权利冲突,具体包括知识产权与使用者权的冲突、知识产权与物权的冲突、名誉权或隐私权与著作权的冲突、商业秘密权与自由择业权的冲突、知识产权共有人之间的权利冲突、原本可以并存的权利因一方或双方的对象后来知名或驰名而产生的冲突等情形。

4. 遵循正当程序原则

遵循正当程序是指,在涉及经行政授权的知识产权的权利冲突中,如果经行政授权的知识产权需要被撤销或宣告无效,同样要通过正当的程序由行政机关予以撤销或宣告无效,法院不得自行认定经行政程序获取知识产权的行为构成侵权,也不得直接判决禁止权利人行使经行政授权的知识产权①。遵循正当程序原则具有两个方面的必要性:第一,正当程序具有独立的存在价值。“正当程序的基本价值之一,就是不经正当的法律程序,任何权力都不得剥夺他人财产。”②这里

① 杨才然:《与知识产权有关的权利冲突协调原则之理论基础》,载《电子知识产权》,2005 年 11 月。

② [法]孟德斯鸠著,张雁深译:《论法的精神》(上),商务印书馆 1982 年版,第 150 页。

所指的正当程序不单指司法程序也包括行政程序。即所说的程序合法。第二,遵循正当程序是司法机关与行政机关分工合作、互相制约的关系的必然要求。对于知识产权的取得、变更、消灭是否正确,属于行政机关职权范围,应由行政机关通过正当的行政程序来处理,司法机关只能在行政诉讼程序中对行政行为的合法性进行审查并否定违法的行政行为。遵循正当程序原则主要适用于侵犯在先权利的在后权利是经行政机关通过行政程序授权而产生的情形。法院在运用该原则时,应搁置对被诉侵权的经行政授权的权利的审查,告知当事人先向行政机关通过行政程序处理,只有在当事人不服行政机关的处理并提起行政诉讼时,法院才能介入。

三、中俄科技合作中知识产权保护的基本原则与意义

(一)中俄科技合作中知识产权保护应遵循的基本原则

1. 国民待遇原则

1996 年《中华人民共和国政府和俄罗斯联邦政府关于在知识产权保护领域合作的协定》第 2 条第 2 款规定:"对于中华人民共和国和俄罗斯联邦共同参加的知识产权国际条约、协定不涉及的知识产权保护问题,自本协定生效之日起,一国自然人、法人及非法人团体在另一国境内将享有该国法律、法规给予其本国自然人、法人及非法人团体的同样权利。"其含义是中俄两国在知识产权保护上互相给予对方自然人、法人及非法人团体的权利与本国人相同。在中俄科技合作中,对于任何一方提供或获得的知识产权,另一方必须依照本原则予以保护。

2. 平等互利原则

《中华人民共和国政府和俄罗斯联邦政府关于在知识产权保护领域合作的协定》序言规定:"中华人民共和国政府和俄罗斯联邦政府在平等互利原则的基础上,在保护知识产权领域开展合作。"这一原则包含两层含义:一是主权平等,二是公平互利。主权平等要求参与合作各方不论国家大小强弱和技术水平高低,在法律地位上都是平等的。其中一个重要的表现是中俄双方互相承认依据各自国内法产生的知

识产权的效力，合作中尊重对方的法律。同时，基于平等原则，不同国家的法人或自然人等非国家行为体在参与合作时，其法律地位也是平等的。公平互利是平等原则的延伸，在中俄科技合作中对知识产权进行公平保护，是双方合作的前提和基础，互利则是合作的目的，双方签订的合作协议、合同应充分体现这一原则。

3. 利益平衡原则

利益平衡原则一是要求在分配知识产权的过程中必须保障创造性利益，并且要为此制定严格的操作程序，使权利人的投入与收益平衡。以专利制度为例，专利制度的规则应该是专利权人在以下利益的均衡中占有比较优势：在自己投入产生创新成果的使用收益与购买他人创新成果的使用收益比较中占有优势；购买他人创新成果使用收益与已进入公共领域的现有技术的使用收益的比较中占优势；创新成果的市场收益与创新成本及维权成本的比较中占优势。国际科技合作中知识产权的归属政策，就需要在合作各方的创造性智力劳动或物质资料的投入与其由此而产生的收益对比中产生。二是保障国家间利益的平衡。中俄两国根据自己的政治经济发展水平建立各自的知识产权保护制度，达成两国利益平衡就存在一定困难。中俄科技合作成果的归属与使用，必须考虑两国的国家利益，如：涉及政治安全的军事技术；涉及经济安全的精、高、尖技术。应在互利基础上，以双赢为目的，实现两国利益的平衡。三是实现垄断利益和公共利益的平衡。在中俄科技合作中，知识产权的权利人可能是自然人、法人或非法人团体，而此项知识产权的应用有利于公共利益的实现或扩展。为公共利益目的则必须对知识产权垄断人的权利进行限制，其关键在于垄断利益与公共利益之间平衡点的选择。

4. 尊重协议、信守承诺原则

中俄两国应遵守两国参加有关知识产权保护的国际公约或双方缔结的条约，符合国际惯例。缔约方应信守承诺、履行义务，以合作双方签订的科技合作协议或技术经济合作协议为根据。知识产权的无形财产权特性决定了知识产权保护上的难度，特别是涉及域外保护的情况下，而双方的合作协议（合同）则为知识产权保护提供了最有力的直接依据，合作者必须诚实履行。

(二)中俄科技合作中知识产权保护的现实意义

1. 有利于增强两国科技力量研发积极性,实现中俄两国科技优势互补

作为知识产权客体的信息、知识这种无形财产,如果没有法律的保护,主体将一无所有。知识的难创造、难控制、易分享的性质,使创新信息、知识的生产者在一个不受管制的市场中,要想回收创新信息的成本、收回知识的价值,非常困难甚至不可能。因此,对知识的占有、使用,由国家确认其产权和其他权利,并以法律的强制力来保护这种产权,就显得比对物权的保护更为重要,不保护知识产权的独占、垄断,就不可能有科技、文艺的发展[①]。只有通过赋予信息生产者或创作者个体在一定地域和时间内排除他人使用其信息资源的垄断权,只有由法律对创作人智力创作成果加以保护,维护市场公平竞争秩序,才能有力地刺激、鼓励信息生产者去探索、发现、创新、发展和完善人类的知识。中俄科技合作中知识产权保护的重大意义就在于激发科研人员的创造积极性,为早日实现中俄两国科技优势互补提供精神动力和智力支持

2. 对中俄科技合作中的知识产权进行保护,是两国维护国家利益的需要

中俄两国都意识到,拥有独立自主的知识产权,减弱两国对欧美国家经济、技术过分依赖,不受制于人,才能在激烈的国际竞争中处于优势地位。在两国科技合作中所触及的知识产权,特别是创新型、高科技领域的科研成果,必然引起两国高度重视,这涉及中俄国家安全战略。在军事上,两国都需要维护各自的军事技术优势,以威慑他国;在经济上,中俄都希望通过技术垄断,在国际贸易中争得一席之地。《中俄睦邻友好条约》第16条第3款规定:"缔约双方将根据本国法律及其参加的国际条约,保障维护知识产权,其中包括著作权和相关权利。"由此可见两国对知识产权保护的重视。

---

① 唐烈英:《试论知识产权的几个基本问题》,载《四川师范大学学报》(社会科学版),2005年第3期。

3. 促进两国在经济、贸易、科技和文化领域互利合作

知识产权作为一种无形财产权，其价值实现必须通过一定的载体，如：产品、书籍、包装等。这些载体在国际间的自由流动，即国际经贸和技术贸易，必须以得到知识产权权利人授权为前提，否则即构成侵权。只有在中俄科技合作中，对知识产权进行有效的保护，才能保证两国贸易、科技文化交流合作顺利进行，这是双方合作的基础性条件。《中华人民共和国政府和俄罗斯联邦政府关于在知识产权保护领域合作的协定》序言指出："中华人民共和国政府和俄罗斯联邦政府认识到对知识产权的有效保护对发展两国经济、贸易、科技和文化领域互利合作的特殊重要性。……"

四、中俄科技合作中涉及知识产权保护的基本领域

（一）关于知识产权滥用（知识产权反垄断）

在知识经济时代，知识产权对经济发展的作用日趋明显，知识产权越来越受到人们的普遍重视。知识产权权利人依据法律规定在一定期限、一定范围内对法律确认的智力成果可以进行合法垄断。但与此同时，权利人滥用知识产权的现象也日益普遍，严重妨碍了市场竞争和社会经济的发展，知识产权保护已背离了知识产权制度促进创新的目的。规制知识产权滥用，必须建立反垄断的法律制度，以此保护自由竞争秩序。

1. 知识产权滥用概念厘定

知识产权的滥用则是指知识产权权利人在行使其权利时超出了法律所允许的范围或者正当的界限，导致对该权利的不正当利用，损害他人利益和社会公益的情形[①]。知识产权具有两面性：一方面保护知识产权及权利人的合法利益，鼓励创新精神，避免挫伤其积极性；另一方面可能造成知识产权的权利滥用，导致阻碍科技创新以及垄断者借知识产权保护侵害消费者和其他竞争者的合法利益。

---

① 郑颖捷：《论知识产权滥用的反垄断法规制》，中国政法大学2004年论文，载中国知网硕士学位论文全文数据库。

2. 知识产权滥用的表现形式

知识产权的滥用主要有以下表现形式：

(1)知识产权闲置。无论何种原因的闲置均构成知识产权的浪费和对他人的限制，特别是恶意闲置。所有者通过注册或收购手段获取知识产权的目的如果是为了防止别人获得和使用类似专利，以阻止竞争对手，则可能构成恶意闲置。处理这类问题主要可以采取两个措施：一是利用反垄断法，处置闲置专利；二是对闲置专利实行强制许可。

(2)标准垄断。即通过制定产品有关的规格标准和技术标准，对其他企业进入相关的市场进行限制。一项标准中通常含有若干关键性的专利技术或受到版权法保护的相关信息，因此，垄断该项标准的个别企业或者企业联盟就很可能凭借知识产权保护的垄断地位，防止竞争对手通过复制和仿冒手段使用其标准，从而进入市场参与竞争。例如：外国企业通过技术专利化、专利标准化方式，在我国对外贸易中设立贸易壁垒。

(3)滥用市场支配地位的行为。该种行为主要包括限制性许可和操纵市场价格。限制性许可主要有以下几种形式：一是强制性一揽子许可。许可方要求被许可方同时认购几个相关的许可，而实际上被许可方并不需要这么多知识产权；二是专利所有者在实施技术许可时，要求被许可方购买非专利材料或配件，即有搭售行为。如：举世瞩目的"微软垄断案"，就是微软公司利用其垄断地位，制定搭售条款，不仅使被授权人丧失选择的机会，同时损害了经销商和消费者的利益；三是禁止被许可方对许可技术的有效性进行调查或投诉①；四是限制经营范围和竞争，包括：为了在特定市场销售产品而限制(或防止)许可；在许可中强加商标的要求，从而限制被许可方自主选择自己的商标；限制许可产品所包含物品的价格；不适当地限制被许可者的经营范围；五是限制许可专利的使用。譬如：对利用许可专利生产的产品施加质量控制，附加一些超出保证许可专利效力或维护商标名誉必须的

① 胡红明、刘江：《我国限制知识产权滥用的法律思考》，载《法制与社会》，2007年第6期。

条件;许可方限制被许可方向某些用户销售含有许可技术诀窍产品的权利,被许可方只能向许可方指定的对象销售许可技术产品;限制被许可方的经营管理等。

操纵市场价格包括价格歧视、掠夺性定价和过高定价。价格歧视是指企业在提供或接受产品或服务时,对不同的客户实行与成本无关的价格上的差别待遇。掠夺性定价包括两种类型,一种是在某一地区以低于成本的价格销售而在另一地区以正常价格销售的地区性掠夺定价行为;另一种是将某一产品以低于成本的价格销售而将其他产品以正常价格销售的产品性掠夺定价行为。过高定价是利用垄断地位(市场支配地位)对消费者和用户进行剥削的行为,因此又被称为剥削型滥用。①

(4)知识产权许可中的联合限制竞争。联合限制竞争是指两个或两个以上的行为人以协议、默契或其他联合方式实施的排除或者妨碍竞争的行为。即通过实行交叉许可或一揽子专利协议,制定限制条款限定价格、限定产量、限定技术来源和瓜分市场。该行为实际上促进了竞争企业的共谋,排除了竞争对手。因此,不少国家对联合专利许可进行比较严格的审查。

3. 中俄两国关于限制知识产权滥用的法律规制

无论中国抑或俄罗斯,非常重视对知识产权滥用问题的法律限制,并就其属性及规制方法作出了严格的规定,具体做法如下:

(1)关于知识产权滥用的法律属性之界定

2008 年 8 月 1 日生效的被称为"经济宪法"的《中华人民共和国反垄断法》将知识产权滥用行为归属为"滥用市场支配地位行为"。该法第八章的附则第 56 条规定:"经营者依照专利法、商标法、著作权法规定行使权利的正当行为,不适用本法;但是滥用知识产权的行为违反本法规定的,依照本法处理。"依据《反垄断法》第 17 条规定:"禁止具有市场支配地位的经营者从事下列滥用市场支配地位的行为:(一)以不公平的高价销售商品或者以不公平的低价购买商品;(二)没有正

① 郑颖捷:《论知识产权滥用的反垄断法规制》,中国政法大学 2004 年论文,载中国知网硕士学位论文全文数据库。

当理由,以低于成本的价格销售商品;(三)没有正当理由,拒绝与交易相对人进行交易;(四)没有正当理由,限定交易相对人只能与其进行交易或者只能与其指定的经营者进行交易;(五)没有正当理由搭售商品,或者在交易时附加其他不合理的交易条件;(六)没有正当理由,对条件相同的交易相对人在交易价格等交易条件上实行差别待遇;(七)国务院反垄断执法机构认定的其他滥用市场支配地位的行为。”同时,《反垄断法》的第18条还规定了:“在认定经营者具有市场支配地位,应当依据下列因素:(一)该经营者在相关市场的市场份额,以及相关市场的竞争状况;(二)该经营者控制销售市场或者原材料采购市场的能力;(三)该经营者的财力和技术条件;(四)其他经营者对该经营者在交易上的依赖程度;(五)其他经营者进入相关市场的难易程度;(六)与认定该经营者市场支配地位有关的其他因素。”

在法律责任追究方面,《反垄断法》规定,经营者违反本法规定,滥用市场支配地位的,由反垄断执法机构责令停止违法行为,没收违法所得,并处上一年度销售额百分之一以上百分之十以下的罚款;经营者实施垄断行为,给他人造成损失的,依法承担民事责任;对反垄断执法机构依法实施的审查和调查,拒绝提供有关材料、信息,或者提供虚假材料、信息,或者隐匿、销毁、转移证据,或者有其他拒绝、阻碍调查行为的,由反垄断执法机构责令改正,对个人、单位可以处以罚款;情节严重的,从重处罚;构成犯罪的,依法追究刑事责任。

《俄罗斯反垄断法》同样作出类似的规定,将知识产权滥用视为滥用市场支配地位。该法第4条对“市场支配地位”作了明确规定,即一个或若干企业在特定市场中拥有排他性地位,对相关市场中的一般商品流通条件可以施加决定性影响,或有可能阻碍其他实体进入这一市场。市场份额超过65%的企业视为具有市场支配地位。由此可见,65%的市场份额是衡量一个企业市场支配地位的临界值。该法第5条第1款还列举了企业市场支配地位的5种行为:出于制造或维持商品短缺或抬高价格的目的而从流通市场上撤回商品;向契约对方强加于其不利的契约条款或者强加与契约标的物无关的条款;以不平等条件向契约对方强加歧视性条款;维持垄断性高价或低价;妨碍其他经济主体进出市场,禁止限制竞争的协议。

同时,《俄罗斯反垄断法》禁止旨在限制竞争的横向协议和纵向协议。相互竞争的经济主体之间就共同占有一市场份额35%以上所达成的任何协议(协同行动),如果导致或可能导致对竞争的限制,则这些协议将被依法禁止。主要包括下列协议:确定或维持价格、折扣和红利的协议(固定价格);提高、降低或维持拍卖价或投标价的协议(串通招投标);依据所销售商品的买主或卖主的类型,按地区划分市场的协议(划分市场范围);限制其他经济实体作为卖方或买方进入市场,或者将他们排除出市场;拒绝与特定卖方或买方缔结契约等①。

(2)中俄科技合作中知识产权滥用的情况

中俄科技合作中的知识产权滥用行为具体包括以下三种情形:1)第三人侵犯涉及合作方的知识产权或智力成果的行为。可能采用的手段包括:恶意闲置知识产权;标准垄断;滥用市场支配地位。2)中俄合作中的一方侵犯对方权益的行为,一般表现为利用垄断地位操纵专利产品价格。3)中俄合作各方共同侵犯第三方权益的行为。无论是哪种情况,知识产权的滥用会严重阻碍中俄科技合作的顺利进行,使得中俄科技合作目标的实现面临着不可避免的风险,甚至浪费大量的人力、物力、财力。在中俄科技合作中应竭力避免此种情况发生。

(3)对知识产权滥用行为实施强制许可

我国《专利法》第48条规定:"具备实施条件的单位以合理的条件请求发明或者实用新型专利人许可实施其专利,而未能在合理的时间内获得这种许可时,国务院专利行政部门根据该单位申请,可以给予实施该发明专利或实用新型专利的强制许可。这种做法主要是针对恶意闲置知识产权的一种法律上的处置。"

2002年,我国颁布了《专利法实施细则》。2003年7月,我国知识产权局又颁布了《专利实施强制许可办法》,为我国实施专利强制许可奠定了法律上的依据。其中《专利法实施细则》第五章对强制许可作出具体规定:1)自专利权被授予之日起满3年后,任何单位均可以依照专利法的规定,请求国务院专利行政部门给予强制许可;2)国务院专利行政部门作出的给予实施强制许可的决定,应当限定强制许可实

---

① 参见《俄罗斯联邦反垄断法》第6条规定。

施主要是为供应国内市场的需要;强制许可涉及的发明创造是半导体技术的,强制许可实施仅限于公共的非商业性使用,或者经司法程序或者行政程序确定为反竞争行为而给予救济的使用。

2007 年我国农业部颁布的《中华人民共和国植物新品种保护条例实施细则(农业部分)》中规定,有下列情形之一的,农业部可以作出实施品种权的强制许可决定:1)为了国家利益或者公共利益的需要;2)品种权人无正当理由自己不实施,又不许可他人以合理条件实施的;3)对重要农作物品种,品种权人虽已实施,但明显不能满足国内市场需求,又不许可他人以合理条件实施的。

俄罗斯也同样规定了类似的制度,在《俄罗斯民法典》第 1357 条中确立了强制非独占许可制度。按照该规定,如果专利权人和权利受让人自发明或工业品外观设计专利权授予之日起 4 年内,实用新型专利权授予之日起 3 年内,未实施或未充分实施取得专利权的发明、工业品外观设计或实用新型,导致相应的商品或服务在商品市场或服务市场上得不到充分供应。那么,任何一个有意愿并准备实施取得专利权的发明、实用新型或工业品外观设计的人,在遭到专利权人拒绝与其签订以相应惯例为基础的许可合同时,有权向法院起诉专利权人,请求授予其在俄罗斯联邦境内实施该发明、实用新型或工业品外观设计的强制非独占许可。

(4)中俄两国对防止知识产权滥用其他规定

我国《中外合资经营企业法实施条例》第 43 条第 7 款中规定:"合营企业订立的技术转让协议,不得含有为中国的法律、法规所禁止的不合理的限制性条款。"我国 1985 年发布的《技术引进合同管理条例》第 9 条中规定:"技术引进合同的供方不得强使受方接受不合理的限制性要求;未经审批机关特殊批准,合同不得含有九个方面的限制性条款。"该条例的实施细则第 14 条、第 15 条也细化了合同中不得含有的限制条款。我国 1993 年《反不正当竞争法》的第 12 条、第 15 条都有限制知识产权滥用内容。1994 年实施的《中华人民共和国对外贸易法》第 27 条规定了对外贸易经营者在对外贸易经营活动中不得有"以不正当竞争手段排挤竞争对手"的行为,也应理解为包括涉及滥用知识产权的限制竞争行为。

我国1999年《合同法》第329条规定:“非法垄断技术、妨碍技术进步或者侵害他人技术成果的技术合同无效。”对于本条所述情形,最高人民法院后来出台的技术合同司法解释予以明确为六种情形。第334条规定:“技术转让合同可以约定让与人和受让人实施专利或者使用技术秘密的范围,但不得限制技术竞争和技术发展。”该法第355条规定:“法律、行政法规对技术进出口合同或者专利、专利申请合同另有规定的,依照其规定。”这使得前述有关技术引进合同中一般不得含有的限制性条款的规定在《合同法》实施后仍然得以适用,我国以前《技术合同法》中的相关规定在新合同法中得到保留。2004年《中华人民共和国对外贸易法》修改后,增设了第5章:与对外贸易有关的知识产权保护。其中第30条国际知识产权许可合同中,对知识产权许可人利用市场垄断优势的滥用行为进行了原则性的规定[①]。

俄罗斯法律规定。俄罗斯除了通过的《反垄断法》之外,还颁布了《关于违反国家价格制度必须受到经济制裁条例》、《关于专门调控专营企业经济活动》的132号决定对滥用知识产权的垄断行为规定了制裁措施。俄《反垄断法》第7至第9条规定:严格禁止行政机关和管理机关从事下列活动:(1)除依法禁止(即合法禁止)外,禁止企业主动生产的某些产品或者禁止生产某些产品。(2)阻止企业在俄罗斯联邦任一地区的经营活动,或以其他方式限制企业的商品销售权、获取权、购买权和交换权。(3)禁止行政机关与企业达成横向协议。根据《反垄断法》第8条规定:“为了确立正确的市场秩序,国家机关和管理部门之间或与某个企业经营者联合一起从事经营活动,其中包括影响市场价格的提高、降低等因素的,妨碍其他经营者的竞争活动的行为将被禁止。俄罗斯通过《反垄断法》和《关于违反国家价格制度必须受到经济制裁条例》、《关于专门调控专营企业经济活动》的132号决定对滥用知识产权的垄断行为进行制裁。

① 我国《对外贸易法》第30条规定:“知识产权权利人有阻止被许可人对许可合同中的知识产权的有效性提出质疑,进行强制性一揽子许可,在许可合同中规定排他性返授条件等行为之一,并危害对外贸易公平竞争秩序的,国务院对外贸易主管部门可以采取必要的措施消除危险。”

4. 关于完善中俄科技合作中知识产权保护的几点建议

知识产权作为一种私有权,在人的私欲作用下不可避免地会导致权利滥用。人们在承认知识产品私有产权合理性的同时,必须坚决地反对知识产权滥用。在中俄科技合作的基础还很薄弱、双方有关知识产权保护立法还欠发达的情况下,如果不能对知识产权滥用行为进行有效的规制,保护知识产权人合法的利益,不仅会阻碍中俄两国科技合作的深度与广度,一定程度上还会影响到中俄两国合作的战略升级。为此,如何保障中俄科技合作的良性发展,特提出如下建议:

(1)应完善两国规制知识产权滥用的法律制度。借鉴美国和欧盟的先进经验,完善界定、约束和惩处滥用知识产权行为的分析方法与适用原则,细化具体条款,使法律、法规具有更强的操作性。

(2)中俄两国应在 1996 年 4 月 25 日中俄两国政府签订的《中俄关于知识产权保护领域合作的协定》的基础上,进一步确立常规的协调与沟通机制,及时向对方通报有关知识产权和侵权的信息,在防止知识产权滥用方面形成打击的合力。两国政府应发挥积极的作用,利用国家的信息、技术、人力、财力优势,为两国科技合作中的知识产权保护提供助力。

(3)中俄合作方应建立知识产权保护常设机构并配备专门人员监督有关知识产权的一切行为,对知识产权滥用行为及时反馈,迅速采取维权行动,尽量减少损害情况的发生。

(4)利用先进信息及网络技术,搭建知识产权信息平台,集统计、交流、反馈、预警功能于一体,为规制知识产权滥用行为提供技术、信息支持。

(5)中俄合作双方应注重对合作参与人员知识产权保护意识的培养,通过各种活动对员工进行知识产权教育,使其自发地参与到维权行动中来,从而为抵制知识产权滥用提供支撑。在中俄科技合作活动中,美欧等一些国家和国际的立法和执法实践可以为我们提供可供借鉴的经验,使合作双方在有效抵制知识产权滥用方面少走弯路,从而有利于维护知识产权权利人的合法权益,保障科技合作目标的实现,为进一步开创中俄科技合作的新局面创造条件。

（二）数字、信息时代网络环境下的知识产权

所谓数字技术，就是能将任何信息——文字、声音、图像、动画等都以数字代码的形式转化成二进制（0 或者 1）的数字语言，交给计算机处理的技术。网络技术（Internet Technology）是指为了进行通讯和实现信息资源共享而把两台或多台计算机连接起来而形成的技术。信息技术（Information Technology）在今天是计算机、网络化、数字化等技术的总称，是围绕信息的开发、存储、传输而创造和发展起来的技术[①]。

1. 网络环境下的知识产权

互联网是现代通信技术与计算机技术相结合的产物。它由分布在世界不同地区的计算机与专门的外部设备连接成一个规模大、功能强的网络系统，众多计算机之间通过网络可以方便地相互传递信息、共享软件、数据信息等资源。网络的普及打破了时间、地域限制，网上信息扩散传播的高速度、高容量、高覆盖面的特点，使知识产品或其信息在网上能瞬间传至世界每一角落，从而使位于世界各地的网络用户几乎都可以在信息下载的同时获取和利用信息。在中俄科技合作中，合作方可能会利用网络信息、数据库及软件为科技合作目的服务，也可能在网络上进行公布信息、发表著作等活动，无论是从避免侵犯他人知识产权，还是从保护已方知识产权角度来看，都应对网络环境下的知识产权保护作进一步的研究。

作为知识产权保护客体的软件、各种数据信息资源，在网络环境下具有了新的特点：

（1）知识产权非实体性的进一步强化；（2）知识产权专有性弱化；（3）知识产权地域性淡化；（4）知识产权时间性发生变化；（5）知识产权可复制性的强化[②]。特别是数字化成为作品的特定复制方式之一，引发了复制权冲突。中国版权局 1999 年发布的《关于制作数字化制

① 周兴芳：《数字网络技术与知识产权保护》，载《福建工程学院学报》，2005 年第 2 期。

② 孙萁、巩顺龙：《网络环境下的知识产权保护研究》，载《情报科学》，2007 年第 8 期。

品的著作权规定》肯定了数字化行为是一种复制(第2条),是著作权人的专有权;同时指出了将表演者的表演、录音录像制作者的录音录像制品、广播电视组织的广播电视节目和出版者的版式设计制作数字化制品的,同样属于复制行为(第8条)。

与传统知识产权保护客体相比,网络知识产权保护面临着诸多的新领域、新事物,其中包括:作品数字化和网络作品、向公众传播权、网络链接权的保护、域名与商标冲突、驰名商标的网上保护、网络域名注册市场服务的不正当竞争,涉及网络假冒及虚假宣传等行为的不正当竞争,与网络技术有关的不正当竞争,作品保护的技术措施和权利管理信息等。这些新的保护客体及业务领域导致了知识产权制度的本质变化。

以上变化为互联网上知识产权的保护增加了难度。在网络空间中跨国知识产权的侵权认定与实施保护都存在理论和实践上的困难,对跨国知识产权的保护成为亟待解决的艰巨问题。在网络环境下,各国知识产权立法的差异,权利保护期限的参差和越境数据流量和速度的增加等特点都深刻地影响知识产权的专有性,逐渐削弱着知识产权的垄断性,给知识产权的确认、使用、检测及保护的实现都带来困难。主要表现在以下几个方面:一是发现侵权行为难;二是法律关系不清晰;三是确定侵权主体难;四是获取证据难;五是提交证据不完整;六是获得足额赔偿难。2003年12月我国最高人民法院根据著作权法的修改和审判实践作出了《关于修改〈最高人民法院关于审理涉及计算机网络著作权纠纷案件适用法律若干问题解释〉的决定》,并重新公布了修改后的司法解释,使网络环境下著作权司法保护机制更加完善。《决定》第2条第2款规定:"著作权法第10条对著作权各项权利的规定均适用于数字化作品的著作权。将作品通过网络向公众传播,属于著作权法规定的使用作品的方式,著作权人享有以该种方式使用或者许可他人使用作品,并由此获得报酬的权利。"

2. 网络环境下侵犯知识产权的形式

网络环境下知识产权纠纷主要表现为以下几种形式[①]:1)未经许

---

① 曾祥素:《网络纠纷案件审理难度大——专家研讨互联网环境下的知识产权司法保护》,载《中国质量报》,2007年5月10日。

可，上传他人作品，如文字作品、图片作品、音乐作品、影视作品等；2）以商业为目的，将他人网站的内容链接到自己的页面下，当做自己的网站运营；3）以商业为目的，侵入到他人服务器，非法占用和使用他人网络资源；4）以商业为目的，劫持他人网络信息，阻塞他人服务器的正常运行；5）为争夺用户，抢占网络资源，以不正当竞争手段，干扰、屏蔽或封锁他人的同类软件；6）恶意软件（又称流氓软件），其特点：在小流量网站上存放，在大流量网站上搭便车。表现形式为强制安装、难以卸载、强行弹出广告、劫持信息、恶意收集用户信息等损害他人利益的软件，等等。俄罗斯常见的网上侵权行为主要有：直接盗用别人软件或网号，或把买来的软件放在自己的服务器里给自己的用户使用而收取服务费；私自抢注产权权利人的商标形象，利用人们对域名和商标容易混淆的弱点，采取相似法来赚取利润；将网上大量的免费软件和共享软件改名换姓后出售，故意破坏或进入其他用户的系统，成为电脑“黑客”。

3. 网络环境下的知识产权保护的几方面问题

（1）网络信息资源的版权保护问题。作品数字化与网络传输对著作权法提出了种种挑战。例如，作品在网络媒体上的发表权、数字化复制权、网络传播权、链接、最终用户的合理使用等等。网络信息资源的传输，突破了现有著作权作品的种类，也使作者的复制权受到冲击。据计算机保障用户协会的调查统计，俄罗斯计算机侵犯版权率高达94%。

我国《著作权法》第32条第2款规定：“作品刊登后，除著作权人声明不得转载、摘编的外，其他报刊可以转载或者作为文摘、资料刊登，但应当按照规定向著作权人支付报酬。”

我国新闻出版总署和信息产业部2002年颁布的《互联网出版管理暂行规定》中明确规定：“互联网出版，是指互联网信息服务提供者将自己创作或他人创作的作品经过选择和编辑加工，登载在互联网上或者通过互联网发送到用户端，供公众浏览、阅读、使用或者下载的在线传播行为。”其作品主要包括：（一）已正式出版的图书、报纸、期刊、音像制品、电子出版物等出版物内容或者在其他媒体上公开发表的作品；（二）经过编辑加工的文学、艺术和自然科学、社会科学、工程技术等方面的作品。我国《著作权法》第 37 条和第 41 条为表演者和录音制品制作者新设立了"信息网络传播权"。我国《著作权法》第 47 条第 6 款新增了一项要依法追究责任的侵权行为,即"未经著作权人或者与著作权有关的权利人许可,故意避开或者破坏权利人为其作品、录音录像制品等采取的保护著作权或者与著作权有关的权利的技术措施的。"

根据侵害手段及对象的不同,并结合司法实践的总结,可以将网络上形态各异的版权侵权行为,概括为九种情形:①网络用户或者网络服务商在自己设立的网页、电子布告栏等论坛区非法复制、传播、转贴他人享有版权的作品;②行为人将他人享有版权的作品上载到网络或将其从网络下载进行非法使用;③将在网上传输的他人作品下载并复制成光盘进行非法销售;④超越授权范围使用共享软件或者使用期满不进行注册而继续使用等;⑤未经许可将他人作品的原件或复制件提供到网上交易或传播;⑥侵害网络作品著作人身权的行为;⑦由链接技术引起的版权侵权行为;⑧擅自破译、解除版权人对作品所采取的技术措施;⑨擅自清除、更改网络作品上所附的版权管理信息[①]。

(2)数据库的保护问题。数据库的保护必须解决两个问题:一个是数据库的制作者投资回报问题,另一个是信息自由问题。数据库是现代信息产业的基础。由于数据库的建立在选择信息、构思等方面都包含着创作人员的独创性劳动,因而数据库本身享有知识产权。然而,信息技术的发展为联机检索和开发利用信息资源过程中的数据库侵权行为提供了便利。当文献信息机构开展资源共享活动或个人利用网上资源时,都潜存着对数据库版权的侵犯。

我国《著作权法》第 14 条规定:"汇编若干作品、作品的片段或者不构成作品的资料或者其他材料,对其内容的选择或者编排体现独创性的作品,为汇编作品,其著作权由汇编人享有,但行使著作权时,不得侵犯原作品的著作权。"同时在《实施国际著作权条约的规定》第 8 条规定:"外国作品是由不受保护的材料编辑而成。但是在材料的选

---

① 潘志玉:《网络作品的版权与保护》,西南政法大学 2005 年论文,摘自中国知网中国硕士学位论文全文数据库。

取或编排上有独创性的,依照《著作权法》第14条的规定予以保护。”由上述修改可以看出,在我国,对于有独创性的数据库,可以援用《著作权法》中汇编作品的有关规定予以保护。但其必须首先满足《著作权法》保护的前题——独创性。独创性也称为原创性,即数据库制作者对数据库内容的选择或者编排体现其独到的创意。数据库的独创性体现在两个方面:其一为资料的选取,即数据库制作者通常根据制作目的,按照一定的标准选择所需的材料;其二为资料的编排,即内容储存在数据库中的顺序或呈现于用户面前的顺序[①]。对不具有独创性的数据库的所有者而言,反不正当法上的成果保护是一种有效的方式。例如:1996年北京阳光公司诉上海霸才公司一案[②]。原告阳光编辑的电子信息产品,应属电子数据库,在本质上是特定金融数据的汇编,这种汇编在数据的编排和选择上并无著作权法所要求的独创性,不构成著作权法意义上的作品,不能受到著作权法的保护。但阳光公司作为特定金融数据的汇编者,对数据的收集、编排,对电子数据库的开发制作付出了投资,承担了投资风险,判定霸才公司未经许可获取其数据并有偿传输,构成不正当竞争。

(3)数字图书馆的知识产权问题。数字图书馆的版权问题是目前网络信息资源知识产权保护的一个热点,主要表现在两个方面:传统图书馆上网以及构建数字图书馆过程中的版权保护问题;数字图书馆建设中的自主知识产权保护问题[③]。

从《著作权法》对著作权人专有权进行限制的“合理使用”和“法定许可使用”中,我们可以理解和归纳出图书馆等信息管理机构所享有的特权:1)为保存馆藏目的和参考目的的复制,包括数字化复制。为编制文献目录、索引的目的也可复制所需作品,只要不超过法律规

---

① 徐家力:《知识产权在网络及电子商务中的保护》,人民法院出版社2006年版。

② 参见《阳光数据公司诉霸才数据公司违反合同转发其汇编的综合交易行情信息不正当竞争案》,来源网站:http://law. hotoa. com. cn/lawv2/5/188 - 1/8 A6722d - B2D3 - 40EB - AE98 - 97cd15E44DD4.

③ 谢小玲:《浅谈网络环境下图书馆信息资源的知识产权保护》,载《科技情报开发与经济》,2007年第21期。

定的数量,视为合理使用。2)信息管理机构尤其是图书馆,因其业务需要向著作权人支付费用应有别于以营利为目的的商业运作费用。图书馆是公益性单位,无法承担高额的费用,付酬上可通过"集体与集体"方式磋商,从"合理使用"这个角度来争取付酬的最节约性,这符合版权法既保护作者又保护公众利益的立法宗旨。3)图书馆以暂存方式收集信息属合理使用,为读者提供数字浏览服务亦属合理使用。读者有权像借阅印刷型文献一样,对暂存于图书馆随机存储器中的信息进行浏览和阅读。4)图书馆用超链接作信息导航服务,应视为合理使用。

我国《信息网络传播权保护条例》第7条规定:"图书馆、档案馆、纪念馆、博物馆、美术馆等可以不经著作权人许可,通过信息网络向本馆馆舍内服务对象提供本馆收藏的合法出版的数字作品和依法为陈列或者保存版本的需要以数字化形式复制的作品,不向其支付报酬,但不得直接或者间接获得经济利益。"由此可见,数字图书馆将馆藏作品进行数字化处理是一种合理使用行为,可不必取得版权人许可,不必支付报酬,而无论馆藏作品是否已经进入了公有领域,但前提必须是出于备份、保存版本或陈列的需要①。除此之外,数字图书馆还有以下义务:不得提供作者事先声明不许提供的作品;指明作品的名称和作者的姓名(名称);依照本条例规定支付报酬(为商业目的而使用);采取技术措施,防止条例允许之外的其他人获得著作权人的作品,并防止本条例第7条规定的服务对象的复制行为对著作权人利益造成实质性损害;不得侵犯著作权人依法享有的其他权利。

数字图书馆根据馆藏作品汇编而成的数据库在著作权的意义上能够成为作品,并享有著作权。如果数据库中的全部或部分资料作品仍为版权作品,那么数据库的制作中必然有复制行为,则数字图书馆与资料作品的著作权人共同享有汇编作品的著作权。那么,根据《著作权法》第二章第1节第9条的规定,数字图书馆作为著作权人"许可他人行使或转让著作权的经济权利并依照约定或者本法有关规定获得报酬",据此则可进行有偿服务。

---

① 参见王小敏:《网络环境下著作权的合理使用》,载 www.chimlawedu.com.

（4）软件保护问题。软件权利人拥有作品的网络传播权、破坏软件加密措施、破解软件安装密码、破解程序、传至网络供他人使用或者用于盈利目的的，都侵犯了他人的知识产权。在通常的计算机软件侵权中，软件是固定的，侵权形式是可以比较的，载体也是固定的，在侵权判定时是静态的，软件安装或使用也有一个明确的界限。但在互联网环境下，这些软件是不固定的，修改的不是原程序，而是目标代码，是在内存中进行的修改。这样关机后它就消失了，侵权行为是不固定的。这给计算机软件保护带来了一定的难度。根据我国《著作权法》和《计算机软件保护条例》的规定，被投诉人不能证明其制作、发行的作品、计算机软件有合法来源的，应当承担法律责任。依据我国法律规定，计算机软件权利人享有以下权利：发表权、署名权、修改权、复制权、出租权、发行权、信息网络传播权、翻译权、应当由软件著作权人享有的其他权利。在网络上行为人侵犯以上任何一种权利即构成侵犯网络侵权。根据我国知识产权犯罪的新司法解释，网吧业主或其他人未经厂商许可安装盗版网络游戏服务器端软件，假设网游“私服”，玩家超过 1 000 人，也可能涉及犯罪。如果数量没有达到《解释》上要求的，虽然不是犯罪，但也是侵权行为。

（5）侵犯域名权。域名（domalnnames）是连接到国际互联网上的计算机的地址，它由一串数字、符号和英文字母组成。域名具有独占性，在 TCP/IP 协议下是异地终端机访问该台计算机的标识符，不同计算机共享同一域名将无法正常实现异地计算机的定位与访问。随着电子商务、网络贸易的发展，域名逐渐具有了巨大的商业价值和广告效应。因为域名是用户在因特网上的唯一地址，只有通过这个地址，人们才能找到某一公司的主页和网站。因此，域名又具有了标识性的功能，它被广泛地用做一种商业标识符号，成为了发展电子商务的基本手段，具有无可争辩的标识作用[①]。我国立法把域名作为一项新的独立的知识产权客体，使域名权成为知识产权体系中的一项新的权利。

---

①　冯薇：《网络环境下的域名与商标法律制度》，中国政法大学 2002 年论文，载中国知网硕士学位论文全文数据库。

目前实践中涉及域名侵权的主要是域名抢注侵犯他人商标权或构成不正当竞争等案件。随着网络的快速发展,域名所具有的巨大商业价值引起了越来越多的人的关注,域名抢注便成了某些人牟取不正当利益的渠道之一。近几年来,我国因域名引发的侵权案件不胜枚举。在《最高人民法院关于审理涉及计算机网络域名民事纠纷案件适用法律若干问题的解释》中规定,对符合以下各项条件的,应当认定被告注册、使用域名等行为构成侵权或者不正当竞争:(一)原告请求保护的民事权益合法有效;(二)被告域名或其主要部分构成对原告驰名商标的复制、模仿、翻译或音译;或者与原告的注册商标、域名等相同或近似,足以造成相关公众的误认;(三)被告对该域名或其主要部分不享有权益,也无注册、使用该域名的正当理由;(四)被告对该域名的注册、使用具有恶意。

以下行为应当认定为行为人有恶意:(一)为商业目的将他人驰名商标注册为域名的;(二)为商业目的注册、使用与原告的注册商标、域名等相同或近似的域名,故意造成与原告提供的产品、服务或者原告网站的混淆,误导网络用户访问其网站或其他在线站点的;(三)曾要以高价出售、出租或者以其他方式转让该域名获取不正当利益的;(四)注册域名后自己并不使用也未准备使用,而有意阻止权利人注册该域名的;(五)具有其他恶意情形的。《解释》同时规定:人民法院认定域名注册、使用等行为构成侵权或者不正当竞争的,可以判令被告停止侵权、注销域名,或者依原告的请求判令由原告注册使用该域名,给权利人造成实际损害的,可以判令被告赔偿损失。

(6)侵犯商业秘密。商业秘密侵权行为,或称侵犯商业秘密的行为,是指行为人违反法律、法规或者有关知识产权国际公约的规定或其与权利人之间的约定,不正当获取、披露、使用权利人的商业秘密以及从非法持有人处获取他人的商业秘密并加以使用或披露的行为[①]。网络环境下商业秘密侵权主要有两种类型:第一种类型是利用计算机网络窃取商业秘密;第二种类型即是借助因特网,侵犯商业秘密的行

---

① 冯晓青、杨利华等:《知识产权热点问题研究》,中国人民公安大学出版社 2004 年版,第 8 页。

为人能够便利地披露他人的商业秘密[1]。主要有以下几种方式：①利用管理或者能方便地接触、使用企业电脑、网站的优势，随意窃取、泄露或者利用上网企业具有商业价值的保密性资料信息。②通过互联网，破解企业内部的安全系统，这主要是指网络黑客通过入侵公司网络而侵取商业秘密。③行为人出于报复或者其他目的在计算机互联网的电子公告栏上，公开商业秘密或者复制商业秘密的数据。④企业商业秘密在通过网络进行传输的过程中被他人截获、窃取、更改、披露。⑤以FTP传输文件、BBS电子公告板、新闻组和远程登录等方式，披露非法获取的商业秘密。⑥出于牟利的目的，采用发送电子邮件，复制商业秘密、数据的方法，违反合同约定将商业秘密非法转让给他人。⑦在互联网上采用欺骗、胁迫等手段获取他人商业秘密。包括：a. 冒充合法用户，给企业发大量电子邮件，窃取商家的商品信息和用户信息，检索企业商品的递送状况，订购商品，从而了解企业商品的递送状况和货物的库存情况。b. 冒充领导发布命令，调阅密件。c. 冒充网络控制程序，套取或修改使用权限、通行字、密钥等商业秘密。⑧通过在发售的软、硬件中集成木马程序或编制病毒来盗取商业秘密。⑨网络服务提供商作为第三人，明知或者应该知道是他人商业秘密，而被动地接受的。

根据法律规定以及相关司法实践，构成侵犯商业秘密必须同时具备三个条件：一是权利人合法掌握一项符合法律条件的商业秘密；二是行为人实施了获取、披露、使用或者允许他人使用该项商业秘密的行为；三是行为人获取、披露、使用或者允许他人使用该项商业秘密的行为违法[2]。

4. 我国相关法律规定

(1)档案保护。档案经过管理人员的收集、整理、归档、编研、保管和提供利用，倾注了档案人员的心血与脑力成果，因此档案也是知识

---

① 颜祥林、朱庆华：《网络环境下商业秘密侵害的防范与救济》，载《信息系统》，2002年第4期。

② 参见《中华人民共和国最高人民法院民事判决书(2001)民三终字第11号》，来源网站 http://www.myipr.net/suma/2005-05/892.html.

产权。在网络环境下，档案馆无法控制档案信息传输范围和数量，无法控制读者的非法使用，因此须征得著作权人的许可才能放置网上。至于用户通过互联网或局域网下载档案馆放在网上的信息，经著作权人许可是可以复制的。按照我国档案管理条例，规定凡涉及知识产权方面档案的利用、公布，不得违反国家有关知识产权保护的法律规定，档案人员要遵守国家有关科技保密的规定，保证科技机密及档案的安全，维护本单位和科研人员的知识产权[①]。

(2)信息网络传播权保护。我国《信息网络传播权保护条例》规定以下情形为侵犯著作权人、表演者、录音录像制作者的信息网络传播权:(一)通过信息网络擅自向公众提供他人的作品、表演、录音录像制品的;(二)故意避开或者破坏技术措施的;(三)故意删除或者改变通过信息网络向公众提供的作品、表演、录音录像制品的权利管理电子信息，或者通过信息网络向公众提供明知或者应知未经权利人许可而被删除或者改变权利管理电子信息的作品、表演、录音录像制品的;(四)为扶助贫困通过信息网络向农村地区提供作品、表演、录音录像制品超过规定范围，或者未按照公告的标准支付报酬，或者在权利人不同意提供其作品、表演、录音录像制品后未立即删除的;(五)通过信息网络提供他人的作品、表演、录音录像制品，未指明作品、表演、录音录像制品的名称或者作者、表演者、录音录像制作者的姓名(名称)，或者未支付报酬，或者未依照本条例规定采取技术措施防止服务对象以外的其他人获得他人的作品、表演、录音录像制品，或者未防止服务对象的复制行为对权利人利益造成实质性损害的。构成以上侵权行为的，根据严重程度，承担相应的民事责任;同时损害公共利益的，可以由著作权行政管理部门责令停止侵权行为，没收违法所得，并可处以罚款;情节严重的，著作权行政管理部门可以没收主要用于提供网络服务的计算机等设备;构成犯罪的，依法追究刑事责任。

对于以下三种行为:(一)故意制造、进口或者向他人提供主要用于避开、破坏技术措施的装置或者部件，或者故意为他人避开或者破

---

① 陈艾姣:《网络环境下档案信息安全与知识产权保护》，载《新时期档案工作论文集》，第495页。

坏技术措施提供技术服务的;(二)通过信息网络提供他人的作品、表演、录音录像制品,获得经济利益的;(三)为扶助贫困通过信息网络向农村地区提供作品、表演、录音录像制品,未在提供前公告作品、表演、录音录像制品的名称和作者、表演者、录音录像制作者的姓名(名称)以及报酬标准的。由著作权行政管理部门予以警告,没收违法所得,没收主要用于避开、破坏技术措施的装置或者部件;情节严重的,可以没收主要用于提供网络服务的计算机等设备,并可处以罚款;构成犯罪的,依法追究刑事责任。

(3)网络服务提供者的责任。我国《最高人民法院关于审理涉及计算机网络著作权纠纷案件适用法律若干问题的解释》规定:①提供内容服务的网络服务提供者,明知网络用户通过网络实施侵犯他人著作权的行为,或者经著作权人提出确有证据的警告,但仍不采取移除侵权内容等措施以消除侵权后果的,人民法院应当根据民法通则的规定,追究其与该网络用户的共同侵权责任;②网络服务提供者明知专门用于故意避开或者破坏他人著作权技术保护措施的方法、设备或者材料,而上载、传播、提供的,人民法院应当根据当事人的诉讼请求和具体案情,依照《著作权法》的规定,追究网络服务提供者的民事侵权责任;③提供内容服务的网络服务提供者,对著作权人要求其提供侵权行为人在其网络的注册资料以追究行为人的侵权责任,无正当理由拒绝提供或拖延提供的,由著作权行政管理部门予以警告;情节严重的,没收主要用于提供网络服务的计算机等设备,或者由人民法院根据民法通则的规定,追究其相应的侵权责任;④对提供信息存储空间或者提供搜索、链接服务的网络服务提供者,权利人认为其服务所涉及的作品、表演、录音录像制品,侵犯自己的信息网络传播权或者被删除、改变了自己的权利管理电子信息的,可以向该网络服务提供者提交书面通知,要求网络服务提供者删除该作品、表演、录音录像制品,或者断开与该作品、表演、录音录像制品的链接,否则承担侵权责任。但是,明知或者应知所链接的作品、表演、录音录像制品侵权的,应当承担共同侵权责任。

(4)合理使用。我国《著作权法》的第 22 条第一款对合理使用的情形作了规定,共有 12 种情况。第 2 款则指出这些规定同样适用于对邻接权人权利的限制。我国《著作权法》中关于对作品合理使用的规定也适用与网络环境下的知识产权保护。如:我国《著作权法》第22条规定,“图书馆……等为陈列或保存版本的需要,复制本馆收藏的作品”是合理使用;为个人目的或为科学研究目的合理使用等情形。这12种合理使用的情况,适用合理使用的主体并不相同,主要分为两种:一是对不特定个人或组织的,包括自然人、法人和其他组织(其中包括邻接权人);二是主体特定,主要是邻接权人(第三、四、九项)、教学或科研人员(第六项)、国家机关(第七项)、非营利性文化机构(第八项)。2004年最高人民法院经修改重新发布了《关于审理涉及计算机网络著作权纠纷案件适用法律若干问题的解释》,其第三条规定:“已在报刊上刊登或者网络上传播的作品,除著作权人声明或者报社、期刊社、网络服务提供者受著作权人的委托声明不得转载、摘编的以外,在网络进行转载摘编并按有关规定支付报酬、注明出处的,不构成侵权。但转载摘编作品超过有关报刊转载作品范围的,应当认定为侵权。”我国2006年《信息网络传播权保护条例》规定了合理使用信息网络传播权的八种形式,包括:(一)为介绍、评论适当引用已经发表的作品;(二)为报道时事新闻再现或者引用已经发表的作品;(三)为学校课堂教学或者科学研究,向少数教学、科研人员提供少量已经发表的作品;(四)国家机关为执行公务,在合理范围内向公众提供已经发表的作品;(五)将中国公民、法人或者其他组织已经发表的、以汉语言文字创作的作品翻译成的少数民族语言文字作品,向中国境内少数民族提供;(六)不以营利为目的,以盲人能够感知的独特方式向盲人提供已经发表的文字作品;(七)向公众提供在信息网络上已经发表的关于政治、经济问题的时事性文章;(八)向公众提供在公众集会上发表的讲话。

法定许可。属于下列情形的,可以避开技术措施,但不得向他人提供避开技术措施的技术、装置或者部件,不得侵犯权利人依法享有的其他权利:①为学校课堂教学或者科学研究,通过信息网络向少数教学、科研人员提供已经发表的作品、表演、录音录像制品,而该作品、表演、录音录像制品只能通过信息网络获取;②不以营利为目的,通过信息网络以盲人能够感知的独特方式向盲人提供已经发表的文字作品,而该作品只能通过信息网络获取;③国家机关依照行政、司法程序执行公务;④在信息网络上对计算机及其系统或者网络的安全性能进行测试。

(5)侵权法律责任。在网络传播中的信息获取者,可以比照传统情况下的公众,按照法律享有某些情况的合理使用和法定许可,除此之外的对著作权及邻接权人专有权的侵犯行为都应当依相关著作权法和行政法承担相应的各种民事、刑事责任和接受行政处罚。我国《著作权法》第五章规定了法律责任和执法措施,包括民事责任、行政处罚和刑事责任。侵权人承担的民事责任包括停止侵害、消除影响、赔礼道歉、赔偿损失等;同时损害公共利益的,可以由著作权行政管理部门责令停止侵权行为,没收违法所得,没收、销毁侵权复制品,并可处以罚款;情节严重的,著作权行政管理部门还可以没收主要用于制作侵权复制品的材料、工具、设备等;构成犯罪的,依法追究刑事责任。

依据《关于审理涉及计算机网络著作权纠纷案件适用法律若干问题的解释》规定:著作权人发现侵权信息向网络服务提供者提出警告或者索要侵权行为人网络注册资料时,著作权人出示证明后网络服务提供者仍不采取措施的,著作权人可以依照著作权法的规定在诉前申请人民法院作出停止有关行为和财产保全、证据保全的裁定,也可以在提起诉讼时申请人民法院先行裁定停止侵害、排除妨碍、消除影响,人民法院应予准许。关于存在雇佣关系的侵权,最高人民法院《关于适用〈中华人民共和国民事诉讼法〉若干问题的规定》第45条规定:"个体工商户、农村承包经营户、合伙组织雇佣的人员在进行雇佣合同规定的生产经营活动中造成他人损害的,其雇主是当事人。"依据我国2004年起施行的《最高人民法院关于审理人身损害赔偿案件适用法律若干问题的解释》规定,雇员在从事雇佣活动中致人损害的,雇主应当承担赔偿责任;雇员因故意或重大过失致人损害的,应当与雇主承担连带责任;雇主承担连带赔偿责任的,可以向雇员追偿。

5. 俄罗斯法律相关规定

当前,俄罗斯与因特网发展和利用有关的现行法律主要有《俄罗斯联邦宪法》、《俄罗斯联邦民法典》、《信息、信息化和信息保护法》、《国际信息交换法》、《通信法》和《大众信息手段法》,以及保护因特网上知识产权的法律《计算机软件和数据库保护法》、《俄罗斯联邦刑法》、《俄罗斯联邦域名分配和使用条例》、《俄罗斯联邦政府关于网络大众信息媒介规则》等法规和条例，与因特网使用密切相关的法律《国家秘密法》、《联邦政府机关通信和信息法》、《广告法》及其他法律。目前俄罗斯还没有正式出台直接针对因特网使用和发展的法律，但已经制定了《俄罗斯联邦发展和使用因特网国家政策的联邦法》草案，提出了《俄罗斯因特网领域立法纲要》。俄罗斯1997年颁布实施的《俄罗斯联邦刑法典》专设一章，即第28章"计算机信息领域的犯罪"，对于不正当获取计算机信息，编制、使用和传播有害的计算机软件，以及违反计算机、计算机系统或网络的使用规则等方面构成犯罪的行为及其刑事责任作出了相应的规定[①]。

根据俄罗斯法律规定，涉及保护计算机版权内容如下：

(1)电子计算机和数据库程序与著作权对象一致，出版、再生产、销售和使用电子计算机及数据库程序的特权属于作者或其他有权人；

(2)程序产权转让时，必须根据合同规定；

(3)侵犯电子计算机和数据库程序版权要承担民事、刑事和行政责任[②]。

①民事责任。《俄罗斯联邦民法典》规定："享有电子计算机和数据库程序权利的人，当自己权利受到侵犯时，可以向法院或仲裁法庭起诉。"权利人有权要求：在法律上承认电子计算机和数据库程序的版权；恢复侵权前原状，停止侵权行为或侵权威胁；赔偿所受损失，包括侵权者的全部非法所得；以追求利润为目的侵权行为，处数额为最低劳动报酬5 000倍到50 000倍的罚款。

②刑事责任。在《俄罗斯联邦刑法典》中有关《计算机信息领域的犯罪》一章规定三种犯罪形式：即不正当调取计算机信息；编制、使用和传播有害的电子计算机程序；违反电子计算机、电子计算机系统或其网络的使用规则。各条款都明确规定了处罚对象和办法。

如该章第272条规定："如果非法调取计算机信息的犯罪主体是

---

① 一丁：《俄罗斯的信息政策与法规》，载《国外社会科学》，1999年第2期。

② 一丁：《俄罗斯的信息政策与法规》，载《国外社会科学》，1999年第2期。

任何有责任能力的年满16岁的自然人,以不适当手段调取受法律保护的计算机信息,即在机器载体上、在电子计算机上、在电子计算机系统或其网络上非法调取信息,如果这种行为导致信息的遗失、闭锁、变异或信息复制,使电子计算机、电子计算机系统或电子计算机网络的工作遭到破坏的,处数额为最低劳动报酬200倍至500倍或处被判刑人2个月至5个月的工资或其他收入的罚金,或处6个月以上1年以下劳动改造,或处6个月以上2年以下的剥夺自由。"

如果非法调取计算机信息的犯罪主体是有预谋相互勾结的团伙或有组织的团伙、利用自己职务地位以及有可能进入电子计算机、电子计算机系统或其网络的人员实施上述犯罪行为的,处数额为最低劳动报酬500倍至800倍或处被判刑人5个月至8个月工资或其他收入的罚金,或处1年以上2年以下的劳动改造,或处3个月以上6个月以下的拘役,或处5年以下的剥夺自由。

该章第273条规定:"编制电子计算机程序或对现有程序进行修改,明知这些程序和修改会导致信息未经批准的遗失、闭锁、变异或复制,导致电子计算机、电子计算机系统或其网络工作的破坏,以及使用或传播这些程序或带有这些程序的机器载体的,处3年以下的剥夺自由,或处数额为最低劳动报酬200倍至500倍或处被判刑人2个月至5个月的工资或其他收入的罚金;上述犯罪行为造成严重后果的,处3年以上7年以下的剥夺自由。"

该章第274条规定:"违反电子计算机、电子计算机系统或其网络的使用规则,分为两个部分:一是,有可能进入电子计算机、电子计算机系统或其网络的人员违反电子计算机、电子计算机系统或其网络的使用规则,导致受法律保护的电子计算机信息的遗失、闭锁或变异,如果这种行为造成重大损害的,处5年以下剥夺担任一定职务或从事某种活动的权利,或处180小时至240小时强制性工作,或处2年以下的限制自由;二是,上述行为过失造成严重后果的,处4年以下的剥夺自由。"

③行政责任。根据1995年7月19日《关于俄罗斯联邦民事诉讼法典的修订和补充》,以及俄罗斯联邦《关于行政违法行为法典》和俄罗斯联邦《关于著作权和相关权利法》的规定,对于出售或用于商业目

的的非法侵权翻印，要承担罚款和没收非法所得处分的行政违法责任。1996 年 5 月 7 日俄罗斯莫斯科市政府颁布第 402 号条令，即《莫斯科商品贸易市场管理暂行条例》补充规定："禁止出售无法证实不是非法翻印的伪制品，特别是电子计算机和数据库程序产品。对于出售或其他非法用于商业目的的，要没收其非法所得和处以数额为没收所出售商品 1—2 倍价值的罚金。"

依据《俄罗斯联邦发展和使用因特网国家政策的联邦法(草案)》规定：使用因特网传递信息时，因特网用户无权散布联邦法律限制或禁止的信息。或是未经信息接收者同意散布商业、广告、宣传或其他类似的信息。侵犯信息接收者合法权益和违反信息和信息保护法的有关规定，且该违法行为与其散布的信息有直接联系的人员，应为其通过因特网散布该信息所造成的不良后果承担责任。在因特网上参与信息传递的人员违反俄罗斯法律时，可按联邦法律所定的规则和条例，禁止上述人员参与信息传递[①]。

关于图书馆数字化问题。2008 年 10 月，俄罗斯通过经修订的新《图书馆法》，允许三家图书馆将进馆满两年的图书制成电子版。新法还规定，已破损、易损毁及珍贵稀有的文件和出版物，特别是有百年以上历史的孤本、手稿等，应首先制作电子版。三家图书馆可与其他图书馆共享电子图书。新法也对制作和使用电子图书进行了某些限制，如只能在三家图书馆馆内阅读受知识产权法保护的电子图书，不能加以复制。俄一些知名作家担心电子图书合法化后，作者只能享有两年著作权，作品可能更易被盗版[②]。

俄罗斯联邦《有关信息、信息化和信息保护法》规定："(1)信息是关于人、物体、事实、事件、现象和过程的数据，而不管其表现形式如何。文档信息(文档)是记载在带有可识别细节的物质载体上的信息。而信息源指在信息系统内单独的文档、单独的文档列和文档组成的文

① 苏云天：《俄罗斯国家杜马讨论关于因特网的立法草案》，载《全球科技经济瞭望》，2000 年第 9 期。

② 参见：http://www.soidc.net/articles/1182227802497/20081012/1215945450842_1.html.

档组。(2)信息源可以是公开的,也可以是非公开的,包含在组成公民财产、行政权力机构、本地自治机构、组织和公共协会的元素中。(3)俄联邦法规定:除个别情况外,信息可以作为商品。法人和自然人通过花费资源,以正当的方式,或者通过受赠或继承得到这些文档、信息组,则法人和自然人为其所有者。联邦和联邦机构通过利用联邦财政资源和通过法律规定的其他方法而得到信息源,联邦和联邦机构为其所有者。当信息涉及到国家秘密时,国家有权向法人和自然人购买该信息。由法人基于国家行政权力机构和组织的强制性命令而提交的文档信息,不管它们的组织、法律和财产形式如何,一律为国家和机构联合拥有的信息源。当然信息不一定是知识产权保护的客体,但它往往是作为智力成果的构成要素被加以保护。”

不可否认,俄罗斯在保护网上知识产权存在不足,一方面由于其网络发展较晚,对保护网络知识产权的宣传刚刚起步,许多人的产权意识比较淡薄,因而屡屡出现有法不依现象;另一方面,目前俄罗斯在这些方面的立法和管理也有些滞后,在立法上多是严禁录制、翻录等内容,即使有了一些禁止侵犯网络知识产权的法规或条例,也缺乏应有的统一标准,当发生侵权行为时,容易造成无法可依的情况;另外,俄罗斯在保护网上知识产权存在技术手段欠缺的问题。

(三)高技术与知识产权保护

高技术是对一般传统技术而言的新兴尖端技术。第二次世界大战以来,由于现代科学技术高度分化和高度综合的发展特点,产生了以电子信息技术、生物技术、新材料技术、新能源技术和航天技术为代表的高技术群。20世纪80年代以来,高技术产业蓬勃发展,因其智力性、创新性、战略性和环境污染少等优势,对世界经济产生了巨大影响,高技术产业对社会和经济的发展具有极为重要的意义。世界各国在意识到高技术重要性的同时,纷纷加强对高技术成果的保护,其主要的方式是运用知识产权制度进行保护。目前,知识产权保护已成为高技术及其产业健康发展的基本保障。

1. 高技术的概念与范畴

在不同的国家、政府部门以及不同的学术领域之间对于高技术这一概念的理解并不完全一致。美国有学者认为高技术是指技术在社会和市场中具有引导性的前沿应用。美国《高技术》杂志的文章指出：高技术是对知识密集与技术密集这一类产品、产业或企业的通称。日本学者认为，高技术是处于当今科学技术前沿的技术群，是以当代尖端技术和下一代科学技术为基础建立起来的技术群。我国国防科技成果办公室在征询有关专家后将高技术定义为建立在综合科学研究基础上，处于当代科学技术前沿的，对发展生产力，促进社会文明，增强国防实力起先导作用的新技术群；也有一部分科技专家则认为高技术应是指以最新的科学发现创造为基础，具有重要应用价值的技术群。根据我国《高技术研究发展计划[863 计划]管理办法》，我国高技术涵盖信息技术、生物和现代农业技术、新材料技术、先进制造与自动化技术、能源技术、资源环境技术、航天航空技术、先进防御技术等高技术领域。区别于一般技术，高技术具有高智力性、高投入性、高渗透性、高竞争性、高收益性、高风险性等特点。一般认为，当代高技术主要包括七大技术领域，即生物技术、信息技术、激光技术、新材料技术、新能源技术、航天与空间技术和海洋工程技术。例如：半导体、计算机、信息与电讯、办公室自动化、机器人、光学、航天、新材料和生物技术，充分利用这些技术的工业被认为是"尖端技术工业"或"高技术工业"。此外，还有学者认为先进制造技术、环境技术以及软科学技术也是属于当代高技术的一部分①。

2. 高技术的知识产权保护危机

(1)知识产权保护范围的扩大化带来的难度。高科技飞速发展的时代，新知识、新技术、新技能大量涌现，如克隆技术、基因工程、电子信息、计算机软件、国际互联网等，这些高科技成果的接连出现，使得知识产权保护的对象增多，新的知识产权权利类型不断涌现，保护范围增宽。例如，在信息技术领域我们要研究软件、数据库、计算机辅助创作作品、互联网上远距离文件传输中的知识产权问题；在生物技术领域要研究生物工程中有关基因表达、基因顺序、克隆动物、克隆药品

---

① 张玉涵：《我国高技术专利保护法律制度研究》，大连理工大学 2008 年论文，载中国知网硕士学位论文全文数据库。

等知识产权问题[①]；在版权领域，随着现代复制技术、新材料技术、宽带交换技术、录音录像技术、多媒体技术、卫星与空间技术成果的应用，所引起的诸如作者身份认定、固定要求、复制、发表等一系列新问题，使传统著作权法显得困难重重。

(2)知识产权保护的国际化带来的难度。随着经济全球化的发展，多个知识产权国际条约被缔结，四大知识产权保护区域协定签订，知识产权制度区域化、全球化的趋势越来越明显。伴随着国际贸易全球化的进程加快，关税等贸易壁垒将逐步消除，高科技产业全球化趋势明显，以高科技产品为龙头的跨国联合经营发展迅速。在这种发展背景下，更多的国家及地区开始着重于法律的调整，即通过修订国内的知识产权法，使知识产权法律保护标准越来越趋向于国际性协调规范，尤其趋向于 TRIPS 协议。作为知识产权传统特征之一的"地域性"正发生本质上的嬗变，实质上正在逐步淡化。而地域性的淡化也给知识产权的保护带来困难。

(3)知识产权执法难度大。一是侵权现象仍然严重。滥用他人专利技术、非法复制他人版权作品、窃取他人商业秘密和仿冒驰名商标等侵权现象普遍存在。如计算机软件市场，据统计，在泰国非法复制来的软件有 97% 之多；在美国，非法复制来的软件也大约有 40%；在西欧，西班牙是软件盗版率最高的，为 80%，英国最低也有 25%[②]。另据来自商业软件联盟的消息，世界各地应用的每 4 张软件就有 1 张是非法复制的[③]。二是地方保护主义。个别地方的负责人认为侵权生产搞活了经济，对侵权行为睁只眼闭只眼，对查处工作采取不积极不配合的态度，助长了侵权行为。三是公众知识产权意识淡薄。有的权利人对知识产权的侵权行为听之任之；许多消费者贪便宜而乐意购买盗版；查处人员执法时民众不予配合，甚至还为侵权者通风报信，阻碍执

---

① 陈传夫：《高技术知识产权研究的紧迫性、目标与国际趋势》，载《中国软科学》，1998 年第 3 期。

② 董桂兰：《知识产权保护面临新的挑战》，载《中国科技论坛》，2000 年第 2 期。

③ 张晔：《商业软件联盟首席执行管论坛发布最新研究报告》，载《电子知识产权》1999 年第 8 期。

法。在中俄两国盗版行为非常普遍,甚至有的企业直接参与大规模盗版活动。

3. 高技术知识产权保护若干问题

(1)高技术专利保护。一方面,除传统保护客体之外,随着高技术的发展,专利保护的范畴进一步扩大。从发达国家的保护上看,由于发达国家在高技术方面占有绝对的优势,其保护范围也十分的宽泛。他们都不断扩展电子、通讯、网络、生物领域的保护范围。例如,美国、德国、英国、瑞典、南非等国家都开办了基因专利授予业务。美国甚至将网络营销模式等理念列入了专利保护范围。美国专利和商标局颁发的基因专利,不仅有完整的生化、生物学、遗传学方面功能证据的新基因,而且还包括功能尚不明确的 DNA 序列。目前,美国还通过进一步放宽专利的范围来扩大知识产权保护的种类。如基因工程产生的细菌、一种商业性经营方法等。[①] 从国内方面来看,由于我国专利法规定授予专利权的积极要件即三性——新颖性、创造性和实用性。对这三性的严格控制导致了我国高技术专利保护的范围较窄。例如,计算机软件,我国认为其属于智力活动规则;生物芯片的研究、疾病的诊断等这些技术开发的阶段性成果,都因难以达到授予专利的三性的标准,就不能得到专利法的保护。这样就导致了高技术的侵权问题比较严重,很多高技术不能得到专利法的有效保护。另一方面,技术的生命周期更短。有人测算,每年有 20% 的技术遭淘汰,这就意味着技术的生命周期平均只有 5 年。如果给予权利人过长的保护期限,甚至是长期垄断,势必会阻碍技术进一步创新,损害社会公众的利益。而根据各国法律规定,一般发明专利有效期为 20 年,实用新型专利和外观设计专利为 10 年,这显然不能与科技的更新周期相适应。可见,权利人要求高保护与社会要求低保护存在矛盾。先进国家很值得我们借鉴的方面就是他们的高技术单行法,美国、日本等国家就有多部高技术领域单行法。中俄两国可以借鉴这些典型国家的高技术单行法,制定出符合两国国情的单行法,以便对高技术的保护更加具体、完善。

---

① 赵爱云:《国内外知识产权保护的发展趋势》,载《高科技与产业化》,2005 年第 5 期。

(2)高技术商标保护。高技术企业一般采取品牌战略,品牌通常是由商标形式表现出来。成功的商标设计能在市场竞争中增强产品的竞争力,给企业带来巨大的经济效益,从而成为驰名商标,对驰名商标所能享受到的特殊保护积极地通过各种战略予以实现。企业的商标战略主要是通过商标的申请与实施中的技术性处理来降低商标被侵害、被淡化的危险,从而保持商标在市场中作为企业象征的独占地位,增强企业商标在市场竞争中的抗变能力。我国高技术企业已经开始用总商标和分商标的策略来提高自己的商标在市场中的占有率和影响力。有的国家法律规定,高技术企业可以进行防御商标的注册和联合商标的注册。高技术企业通过商标的推广使用来提高自已企业的知名度,树立商号在企业竞争中的地位。

(3)高技术的商业秘密保护。我国传统的高技术知识产权法律保护是采取以专利法保护为主,以商标法、著作权法保护为辅的保护模式,但是专利权的公开性决定了,只要申请专利就意味着高技术的公开。无论专利法在保护范围上、形式上怎样增加,突破,都不能彻底解决高技术特点(高风险性、高渗透性、高竞争性、高更新换代性、高投入性等特点,尤其是高保密性的特点)所决定的专利权保护局限性。对于那些没有达到专利标准以及不想或不方便通过专利法保护的高技术,扩大保护范围的方式就显得无能为力了。而对于高技术企业来讲,技术秘密是商业秘密中最具有价值的部分,知识产权中的商业秘密权恰恰可以弥补传统知识产权保护高技术的不足。商业秘密权具有秘密性的特点,权利是自动生成的,无须申请,这样就避免了技术公开,另一方面,商业秘密权没有保护期限的限制。保护期限取决于权利人所采取措施的好坏和时间长短。

(4)高技术的企业知识产权保护。在中俄科技合作中,高技术企业占有很大的比例,因此在合作中高技术企业的知识产权保护显得尤为重要。据我国原国家科委等部委于 1991 年在《国务院关于批准国家高新技术产业开发区和有关政策规定的通知》中提出了我国高新技术企业须具备以下条件:①研究、开发、生产和经营的领域属于高新技术领域。②人员结构中具有大专以上学历(含同等学力)的科技人员占企业职工总数的30%以上;从事高新技术产品研究、开发的科技人员占企业职工总数的10%以上;从事高新技术产品或服务的劳动密集型高新技术企业,具有大专以上学历的科技人员应占企业职工总数的20%以上。③对于高新技术企业科研投入占年销售额的百分比,1999年定为5%,国际上比较通行的标准一般是占销售收入的5% ~15%,这个比例比非高新技术企业要高出2 ~5 倍[①]。

高技术企业对知识产权保护多采用以下策略:①实施知识产权品牌战略。"品牌"是指企业及其产品的牌号,包括商标、厂商名称和服务标志等。企业通过把各种企业标志进行品牌保护,对自己的知识产权予以标志性、独占性的保护。②知识产权技术标准战略。技术标准是指一种或一系列具有一定强制性要求或指导性功能,内容含有细节性技术要求和有关技术方案的文件,其目的是让相关的产品或服务达到一定的安全要求或市场进入的要求。技术标准的实质就是对一个或几个生产技术设立的必须符合要求的条件以及能达到此标准的实施技术。[②] 一项科技成果往往对应一定的技术标准,当一个企业主宰一项产品的标准,就理所当然地成为了这个产品市场的领先者。高技术企业通过制定标准战略,将专利技术纳入标准体系,推行标准的同时捆绑销售自己的知识产权,收取标准涉及的所有专利的专利许可费,牟取高额的垄断利益。③商业秘密战略。商业秘密是具有知识产权的性质,在当代被视为一种特殊的知识产权,也是高新技术企业无形资产的重要组成部分。在我国商业秘密包括技术秘密和经营秘密。高新技术企业商业秘密战略最终体现在具体的措施上面,企业通常采取以下措施以保护商业秘密:计算机软件加密;与相关人员签订商业秘密协议;设立保护商业秘密的安全系统,如保密资料室、保险箱;对实验室、研究室、生产车间等涉及商业秘密的部门采取隔离措施;安全处理废弃物,以防被窃;研发人员填写研究开发纪录;认真处理对外交流合作时的散发资料;商业秘密信息的安全销毁;及时订立保护商业秘密的合同;严格限制接触商业秘密人员的范围;定期更新商业秘密的内容等等。④其他保护措施。在企业内部设立一套完整的知识产

① 陈传夫:《高新技术与知识产权法》,武汉大学出版社2000年版,第52页。

② 张平、马骁:《标准化与知识产权战略》,知识产权出版社2002版,第56页。

权管理机构，负责本企业专利、商标的申请，授权后的管理以及专利技术的应用、实施转让等；聘请社会上的知名专家学者担当企业的知识产权顾问；每年注入研究开发资金，以维持和保护自己的知识产权；为了鼓励发明创造，企业都设立了奖励制度，给予发明人和对知识产权有贡献的员工精神奖励、丰厚的奖金和报酬；加强对工作人员的教育和培训，提高工作人员知识产权理论知识水平等等。

4. 中俄两国对高技术知识产权保护的政策与规定

我国科技部 2000 年发布《关于加强与科技有关的知识产权保护和管理工作的若干意见》（以下简称《意见》），同时制定了《"十五"期间国家高技术研究发展计划[863 计划]纲要》、《"十五"期间国家高技术研究发展计划[863 计划]纲要实施意见》、《国家科技计划管理暂行规定》和《国家科技计划项目管理暂行办法》、《国家高技术研究发展计划[863 计划]管理办法》（以下简称《管理办法》），对高技术的发展与保护进行管理。目前在俄罗斯，尚未出台用于调整高技术创新活动和直接关系到生产知识产品的标准法律文件，其对高技术的知识产权保护规定散见于部门规章和各种规范性文件中，其保护适用《俄罗斯民法典》第四部分关于知识产权保护的一般规定。

（1）激励政策。我国《意见》中规定了如下激励政策：①调整科技成果的知识产权归属政策，激励科研机构、高新技术企业和广大科技人员积极参与技术创新活动。②增加各项科技管理工作的知识产权内涵，将知识产权拥有量及其保护和管理制度建设状况作为高新技术企业资格认定、科技人员职称评定、科技奖励评审等各项工作的重要指标。③要继续开展科研机构和高新技术企业的知识产权保护试点工作，并以推动技术创新和体制创新为目标。④加强科技人员流动中知识产权特别是技术秘密的保护和管理工作，科技人员流动应当依法有序地进行，要继续鼓励和支持科技人员以调离、辞职、离岗、兼职等方式创办、领办高新技术企业，充分发挥其作用。⑤采取有效措施鼓励知识和技术作为生产要素参与分配，切实保障职务技术成果完成人的技术权益和经济利益。

俄罗斯联邦法律确立了典型的国家专利政策，该政策指出：大学在使用国家财政时也拥有发明权，同时形成所有参加者参与的对话机制和环境,使大专院校成为新技术、新发明的摇篮。当前俄罗斯在激励高技术创新上面临的主要问题:一方面是缺乏将银行、保险公司和其他金融系统的资金有效地注入创新商务的财政机制,另一方面是缺少降低创新市场风险的国家调控措施。

(2)关于成果转化。我国《意见》规定:在科研机构和高新技术企业转让科技成果,进行技术交易时,要加强技术合同管理工作,切实保障技术提供方通过技术成果转让或者知识产权许可实施获得相应收益,加速科技成果转化。

在俄罗斯,政府可以将大学的科研成果推向合适的私有化市场,刺激建立必要的法律保护基础结构,完成技术转让和商品化。俄罗斯汲取世界工业发达国家"关于用于新技术、新设备的知识保障了80%国内生产总值GDP的经验,力求在知识产权保护领域建立适宜的国家创新政策,以加速技术产业化和知识产权商品化进程[①]"。其中重要的条令有2001年公布的《执行国家关于将科研活动成果产业化的基本方向》、《商品市场专营活动的竞争和限制》。在俄罗斯知识产权的使用,目前是通过四个部门签订的合同进行调整,它们是两个基金会、研发者和生产公司。在《执行国家关于将科研活动成果产业化的基本方向》规定中,为了保护国家利益,基金会的立场是国家应该对科研成果的转化负起责任,将国家持有的部分知识产权全部卖给研发者,以便迅速实现科研成果的产业化。知识产权归属的法律认定是刺激发明商品化进程和保护私营机构利益的根本。俄罗斯采取的主要方式是建立适宜的机制,将科研成果产业化,认定由国家预算资助的项目的知识产权的归属,刺激此类知识产权的转让,加速知识产权商品化的进程。

(3)关于知识产权保护。《意见》规定:加大执法力度,坚决查处和制裁高技术成果转化中的各种知识产权侵权行为;加强国际高技术合作与交流中的知识产权保护和管理,切实保护合作各方的知识产权权益。如:我国《国家重大科技专项"功能基因组和生物芯片"管理实

---

① 参见《俄罗斯的知识产权保护》,来源:中国食品产业网 http://www.foodqs.com/news/gjspzs01/2004979817.htm.

施细则》第五章有关学术交流、合作和知识产权保护部分规定：①凡涉及国家利益、具有重大经济价值的基因资源的国际交流与合作，课题组要上报总体专家组和专项管理办公室批准后，严格按照《人类遗传资源管理暂行办法》等相关法规的有关规定办理。课题组必须要求参与合作研究的所有人员作出保护我国基因资源的承诺，并与合作方签定出口实验材料的使用范围、知识产权保护等相关协议。②专项中参与国际合作的课题，要加强知识产权的保护工作，课题组在向国际社会提供必要的公共数据和结果的同时，一些重要的、具有潜在应用价值的信息和结果必须先获得我国的知识产权保护后再公开。③由专项资助而产生的学术论文、著作以及成果，在对外公开发表、参加学术会议和成果展览时，必须注有“国家重大科技专项功能基因组和生物芯片资助”的字样。④总体专家组和课题组要制定具体措施，鼓励专利申请，加快成果转化。《管理办法》第六章知识产权和资产管理部分规定：①重大专项监理工作可根据需要对知识产权等情况进行跟踪检查。②为保障国家利益和社会公共利益，保护课题责任人、课题依托单位和课题研究人员的合法权益，计划课题形成的知识产权的归属、使用和转移，按国家相关知识产权法律法规执行。③计划课题形成的专利权的归属与实施按《中华人民共和国专利法》和科技部《关于加强与科技有关的知识产权保护和管理工作的若干意见》的有关规定执行。④计划课题形成的论文及专著应标注“国家高技术研究发展专项经费资助”字样。著作权的归属和使用按《中华人民共和国著作权法》的规定执行。⑤计划课题形成的具有实用性的技术及课题研究过程中形成的无形资产，由课题依托单位负责管理和使用。“863 计划”研究成果转化及无形资产使用产生的经济效益按《中华人民共和国促进科技成果转化法》和国家有关财务制度的规定执行。⑥文档材料按年度整理立卷归档，确保各类数据文件的完整齐全。课题涉密文档材料应按有关保密规定执行。

1992 年以来，俄罗斯政府发布了一系列相关知识产权法律和标准文件，其中包括军事和特殊领域的法律法规。根据这些法律，联邦政权执行机构如果不拥有行为人和法人特权，就不能享有联邦预算资助的任何科技活动结果的知识产权。目前的俄罗斯，在未制定出更加有效的高技术保护措施情况下，知识产权保护一般要以双边的合同为基础。如：根据国家合同执行的项目，获得的专利权应属于联邦或者联邦主体；国家订购人有权在规定的时间内申请专利，其发明、模型和工业样品受到法律保护；如果在既定的时间内，国家订购人没有提出申请，专利获得权可以属于项目的执行者。俄罗斯政府为了改善知识产权的管理，通过创新商务划分出某些方向，力求集中力量加以解决。这些方面包括国防工业、生物和信息技术、卫生和能源新技术等。在其他领域，计划采用互利的机制将国家的产权转让给私有商务运营。私有企业在市场经济的创新发展中扮演重要角色。知识产权也成为了科学领域竞争关系调整的原动力。俄罗斯联邦通过法律调整促进创新商务的发展，而合同、许可证、著作权等都是创新活动的法律平台。值得关注的是，俄罗斯国家科学机构在高技术保护方面起着关键性作用，一方面，它建立内部、外部知识产权保护和奖励系统。保护不仅是对著作权，还包括社会权利；另一方面，它通过制定知识产权转让和保护程序，保障进一步完善技术和生产规模。在一系列从事知识产权商品化问题研究的科研院所和大专院校，行政部门开始和科技工作者签订合同，其中规定了知识产权法的法律关系、研发者的研究结果、商品化的形式和内容、作者享受成果的份额等。除此之外，项目的所有参与者还签订了共同遵守纪律、保守机密、利益分享等有关协议①。俄罗斯具有研发新的顶尖技术的潜力，这是保障经济、科技和军事持续发展的基础。但是，由于知识产权的转让和保护机制不完善，在一定程度上制约了整个国民经济的发展速度。在高技术产品市场尚未完全成熟的情况下，采用过渡的方法，虽然不是长久万全之策，但对于解决目前主要靠国家投资的研发成果的知识产权的归属和使用问题仍不失为权宜之计②。2008 年生效的《民法典》知识产权部分，将对高技术知识产权保护与完善技术产品市场起到积极作用。

5. 中俄合作中在高技术保护方面应注意的共性问题

---

① 参见《俄罗斯的知识产权保护》，载中国食品产业网 http://www.foodqs.com/news/gjspzs01/2004979817.htm.

② 参见《俄罗斯的知识产权保护》，载 http://www.sgst.cn ,2006-06-30.

(1)高技术范围的扩大决定了其知识产权保护的难度。在技术方面,发达国家的保护范围都较宽,如英国专利法保护范围就很广,几乎所有技术领域的发明都给以保护。美国专利法除了原子核裂变物质不能取得专利外,一切涉及科学技术的发明创造都给以保护①。而中俄两国对发明都有"三性"的要求,这在一定程度上限制了对高技术的专利保护,这应当成为两国在专利方面立法完善的发展方向。

(2)中俄两国,特别是俄罗斯,对高技术的知识产权保护缺乏细化措施,使政府相关保护政策缺少可操作性,加之执行人员知识产权保护意识不强,监督和预警机制不健全,都对中俄科技合作中的高技术知识产权保护产生不利影响。在此方面,发达国家很值得我们借鉴的就是他们制定高技术单行法,美国、日本等国家就有多部高技术领域单行法。中俄两国可以借鉴这些典型国家的高技术单行法,制定出符合两国国情的单行法,以便对高技术的保护更加具体、完善。

(3)中俄在知识产权保护上有一个共同点是民众的知识产权保护意识薄弱。如:我国曾发生很多知名品牌被抢先注册商标的事件;俄罗斯一些从事新技术研究的公司申请国外专利,并违反国家法律将许可证卖给国外公司,在1993至1997年的5年间,卖给美国的专利达500件,且多发生在能源、医学、光纤和激光技术领域,使国家商务创新潜力蒙受巨大损失。目前,增强知识产权保护意识已成为两国知识文化和宣传教育的重点。

(4)中俄高技术企业,特别是涉外技术合作较多的企业,应制定切合实际的知识产权战略。企业一方面健全企业内部的规章制度来强化对知识产权的管理,另一方面在重视专利的申请与保护同时,还应当综合利用商业秘密、商标、版权等多种保护模式,发展品牌战略。高技术企业应丰富在专利申请与专利权侵权防范方面的经验,在商标的管理方面建立严密的组织和严格的规章制度。企业成功地运用知识产权战略,是完善知识产权制度的关键。

(5)中俄政府应在高技术知识产权方面发挥积极作用。一方面,

---

①　张尤佳、王太金:《我国专利法在高技术知识产权保护中的局限性及成因分析》,载《东北大学学报》(社会科学版),2004年第1期。

在数字化和知识产权保护国际化趋势下,政府应在高技术知识产权保护方面进行引导、推进和协调,出台相关法规及政策性规定、签订国际知识产权保护协议,履行其国家职能。如:1997 年我国科技部在全国对 45 个企事业单位开展的知识产权保护试点工作,就是一种较好的方式,在一定程度上促进了企事业单位的知识产权保护工作[①]。而俄罗斯政府在推进高技术创新方面提供了四种形式的财政支持:①国家机构用于通过竞争的形式可以实现产业化生产的技术的直接财政支持(无偿或部分有偿);②基金会的直接支持,旨在促进中小型企业的发展,通过竞争对有市场前景的项目进行支持;③基础研究基金会的双重支持,对象是国家机构的小型公司和外部小型企业,目的是共同推动研究新技术和样品,实施从样品研究到工业化生产的一条龙服务,研究创新项目,激励国家基金会、企业和国家科学机构资源的充分利用;④由不同的国家或非国家基金会提供的直接有偿支持。另一方面,应提高知识产权保护相关机构在工作中的执行力,弥补经验不足的缺点,使知识产权行政管理机构、知识产权代理机构、集体管理机构和法院与仲裁机构在高技术的知识产权保护实践中发挥应有的职能。

(6)规避政治风险。在中俄合作中两国合作方应重视两国关于高技术知识产权保护的强制性规定,避免因合作内容违反涉及国家利益的知识产权规定而导致合作失败。

综上所述,高技术作为未来科技的发展方向,在知识经济时代已成为一国经济发展主要动力和国际竞争的焦点,对高技术的知识产权保护同样成为国家知识产权保护的重点内容。高技术知识产权保护的特殊性使中俄知识产权保护制度在不断发展变化的技术形势下呈现不可避免的缺陷,继续完善高技术保护制度是两国正确的选择。在中俄科技合作中,高技术企业占有很大的比例,因此在合作中高技术企业的知识产权保护显得尤为重要。政府和企业应在高技术的知识产权保护上发挥各自应有的作用,政府应为高技术企业的知识产权保护创造良好的外部环境,企业应在内部保护机制的健全和制定保护战

---

① 罗玉中、易继明:《论我国高技术产业中的知识产权问题》,载《中国法学》,2000 年第 5 期。

略方面下足工夫，双向保护才能为中俄合作中的知识产权保护奠定良好的基础。

五、中俄科技合作中知识产权归属与侵权问题

（一）中俄科技合作中知识产权归属问题

伴随着经济、科技全球化的快速发展，知识产权的重要性及其对全球经济的积极作用日趋明显。对于一个国家、地区、企业来说，知识产权拥有的数量、质量以及对知识产权保护的状况，已成为衡量其技术创新能力和经济竞争实力的主要标志。而在日益频繁的国际科技合作领域，知识产权归属问题已成为决定科技合作能否顺利进行的重要方面，因为它直接关系到合作方的技术、竞争能力的提升和未来的经济利益。

知识产权的归属是指知识产权归谁所有的问题。而科技合作中知识产权的归属是指因合作完成的科技成果而产生的著作权、专利权，非专利技术的使用权和转让权、发明权，其他科技成果权以及由科技信息、情报、数据产生的法权归谁所有的问题。

根据各国的法律规定，知识产权归属的一般原则如下：著作权（版权）一般属于作者所有；专利权属于专利发明人或设计人所有；商标权属于商标注册者；外观设计和集成电路布图设计的知识产权属于外观设计及集成电路布图设计的创作者；育种成果权（植物新品种权）属于完成育种成果的单位或个人；反不正当竞争权及商号及商誉权一般属于企业或拥有商号及商誉其他经济主体。

1. 国际原则及各国规定

在国际上，对于国际科技合作中知识产权归属问题并没有硬性的规定，只是在长期的合作中，按照国际惯例及有关国际条约形成了一些人们公认的原则，包括平等协商互利的原则、遵守信誉的原则、符合国家利益的原则、符合国际惯例的原则等。在做法上，应由合作研究的双方事先签定协议，在平等互利的前提下，确定双方完成成果的归属问题。一般讲，合作研究的成果应当依照合作的实际情况而确定。对于科技研究的知识产权归属问题，一般都由各国的国内法调整。世

界各国由于其发展历史和社会制度不同,对科技研究成果的知识产权归属问题都有不同的规定。如,针对大学科研成果的权属,西班牙1986年《专利法》规定:大学教授在其教学和科研范围之内所作的发明应归大学所有;德国、丹麦、挪威、瑞典则规定:如果与有关合同没有抵触的话,大学教授和研究员作出的符合专利条件的发明属于他们自己;其他欧共体国家认为:"任何或职务发明的发明人,即大学教授等,如果没有对其更有利的合同规定,他既不能对发明主张所有权,也不得要求得到额外报酬;"美国康奈尔大学规定:大学教职工在进行学校的研究项目的过程中,所作的具有专利性的发明应归大学所有,由政府部门、工业界或其他校外财团支持所作的发明亦包括在内①。中国《专利法》第6条明确规定:执行本单位的任务或者主要是利用本单位的物质条件所完成的职务发明创造,申请专利的权利属于该单位;非职务发明创造,申请专利的权利属于发明人或者设计人。由此可见,各国在知识产权归属问题上保护的侧重点和依据不同,有的侧重对发明人的保护,有的侧重对单位的保护,有的以合同规定为先决条件。

2. 中俄科技合作中知识产权归属的一般规则

(1)概括性规则

在中俄科技合作中的知识产权归属以及由此产生的利益分配问题是科技合作的核心问题,也是比较复杂的问题。1999年12月25日签订的《中华人民共和国政府和俄罗斯联邦政府关于一九九二年十二月十八日签订的〈中华人民共和国政府和俄罗斯联邦政府科学技术合作协定〉附加知识产权保护和权利分配原则议定书》对中俄科技合作中的知识产权分配提出了概括性规定,即:①对于科技合作成果而产生的专利权及相关权利,合作方应在签订合作协议的同时共同就合作过程中产生的知识产权权利如何分配作出具体的安排,这种安排可以规定在合作协议中,也可以另行订立专门的管理计划。权利分配应考虑的因素包括:合同的类型(性质);各参与者所作的贡献;参与者对新产生的知识产权进行必要法律保护的愿望、责任和可能;对新产生知

① 陈美章:《国际科技合作中知识产权归属及保护策略》,载《电子知识产权》,1995年第5期。

识产权进行商业利用的意愿,包括共同的商业利用的可能性。[①] ②"参与者"应依照作者所在国的著作权法,以及双方共同加入的国际条约的原则对著作权予以保护[②]。由科技合作成果而产生的著作权及相关权利:合作的结果应由双方或合作参与方共同发表,各合作方有权在所有国家的出版物中对合作成果进行翻译、复制和传播,但应标明作者的姓名,除非作者明确拒绝署名。③在合同中,"参与者"在分配权利时应注意并在必要时写明:取得合同成果而新产生的知识产权的主体;在中华人民共和国和俄罗斯联邦境内,以及在其他国家境内利用知识产权的类型和规模(每个"参与者"为自身需要而利用新产生的知识产权为最小规模);所指明的已有知识产权的利用规模;一方"参与者"在另一方"参与者"不履行合同规定的保护知识产权和维护其有效性义务时所拥有的权利;"参与者"利用未公开信息的权利及保密责任;在执行合同下所获得的有关信息转让、交换及发表的条件和程序。④在根据"协定"签订的合同中,"参与者"应规定发明人和作者的报酬,该报酬应由在分配新产生知识产权时获权进行商业利用的"参与者"向其发明者和作者支付。

(2)具体合作中知识产权归属的建议

下面结合科技合作的主要形式,参照一些国家关于国际科技合作中知识产权归属的法律规定及相关实践,以及我国《关于对外科技合作交流中保护知识产权的示范导则》(以下简称《示范导则》)的相关规定,探讨一下中俄科技合作中知识产权归属的一般性规定。

1)中俄科技交流中的知识产权归属

A)科技交流前,合作各方原有的专利权、版权和商业秘密等知识产权,其精神权利和经济权利归原合作各方所有,另一方负有保密义务。

---

① 参见1999年《中华人民共和国政府和俄罗斯联邦政府关于一九九二年十二月十八日签订的〈中华人民共和国政府和俄罗斯联邦政府科学技术合作协定〉附加知识产权保护和权利分配原则议定书》第5条规定。

② 1999年《中华人民共和同政府和俄罗斯联邦关于一九九二年十二月十八日新的〈中华人民共和国政府和俄罗斯联邦政府科学技术合作协定〉附加知识产权保护和权利新原同是议定书》第6条规定。

B)中俄科技交流活动中产生的知识产权的归属。除有特别约定外,一般属于成果完成者。《示范导则》规定,通过技术座谈会、学术讨论会、讲学、交换资料等形式取得他人的技术资料和信息并在此基础上产生的具有创造性的科技成果,除有特别约定外,其知识产权一般属于成果完成者[①]。依据我国的《示范导则》规定,以在俄国进修、实习、培训方式为主所完成的科技成果,除派出方和培训方双方另有约定者外,一般按下列原则处理:(1)如明显属于职务范围内的发明创造,由接待单位申请专利;(2)若该项成果非明显属于职务范围内的发明创造,应力争我方完成人员的专利申请权或共同申请权;(3)若该项成果明显属于非职务范围内的发明创造,我方完成人员可直接在俄国申请专利;(4)派出人员完成的论文或著作,如所用素材为合作成果,署名时应署共同完成人的名字;如果仅引用合作成果的个别观点,则应当注明出处。

以进修人员、访问学者身份在俄罗斯接受单位学习或工作,由接受单位提供科研经费的,所取得的科技成果可按下列方法处理:1. 仍继续对派出单位原职务范围内的项目进行研究,派出单位应当与接受单位约定成果的归属;2. 在上述情况下,派出单位应与被派出人员事先约定成果的所有权归派出单位,被派出人员不得自行就研究成果的归属与其他单位或个人签订协议;3. 如果被派出人员在俄罗斯所取得的科技成果与其在国内的研究内容无关,而属于接受单位指定的任务,科技成果的归属,按接受单位的政策处理;俄罗斯进修人员、访问学者和聘请的俄国专家来华学习和工作,我国接受单位应事先与其按我国有关法令达成协议,明确其在接受单位取得的科技成果的权利归属。如果外国来华访问研究人员承担的任务是我方指定的任务,使用我方实验设施与经费,则应明确产生的知识产权归我方。如果外方带来了部分设备与经费,则应在协议书中预先约定产生的知识产权归属[②]。以付薪金方式聘请来华的俄国专家,在华工作期间取得的智力

① 我国《关于对外科技合作交流中保护知识产权的示范导则》第13条。

② 潘葆铮:《国际科技合作中的知识产权管理》,载《中国基础科学》,2005年第2期。

劳动成果,其知识产权属于聘请单位,成果完成人享有精神权利。成果实施后,聘请单位应当从所得的经济利益中,提取适当比例予以奖励。

C)中俄科技交流活动后产生的知识产权的归属。访问人员在接待单位完成工作和学习任务回国后所取得的科技成果,不论是否属于在接待单位工作、学习时从事研究工作的延续,除双方另有约定外,按国内有关法律、法规处理[①]。

2)中俄合作研究、开发与设计活动中产生的知识产权归属问题

如果合作双方签订了协议,明确了知识产权的归属,则应按照协议的规定处理,如果没有签订协议,一般应按照以下原则处理[②]:

A)在活动中一方提供的专利技术、享有的版权的作品、专有技术及技术资料、技术数据等,其所有权仍属于提供方,其他各方负有保守秘密的义务。未经提供方同意,其他合作方不得向他人公开、转让。

B)凡参与合作并作出创造性贡献的人员都是科技合作成果的完成人,都可享受该项成果所产生的身份权、荣誉权和获得奖励的权利。

C)合作完成的科学作品在公开发表时,应以合著名义发表;署名的顺序应按各人在合作中的作用大小确定。出版发行后所产生的经济利益,经合作各方协商后合理分配。

D)如果各方在合作中分工协作且各自承担独立部分的工作,则除另有约定外,完成该部分工作所产生的成果一般由完成单位享有,相应的科技作品由完成单位单独署名。

E)合作成果按照合作各方在合作协议的约定确定有关知识产权的归属,其申请专利和其他工业产权的权利一般属于合作各方单位共有,并可以按照下列原则办理:①各方合作单位在本国领土内代表全体合作方申请专利以及在获得专利后许可他人实施该项专利。由此获得的经济利益,应按协议约定的比例分配。②申请专利时成果完成人的名次排列,应当按照成果完成者的贡献大小确定。难以分清贡献大小时,在本国领土内申请专利的,可以本方成果完成人为第一完成

---

① 参见我国《关于对外科技合作交流中保护知识产权的示范导则》第16条。

② 同上注第21、24、26、27、29条。

人,在第三国申请专利权,由双方协商决定,或以负担专利申请费与维持费一方的成果完成人为第一完成人。③合作各方如有一方声明放弃专利申请权,另一方可以单独申请,或者由其他各方共同申请。成果被授予专利权以后,放弃专利申请权的一方可以免费实施该项专利。④合作各方中,一方不同意申请专利的,如理由充分,另一方或者其他各方不应申请专利。⑤合作各方中任何一方向第三方转让共有的专利申请权或共有的专利权时,应当通知其他合作方,合作的其他各方有优先受让的权利。⑥合作方中任何一方同第三方订立专利实施许可合同,应事先征得其他各方的同意,并由合作各方共同确定专利使用费标准。由此产生的经济利益,合作各方应当根据协议规定合理分享。⑦确定专利使用费分享的比例时,应当考虑各方在合作中所提供的人力、资金、仪器、设备、情报资料等物质条件多少等因素。

F)合作取得的阶段性成果和最终成果,合作各方都可进行后续开发。各方应就后续开发所取得的成果如何处理按照互利的原则在合作协议中约定。合作协议没有约定的,任何一方无权分享另一方后续改进的技术成果。

G)合作所获得的技术数据、资料、样品、图表等,属于合作各方共有。任何一方都应无偿向对方提供,各方都有在本国使用的权利,但对非合作方都负有保密义务。未经合作各方同意,不得对外公开。

H)委托研究、委托设计所取得的科技成果,除协议另有约定的以外,申请专利的权利属于被委托方。被委托方取得专利权后,委托方可以免费实施该项专利。被委托方转让此项成果的专利申请权,委托方有优先受让的权利。对于不能申请专利权的非专利技术成果,其使用权、转让权及其利益分配办法,双方合作单位应当在协议中予以约定。协议没有约定的,双方均有使用和转让的权利。但是,被委托方不得在向委托方交付科技成果之前将该项成果转让给第三方。如该项成果所有权归委托方,委托方有申请或注册登记相关知识产权的权利,被委托方享有署名权和荣誉权。委托方取得知识产权后,被委托方有免费实施该项成果的权利。委托方转让该项成果的实施权时,被委托方有优先受让的权利。

依据我国《促进科技成果转化法》规定:“科技成果完成单位与其

他单位合作进行科技成果转化的，应当依法由合同约定该科技成果有关权益的归属，合同未作约定的，按照下列原则办理：（一）在合作转化中无新的发明创造的，该科技成果的权益，归该科技成果完成单位；（二）在合作转化中产生新的发明创造的，该新发明创造的权益归合作各方共有；（三）对合作转化中产生的科技成果，各方都有实施该项科技成果的权利，转让该科技成果应经合作各方同意。”

3）中俄合作调查和开采中的知识产权归属

A）中俄合作调查和开采前各方原有的知识产权归原各方所有，在合作调查和开采活动中，一方提供的数据、技术秘密等资料，另一方负有保密义务，未经一方同意，另一方不得将其公开、转让等。

B）中俄合作调查、开采中涉及我国的社会、经济、资源等情况和技术数据、样品、原始记录等技术资料，所有权属于中方。俄国合作方要使用、转让、交换、发表以及运出、传送到我国境外，必须经过中方同意，并且要其承担保密义务。引用我方已公开的数据、样品、原始记录等技术资料时，应当注明出处。依据上述资料和数据作出的发明、发现或其他科技成果的知识产权属于双方共有。但对该项科技成果予以实施或转让我方应占据主导，由此产生的经济利益双方按约定比例分享。根据上述技术资料所形成的调查研究报告，其所有权应属于中方合作单位，是否发表或采用中方有决定权。

C）中俄合作开采的阶段成果，如合作一方在其基础上单方通过研究取得最终成果，另一方有权要求给予免费实施该项成果的许可。

由于合作调查和开采所涉及的数据、样品、记录和原始数据等往往直接关系到一国的经济安全和资源开采等重大利益，因此，各国一般都将这些资料的所有权和使用权牢牢控制在自己手中，防止泄露。数据权属一般遵从的原则是：①在合作研究中，任何一方对由它所提供的数据享有数据权，未经提供方的同意，另一方不得复制、向第三方提供或向社会公开，也不得将数据用于合作研究以外的目的和用途。②在合作研究中，合作双方通过勘探、调查和分析等所掌握的涉及一方所在国国土、资源、地理、环境和社会的数据，视同该方所提供的数据，所在国一方享有数据权。③除上述两项以外的数据，合作双方共有数据，双方均有复制、采用的权利，但是，任何一方向第三方提供数据或将数据向社会公开必须征得另一方同意①。

中间性、阶段性合作研究成果和后续技术成果的归属和分享，在后续研究中作出改良发明和其他成果时，申请专利或植物新品种的权利属于作出发明和其他成果的一方。

4）中俄合办机构的知识产权归属

合办机构有两种形式：一种是所开办的机构具有独立法人地位；一种是不具备独立法人地位。在合办机构前合作各方原有的知识产权归原合作方各自所有。

具有独立法人地位的中俄合办机构所取得的科技成果及其所形成的知识产权，属于该合办机构。合办机构因合作期满而终止，或因一方不履行合作协议，或由于不可抗拒原因而中止的，合作双方应当在协议中事先约定有关科技成果及知识产权的归属和分享办法。在一般情况下，所有权归双方共有，利益分享则要根据双方的投入、中止的原因而有所不同。

不具备独立法人地位的中俄合办机构所取得的科技成果及其所形成的知识产权，属于合作各方，合作各方都有实施该项成果的权利。

5）中俄技术贸易中的知识产权归属

A）技术贸易前各方原有的知识产权归原各方所有。

B）技术贸易中如果转让的是技术的所有权，则该项技术的知识产权归技术受让方所有。如果转让的不是技术的所有权，则技术转让方并不丧失该技术的所有权，但技术受让方可以根据合同约定，享有实施该项技术并取得经济利益的权利。

C）不论何种类型的技术转让合同，如在订立前原权利人已实施或许可他人实施的，或已将此技术所形成的知识产权转让给他人的，双方当事人都应当在合同中约定权利转让后，转让方是否能够继续实施，以及原转让合同中权利和义务的处理办法。

D）在技术贸易合同有效期内，双方都有改进技术的权利。没有约定或者约定不明确的，改进后的技术成果所有权属于改进方，另一方享有优先受让权。引进方是否要求供方在合同有效期内提供其改进

① 《国际科技合作中的知识产权问答》，载《农业科研经济管理》，1997 年第 4 期。

的技术,应在合同中约定。

俄罗斯同时有一些知识产权归属的特殊规定。俄罗斯政府发布了一系列相关法律和标准文件,其中包括军事和特殊领域的法律法规。根据这些法律,联邦政权执行机构如果不拥有行为人和法人特权,就不能享有联邦预算资助的任何科技活动结果的知识产权。同时,在签订和履行国家合同时,一方面保障国家利益不受损失,同时也可以体现知识产权的重要性。然而,种种法律和法规限制的仅仅是国家对知识产权的特权、审核和登记问题,而不能解决国家的政策和机制问题。根据国家合同执行的项目,获得的专利权应属于联邦或者联邦主体。国家订购人有权在规定的时间内申请专利,其发明、模型和工业样品受到法律保护。如果在既定的时间内,国家订购人没有提出申请,专利获得权可以属于项目的执行者。当研发的经费来自其他形式的预算时,譬如财政补贴和资助,即使是按照国家合同执行的项目,国家也无权进行调整。按照《联邦预算法》的规定,各种形式的资助是预算资金的转移,使用这类专向费时是无偿的和无须返还的。至于分配利用知识产权所得收入的方法和比例,较为实用的有两种方法:一种是由资助科研的部门确定分配的固定比例;另一种则是确立"框架式规则",由部门自己确定具体的分配比例和支付数量。随着部门自主权的逐渐扩大和灵活性的日益增加,在法律的框架下,越来越能更加有效地调节技术和工业知识产权问题。

(3)决定知识产权归属的其他问题

此外,俄罗斯立法中有一些关于知识产权归属的特殊规定。俄罗斯政府发布了一系列相关法律和标准文件,其中包括军事和特殊领域的法律法规。根据这些法律,联邦政权执行机构如果不拥有行为人和法人特权,就不能享有联邦预算资助的任何科技活动结果的知识产权。同时,在签订和履行国家合同时,一方面保障国家利益不受损失,同时也可以体现知识产权的重要性。然而,种种法律和法规限制的仅仅是国家对知识产权的特权、审核和登记问题,而不能解决国家的政策和机制问题。根据国家合同执行的项目,获得的专利权应属于联邦或者联邦主体。国家订购人有权在规定的时间内申请专利,其发明、模型和工业样品受到法律保护。如果在既定的时间内,国家订购人没有提出申请,专利获得权可以属于项目的执行者。当研发的经费来自其他形式的预算时,譬如财政补贴和资助,即使是按照国家合同执行的项目,国家也无权进行调整。按照《联邦预算法》的规定,各种形式的资助是预算资金的转移,使用这类专向费时是无偿的和无须返还的。至于分配利用知识产权所得收入的方法和比例,较为实用的有两种方法:一种是由资助科研的部门确定分配的固定比例;另一种则是确立"框架式规则",由部门自己确定具体的分配比例和支付数量。随着部门自主权的逐渐扩大和灵活性的日益增加,在法律的框架下,越来越能更加有效地调节技术和工业知识产权问题。

据不完全统计,俄罗斯知识产权的总价值约为4 000亿美元。其中90%归国家所有,并以专利的形式存在。这种现状对于提高创新商务的兴趣无所裨益。为打破这种局面,俄罗斯采取的主要方式是建立适宜的机制,将科研成果产业化,认定由国家预算资助的项目的知识产权的归属,刺激此类知识产权的转让,加速知识产权商品化的进程。

总之,知识产权归属的法律认定是刺激发明商品化进程和保护私营机构利益的根本。中俄两国在此方面虽有不同的规定,但两国合作方可以通过协商解决知识产权归属争议,其中应注意:一方面应借鉴国际经验和遵循相关国际原则,另一方面必须参照国家有关知识产权归属的强制性规定,不能违反两国国内法的限制性规定,在此基础上遵照意思自治和互利双赢原则签定包含知识产权归属详细条款的合作协议,以此明确合作双方的权利、义务,为知识产权归属问题的解决奠定良好的法律基础,确保中俄科技合作活动顺利进行。

(二)中俄科技合作中知识产权侵权问题

1. 中俄科技合作中知识产权侵权的类型

在中俄科技合作中,涉及的侵犯知识产权的行为主要包括三种情形:

(1)中俄合作一方侵犯合作他方知识产权的行为。该类侵权行为主要包括以下情形:

1)将共有的合作成果只署上自己的名字或在合作他方单独所有的合作成果上署上自己的名字。

2)私自将不属于自己的科技成果或属于合作各方共有的科技成果以自己的名义申请专利,进行转让或许可,申请成果鉴定、奖励,进行广告宣传等。

3)涉及合作一方提供技术秘密进行合作的,违反保密的约定,泄露该技术秘密。

4)违反保密的约定,泄露合作完成的属于合作他方所有或合作各方共有的技术秘密。

5)涉及合作一方提供技术进行合作的,将合作他方提供的技术用于合作事项以外的用途。

(2)中俄合作各方共同侵犯第三人的知识产权的行为。该类侵权行为主要包括以下情形:

1)合作一方所提供的用于科技合作的知识产权是属于第三人的知识产权。

2)合作各方共同购买或使用侵犯第三人知识产权的技术或产品用于科技合作。

(3)第三人侵犯合作所产生的共有知识产权的行为。包括:第三人在合作产生的共有的合作成果上署上自己的名字;第三人将合作产生的共有的合作成果以自己的名义申请专利,进行转让或许可,申请成果鉴定、奖励,进行广告宣传等。

2. 中俄科技合作中知识产权侵权的管辖

凡是涉外的知识产权侵权管辖一般适用专属管辖,中俄科技合作中知识产权侵权也不例外。专属管辖,又称地域管辖,是指国家对于特定范围的法律关系,不论是否存在另一个有权作出判决的法院,都无条件地保留进行审理和判决的权力。对于知识产权的侵权诉讼,传统上是知识产权的侵权行为发生在注册地、授予地或执行法律所在地的法院,才能行使管辖权[①]。这是专利、商标和版权的地域性决定的。

我国基本上奉行知识产权绝对地域管辖的原则,对于侵犯我国知识产权的案件一律由我国法院专属管辖。如:我国《民事诉讼法》第

① 罗艺方:《跨国知识产权侵权管辖原则的新发展——对传统地域管辖原则的突破》,载《政法学刊》,2003 第 3 期。

29 规定:“因侵权行为提起的诉讼,由侵权行为地或者被告住所地人民法院管辖。”;我国《网络著作权解释》第 1 条规定:“网络著作权侵权纠纷案件由侵权行为地或者被告住所地人民法院管辖。侵权行为地包括实施被诉侵权行为的网络服务器、计算机终端等设备所在地。对难以确定侵权行为地和被告住所地的,原告发现侵权内容的计算机终端等设备所在地可以视为侵权行为地。”我国 2002 年《最高人民法院关于审理著作权民事纠纷案件适用法律若干问题的解释》规定:“因侵犯著作权行为提起的民事诉讼,由《著作权法》第 46 条、第 47 条所规定侵权行为的实施地、侵权复制品储藏地或者查封扣押地、被告住所地人民法院管辖;对涉及不同侵权行为实施地的多个被告提起的共同诉讼,原告可以选择其中一个被告的侵权行为实施地人民法院管辖;仅对其中某一被告提起的诉讼,该被告侵权行为实施地的人民法院有管辖权。”

但是有两种例外情形。一是我国签订国际条约有特殊规定的除外,二是中俄合作双方在协议中约定管辖的除外。除此之外,中俄科技合作中知识产权侵权问题只能由知识产权的注册地、授予地或侵权行为发生地法院管辖。

3. 中俄科技合作中知识产权侵权的救济方式

在中俄科技合作中发生的侵犯知识产权的行为,要根据不同的侵权类型,采取不同的救济方式。但一定要注意,因为知识产权具有无形性,在发生知识产权侵权的情况下,一定要及时作好证据的收集和保全。

(1)合作一方侵犯合作他方知识产权的行为的救济方式

对于这类侵权行为,凡是在科技合作协议中有约定的,要按照违约来处理;合作各方之间没有在协议中有规定的,要按照侵权来处理。其主要的救济方式包括要求侵权方停止侵权、支付违约金、赔偿损失,并可要求赔礼道歉。

(2)合作各方共同侵犯第三人的知识产权的行为的救济方式

这类侵权行为,因为属于共同侵权,所以对外要承担连带责任。因此在签订科技合作协议时,如果涉及一方提供技术进行合作的,一定要在科技合作协议中明确知识产权保证条款,要求技术的提供方保证其是该技术的所有权人或合法的授权人，否则，就要赔偿合作他方为此而受到的损失。另外，如果合作一方发现侵犯第三人的知识产权的行为，应当立即通报合作他方，合作各方应当立即停止该侵权行为，减轻因侵权而造成的损失。

(3)第三人侵犯合作所产生的共有知识产权的行为的救济方式

对这类侵权行为的制止，合作各方要加强协作。如合作一方发现第三方的侵权行为，应当立即通知合作他方，并作好证据的收集和保全。这主要是因为合作各方在不同的国家和地区，合作一方对发生在合作他方所在地的侵权行为可能不知晓，并且对该侵权行为的制止也比较困难，制止的成本也比较高。其主要的救济方式包括要求第三人停止侵权、赔偿损失、赔礼道歉等。

六、中俄科技合作与知识产权的国际保护问题

(一)知识产权的国际保护及中俄科技合作知识产权保护的法律适用

1. 知识产权国际保护的内涵

知识产权一旦越出国界，就涉及到知识产权的域外保护问题，中俄科技合作同样面临这一问题，这就是通常所说的知识产权的国际保护。

知识产权的国际保护是国家遵守国际知识产权条约对其设定的国际义务，通过国内知识产权制度所实现的保护。实际是以一种履行国际义务的形式而实现的国内保护。严格说来，“知识产权的国际保护”实质就是“知识产权制度的国际协调”[①]。知识产权国际保护是资本主义从自由竞争阶段过渡到垄断阶段智力成果传播日趋国际化的结果。[②] 随着全球经济一体化的迅猛发展，国际间的科技与文艺的交流与合作日益频繁，特别是在互联网络空间中传统意义上的国界不复

---

① 秦毅：《试论知识产权国际保护的基本原则》，载《法制与社会》，2008 年第 7 期。

② 刘剑文、张里安：《现代中国知识产权法》，中国政法大学出版社 1993 年版，第 56 页。

存在，使知识产权“跨境”流动变得轻而易举，这对知识产权的特殊属性提出了挑战。如：电子信息服务应用的全球化趋势使知识产权地域性变得模糊，这是对知识产权属地主义原则的威胁。于是有越来越多的知识产权被带有“跨国”性质的不法行为侵权，知识产权领域的法律冲突随之产生[①]。由于各国在知识产权的保护上标准不一，这种地域性的特征与知识产品的流动之间的矛盾就凸显出来。正是在这一背景下，知识产权的国际保护制度得到迅速发展。

2. 知识产权的国际保护一般理论

（1）知识产权的国际保护的基本原则

1）国民待遇原则。国民待遇原则是国际间知识产权公约的一项重要原则，它是指在保护知识产权方面，任何成员国为其他成员国国民提供的待遇不得低于该成员为本国国民所提供的待遇。它是与歧视性待遇相对而言。同时并不排除给予他国成员高于本国国民的待遇。《保护工业产权巴黎公约》第 2 条和第 3 条明确规定了国民待遇原则；《伯尔尼公约》规定的国民待遇原则为享有此种待遇的人提供了实际上高于某些国家本国国民的待遇。公约规定，对于某些虽已加入伯尔尼公约，但其本国法律规定的版权保护水平较低的国家而言，即使其本国国民所能享受的权利尚低于公约规定的保护，其为可享受公约国民待遇的其他国家国民提供的版权保护也必须达到公约规定的最低要求[②]。

2）公平正义原则。公平和正义是法律社会价值所在，知识产权的国际保护当然也要遵循这一原则。各国科技发展的不平衡导致知识产权分布不均衡，目前的知识产权产品有 90% 以上集中在发达国家，这使得发达国家迫切要求本国的知识产权在其域外获得充分的保护，呼吁国际社会建立起完整而统一的国际知识产权保护体系。而发展中国家技术水平低下，在知识产权领域所占比例小，在这种竞争中显然处于不利地位。对于经济实力悬殊、实际地位不平等的不同类国家

---

① 廖晓虹：《浅议知识产权的国际保护》，载《中山大学学报论丛》，2005 年第 5 期。

② 唐广良、董炳和：《知识产权的国际保护》（修订版），知识产权出版社 2006 年版第 21 页。

来说,应当积极采取各种措施,让经济上落后的发展中国家有权单方面享受非对等的、不要求直接互惠回报的特殊待遇,以实现真正的、实质上的平等,达到真正的公平。

3)利益平衡原则。法律的利益平衡功能,就是对至关重要的多元化的利益进行估量和权衡,以协调冲突,从而实现法律所追求的目标和价值。就知识产权法而言,利益平衡是知识产权立法、执法、司法及发展的基石,是一个静态和动态相统一的概念。它存在以下几个层面问题:①垄断利益和公共利益的平衡。知识产权保护本身就存在矛盾:一方面,为了激励知识产品的生产和科技创新,法律需要对权利人产权进行保护,另一方面,为了知识普及和促进社会进步,又必须限定权利人的专有权利。②国家间利益的平衡。各个国家都会根据自己的政治经济发展水平建立各自的知识产权保护制度。在知识产权的国际保护中,达成不同国家的利益平衡就存在一定困难,其中发达国家的利益和发展中国家在经济实力和科技文化方面有很大的差距,因此,适用知识产权的国际统一标准对他们来讲是"形式上平等"而"实质上不平等"[①]。发达国家应在追求利益最大化过程中兼顾发展中国家正当合理的利益,只有这样才能在实质上缩小双方之间的分歧,实现共赢。保护发达国家的相对优势和保留发展中国家合理发展空间才能真正实现利益平衡协调。

(2)知识产权国际保护的基本分类

知识产权国际保护的方式大致有以下四种:单方保护、互惠保护、双边条约保护、多边条约保护[②]。单方保护是指一国单方面对外国知识产权实行保护;互惠保护是指对外国知识产权的保护是以该国保护本国知识产权为条件,实行互惠对等原则[③]。双边条约保护、多边条约保护都是以条约为依据的国家之间的相互协调保护,各国之间按照条约规定享有权利并承担义务。我国和俄罗斯科技合作中的知识产权

---

① 冯晓青:《知识产权法利益平衡理论》,中国政法大学出版社 2006 年版,第 516 页。

② 郑成思:《知识产权法》,法律出版社 1997 年版。

③ 万鄂湘:《国际知识产权法》,河北人民出版社 2001 年版,第 76 页。

保护主要是通过双边条约保护。1991 年—2005 年间，中俄之间签署了一系列的与知识产权有关的双边条约，如：1992 年，双方签订了《中华人民共和国政府和俄罗斯联邦政府科学技术合作协定》；1996 年《中华人民共和国政府和俄罗斯联邦政府关于在知识产权保护领域合作的协定》；1999 年签署了《中俄两国间知识产权保护和权利分配原则协议书》；2000 年签订了《中国科技部和俄联邦工业与科学技术部关于在创新领域合作的谅解备忘录》；2006 年签署了《中国国家工商行政管理总局和俄罗斯联邦反垄断局关于实施〈中华人民共和国政府和俄罗斯联邦政府反不正当竞争和反垄断领域合作协定谅解备忘录（2006 年—2007 年）〉》。

（3）知识产权国际保护的基本问题——法律冲突与法律适用

所谓法律冲突，是指对于某种具有国际因素的民商事关系或民商事问题，有关各国的法律规定不同并且都有理由对之实施立法管辖权，因而需要在各国法律中作出选择以决定所应适用的法律的状况。在中俄科技合作的知识产权保护中因涉及知识产权的跨国保护，保护中必然涉及法律适用问题，一方面合作双方在合作协议中最好对法律适用作出约定，另一方面如果双方没有约定，则应对法律适用的一般国际规则有所了解。

1）关于知识产权本体法律关系的法律适用

所谓知识产权本体法律关系是指主体就其特定的精神产品所产生的关系，其内容包括知识产权的生成、维持、权能、效力等[①]，有学者又将其称之为先决问题。在实践，主要有以下三种适用方法：

A）适用权利授予国法或权利登记地法。它的内涵是指，知识产权的授予条件、成立、内容、期限和消灭等事项由授予该项权利的国家的法律支配。从各国立法和有关条约来看，采用该种方法较为普遍。这种方式意味着内外国法律有着均等的适用机会，其缺陷是因为各国对知识产权保护水平不同，以技术输入方为主体的欠发达国家如若承担与技术输出方为主体的发达国家相同的权利义务，势必付出比后者大

---

① 冯文生：《知识产权国际私法基本问题研究》，载郑成思主编：《知识产权文丛》（第四卷），中国政法大学出版社 2000 年版，第 286 页。

得多的代价,并且对权利相对人来说也不公平。

B)适用法院地法或被请求保护国法。又称“权利主张地法”或“权利要求地法”,是指在某国领域内出现了知识产权纠纷,对这类纠纷的处理应适用该国的法律,也即被请求在它的领域内保护有关知识产权的国家的法律。也有不少国家以及国际条约的立法倾向于采用此种方式。如《世界版权公约》、瑞士及匈牙利国际私法。适用法院地法或被请求保护国法有利于知识产权的取得及判决的承认与执行,对发展中国家有利。其弊病是可能排除外国知识产权法的适用,而该外国是实际侵权损害结果发生地并且该外国法可能对知识产权侵权案件给予被侵权人或权利人以更有效和充分的保护,最终导致权利人“有诉无济”的结局也是可能的。

C)法律适用的“分割论”。“分割论”,就是采取“分割”方法来解决知识产权中各种具体法律关系的法律适用问题,把一个问题的不同方面加以分割而分别选择不同法律。“分割论”的做法比较灵活,考虑到了不同知识产权关系的特点,代表了近年来知识产权法律适用发展的一种趋向。一些国家在近年的国际私法立法中采用了这种做法,如法国、阿根廷国际私法。我国国际私法学会起草的《中华人民共和国国际私法示范法》(第六稿)也采用了这种“分割”方法。在知识产权的法律适用问题上引入“分割论”的研究方法,有利于对知识产权法律关系的不同方面加以科学划分并适用不同法律,从而有利于应对全球化和网络化环境下错综复杂的知识产权争议,确保权利保护之公平与合理。在中俄科技合作的知识产权保护中,采用这种法律适用方式对保护各方利益比较适合。

2)关于知识产权合同的法律适用

对于知识产权合同的法律适用问题,大多数国家或国际条约都将其纳入合同法律适用的范围,即把知识产权合同视为一般合同,适用意思自治、最密切联系等原则选择合同的准据法。但当双方对准据法没有选择时,确定最密切联系地有两种方式:

A)视知识产权许可人的住所地、居所地或营业所所在地等为合同的最密切联系地。采取这种做法的有匈牙利、南斯拉夫、瑞士等国家。

B)视知识产权被许可人主营所所在地、惯常居所地等为最密切联系地。采用这种做法的有奥地利、德国、列支敦士登等国。

3)关于知识产权侵权行为的法律适用

在大多数情况下,跨国知识产权侵权纠纷适用侵权行为地法,但也存在选择法院地法作为准据法的情况,如瑞士国际私法。侵权行为适用侵权行为地法,这一原则一直为世界各国所采纳[①]。

3. 中俄科技合作中知识产权侵权的法律适用

(1)先决问题的法律适用

先决问题是指案件的审理需要以另外一个问题的解决为前提条件。中俄科技合作中知识产权侵权涉及的先决问题主要包括著作权人身份的认定和原始著作权的归属,争议发明的可专利性及专利的有效性等。我国现行法对先决问题的法律适用问题未作规定。中国国际私法学会起草的《中国国际私法示范法》(以下简称《示范法》)第15条规定:国际民商事案件或者事项的主要问题的解决依赖另一先决问题的解决时,先决问题所涉及的民商事关系的法律适用应根据本法依照该民商事关系的性质加以确定。从司法实践来看,《北京市高级人民法院关于涉外知识产权民事案件法律适用若干问题的解答》[②]规定:"对外国人的作品进行保护,适用作品所在国的法律。"因此,俄国人就其在外国出版的作品在我国主张著作权的,该作品是否产生著作权、著作权权利内容和归属等问题,应依我国著作权法确认。

(2)知识产权侵权的法律适用

传统上,侵权行为有两大法律适用原则:侵权行为地法原则和法院地法原则。我国《民法通则》第八章规定:"涉外民事关系的法律适用",其中第146条规定"侵权行为的损害赔偿,适用侵权行为地法律。当事人双方国籍相同或者在同一国家有住所的,也可以适用当事人本国法律或者住所地法律。"《示范法》第99条规定:"知识产权侵权的法律救济,适用请求保护地法。"对于国际法与国内法相冲突的情况,

① 李双元主编:《国际私法学》,北京大学出版社,2001年版,第422页。

② 参见2004年《北京市高级人民法院关于涉外知识产权民事案件法律适用若干问题的解答》,京高法发[2004]49号。

我国法律采取“优先适用国际条约”的原则[①]。根据我国《民事诉讼法》、《民法通则》等法律的规定，凡中国缔约或参加的国际条约同中国法律有不同规定的，适用国际条约的规定，但中国声明保留的条款除外。俄罗斯在侵权行为上也适用侵权行为地法，但俄罗斯同时规定，俄罗斯对被告在其境内有财产或曾在俄联邦居住过案件有管辖权。

(3)知识产权合同的法律适用

《俄罗斯国际私法》规定：“当合同双方对合同适用法律没有协议时，适用合同与之有最密切联系的国家的法。如果无法判断最密切联系的国家，则其履行对于合同内容有决定意义的一方的住所地国或主要活动地国为最密切联系的国家。其履行对于合同内容有决定意义的一方在许可合同中是被许可人，在商业特许合同中是权利拥有者，在买卖合同中是卖方。”我国《合同法》规定：“涉外合同的当事人可以选择处理合同争议所适用的法律，但法律另有规定的除外。涉外合同的当事人没有选择的，适用与合同有最密切联系的国家的法律。”

在中华人民共和国境内履行的中外合资经营企业合同、中外合作经营企业合同、中外合作勘探开发自然资源合同，适用中华人民共和国法律。

由此可见，中俄科技合作中知识产权侵权行为应适用侵权行为地法律，侵权的法律救济应适用请求保护地法，知识产权合同应适用与合同有最密切联系国家的法律。适用的前提是合作方无明确的法律适用约定，并且不违反中俄两国共同参与或两国之间缔结的条约。

一国知识产权在外国的保护，依照独立保护原则，一般知识产权不具有域外效力；但有两种例外：一是外国法承认该国知识产权在其国内的效力，二是依照两国缔结或共同参与的国际条约规定，相互给予国民待遇、最低保护或互惠国待遇。根据我国与俄罗斯关于在知识产权保护领域合作的协定的规定：双方将按照其各自的法律、法规和双方共同参加的国际条约、协定，对对方的知识产权相互给予有效的

---

①　李常有：《积极应对涉外知识产权侵权纠纷》，载《云南科技管理：知识产权》，2007 年第 1 期。

保护[①]。我国自建立知识产权法律制度伊始，就对外国人的知识产权在一定条件下予以保护。如：我国《著作权法》第2条第2、3、4款规定："外国人、无国籍人的作品根据其作者所属国或者经常居住地国同中国签订的协议或者共同参加的国际条约享有的著作权，受本法保护；外国人、无国籍人的作品首先在中国境内出版的，依照本法享有著作权；未与中国签订协议或者共同参加国际条约的国家的作者以及无国籍人的作品首次在中国参加的国际条约的成员国出版的，或者在成员国和非成员国同时出版的，受本法保护。"外国人在我国申请的专利、注册的商标亦受我国法律保护，根据《商标法》第13条的规定，外国人的商标是未在我国注册的驰名商标的，也受我国法律保护。根据以上规定，我国对俄罗斯人在我国发生的知识产权应当予以保护。俄罗斯也有类似的法律规定。

（二）世界知识产权公约与中俄科技合作的知识产权保护

苏联解体后，俄罗斯继续了前苏联签订的多边知识产权保护条约，成为巴黎公约、马德里协定、世界版权公约、伯尔尼公约的成员国。中俄两国作为多个世界知识产权公约成员，公约对两国的知识产权立法及保护产生了重大影响。在科技合作中，两国共同参加的知识产权国际公约对知识产权保护的重大意义是不容质疑的。例如：在《中俄关于在知识产权保护领域合作的协定》中规定："知识产权"一词是指1967年7月14日在斯德哥尔摩签订的关于成立世界知识产权组织公约第2条所规定的定义。"工业产权"一词是指1967年7月14日在斯德哥尔摩修订的保护工业产权巴黎公约第1条所规定的定义。

1. 巴黎公约

1883年2月，法国、比利时等8国在巴黎共同签署了《保护工业产权巴黎公约》。巴黎公约是各种工业产权公约中缔结最早、成员国也最广泛的一个综合性公约，到2003年1月，它已经有164个成员国。《巴黎公约》自签订以来，先后经历了一系列的修订，迄今有6个修订

① 参见《中华人民共和国政府和俄罗斯联邦政府关于在知识产权保护领域合作的协定》第2条第1款。

本。多数国家适用1967年的斯德哥尔摩文本。我国于1985年正式加入《巴黎公约》。

《巴黎公约》规定了工业产权的保护范围,即发明、实用新型、外观设计、商标、服务标记、厂商名称、货源标记或原产地名称以及制止不正当竞争。

《巴黎公约》规定了以下内容:1)国民待遇原则。2)优先权原则。即成员国的国民向一个缔约国首次提出申请后,可以在一定期限(发明和实用新型为12个月,外观设计及商标为6个月)内,向所有其他缔约国申请保护,并以第一次申请的日期作为在后提出申请的日期。3)临时性保护规定。此规定对在国际展览会上商品的知识产权提供临时保护。4)宽限期。对撤销一项知识产权时给予一定的宽限期。5)在专利方面:主要有专利独立,发明人在专利证书中的署名权,不授予专利权的条件,在一定条件下授予强制许可,船只、飞机或车辆上使用专利发明而暂时进入另一国家不认为是侵犯专利权等规定。6)在商标方面:主要有商标权独立和例外,不得因商品性质而影响商标注册,对驰名商标的保护,禁止作为商标使用的标记等规定。

中俄科技合作中产生的知识产权,其在国际上的确认和保护均可适用优先权原则和临时性保护规定及知识产权的独立性原则。

2. 商标国际注册马德里协定

商标国际条约,除《保护工业产权巴黎公约》外,还有一个重要文件,即《商标国际注册马德里协定》(简称《马德里协定》)。《马德里协定》于1891年4月14日在西班牙马德里签订,生效以来经过6次修订。到2000年1月为止,已有64个成员国。我国于1989年10月正式成为协定成员国。《马德里协定》是对《巴黎公约》关于商标国际保护的补充,其主旨在于解决商标的国际注册问题。其保护对象是商标与服务商标。

协定规定,只有《巴黎公约》的成员国才能参加《马德里协定》。程序是:(1)成员国的国民,在本国注册商标。(2)在本国注册商标后,向设在日内瓦的世界知识产权组织国际局申请国际注册。(3)国际注册经批准后,由国际局公布,并通知申请人要求保护的那些成员国。(4)这些成员国可以在1年内声明对该商标不予保护,但需要说明理由;申请人可就此向该国主管机关或法院提出申诉,如果1年内该国未作出上述声明,则国际注册的商标就在该国具有国内注册的效力,保护期限为20年。

在国际注册5年内,原先国内注册如予撤销即可导致国际注册的撤销。协定还规定,申请人在其所属国办理了某一商标的注册手续后,只需要用一种语言向国际局提出一次申请并交纳一定费用,就可以要求在各成员国取得保护。

显而易见,根据《商标国际注册马德里协定》规定,中俄科技合作中产生的商品商标,可以通过国际注册取得国际保护,为中俄合作开拓国际市场、取得竞争优势创造了便利条件和捷径。

3. 伯尔尼公约

《保护文学艺术作品伯尔尼公约》(以下简称《伯尔尼公约》)产生于1886年,是世界上第一个著作权国际公约,此后曾多次修改和再版,苏联加入的是1971年的版本。这是一部严格地保护作者在外国利益的国际法规。目前,该法规的保护范围已经涉及到计算机程序领域。[①] 俄罗斯于1995年成为《伯尔尼公约》成员国。2004年7月20日,俄罗斯颁布了《关于俄罗斯联邦著作权法的修改草案》,法令参照了伯尔尼公约的有关规定。我国于1992年加入该公约。

《伯尔尼公约》主要内容是:(1)国民待遇原则。(2)自动保护原则。(3)独立保护原则。即成员国按照其本国著作权法保护其他成员国的作品,而不论该作品来源地法如何规定。(4)最低限度的保护规定。各成员国立法给予著作权人的保护水平不得少于公约规定的标准。包括财产权利:翻译权、复制权、表演权、改编权、广播权、公开朗诵权、摄制电影权等;人身权利包括作者身份权、作品完整权;公约规定保护文学、科学和艺术领域的一切作品,而不论其表现形式或表现方法如何。(5)对发展中国家的特殊优惠。为了使发展中国家在不过分增加经济负担的情况下获得对外国作品的合法使用,公约规定了对发展中国家的优惠条款,即翻译和复制的强制许可使用等。(6)追溯

① 戴桂菊:《中俄两国共同遵守的知识产权国际公约》,载《俄语学习》,2005年3月。

力规定。即公约提供的最低限度的保护也适用于成员国参加公约前已经存在于其他成员国，而在其来源国尚未进入公有领域的作品。

其中的对发展中国家的特殊优惠、最低限度保护及追溯力规定，对中俄科技合作中的文学艺术成果起到了基础性、扩充性的保护作用。

4. 世界版权公约

《世界版权公约》于 1952 年 9 月在瑞士日内瓦签订。到 1998 年 1 月为止，已有 86 个成员国。我国于 1992 年 10 月加入该公约。《世界版权公约》的主要内容为《伯尔尼公约》所覆盖，且保护水平略低于后者。其区别表现在：(1) 国民待遇原则。该公约规定，缔约国可依本国法律将在该国有惯常住所的任何人视为本国国民。与《伯尔尼公约》不同，是否给予在本国有住所的外国人以国民待遇，该公约缔约国有选择的权力。(2) 权利主体与客体。该公约规定著作权主体为“作者及其他版权所有人”，与《伯尔尼公约》将主体限定为作者不同。同时，该公约并未像《伯尔尼公约》那样详细列出受保护作品的种类，其客体范围的规定较为笼统。(3) 权利内容与期限。该公约未明确规定作者的人身权利，是否保护人身权利由各国立法决定；对财产权利也未详细列举，仅强调了复制权、表演权、广播权、翻译权等。此外，该公约规定的保护期较短。一般作品为作者有生之年加死后 25 年。实用艺术作品和摄影作品的保护期不得少于 10 年。(4) 版权标记。该公约要求作品在首次发表时，其每一复制件均须注明著作权标记“©”、著作权人姓名、首次出版时间。此外，该公约还规定《世界版权公约》不具有追溯力，且成员国对公约规定不得声明保留。

5. 专利合作条约

《专利合作条约》于 1970 年 6 月 19 日在美国华盛顿签订。到 2003 年 1 月为止，已有 118 个成员国。我国于 1993 年 9 月 13 日正式向世界知识产权组织提出申请，1994 年 1 月 1 日成为《专利合作条约》的成员国。中国专利局已为该公约的受理局、国际检索单位和国际初步审查单位。中国、美国、俄罗斯、日本、欧洲专利局等 9 个专利局成为国际检索局。俄罗斯近几年来非常重视知识产权的国际交流与合作，积极参与国际专利的初审与检索工作，取得了显著成效。

《专利合作条约》的宗旨是:通过简化国际专利申请的手续和程序,加快技术信息的传递和利用,强化对发明创造的法律保护,促进各缔约国的科技进步和经济发展。该条约规定的手续和程序包括以下几个方面:(1)统一申请。国际专利申请可以在一个地方(即受理局),采用一种语言,使用一种格式,支付一种货币的费用是交一份申请,即可以在其他的成员国内取得相当于受理局国家专利申请的效力。(2)两个阶段。国际专利申请分为国际阶段和国内阶段。国际阶段处理专利申请的受理、公布、检索和初步审查,即由国际检索单位对申请进行检索,作出国际检索报告,并由世界知识产权组织国际局在一定期限内公布申请及报告,并将该申请连同报告送交指定国专利局。国内阶段进入实质审查和授权,即由指定国专利局依照本国法律对该申请进行审批。上述运行机制有助于避免查找资料的重复劳动,加强成员国就专利批准之前进行审查工作的合作,同时通过一次申请就可以在几个甚至所有成员国取得专利权[①]。

在中俄科技合作中,要充分重视和利用国际专利申请与保护便捷的优势,在科技成果产生后迅速以国际专利形式抢占国际市场,取得竞争优势,为两国共同开发国际市场争得先机。

6. WTO知识产权协议(TRIPS协议)

作为"乌拉圭回合"的重要成果,1993年签订的《与贸易有关的知识产权协议》将知识产权保护问题引入国际贸易领域,把知识产权保护与关贸总协定的基本原则相结合,使知识产权的国际保护直接与国际贸易挂钩,利用国际贸易对各个国家的知识产权保护施加影响,在强化知识产权的国际保护力度方面起到了至关重要的作用。经过近十几年来的发展,WTO框架下的TRIPS协议在知识产权的国际保护方面发挥着越来越重要的作用[②]。

(1)TRIPS协议对中俄知识产权保护的影响

我国加入WTO后,特别是2001年加入TRIPS协议后,依照有关知识产权保护的要求,对知识产权法律进行了重新修订,使之更符合国际标准,当然也作了必要的保留。俄罗斯现在虽然还没有加入

---

① 吴汉东主编:《知识产权法学》,北京大学出版社2000年版。

② 吴汉荣:《略论WTO框架下的知识产权国际保护》,载《科技管理研究》,2005年第7期。

WTO,但截至2006年11月,除个别国家外,俄罗斯几乎与所有WTO成员国都已达成俄“入世”的双边谈判协议。按WTO规则“入世国”在“入世”前必须修改本国的有关法律法规,或制定相关的法律法规,以便同WTO的贸易规则相衔接。俄自1993年申请“入世”以来一直在做这方面的工作[①]。知识产权是阻碍俄罗斯与美国达成双边入世协定的主要问题。但随着2002年以后,俄罗斯政府在保护知识产权方面取得显著进步,最艰难的与美国的谈判已经完成,加入WTO只是时间问题,俄罗斯也始终力图在知识产权立法上与国际接轨,这是与美国双边谈判的一项承诺。WTO知识产权协议(TRIPS协定)的出现促成了知识产权国际保护新体制的建立。一旦俄罗斯加入WTO,TRIPS协定必将对中俄科技合作产生重要影响。这主要体现在以下几个方面:

1)强化了知识产权与贸易的关系。将知识产权的跨国保护直接与国际贸易挂钩,并使后者成为影响前者的重要因素,这是TRIPS协议与以往任何知识产权公约相比显示出的一个基本特征[②]。中俄科技合作中有大量的涉及双边贸易,特别是技术贸易的内容,通过贸易促进知识产权保护无疑是一个有效途径。

2)改变了知识产权涉外保护与国内保护之间的关系。根据建立多边贸易组织协议规定,世界贸易组织成员为履行“乌拉圭回合”协议,应努力修改其国内法,使其与协议的规定相符。TRIPS规定的国内法,将不仅使国际法在处理涉外知识产权关系时优先于中俄两国国内法,而且也将使知识产权保护按国内法实施的传统原则让位于对知识产权保护按国际法实施的新规则。

3)知识产权保护的范围加大,权利增加。除传统的保护客体外,增加了地理标记、集成电路布图设计和未公开信息。而且特别强调对计算机程序和数据汇编、电影作品和录音制品、驰名商标、葡萄酒、药品及农药化学产品的未公开配方或数据的特殊保护。在规定知识产权保护条件、保护水平、标准和方式、内容、范围以及限制时,新的国际保护体制注重赋予知识产权人的更广泛的权利,具体表现为:降低知识产权获得保护的条件、权利的享有更为完善和尽可能延伸、延长知

---

① [俄]罗·安德烈:《WTO与俄罗斯法律改革》,载《俄罗斯中亚东欧市场》,2006年第12期。

② 曹志平:《TRIPS与知识产权国际保护新体系》,载《知识产权》,1998年第4期。

识产权的最短保护期限，严格对知识产权进行限制的适用条件等。知识产权保护的范围加大、权利增加，有利于保护中俄两国知识产权权利人及国家利益，调动科技人员的创新积极性，进一步促进科技合作。

4）统一国际保护标准，提高保护水平。要求 WTO 的所有成员都必须按照 TRIPS 协定"最低保护标准"的要求制定或修改其国内法，达到各国知识产权保护规则在程序和实体上的趋同和一致。协议要求 WTO 的所有成员的国内立法按照 TRIPS 的要求，提高其保护知识产权的水准。

5）可操作性强。协议强化了知识产权的执法程序和保护措施，如：民事程序、司法复审制度、损害赔偿、临时措施、边境措施。同时建立了争端解决机制。以往知识产权国际公约较少涉及知识产权实施程序的规定，尤其是缺乏必要的执法措施和争端解决机制，以至于一些条约成为没有足够法律约束力的"软法"[①]。上述规定为中俄科技合作中知识产权保护提供了借鉴、帮助和法律依据。

6）透明度原则。透明度原则规定：各成员有关知识产权的法律、法规、可普遍适用的司法判决及行政终局裁决，都要有透明度，使其他成员和 WTO 知识产权理事会能够知悉和了解。透明度原则要求中俄双方必须使对方了解有关知识产权的法律、法规及行政、司法文书。

同时，TRIPS 协议作为发达国家主导下的知识产权保护制度，不可避免地有其局限性，表现在：A）人权保护上的不足。包括对作者权利保护的缺失、限制合理使用规定对表现自由的冲击、信息数据库权利的扩张对数据库来源者个人隐私的妨害、药品专利垄断对公众健康权利的影响以及专有技术转让阻碍对发展权行使的制约等[②]。这既体现了知识产权人个人权利与社会责任的失衡，又体现了发展利益与生存利益的失衡[③]。B）对传统资源、民间文艺保护的缺失。传统知识指基于传统所产生的文学、艺术或科学作品，表演，发明，科学发现，外观

① 李向阳：《全球经济失衡及其对中国经济的影响》，载《国际经济评论》，2006 年第 3、4 期（合刊）。

② 吴汉东：《后 TRIPS 时代知识产权制度的变革与中国的应对方略》，载《法商研究》，2005 年第 5 期。

③ 罗晓霞，戴湘波：《失衡之制度平衡之理念——从利益平衡的角度评析现行知识产权国际制度》，载《经济与社会发展》，2006 年第 1 期。

设计,标记、名称及符号,未公开的信息,以及一切来自于产业、科学、文学艺术领域内的智力活动所产生的基于传统的创新和创造[①]。TRIPS 协议侧重保护创新成果,对传统资源和民间文艺的保护不予重视。在中俄科技合作知识产权保护方面应注意以上问题,以促进知识产权的全面、平衡的保护。

(2)TRIPS 协议的内容

1)目标与原则条款。TRIPS 第 7 条指出:“知识产权的保护与权利的行使,目的在于促进技术的革新、技术的转让与技术的传播,以有利于社会及经济福利的方式去促进技术知识的生产者与技术知识使用者的互利,并促进权利与义务的平衡。”这里主要体现了知识产权国际保护的目的与利益平衡及权利合理限制原则,从协议其他条款上还可以看到知识产权国际保护的其他几项原则,包括知识产权的独立性原则(又称主权原则)、国民待遇原则、最惠国待遇原则、透明度原则[②]。透明度原则规定:各成员有关知识产权的法律、法规、可普遍适用的司法判决及行政终局裁决,都要有透明度,使其他成员和 WTO 知识产权理事会能够知悉和了解。协议第 1 条指出:“成员有自由以其域内法律制度及实践确定实施本协议的恰当方式。”这体现了知识产权的独立性原则(又称主权原则)。

2)知识产权保护的标准统一条款。TRIPS 第 1 条规定:“缔约方应执行本协议的规定。缔约方可以在其国内法中规定比本协议所要求的更为广泛的保护,其条件是这样的保护不得违反本协议的规定。”这是知识产权国际保护的最低保护标准。其成员国国内法规定不得低于最低标准。同时协议第 72 条还规定“未经其他成员一致同意,不可以对本协议中的任何条款予以保留。”该条规定是是要禁止成员对协定的某些内容进行抵制,成员国必须对协定的所有内容予以遵守,从而确立了知识产权国际保护的统一标准[③]。

---

① See WIPOIntergovernmentalCommitteeonIPandGR, TKandF, SixthSession (Geneva, Mareh15to19,2004),Revisedversion ofTKpolieyandLegalOptions,p. 6.

② 吴汉荣:《略论 WTO 框架下的知识产权国际保护》,载《科技管理研究》, 2005 年第 7 期。

③ 何华:《论知识产权国际保护体制与中国应对之道》,载《国际问题研究》,2008 年第 1 期。

3）提高保护水平条款。协议拓宽了知识产权保护范围，几乎所有知识领域都被纳入其保护范围。权利的内容也进一步拓展，延长了保护期限。

A）版权与邻接权。增加了对计算机程序与数据库的保护；规定了作者或其继承人的出租权；对于版权的保护期，协议对《伯尔尼公约》进行了补充，规定了三种选择，即作者有生之年加50年、作品合法出版之后50年或作品完成之后50年。TRIPS加强了邻接权的保护力度：第一，要求各成员国对录音制品制作者及录音制品权利持有人的出租权给予法律保护；第二，延长了某些邻接权的保护期限，对表演者、录音制品制作者的保护期限延长到不少于50年。

B）商标。规定注册商标的保护期至少7年，并可无限次续展注册，并且，加强了对驰名商标的保护：第一，宣布《巴黎公约》的特殊保护延伸到驰名的服务商标；第二，禁止在非类似的商品或服务上使用与驰名商标相同或相近的标识，加强保护力度和范围；第三，明确了认定驰名商标的基本原则为公众对该产品知晓的程度。

C）工业品外观设计。规定外观设计的保护期不少于10年。

D）专利。TRIPS规定除了医疗方法、动植物及其生物生产方法外，一切技术领域中具有新颖性、创造性和实用性的发明均可以获得专利。保护期为提交申请之日起不少于20年。专门对适用强制许可规定了比较详细、严格的限制条件。

E）集成电路的布图设计。TRIPS援引《集成电路知识产权条约》的规定，要求成员国建立对半导体芯片上的电路设计（芯片掩膜）的"注册保护制"，保护范围包括进口权、销售权和其他形式的发行权，保护期为10年。

F）商业秘密。TRIPS要求成员国保护商业秘密，"防止他人未经许可，以违背诚实商业行为的方式披露、获得或使用合法处于其控制下的该信息。"

4）知识产权的执法程序和保护措施条款。TRIPS第41条规定："各成员方应确保在其国内法中使用本部分规定的执法程序，以有效打击任何侵犯受本协定保护的知识产权的行为。"TRIPS协定在第三部分"知识产权执法"中主要规定了如下内容：（a）司法复审制度。即对于行政性的终局决定以及至少是对案件的初审司法判决的法律问题，诉讼当事人有权提请司法复审。（b）民事程序。内容包括：公平公正程序、证据规则、禁止侵权令、损害赔偿、其他救济、知情权等。要求保障被告的诉讼权利，允许当事人聘请律师参与诉讼，保证当事人的证明权，对秘密信息进行识别和保护。(c)损害赔偿。即司法当局有权命令侵权人向知识产权拥有人支付足以补偿其损失的损害赔偿金。(d)临时措施。即司法当局或行政当局对于"即发侵权"之类可预见到又并非无根据地推断出来的侵权准备活动，为了阻止任何侵犯知识产权活动的发生或保存侵权证据，司法当局有权采取迅速有效的临时措施。如：诉前禁令、财产保全和证据保全的"临时措施"。(e)边境措施。即由司法当局或行政当局对进出口的侵权产品采取由海关执行的中止放行的措施。海关措施规定：当权利人有正当理由怀疑有假冒商标或盗版商品进口时，应向当局提出书面申请，要求海关暂停放行。另外赋予主管当局不经权利人的申请即可依职权采取行动的权力。由于"协议"规定了一套全面的、执法程序上的规则，使 WTO 成员国的国民在国际知识产权侵权救济上具有了国际法制度上的保障[①]。

5)国际知识产权争端的解决条款。TRIPS 第 64 条规定："除本协议的特殊规定之外，1994 年关税与贸易总协定文本……达成的解决争端的规范和程序的谅解协议，应适用于就本协议而产生的争端的协商与解决。"即它将 WTO 体制下一般贸易的争端解决机制延伸适用于知识产权纠纷领域。程序即是：(a)当事方将争端提交"争端解决委员会"(任何一方提交均可受理)；(b)调解磋商；(c)成立专家小组审查并提出审查报告；(d)依审查报告作出裁决；(e)可能的上诉评审程序；(f)要求当事方执行裁决，否则开始启动多边贸易制裁。《知识产权协定》规定引入了三项具有贸易规则色彩的专门制度：一是有条件的保留条款。即未经其他缔约方同意，不得对协定的任何规定提出保留。因此保留条款形同虚设；二是"倒协商一致"的表决制度。除非理事会"一致意见反对"，否则争端裁决意见即付诸施行；三是"交叉报复"的制裁措施。即允许缔约方在知识产权受到侵害而未得到妥善解决和必要补偿时，可以采取贸易报复。这些制度增强了争端解决机制

---

① 吴汉荣：《略论 WTO 框架下的知识产权国际保护》，载《科技管理研究》，2005 年第 7 期。

的强制性、可执行性和约束力①。

7. 其他国际知识产权条约

以上是与中俄科技合作有关的主要的国际知识产权条约，除此以外，还有很多知识产权条约，但与前述条约相比其作用与影响要小。例如：专利国际条约有《工业品外观设计国际保存海牙协定》（简称《海牙协定》）、《国际承认用于专利程序的微生物保存布达佩斯条约》（简称《布达佩斯条约》）、《国际专利分类斯特拉斯堡协定》（简称《斯特拉斯堡协定》）；商标国际条约有《商标注册条约》、《商标注册用商品与服务国际分类尼斯协定》（简称《尼斯协定》）、《建立商标图形要素国际分类维也纳协定》（简称《维也纳协定》）；版权国际条约有《保护表演者、唱片制作者和广播组织罗马公约》（简称《罗马公约》）、《保护唱片制作者禁止未经许可复制其唱片的日内瓦公约》（简称《日内瓦公约》或《唱片公约》）、《发送卫星传输节目信号布鲁塞尔公约》（简称《卫星公约》）等。

《成立世界知识产权组织公约》。世界知识产权组织成立于 1967 年，是由保护知识产权联合国际局提议建立。成立时召开了有 51 个国家参加的斯德哥尔摩会议，签订了《成立世界知识产权组织公约》，1974 年，世界知识产权组织成为联合国的专门机构之一。其中由世界知识产权组织管理的联盟、公约、条约及协定主要有：(1)在工业产业方面：巴黎联盟(《保护工业产权巴黎公约》、《制裁商标来源的虚假或欺骗性标志马德里协定》)、马德里联盟(《商标国际注册马德里协定》、海牙联盟(《工业品外观设计国际保存海牙协定》)、尼斯联盟(《商标注册用商品与服务国际分类尼斯协定》)、里斯本联盟(《保护产地名称及其国际注册里斯本协定》)、洛迦诺联盟(《建立工业品外观设计国际分类洛迦诺协定》)、专利合作条约联盟、国际专利分类联盟(《国际专利分类斯特拉斯堡协定》)、维也纳联盟(《建立商标图形要素国际分类维也纳协定》)、布达佩斯联盟(《国际承认用于专利程序的微生物保存布达佩斯条约》)、《保护奥林匹克会徽内罗毕条约》；(2)在著作权方面：伯尔尼联盟(《保护文学艺术作品伯尔尼公约》)、《保护表演者、唱片制作者和广播组织罗马公约》、《保护唱片制作者禁

① 吴汉东：《试论知识产权国际保护制度的变革与发展》，载《法学研究》，2005 年第 3 期。

止未经许可复制其唱片的日内瓦公约》、《发送卫星传输节目信号布鲁塞尔公约》。中俄两国作为联合国成员国,应当承担和履行联合国框架内的相应义务,其中包括对加入的联合国组织及其条约规定的遵守,这必然对中俄科技合作中知识产权的保护产生一定的影响。如:中俄两国政府《关于在知识产权保护领域合作的协定》规定:双方将按照共同参加的国际条约、协定,对对方的知识产权相互给予有效的保护。

在国际条约中还包含对知识产权特殊客体保护规定,如:《表演与录音制品条约》、《生物多样性公约》和《粮食和农业植物遗传资源国际条约》。新的客体主要指传统知识、遗传资源和民间文学艺术。随着国际知识产权竞争加剧,一些发展中国家提出了对传统知识、遗传资源和民间文学艺术的保护,由此将国际知识产权制度的保护范围从智力成果的本身扩展到智力成果的源泉。针对这种情形,2000 年,世界知识产权组织成立了"知识产权与遗传资源、传统知识和民间文学艺术"的政府间专门委员会,着手探索有别于现代知识产权的传统知识保护问题。但是到目前为止,只有《表演与录音制品条约》、《生物多样性公约》和《粮食和农业植物遗传资源国际条约》这三个国际文件对民间艺术和遗传资源提供一定的保护,国际社会对这三类客体的保护力度很小,甚至还存在保护与否的争议。

第三章 中俄知识产权保护的国家战略、保护现状及立法的比较

第一节 中俄知识产权战略及政策

知识产权战略旨在确定一定时期内知识产权创造、保护、管理和广泛利用的基本战略和具体行动方案，列出开发、引进人力资本和知识产权的具体措施，以及知识产权价值的商业化开发方案①。一个国家知识产权战略不仅包括知识产权意识建设、知识产权理论和实证研究，还包括知识产权保护制度的完善、知识产权管理体系的改善，包括知识产权相关法律政策的健全、知识产权纠纷应对能力的提高，包括人才培养等涉及知识产权的各个方面②。世界各国尤其是发达国家，为平衡在知识产权方面的公共利益和私人利益，增强自身竞争力，纷纷制定了知识产权战略。中俄两国的知识产权政策，对两国间科技合作中的知识产权保护具有重要的指导作用，有必要对其中涉及中俄科技合作中知识产权保护的内容进行一定的探究。

一、世界经济发达国家的知识产权发展战略

1. 美国的知识产权战略。美国于20世纪70年代就开始研究知识产权战略，在20世纪80年代就已经把知识产权作为振兴国家经济的战略举措，是世界上最早实施知识产权战略的国家。在当时，美国

① 曲天明、陈建云：《地方政府在知识产权国际保护中的地位和作用》，载《青岛科技大学学报》(社会科学版)，2008年第3期。

② 蒋建科：《时代呼吁知识产权战略——专访国家知识产权局局长田力普》，载《人民日报》，2005年8月25日。

的知识产权战略内容主要包括[①]：第一，加强和完善知识产权法律体系，扩大知识产权保护范围，加强保护力度；第二，促进知识产权的商业化；第三，建立专门化的知识产权司法制度；第四，强化知识产权保护的政府行政职能。同时积极推动世贸组织的知识产权协议，形成有利于美国的国际贸易规则。

在21世纪到来之际，美国专利商标局又制定了面向21世纪的知识产权战略[②]。特别是出台了《21世纪专利发展纲要》，旨在建立以市场为驱动的知识产权制度。为了维护、巩固其在国际市场竞争中的优势地位，美国国家知识产权战略主要是以基本专利战略外加专利网战略为核心，同时辅以政治、经济、外交等手段，要求其他国家按照美国的知识产权保护要求保护其竞争优势和经济往来，以实现维护其技术优势和牟取经济利益的目的。因此，美国的知识产权战略呈现出进攻型特点[③]，其目标是确保实施美国的发明人对全球竞争形势所需要的专利商标制度，力图其专利商标局发展成为一个高质量的、对市场反应敏捷的驱动型知识产权机构。为此，美国专利商标局还制定了五年战略计划，其中明确指出，美国经济要保持竞争力，在全球范围内有效保护知识产权是必备的条件，知识产权是美国国家资源在全球市场上成功的基本要素之一。通过对专利政策的分析，我们可以发现美国政府的专利制度有如下特点：(1)遵循先发明原则和实质审查制度；(2)将知识产权保护与对外贸易挂钩；(3)扩大了传统的专利保护客体。上述特点充分体现了美国维护其在世界上的经济、技术霸主地位的战略目标[④]。

2. 日本的知识产权战略。日本奉行“知识产权立国战略”，可谓是世界上实施知识产权战略最为成功的国家，也是从知识产权战略崛起

---

① 高艺漩：《高新技术企业知识产权战略与核心竞争力研究》，西安电子科技大学2007年论文，载中国知网硕士学位论文全文数据库。

② 徐明华、包海波：《知识产权强国之路：国际知识产权战略研究》知识产权出版社2003年版。

③ 张筱：《高新技术企业知识产权战略与自主创新》，载《华商》，2008年第14期。

④ 祝晓莲：《美日两国知识产权战略：比较与启示》，载《国际技术经济研究》，2002年第4期。

的国家,走了一条引进技术、消化吸收、技术创新的发展道路[①]。日本的知识产权战略,突出地体现在专利方面。在二战后的20多年中,日本实施构筑小型专利防卫网的专利战略,即围绕欧美的基础性关键专利进行应用性开发,抢先申请众多小专利,构筑起严密的专利网,突破欧美引以为傲的基础性关键专利技术网;70年代至80年代,日本的专利战略转向技术创新,向自主专利战略过渡;90年代,采取促进原创技术的专利战略,加大基础研究投入,增强高新技术领域的竞争力,即所谓的基本专利战略。如:在1995年日本正式提出"科技创新立国"战略,强调技术创新问题,包括强化基础研究,建设先进的基础设施和设备,营造世界一流的研究环境,日本决心大举开发"自立技术";21世纪后,将"知识产权立国"列为国家战略,组建由首相为部长的知识产权战略本部。在2002年的7月,日本国会就出台了《知识产权战略大纲》,2002年11月,日本国会又通过了《知识产权基本法》,将知识产权从部门主管的事务上升至国家性事务,为知识产权立国提供了法律保障[②]。

日本的知识产权专利战略采取了如下措施:(1)鼓励科研人员开展创造性科研活动,同时不断完善专利制度,为科研人员申请专利提供良好的服务;(2)积极促进专利实施,特别许可使用"休眠专利";(3)建立专利电子信息高速公路;(4)积极应对知识产权的国际化趋势,包括:积极加入知识产权国际条约、协定,并通过国内立法促进本国知识产权的国际化,如:缩短专利审查时间,并修改专利申请及审查方面的制度。日本还与美国、欧盟等多次进行了知识产权谈判,积极推进和发展在知识产权领域的合作关系[③]。以上日本的知识产权战略体现了政府对知识产权的重视和对本国利益的保护。

---

① [日]富田彻男著,廖正衡等译:《市场竞争中的知识产权》,商务印书馆2000年版。

② 高艺漩:《高新技术企业知识产权战略与核心竞争力研究》,西安电子科技大学2007年论文,载中国知网硕士学位论文全文数据库。

③ 祝晓莲:《美日两国知识产权战略:比较与启示》,载《国际技术经济研究》,2002年第4期。

二、中俄知识产权战略政策的比较

2008 年 6 月，我国国务院发布了《国家知识产权战略纲要》，对我国到 2020 年的知识产权发展问题作出了政策性规定。俄罗斯的知识产权战略体现在其知识产权专利和商标局发布的 2007—2010 年发展战略规划中。

（一）关于战略目标

我国《知识产权战略纲要》明确了知识产权战略的指导思想及到 2020 年的战略目标，同时提出了近五年的目标：（1）自主知识产权水平大幅度提高，拥有量进一步增加；（2）运用知识产权的效果明显增强，知识产权密集型商品比重显著提高；（3）知识产权保护状况明显改善。盗版、假冒等侵权行为显著减少；（4）全社会特别是市场主体的知识产权意识普遍提高，知识产权文化氛围初步形成[①]。俄罗斯的知识产权战略目标是：对知识产权客体提供有效的法律保护；确保政府对联邦预算产出的智力活动成果法律保护和利用的管理和监督；确定知识产权保护制度的发展方向，从而在俄构建强大且具有全球竞争力的知识型经济，鼓励创新投资和激励企业创新方面给予有力支持[②]。比较而言，我国特别强调了增强知识产权意识和重视知识产权文化的问题，而俄罗斯更更重视对智力活动成果法律保护和利用的监管。

（二）战略重点

我国知识产权战略重点包括以下几个方面内容：（1）完善知识产权制度。特别是完善知识产权法律法规、健全知识产权执法和管理体制。（2）促进知识产权创造和运用。重点是推动企业成为知识产权创造和运用的主体，充分发挥高等学校、科研院所在知识产权创造中的

---

① 《国务院关于印发国家知识产权战略纲要的通知》，国家知识产权局官方网，2008 年 6 月 11 日。

② 祝晓莲：《美日两国知识产权战略：比较与启示》，载《国际技术经济研究》，2002 年第 4 期。

重要作用。(3)加强知识产权保护。主要是加大司法惩处力度,提高侵权代价。(4)防止知识产权滥用。(5)培育知识产权文化[①]。俄罗斯知识产权的战略重点是:为知识产权客体提供法律保护;"国家专利资源"的构建和使用;在知识产权保护和运用方面的人员培训;确保对智力活动成果利用的监督和管理,并完善其标准和法律基础;与国际组织展开合作[②]。比较而言,我国特别强调了防止知识产权滥用和培育知识产权文化问题,而俄罗斯比较重视资源构建和国际合作问题,其他方面侧重点一致。

(三)战略措施比较

1. 提升知识产权创造能力方面。我国试图建立以企业为主体、市场为导向、产学研相结合的自主知识产权创造体系。俄罗斯在重视对科研机构管理的同时,全力支持与移居国外的俄罗斯科学家进行的学术交流活动,让其参与执行国内科学项目工作。

2. 鼓励知识产权转化运用方面。我国积极促进高等学校、科研院所的创新成果向企业转移。俄罗斯借助法律手段完善经济激励机制,促进科研成果的转化运用。

3. 加快知识产权法制建设。我国加强知识产权法律修改和立法解释,及时有效回应知识产权新问题。俄罗斯进一步完善了知识产权法律体系,通过制定《民法典》第四部分,对知识产权立法进行了完善与总结,将主要的知识产权单行法律都包括在其中。但也有俄罗斯学者认为试图单纯通过民事法律编纂构建一个全面的知识产权规范系统的做法是不可取的,因为在建设知识产权法律法规体系过程中不能忽视民间法律机制发挥的重要作用[③];同时,俄罗斯在制定民法典的过

---

① 《国务院关于印发国家知识产权战略纲要的通知》,国家知识产权局官方网站,2008 年 6 月 11 日。

② 祝晓莲:《美日两国知识产权战略:比较与启示》,载《国际技术经济研究》,2002 年第 4 期。

③ ПРОБЛЕМЫ СИСТЕМАТИЗАЦИИ ЗАКОНОДАТЕЛЬСТВА ОБ ИНТЕЛЛЕКТУАЛЬНОЙ СОБСТВЕННОСТИ, И. А. Близнец, К. Б. Леонтьев, 来源: www.copyright.ru/ru/library_old/inside/58/doc.

程中结合与国际接轨的需要,对知识产权相关内容进行了修改。

4. 在知识产权保护方面。我国采取以下措施:1)完善知识产权法律制度和审判体制,优化审判资源配置,简化救济程序;2)加强知识产权司法解释工作;3)提高知识产权执法队伍素质,合理配置执法资源,提高执法效率;4)加大海关执法力度,加强知识产权边境保护,维护良好的进出口秩序。

俄罗斯增强对知识产权的保护通过以下方式:在知识产权保护和运用方面对审查员进行培训;培养创新领域的专家,提高知识产权领域公诉人员和法官的专业技能;完善现有体制,对发明、实用新型、外观设计、商标、服务标记和原产地名称提供更好的法律保护;加大执法力度,保障权利人的合法权益,防止假冒产品,坚决打击盗版行为①,以避免在俄境外的技术流失和非法盗用;对于资助早年曾在国外俄罗斯国防部门工作以及从事军转民科技产品的科学家和科研单位的项目,俄罗斯将实行严格的国家监管。通过对比可以看出,俄罗斯对执法程序的重视不够。

5. 在加强对知识产权管理方面。我国采取以下措施:1)充实知识产权管理队伍,加强业务培训,提高人员素质;2)完善知识产权审查及登记制度;3)构建国家基础知识产权信息公共服务平台;4)建立知识产权预警应急机制。俄罗斯健全知识产权管理体制主要手段是:深化知识产权行政管理体制改革,完善知识产权审查及登记制度,确保对智力活动成果利用的监督和管理:1)建立联邦预算产出的科技活动成果法律保护和利用的监督管理体系;2)完善智力活动成果法律保护和利用管理的标准和法律基础;3)管理俄联邦的科技活动成果(包括转让到国外的科技成果),构建国家专利资源。同时,实现国家监控职能:对具有国家研发职责的联邦执行机构和法律实体进行检查;引入联邦预算产出的科技活动成果运转自动监测系统;建立针对联邦预算产出的重要科技活动成果国外专利事务的国家支持体系(法律、组织和财政基础);建立科技发展优先领域关键技术的发明和实用新型专

① 《俄罗斯知识产权专利和商标局2007—2010年发展战略规划》,国家知识产权局网站2007年6月4日文章,资料来源:http://www.cnave.com.

利的监控体系[①]。俄罗斯欠缺对知识产权服务平台建设的重视。

6. 在发展知识产权中介服务方面。我国采取如下措施:1)建立知识产权中介服务执业培训制度;2)充分发挥行业协会的作用;3)充分发挥技术市场的作用,培育和发展市场化知识产权信息服务。而俄罗斯对发展知识产权中介服务问题在知识产权战略上没有明确规定。

7. 在加强知识产权人才队伍建设方面。我国拟建设若干国家知识产权人才培养基地;制定培训规划;完善吸引、使用和管理知识产权专业人才相关制度。俄罗斯的战略包括:培养创新领域的专家;进一步普及知识产权教育,提高教学质量;在培训和提高知识产权领域专家的职业技能方面,利用国外专利机构和国际组织的经验和资源[②]。

8. 推进知识产权文化建设。我国要建立政府主导、新闻媒体支撑、社会公众广泛参与的知识产权宣传工作体系。俄罗斯的措施是院校教育与辅助教育相结合,丰富科研组织的活动内容。比较起来,我国比俄罗斯更重视对知识产权文化宣传问题。

9. 扩大知识产权对外交流合作。我国的政策是鼓励开展知识产权人才培养的对外合作,引导公派留学生、鼓励自费留学生选修知识产权专业[③]。俄罗斯在促进知识产权的国际交流与合作上采取的措施包括:专利文献与信息的国际交换;在知识产权有效激励创新和创造的领域,参与平衡国际法规范的发展事务;在培训和提高专家的知识产权职业技能方面利用国际经验;采取措施,管理特定活动领域的国际条约;保持并不断发展参与国际知识产权检索、初审、受理工作;发展出口监管方面的国际合作,加强国际安全和稳定[④]。

上述的内容,特别是其中的立法、执法、侵权保护的战略要求,都

---

① 任晓玲等:《俄罗斯联邦知识产权现状一瞥》,载《中国发明与专利》,2007年第7期。

② 《俄罗斯知识产权专利和商标局2007—2010年发展战略规划》,国家知识产权局网站,2007年6月4日。

③ 《国务院关于印发国家知识产权战略纲要的通知》,国家知识产权局官方网站,2008年6月11日。

④ 《国务院关于印发国家知识产权战略纲要的通知》,国家知识产权局官方网站,2008年6月11日。

对中俄科技合作中知识产权保护有着重大意义。

(四)中俄其他的知识产权战略举措

1. 我国其他措施

我国为了加强对科技合作交流中知识产权的保护,陆续制定了一些行政政策、法规。例如国家科委于 1995 年 2 月制定了《关于对外科技合作交流中保护知识产权的示范导则》,以供各部门和各省市在工作中参考。2000 年科技部发布《关于加强与科技有关知识产权保护和管理工作的若干意见》,其中指出:"要指导我国科研机构和高新技术企业等单位在合作研究开发、合办研究开发机构、人才与信息交流、科技考察、学术会议、科技展览、技术贸易等各类科技合作交流活动中,对科技成果的权属、分享与保护等作出合理安排,要采取有效措施,维护我国高新技术企业在境外的合法权益,帮助我国高新技术企业有效运用知识产权武器,积极参与国际市场竞争,并在激烈的竞争中争取优势、维护优势、发展优势。"意见对与科技有关的知识产权管理及知识产权信息开发利用提出了明确的要求。其一,为应对国际竞争、变压力为动力,必须把知识产权管理纳入到科技计划管理、科技成果管理、科技成果转化及其产业化和科技体制改革的各个环节中,实现知识的资本化,在技术创新和市场竞争中体现知识产权的经济价值。为此,科技行政管理部门要结合科技规划,重大专项、专题、课题的立项和进展,制定相应的知识产权战略,进行必要的知识产权状况分析和评估;要充分运用知识产权信息资源,选准高起点,突破国外专利封锁,选择最优化的技术开发及产业化路线,避免低水平重复研究;要从知识产权管理入手,提升科技计划立项的质量和科研目标的准确性。科技计划项目立项应当以独立的知识产权中介服务机构提供该项目技术领域的知识产权状况评估报告为基础,并在项目研究与开发过程中,及时进行知识产权信息分析。其二,改革科技成果管理和鉴定制度,将知识产权管理纳入科技成果管理体系,提升科技成果的法律内涵和市场外延。为此,要充分发挥知识产权信息管理的效用,逐步实行科技成果鉴定的社会化和市场化;通过知识产权信息分析研究,掌握企业知识产权拥有量及其保护和管理制度建设状况①。

科技部于2003年4月下发《关于国家科技计划知识产权管理的规定》的文件,用于管理国家科技计划项目。2006年,科技部又颁布了《关于国际科技合作项目知识产权管理的暂行规定》,其管理范围是(1)由科学技术部代表中国政府与其他外国政府或者国际组织签订并由科学技术部负责组织实施的政府间国际科技合作协定下所列的政府间国际科技合作项目;(2)由国务院有关部门与外国政府部门签订的部门间科技合作协议以及省级人民政府与外国州级政府签订的省州间国际科技合作协议下所列的国际科技合作项目;(3)国家科研计划及其他由政府财政资金资助设立的国际科技合作项目。科技部在《加强与科技相关的知识产权保护和管理工作的思路和安排》中也明确指出总目标之一是:进一步完善科技计划管理体制,运用知识产权战略提升科技创新层次②。

2. 俄罗斯的其他知识产权战略措施

为维护民族利益,保障科技安全,俄罗斯联邦通过制定面向21世纪全球安全的国际科技战略,在多边、双边科技合作例会的实际工作中加强有关安全保障方面的法律基础等措施,建立对外政策和国际法律环境。具体措施包括:

(1)规范双边和多边国际科技合作的法律文本符合国际惯例。特别注重建立技术产业化的法律规范,编制标准规范性对外合作协议、合同文本,包括针对具有特殊性的生物技术、生物材料、计算机软件和微电路等。必须明确在国外的俄罗斯知识产权和国际科技合作中未申报专利技术的许可证法律保护制度和机制。

(2)国家对高技术和科技产品实行监管和发放许可。对影响进口和破坏生态环境的高技术项目实行许可证制度。通过出口国际科技合作获得技术产品和服务,在签订合同时须进行专业评估。质量和标

① 马海群:《网络环境下的知识产权战略管理及对知识产权信息管理机制的推动》,载《新世纪图书馆》,2003年第3期。

② 《科技部加强与科技相关的知识产权保护和管理工作的思路和安排》,载《全球科技经济瞭望》,2003年第1期。

准认证体系要符合国际做法。国家支持本国技术在境外申请专利。

(3)俄罗斯建立监管体系,建立法律基础统计和监督管理由国家财政资助开发的技术项目对外转让。

(4)科技和教育领域面向国际信息网络,建立本国的计算机互连网络时,要求建立信息安全保障的解决方案以及国家对国际科技信息交流的监控措施。

为保障俄罗斯国家科学技术的安全,俄罗斯科学院在 2001 年 5 月份对下属的科研机构下达了"关于制止损害俄联邦活动的计划"的指示,要求俄科院系统的科研院所向院部提供有关本单位所签署的对外合作协议和合同的情况,要求有关的实验室和学者本人做到:①把接到来自国外邀请的情况报告院部,并将邀请复印件交科学院学术秘书备案。②将所有外国人参观实验室的情况及时通知科学院外事部门。③因公出国人员应向科学院外事部门提供出访总结报告。④向院部学术秘书提交在国外刊物上所发表文章的复印件。虽然后来科学院对这个指示作了一定修改,但基本思想并没有改变,那就是强调加强对科研单位对外科技合作和知识产权保护工作进行监督与管理的必要[①]。

此外,2002 年俄罗斯工业部、司法部、科学院联合在政府报告中针对知识产权保护提出如下建议:1)增强对知识产权转让的俄罗斯国家调控;2)建立经济奖励制度,以确保法律关系中所有参与者的知识产权商业化的利益;3)严格科学、技术成果的会计制度,对他们的权利使用进行监控;4)允许国家机构对在科研、开发、科技和设计成果向国外转移的控制和获得过程中使用联邦预算[②]。

三、发达国家知识产权战略对中俄制定知识产权战略调整的启示

1. 发达国家的知识产权战略建立在技术的领先和垄断地位之上,

---

① 曹红艳:《完善知识产权保护促进国际科技合作》,载《中国青年科技》,2004 年第 2 期。

② Извлечения из пресс - релиза Департамента правительственной информации,3 октября 2002 г. 来源:www. medialaw. ru/publications/zip/100/2. htm.

这种全球知识产权保护战略与我国目前的技术和经济状况不适应。我国在制定知识产权战略的过程中,应该考虑知识产权保护制度促进知识创新和经济增长对发达国家和发展中国家的不同影响。而俄罗斯的状况介于发达国家和发展中国家之间,也应当根据本国情况制定相应的知识产权战略。

2. 发达国家的知识产权战略十分注重维护其跨国公司在国内外的利益,应当看到,发达国家的企业尤其是高新技术企业在知识产权战略的形成过程中起着重要的作用;而跨国公司中的高新技术企业非常重视知识产权战略的实施,在知识产权的创造、经营与管理方面都有非常成熟的做法和经验,很值得中俄两国高新技术企业学习与借鉴①。

3. 中俄两国在制定知识产权战略过程中,应重视对"休眠专利"许可使用问题,以促进本国知识产权的转化运用,保护其他权利人的利益和激励创新。

4. 中俄两国应对对外贸易中知识产权保护问题制定明确知识产权战略措施,既要保护本国的知识产权,防止他国侵权,又要避免知识产权滥用对其他权利人政策侵害。

5. 中俄依据不同国情制定的知识产权战略存在差异,在中俄科技合作中,在处理涉及知识产权的问题时不能忽视两国的相关规定,对有争议的部分应通过协商解决,不能达成协议的,可以通过仲裁方式解决。

总之,从以上中俄知识产权战略及政策可以看出,俄罗斯特别重视涉及知识产权的国家安全问题,在中俄科技合作中一定注意这一点。两国在知识产权保护问题上有很多相似之处,有的是面临共同的问题,如:中俄两国在知识产权保护问题上都受到来自欧美国家的巨大压力。2006 年 6 月,为打击全球范围内日益严峻的盗版及仿冒行为,美国与欧盟决定在世界范围内就知识产权保护采取首次联合行动。"行动战略"意图通过加强欧美间及与各方的合作来打击全球范围内的盗版及仿冒行为。这包括加强与盗版及仿冒行为严重的"重点

---

① 张筱:《高新技术企业知识产权战略与自主创新》,载《华商》,2008 年第 14 期。

国家"的双边磋商。欧洲企业界一致认为,"联合行动战略"中的"重点国家"是中国和俄罗斯[①]。可见,中俄两国知识产权保护任重而道远。

第二节 中俄知识产权保护的现状及评介

一、俄罗斯知识产权保护及评介

1. 俄罗斯知识产权立法情况

俄罗斯的知识产权立法在沙俄时期就已开始。1907 年公布的《民法典(草案)》包含了著作权、发明权、商标权和商号权等有关内容。但 1922 年制定的《苏俄民法典》并没有规定知识产权的保护内容。直到 1961 年颁布的《民事立法纲要》以及 1964 年制定颁行的第二部《苏俄民法典》加入了相关内容,其第四至六编分别为著作权、发现权、发明权,主体内容为著作权规范。[②] 1990 年 12 月颁布的《苏联财产法》以法律形式确立了知识产权的私有性。这是俄国知识产权立法的一大进步。1991 年通过了苏联和各加盟共和国立法纲要,在该纲要中,规定了著作权,发明权和其他在生产中所使用的创造性成果的权利。同时还通过了《苏联发明法》、《工业产权法》、《商标与服务标志法》以及其他与此相关的法律文件。但是由于苏联解体,知识产权立法的改革在统一的苏联范围内没有完成[③]。

俄罗斯现代的知识产权法律体系的建立有以下阶段:

单行法调整阶段(1992 年—2007 年):俄罗斯在恢复、变革和完善

---

① 张伟勋:《欧美签署知识产权行动战略协议——矛头直指中国和俄罗斯》,载《中国贸易报》,2006 年 6 月 29 日第 9 版。

② 中国社会科学院法学研究所民法教研室编:《苏俄民法典》,中国社会科学出版社 1980 年版。

③ 鄢一美:《俄罗斯知识产权立法与民法典的编纂》,载《世界知识产权》,2006 年第 3 期。

知识产权立法方面取得较大成就。俄罗斯联邦宪法第44条第1款规定:“保障每个人的文学、艺术、科学、技术和其他类别的创作、教授自由。知识产权受国家保护。”根据俄罗斯联邦1992年3月20日的《军转民法》:军工企业可以单独进行技术、商业秘密转让(交换和销售)。1992年9月,俄联邦杜马通过了4个有关知识产权保护的基本法律,即商标法、专利法、计算机软件及数据库保护法、集成电路布图设计保护法。1993年7月,又通过了新的著作权及邻接权保护法。1993年8月颁布了《育种成果法》。此外,俄罗斯还继承了前苏联签订的多边知识产权保护条约,成为巴黎公约、马德里协定、世界版权公约、伯尔尼公约的成员国。这些标志着俄罗斯知识产权制度与现代知识产权制度的结合。1995年俄罗斯发布《国家对外事务规则》协调对外经济活动,该法适用于企业在国际货物、工程、服务、信息、智力活动成果及其专有权等方面的交换活动。1998年和2000年俄联邦对专利法提出修改草案,2000年发布商标法修订草案。2003年2月7日颁布的《专利法》,完善和补充了新的用于调整各种关系的标准。

民法典调整阶段(2008年至今):2006年11月,经过10多年的不懈努力,俄罗斯民法典第四部分——知识产权部分终于出台,并获得国家杜马通过。经俄联邦委员会批准,总统令颁布,于2008年1月1日施行。俄罗斯民法典第四部分几乎囊括了所有关于知识产权方面的内容,共分九章(第六十九章至第七十七章),分别为:一般规定,著作权,邻接权,专利法,育种成果权,集成电路布图设计权,生产秘密权(专有技术),法人、商品、工作、服务和企业个别化手段的权利,统一技术构成中的智力活动成果使用权。自第1225条至第1551条,共327个条文。第四部分生效后,现行有效的相关法规同时废止,这涉及到一共54个法律文件。其中包括上述6个单行法,还有1964年的《苏俄民法典》。1991年的民事立法纲要也将不再适用①。《俄民法典(第四部分)》将一百多年来所实际产生的和经过理论总结的知识产权类型包罗无遗。俄民法典第1225条第1款规定:智力活动成果和与之相当的受到法律保护的法人、商品、工作、服务和企业的个别化手段

① 《俄罗斯民法典(第四部分)施行法》第2条,载《俄罗斯报》,2006年12月22日。

(知识产权)包括:科学、文学和艺术作品;电子计算机程序;数据库;演出;音像制品;无线和有线的广播、电视节目;发明;实用新型;外观设计;育种成果;集成电路布局设计;生产秘密;商业名称;商标和服务标志;商品原产地名称;商业标识。法典特别关注对著作权和邻接权的集体管理,规定可以成立会员制的非商业组织,其根据是成员合同(也可与非成员签订合同);民法典第四部分制定了复杂客体的专属权制度,第七十七章规定"统一技术中的智力活动成果权"是它的创新内容;民法典有些规定是全新的,如商业标志权、数据库发明人或制作人的权利,这扩展了与智力活动成果的创作和流转有关的领域。

2. 俄罗斯知识产权保护情况

在苏联解体和俄罗斯改革过程中,俄罗斯的知识产权曾经遭受巨大损失。在 1989 年—1991 年期间有 20 多万名科学工作者离开俄罗斯。自 1989 年开始在俄罗斯从事科学工作的总人数几乎减少到 100 万人,专家们认为,对俄罗斯来说"极限数量"为 100 万名学者,因为少于这个数目俄罗斯这个民族就要衰亡。对各种"智力流失"情况进行研究后不能不指出,"智力流失"与俄国进行的经济改革有关。科技人才的流失也造成大量科技成果的外泄,使俄罗斯的知识产权保护面临危机。但继承了前苏联 70% 科技潜力的俄罗斯其科技实力不容小觑,其科研人数虽经流失,目前只及美国的 60%—70%,但从世界上看,具有如此众多科研人才的国家仍屈指可数。伴随着经济、政治的逐步稳定,经过 10 多年的恢复与发展,俄罗斯的知识产权保护水平得到进一步发展和提高。

中国和俄罗斯都曾被美国列入知识产权保护重点关注国家名单,两国的知识产权盗版问题是两国在知识产权保护上的共性问题。从 1997 年以来,俄罗斯一直被美国贸易代表列入"特别 301 重点观察名单"。2005 年俄罗斯总检察署副总检察长提交的会议报告表明,俄罗斯政府已决心把知识产权列为国家优先考虑的议事日程,知识产权已成为俄罗斯政治和经济发展的关键因素。报告指出,俄罗斯可视产品的盗版将从 2005 年 80% 下降至 2006 年的 68%。这一比例的盗版产品给去年俄罗斯版权所有人带来了 2.12 亿至 2.3 亿美元的巨额损失。报告也承认执法方面存在着问题①。

俄罗斯政府近几年来十分重视知识产权保护问题。大量法律、法规的相继出台为发展创新经济、增加活力和科技的持续发展,起到了关键性作用。汲取工业发达国家的先进经验,大力完善知识产权保护系统,力求迅速与国际接轨,保护国家的创新成果是当前俄罗斯在知识产权保护领域的主攻方向。俄罗斯在大力扶持中小企业的发展、促进科技创新和科技成果的产业化方面,已经取得了长足的进步。但是,科研经费不足导致的创新活动滞后并非一朝一夕能够解决。在知识产权的转让和保护方面更由于缺乏法律保障和约束,致使许多原始创新的技术无偿或低价流失。

从它的工作成果来看,俄罗斯知识产权保护有了很大的进步,主要表现在:

(1)管理制度改进、组织结构得到优化和工作人员素质提高。

(2)组建联合部门,对知识产权进行管理。俄组建联合质量服务部门,旨在管理、指导和分析审查进程以及执法实践的相关事宜。

(3)积极与国际接轨。2006 年,俄审议通过俄罗斯民法典知识产权部分,其保护客体广泛,几乎包括了所有国际法保护的知识产权客体。同时俄罗斯政府还通过签订国际条约与国际对接。如:2006 年 3 月,在新加坡召开的 WIPO 外交会议上,签署《商标法新加坡条约》;同月,委托俄联邦教育和科学部与欧盟贸易总理事会签署"建立知识产权对话机制备忘录";2006 年 6 月,与 SIPO 讨论并签署《知识产权谅解备忘录》;2006 年 10 月,与 WIPO 签署 PCT 信息技术合作计划,可有效提升电子文档交换系统的性能。

(4)知识产权的受理量逐年增加。发明专利申请 37 691 件,同比增长 16.5%;实用新型申请 9 699 件,较上年增长 2.3%;商标注册申请 52 984 件,较上年增长 12%;授权实用新型专利 9 568 件,同比增长 32%;计算机系统、数据库、集成电路布图设计注册共计 4 841 件,较上

① Arkady Ostrovaky, "Putin Fires Hardline Prosecutor General in Turf War, Financial Times, June 3, 2006.

年增长33%[①]。

(5)加大对知识产权的保护力度。2002年俄罗斯成立了"知识产权反侵犯政府委员会",这是一个跨部门机构,用于协调各部门间处理有关涉及知识产权的问题;在过去的几年里,俄罗斯的联邦海关在打击假冒产品方面取得显著进步。根据俄罗斯海关的数据,从2004年至2006年期间,假冒商品的识别出货量增加了10倍多[②]。2005年9月9日俄罗斯总检察署第一次就知识产权问题召开了一系列会议,协调有关机构实施相关法律的问题;2006年5月,俄罗斯修订了光盘生产工厂的许可证管理规章,以加强许可证管理[③]。该办法从严限制CD和DVD生产者许可证的发放条件,以遏制盗版。在2007年,俄罗斯的海关当局查获1 000多万件的冒牌货物,这是2006年统计数的3倍,行政违法案件立案1 500件,其中约600个案件涉及进口假冒的服装和鞋类。平均每年,海关当局提起200—300件的涉及生产和销售假冒产品的刑事案件。根据《俄罗斯联邦行政违法法典》第14章第10条提起行政案件1383件起,其中约80%涉及列入俄罗斯海关知识产权保护目录的商标[④]。2007年4月通过《俄罗斯联邦刑法典(修正案)》,该修正案加重了对侵犯版权及相关权的惩罚。根据法律,今后盗版者将面临6年监禁的严惩,而盗版行为也被划入重罪范畴[⑤]。在

---

① 任晓玲、卢慧生、何艳霞:《俄罗斯联邦知识产权现状一瞥》,载《中国发明与专利》,2007年第7期。

② Котельникова З. В. (в соавт. с Радаевым В. В., Барсуковой С. Ю.) Изменение масштабов и форм борьбы с контрафактной продукцией на российском рынке потребительских товаров(Аналитический отчет). М.: Русбренд, 2008. 俄罗斯的消费品市场打击假冒商品分析报告,2008年。

③ 朱颖:《俄罗斯入世与知识产权保护》,载《世界贸易组织动态与研究》,2008年第4期。

④ Таможенные органы в борьбе с контрафактом в России и за рубежом, Интеллектуальная собственность. Контрафакт. Актуальные проблемы теории и практики :сб. науч. трудов. Т. 2 / под. ред. д – ра юрид. наук В. Н. Лопатина. – М.: Издательство Юрайт, 2009. – 303 с. –(Актуальные проблемы теории и практики). 来源网站:www. world. lib. ru

⑤ 赵阳:《俄罗斯:盗版被列入重罪》,载《法制日报》,2007年4月20日第4版。

2008 年出现一种新趋势,俄罗斯的假冒商品涉及奥林匹克标志的大量增加。2008 年第二季度期间,海关当局发现并提起了 7 个涉及奥林匹克标志权受到侵犯的行政案件,检获大量假冒货物[①]。俄政府重视知识产权的保护,避免在俄境外的技术流失和非法盗用。对于资助早年曾在国外俄罗斯国防部门工作以及从事军转民科技产品的科学家和科研单位的项目,俄罗斯实行严格的国家监管。科技和教育领域面向国际信息网络,建立本国的计算机互连网络时,要求建立信息安全保障的解决方案以及国家对国际科技信息交流的监控措施。发展出口监管方面的国际合作,加强国际安全和稳定。

但总体来看,俄罗斯的知识产权保护仍然存在以下问题:

(1)知识产权管理机构功能重复,知识产权审查和注册程序的组织构架有待优化。工作效率需要提高,主要应对知识产权客体授予法律保护的技术程序进行改进。

(2)在质量管理制度执法上存在"双重标准",其职员及下属机构人员的职业素质需要继续提高。

(3)执法力度不够,假冒产品和盗版行为严重。俄有关部门调查显示,俄罗斯国内存在着生产盗版光盘的工厂,大约有 250 万人参与盗版制品的生产。更严重的是,一些合法音像产品生产企业也加入到了生产盗版制品的行列,使得执法部门难以监督。另外,还存在借助网络从事盗版活动、市场上销售盗版和假冒产品、有组织的犯罪集团参与盗版等问题。

(4)程序复杂,服务成本高,专利费用不合理,科研经费不足。根据世贸组织 TRIPS 协定规定,为确保行动的效率,应制定保护知识产权的有效程序,这些程序不应该过于复杂和昂贵,应避免浪费不必要的额外时间、引发纠纷或延误处理,并应存在引入司法审查的可能

① Таможенные органы в борьбе с контрафактом в России и за рубежом, Т. Л. Мелто – научный сотрудник, 来 源: world. lib. ru/.../tamozhennueorganivborbeskontrafactomvrossiiizarubezhom. shtml

性[①]。显然俄罗斯没有达到上述要求。

(5)保护知识产权的司法实践落后。在俄罗斯起诉经济问题的法庭有两类,涉及刑事犯罪的普通法庭和涉及法人实体的商业仲裁法院。知识产权一般都是由普通法庭受理。由于普通法庭案件众多和非专业化,普通法庭经办知识产权案件力不从心。

(6)民众知识产权保护意识不强。由于计划经济时代影响,俄罗斯公民一般都不重视知识产权的问题,改善保护知识产权的环境势在必行[②]。

二、我国知识产权保护现状及评价

1. 我国知识产权立法

我国在知识产权保护上始终采用单行法调整,我国法学界在知识产权不纳入民法典上达成了共识。首先颁布第一部单行法是1982年的《商标法》,后于1993年、2001年两次修订。1984年颁布《专利法》,在1992年及2000年进行了两次修订。我国《著作权法》颁布于1990年,2001年第一次修订。紧随其后国务院先后批准出台了这三部法律的实施细则。1993年,我国《反不正当竞争法》正式颁布。我国还颁布了大量的专门保护条例,包括:《植物新品种保护条例》、《计算机软件保护条例》、《集成电路布图设计保护条例》、《著作权集体管理条例》、《音像制品管理条例》、《植物新品种保护条例》、《知识产权海关保护条例》、《特殊标志管理条例》、《奥林匹克标志保护条例》等,并颁布了一系列的实施细则和司法解释,例如:最高人民法院先后颁布并实施了《关于对诉前停止侵犯专利权行为适用法律问题的规定》、《关于审理专利纠纷案件适用法律问题的若干规定》、《关于审理计算机网络域名民事纠纷案件适用法律若干问题的解释》,2007年3月,我国出台了《物权法》,进一步完善了包括保护知识产权中的财产权,如注册

---

① Извлечения из пресс－релиза Департамента правительственной информации,3 октября 2002 г. 来源:www. medialaw. ru/publications/zip/100/2. html.

② 《俄罗斯联邦知识产权2007～2010年发展战略规划》,来源 www. sipo. gov. cn/. . . /gw/2007/. . . /t20080401_353445. html.

商标专用权、专利权、著作权等的有关法律规定。以上法规使中国知识产权保护的法律法规体系不断趋于完善。

为与世界接轨,我国一共加入了10多个国际公约、条约、协定或议定书。1980年我国加入世界知识产权组织;1985年参加《保护工业产权巴黎公约》;1989年参加了《商标注册马德里协定》,1992年参加了《保护文学艺术作品伯尔尼公约》、《世界版权公约》,1993年参加了《录音制品公约》、《专利合作条约》,1994年参加了《为商标注册而实行的商品国际分类尼斯协定》,1995年参加了《微生物备案布达佩斯条约》,1999年参加了《植物新品种保护国际公约》。此外,我国还加入了《工业品外观设计国际分类洛迦诺协定》、《商标国际注册马德里协定有关议定书》、《与贸易有关的知识产权协议》、《保护录音制品制作者防止未经许可复制其录音制品公约》等。可以说,我国在知识产权立法和国际保护上做了大量工作,取得了显著成绩。

2. 我国知识产权保护现状

(1)改革开放以来,我国在知识产权保护上取得了显著成绩。

1)在专利上,我国从1985年4月至2004年底,国家知识产权局共受理专利申请228.49万件,年均增长率达18.9%。2004年,国家知识产权局共受理专利申请35.38万件,比上年的30.85万件增长14.7%。国外通过专利合作条约途径进入中国国家阶段的国际申请15.78万件,其中2004年达3.24万件。

2)在商标上,商标注册申请量逐年增加。2004年商标注册申请量达58.8万件,比上年增加13.6万件,增长约30%;自中国加入《保护工业产权巴黎公约》以来,中国先后认定了400多件驰名商标,依法保护了国内外驰名商标权所有人的合法权益。

3)在版权上,《著作权法》实施以后,中国各级政府不断加强版权行政管理部门的力量,使版权行政管理与行政执法体系不断健全。近年来,中国各级版权行政管理部门加大了著作权行政执法力度,在执法过程中各部门联合行动,在全国范围内多次开展打击盗版商品、走私及网络侵权等侵权盗版行为,取得积极成效。据不完全统计,截止2004年,各级版权行政管理部门共收缴侵权盗版复制品3.5亿件,受理侵权案件5.14万起。

4）为有效地保护知识产权，近年来，我国已逐步建立起由版权集体管理机构、版权代理机构、版权保护协会以及各相关行业协会和权利人组织等组成的版权社会管理和服务体系[①]。

5）在海关制度上，我国建立起一套包括报关单证审核、进出口货物查验、对侵权货物的扣留和调查、对违法进出口人进行处罚以及对侵权货物进行处置等环节在内的完善的知识产权执法制度。2003 年，我国海关共查获侵犯知识产权案件 756 起，案值 6 797 万元。其中进口案件 9 宗，案值 27 万元；出口案件 747 宗，案值 6 770 万元。侵犯商标权案件 741 宗，案值 6 693 万元；侵犯专利权案件 14 宗，案值 104 万元；侵犯著作权案件 1 宗[②]。截止到 2004 年底，权利人共在海关备案知识产权 6 512 项，全国海关共查处进出口侵权货物案件 4 361 起，案值人民币 6.3 亿元，全国 41 个直属海关都指派了专门负责知识产权事务的工作人员[③]。

6）在音像管理上，我国已初步建立起中央、省、地、县四级音像市场管理网络。1990 年代以来，国家出版物市场监管部门、文化行政管理部门与有关部门密切配合，通过持续不断的开展音像市场集中治理行动，使盗版音像制品明显减少，正版音像制品发行量大幅上升，音像市场秩序逐步好转。

7）行政、司法保护。1998 年，为进一步加大对侵犯知识产权犯罪行为的打击，公安部成立了专门机构，负责打击侵犯知识产权犯罪的督办工作。2000 年至 2004 年，全国公安机关共破获侵犯知识产权犯罪案件 5 305 起，涉案总金额近 22 亿元人民币。近年来，公安部加大打击侵犯知识产权国际犯罪的力度，并与各国执法机构开展全方位的合作。中国检察机关认真履行对侵犯知识产权刑事案件处理的职责，办理了一大批涉嫌侵犯知识产权犯罪的刑事案件。2003 年审判机关妥善审结了一批争议大，社会影响大的复杂、疑难案件和新类型知识

---

① 葛伟民：《我国知识产权保护现状》，载《网络与信息》，2006 年第 5 期。

② 2003 年国务院新闻办公室：《中国知识产权保护状况（2003）》白皮书。

③ 马忠源：《海关出口商品知识产权保护问题研究》，吉林大学 2006 年论文，载中国知网硕士学位论文全文数据库。

产权案件,依法起草知识产权司法解释性文件,不断完善诉讼制度。2004 年 9 月我国政府颁布了对进口和出口货物侵犯知识产权的行政处罚实施细则;2004 年 12 月最高人民法院和最高人民检察院发布关于有关知识产权犯罪的法律解释,其中明确了在侵犯人权货物的进出口中代理行为人的刑事责任问题。与此同时,我国海关还建立了专门保护知识产权的海关执行机构,截至 2004 年底,该办公机构对受到海关保护的 6 257 项知识产权客体进行了海关登记[①]。我国制定了《2006 中国保护知识产权行动计划》,开始在全国重点城市设立 50 个知识产权保护中心,为权利人提供便利,畅通保护渠道;2006 年 4 月,在全面完成了政府部门软件正版化工作基础上,要求企业在生产和经营中使用正版软件,并要求所有计算机生产厂家和进口商必须预装正版操作系统软件;在全国中小学普及知识产权基础教育,并把知识产权基本理论编入大学教材[②]。

(2)我国在知识产权保护上存在的不足

1)立法上的缺陷。现行的知识产权法立法层次多,分散杂乱,我国现有知识产权制度不能覆盖高新技术的所有主题,在对高新技术成果的保护上具有滞后性。

2)知识产权保护意识有待加强。一些企业的领导还没有摆脱计划经济体制的影响,没有认识到知识产权是企业最重要的无形资产。知识产权意识薄弱是知识产权保护不力的重要因素,它带来的后果是企业拥有自主知识产权数量少,易发生侵权或被他人侵权的现象。我国各类知识和人才密集型单位中的领导和科技人员科技保密意识还不够强,对我国的科技保密法律法规以及管理体制和制度了解还比较少。据调查:在对我国科技保密法律法规的了解上,单位领导很了解的只占 14.18%,科技人员很了解的只占 7.46%,该比例明显偏低;在对我国科技保密管理体制的了解上,单位领导很了解的只占 10.50%,

---

① Новый прогресс в защите интеллектуальной собственности в Китае,来源:http://www.russian.china.org.cn. 08.06.2005.

② 张伟勋:《欧美签署知识产权行动战略协议——矛头直指中国和俄罗斯》,载《中国贸易报》,2006 年 6 月 29 日第 9 版。

科技人员很了解的只占6.73%，该比例太低①。

3)知识产权的申请及授权量少，构成不合理。从申请数量看，尽管每年申请数量在不断增加，但构成比例不合理。据统计，近几年我国每年取得的省部级以上的科研成果达3万多项，而其中申请专利的还不到10%②。同时在国外申请专利获授权率低，使我国企业在向国外拓展时遇到了较大的问题，容易受制于人。

4)知识产权流失环节多，流失严重。知识产权属无形财产权，这个特性决定了其管理也较困难。其流失具有隐蔽性，长期为人们所忽视。目前，我国知识产权的流失主要有以下途径：职务、非职务发明界定失控造成流失；合作研究、委托研究中忽视知识产权造成流失；人才流动造成流失等。

5)知识产权侵权现象普遍。由于缺乏知识产权保护意识、管理方法欠缺、执法不严、执法人员素质不高等多种原因，目前知识产权侵权现象十分严重。近年来，各地知识产权侵权案件不断增多。知识产权侵权行为的泛滥，已引起西方国家的不满，美国把中国列为重点关注对象，并意图通过贸易制裁对中国施加压力。

第三节　中俄科技合作中知识产权保护的立法比较

一、中俄知识产权保护的法律适用基本规则

(一)适用规则

法律适用的学说有很多种，我国国际私法学会起草的《中华人民共和国国际私法示范法(第六稿)》采用了“分割”理论，即对知识产权

---

①　蔡文洁：《我国科技保密制度建设和运行状况的实证调查与分析研究》，东南大学2005年硕士学位论文，载中国知网硕士学位论文全文数据库。

②　孔奕雯：《浅析我国知识产权保护的现状及对策》，载《法制与社会》，2008年第3期。

保护按照保护对象不同分别作出规定。该法第93条规定:“专利权的成立、内容和效力,适用专利申请地法。”第94条规定:“商标权的成立、内容和效力,适用注册登记地法。”第95条规定:“著作权的成立、内容和效力,适用权利主张地法。”“分割论”的做法比较灵活,考虑到了不同知识产权关系的特点,代表了近年来知识产权法律适用发展的一种趋向。许多国家晚近国际私法立法中采用了这种做法[①]。同时,中俄科技合作中知识产权保护不能违反两国共同参加的国际条约的实体性规定,也不能违反两国缔结知识产权双边条约;但最主要的还是适用两国的国内法。如果合作方签订的合作合同约定了适用的准据法,则应充分尊重双方意愿。

(二)适用的法律

中俄科技合作中知识产权保护的法律适用应考虑三方面:一是双方共同参加的知识产权保护国际条约,二是共同缔结知识产权双边条约,三是两国的知识产权国内法。

1. 中俄双方共同参加的知识产权保护国际条约有:《保护工业产权巴黎公约》、《商标注册马德里协定》、《保护文学艺术作品伯尔尼公约》、《世界版权公约》。作为成员国,中俄两国有义务遵守条约的各项规定,并应采取有效措施促进知识产权在国内的保护(包括修订国内立法)。例如:中俄在专利立法上有关授予专利的条件,其中许多规定基本上都与巴黎公约以及世贸组织商务规则的规定一致。以上条约为两国开展知识产权保护方面的合作奠定了基础。

2. 中俄为促进知识产权保护缔结的双边协定。如:1996年《中华人民共和国政府和俄罗斯联邦政府关于在知识产权保护领域合作的协定》;1999年2月,中俄两国签署了政府间科技合作协定框架下知识产权保护和权利分配原则议定书;2006年7月,中俄两国知识产权局又签署了两局之间知识产权保护的谅解备忘录。最近,中俄举行了两国政府间军事技术合作委员会、双边会议,双方签署了军事技术合作

---

① 朱榄叶、刘晓红主编:《知识产权法律冲突与解决问题研究》,法律出版社2004年版,第193页。

领域保护知识产权的协定。以上协定对知识产权保护进行了细化,使两国合作更具有可操作性。中俄两国缔结的其他协定对于知识产权保护也有一定的重要意义,例如:《中俄文化合作协定》中规定,双方将促进两国有关部门在保护著作权方面的合作,其方式包括交换有关立法信息、交流实际工作经验和互派专家;依据《中俄海关合作与互助协定》规定,对于侵犯知识产权的货物通关,两国海关可以相互通报并请求对方采取必要的措施打击侵权行为。

3. 两国的国内法。俄罗斯知识产权保护仅由民法典第四部分调整。它把知识产权的保护对象一览无遗地规定在一部法典中,克服了立法分散,层次众多的缺点,达到整体上的统一。我国知识产权保护的依据是一系列的单行法律、条例及相关实施细则。同时,还有大量的各个行政部门的行政法规对知识产权进行特别保护,各司法部门也通过制定司法解释等方式保护知识产权。

二、中俄知识产权基本制度的比较

(一)中俄专利制度的立法比较

1. 关于授予专利的条件。我国《专利法》22 条规定:授予专利权的发明,应当具备新颖性、创造性和实用性。《俄罗斯民法典(专利部分)》第 1350 条规定:如果发明具有新颖性并具有发明水平和工业实用性,则发明受到法律保护。两国虽然都是采用了国际上通行的"三性"标准,但对"三性"的表述及内涵的界定上两国是不同的。如:俄罗斯对创造性定义为具有发明水平,"对于专业人员来说,如果发明不是来自于现有技术水平,则该发明具有发明水平。"而我国发明的创造性,是指同申请日以前已有的技术相比,该发明有突出的实质性特点和显著的进步。显然俄罗斯对发明创造性的要求比我国严格。

我国《专利法》第 25 条和《俄罗斯民法典》第 1350 条规定了不授予专利的情形,两国均规定对下列各项不授予专利权:(1)发现;(2)智力活动的规则和方法;(3)动物和植物品种。区别在于:对动物和植物品种产品的生产方法,我国规定可以授予专利权,而俄罗斯规定对获得动物和植物品种的生物学方法不作为发明提供法律保护,但以此种方法获得的微生物方法和产品除外。此外,我国对于疾病的诊断和治疗方法和用原子核变换方法获得的物质不授予专利,俄罗斯没有此规定,其民法典规定:科学理论和数学方法,仅涉及产品外观和旨在满足美学需要的决策、游戏和经济活动的规则及方法,仅作为提供信息的决策不能作为发明进行专利保护,我国没有禁止性规定。

2. 关于专利法的保护范围。中俄专利的保护范围均包括发明、实用新型和外观设计三类发明创造。不同之处在于两国对三类发明创造作出的定义表述不同,并且俄法律对实用新型和工业外观设计作出排除性规定,而我国没有此类规定。

3. 关于专利的保护期限。我国专利法均规定,发明专利权的期限为 20 年,实用新型专利权和外观设计专利权的期限为 10 年,均自申请之日起计算。俄罗斯发明专利权有效期自申请日起 20 年;工业品外观设计专利保护有效期自申请日起 15 年;对实用新型则以注册证书给予保护,有效期自申请日起 10 年。《俄罗斯联邦民法典》规定:根据专利权人的申请,联邦知识产权行政权力机关可延长实用新型专属权的保护期,延长期时间不能超过 3 年;外观设计可最多延长 10 年的专属权的保护期。

4. 关于专利权的内容及限制。1)根据我国《专利法》第 11 条规定:专利权人对专利的专属权主要表现在:任何单位或者个人未经专利权人许可,都不得实施其专利,即不得为生产经营目的制造、使用、许诺销售、销售、进口其专利产品,或者使用其专利方法以及使用、许诺销售、销售、进口依照该专利方法直接获得的产品。俄罗斯民法典规定:专利持有人对专利的使用与处分拥有特权,包括:向俄罗斯联邦境内进口、制造、应用、提供出售、出售、以其他方式进入民事流转,或为以上目的保管这些产品,或使用了工业品外观设计专利的制品;上述行为适用于由专利方法直接获得的产品、自动实现取得专利的方式的装置及发明的方式[①]。俄罗斯专利的专属权及自动实现取得专利的方式的装置,其权利范围超出我国规定。

---

① 参见《俄罗斯联邦民法典》第 1358 条,黄道秀译:《俄罗斯联邦民法典》(全译本),北京大学出版社 2007 年版,第 481 页。

2）对专利权的限制：我国《专利法》第六章对专利实施强制许可的条件和程序等作了明确规定。我国对专利实施强制许可的条件是在3年内专利没有得到实施，而《俄罗斯民法典》第1362条规定对发明和外观设计实施强制许可的期限是4年，实用新型的期限是3年。

中俄专利制度均规定了不视为侵犯专利权的几种情形，共同之处是：为科学研究和进行实验而使用专利；暂时或临时过境的外国运输工具使用专利；经由专利权人或经专利权人同意的其他人引入民用流通领域产品或制品的使用。《俄罗斯联邦民法典》第1359条对不视为侵犯专利权的具体规定与我国不同的是：在非常情况下（自然灾害、惨祸、事故）使用了发明、实用新型和外观设计专利，并在最短时间内通知专利权人，并且随后给付了相应报酬；为满足个人、家庭或其他与经营活动无关的需要而使用取得专利权的发明、实用新型、工业品外观设计，只要使用目的不是获取利润或收益；药房按医生处方一次性地配药而使用取得专利权的发明。而我国专利法第63条也规定了两种俄罗斯专利法没有规定的情形：在专利申请日前已经制造相同产品、使用相同方法或者已经作好制造、使用的必要准备，并且仅在原有范围内继续制造、使用的；为生产经营目的使用或者销售不知道是未经专利权人许可而制造并售出的专利产品或者依照专利方法直接获得的产品，能证明其产品合法来源的，不承担赔偿责任。相对而言，俄罗斯的规定对专利的限制更多、范围更大。

5. 关于职务发明与非职务发明的判定与权属。我国《专利法》第6条规定，职务发明即执行本单位的任务或者主要是利用本单位的物质技术条件所完成的发明创造。职务发明创造申请专利的权利属于该单位；申请被批准后，该单位为专利权人。被授予专利权的单位应当对职务发明创造的发明人或设计人给予奖励；发明创造专利实施后，根据其推广应用的范围和取得的经济效益，对发明人或设计人给予合理报酬。利用本单位的物质技术条件所完成的发明创造，单位与发明人或设计人订有合同，对申请专利的权利和专利权的归属作出约定的，从其约定。

《俄罗斯联邦民法典》第1370条规定：由雇员（创造人）履行劳动义务或完成雇主的具体任务所创造的发明、实用新型或工业品外观设计(职务发明、职务实用新型或职务工业品外观设计),如果雇主和雇员(创造人)之间的合同未作另行规定,专属权和专利证书获得权归雇主,作者身份权属于工作人员(作者)。在履行根据联邦国家需要或联邦机构需要而订立的国家合同过程中产生的发明、实用新型和外观设计的专利权,如果合同未规定权利属于国家委托人所代表的俄联邦或联邦机构,那么,该专利权属于合同履行者或承担方;利用雇主的资金、机械设备或其他物质手段所完成的与具体任务无关的发明创造,其专属权属于工作人员,雇主有普通许可或要求赔偿的请求权。两国比较而言,俄罗斯的规定更详细且注重对专利创作者权利的保护。

除上述区别外,与《中华人民共和国专利法》相比,《俄罗斯联邦民法典》还有一些特殊规定。

《俄罗斯联邦民法典》专门规定了“作者身份权”,这是俄罗斯比较特殊的规定。按照《俄罗斯联邦民法典》,只要一个公民通过创造性工作完成一项发明、工业品外观设计或实用新型,他就是创造人。“作者身份权”是专属于创造人的不可转让的个人权利。依据俄罗斯法律规定:“创造人”可以享有专利独占权或受奖励权。

《俄罗斯联邦民法典》第四部分规定了对专利的临时法律保护制度,第 1392 条规定:如果已经就一项发明提出专利申请,那么,该项发明在公布专利申请时至专利权授予信息公布之日可以获得临时保护。《俄罗斯联邦民法典》第 1401—1405 条对保密发明(含有国家秘密信息的发明)的法律保护和使用作出了专门的规定。保密发明的审查和处理遵守国家保密法的有关规定。保密发明专利包括:确定为“机要”和“绝密”等级的以及确定为机密等级的属于武器、军事技术和属于情报活动、反间谍活动和刑事侦缉活动的方法和手段的发明专利。对外国公民或外国法人提交的专利申请不允许进行加密。我国专利法中没有保密发明的规定,但在 2004 年颁布了《国防专利条例》,对涉及国防利益以及对国防建设具有潜在作用需要保密的发明专利专门予以保护。比较而言,俄罗斯的保密发明调节范围比我国国防专利宽泛。

(二)中俄著作权的立法比较

1. 关于著作权法的主体和客体

著作权的主体。根据《俄罗斯联邦民法典》规定:作者对其科学、文学和艺术作品享有著作权,作者是以创造性劳动创作该作品的公民[①]。我国与俄罗斯规定不同,著作权的作者不仅包括公民,还包括法人或者其他组织的作品(我国《著作权法》第 11 条规定)。著作权的主体既包括作者,又包括其他的权利持有人,而在俄罗斯法人不能成为作者,只能成为权利持有人,类似于作者继承人的法律地位[②]。

著作权的客体。我国《著作权法》客体与俄罗斯基本相同,但俄罗斯强调著作权客体必须是以客观形式存在的作品,而不论作品的用途、价值及表现方式如何。中俄两国均把计算机程序和数据库等同于作品进行保护,计算机程序、数据库著作权的承认和实施,不需要保证金、注册或其他的手续。《俄罗斯联邦民法典》提出了复杂客体的概念[③],其复杂客体的组织者类同于我国的单位作者,这与我国规定不同,我国著作权法没有复杂客体的概念。

另外,《俄罗斯联邦民法典》不保护没有具体作者的民间创作,我国虽然没有明确的法律规定保护民间文艺,但在司法实践中已通过判例明确对民间文艺进行保护[④]。

值得注意的是,中俄两国民法对可以获得著作权自然人的资格规定不同,根据我国民法第 11 条规定,不经父母、养父母或其他监护人同意,未成年人行使著作权的最低年龄应为 16 周岁(以自己收入为主要生活来源);而根据《俄罗斯联邦民法典》第 26 条规定,俄罗斯公民

---

① 《俄罗斯联邦民法典》第 1256、1257 条,黄道秀译:《俄罗斯联邦民法典》(全译本),北京大学出版社 2007 年版,第 443、444 页。

② Авторское право:Учебное пособие,Максимова Л. Г,М:《Гардарики》,2005,第 10 页。

③ 《俄罗斯联邦民法典》第 1240 条,黄道秀译:《俄罗斯民法典》(全译本),北京大学出版社 2007 年版,第 434 页。

④ 邵明艳:《民间文学艺术作品的法律保护——〈乌苏里船歌〉纠纷案法律问题探讨》,来源中国法院网 www. chinacourt. org,2005 - 09 - 26.

完全民事行为能力的最低年龄为14周岁。同时,年龄、性别、种族(或国籍)不影响对作者身份的承认[①]。

2. 关于著作权的产生及内容

中俄著作权法均规定,作品不论发表与否均享有著作权。中国的著作权自作品创作完毕自动产生,创作者不需要履行任何手续便可自动地享有著作权。俄罗斯明确规定作品本身不需要注册,也无须办理任何专门手续或者履行任何程序,著作权的产生是基于作品创作的事实。但《俄罗斯民法典》规定计算机程序、数据库可以进行国家注册,注册的计算机程序、数据库其著作权的实施受到相应的限制。

我国《著作权法》第16条规定:公民为完成单位工作任务所创作的作品属职务作品,著作权由作者享有,但单位有权在其业务范围内优先使用。《俄罗斯民法典》也有关于职务作品的特殊规定,但职务创作是以雇佣合同为基础,这与我国略有不同。

我国《著作权法》第10条规定,著作权包括下列人身权和财产权:发表权、署名权、修改权、保护作品完整权、使用权(包含13项权利)和获得报酬权。俄罗斯著作权中与我国不同的是人身权有一项作者身份权;财产权中有进口权。

3. 关于著作权的保护期

我国《著作权法规定》,作者的署名权、修改权、保护作品完整权的保护期不受限制。俄罗斯的作者身份权、署名权和保护作品完整权无期限受到保护,作者身份权的规定与我国略有不同。

我国公民作品的发表权、使用权和获得报酬权的保护期为作者终生及其死亡后50年;单位作品的著作权(署名权除外)的保护期为50年。《俄罗斯联邦民法典》规定,著作权保护期限从作品产生后开始生效,为作者有生之年,且延续到作者(如果合作创作,则是最后一位作者)死后的70年,对于参加或曾在卫国战争期间工作过的作者,其作品专属权保护期延长4年。俄罗斯对数据库的专属权保护期限是15年,我国对数据库保护期限没有作出专门规定,应按著作权一般规定

---

① Субъекты авторского права / Авторское право: Учебное пособие // Авторский коллектив Allpravo. Ru – 2004. 来源:www. allpravo. ru/library/doc1972p0/. . . /print1993. html.

为50年。俄罗斯对作品发表人专属权的保护期为25年，我国没有作出相关规定。

4. 关于邻接权

我国《著作权法》第四章规定了出版者权利、表演者权利、录音录像制作者权利、广播电台、电视台权利。根据我国2006年颁布的《信息网络传播权保护条例》，我国加强了对著作权人、表演者、录音录像制作者信息网络传播权的保护。1)《著作权法》第35条规定，出版者享有其版式设计的专有使用权。2)我国《著作权法》规定表演者有权“表明表演者身份”和“保护表演形象不受歪曲”。表演者的经济权利主要体现在：许可他人从现场直播和公开传送其现场表演，并获得报酬；许可他人录音录像，并获得报酬；许可他人复制、发行录有其表演的录音录像制品，并获得报酬；许可他人通过信息网络向公众传播其表演，并获得报酬。3)录制者权体现在《著作权法》第41条所确定的经济权利上：录音录像制作者对其制作的录音录像制品，享有许可他人复制、发行、出租、通过信息网络向公众传播并获得报酬的权利。4)广播电台、电视台的权利体现在《著作权法》第44条所确定的经济权利上：广播电台、电视台有权禁止未经其许可即将其播放的广播、电视转播和将其播放的广播、电视录制在音像载体上以及复制音像载体。

《俄罗斯联邦民法典》列出了邻接权的种类[①]：(1)演员、指挥和导演对其表演的权利，包括：对表演的专属权、作者身份权、姓名权、表演不受侵犯权；(2)制作者对其音像制品的权利，包括：对唱片的专属权、署名权、录音作品不受侵犯权、发布权、发行权；(3)无线和有线广播组织的权利。无线广播组织进行无线广播的权利和有线广播组织进行全球传播的权利在内容上是相似的，包括：录制权、复制权、传播权、转播权、演出权、节目使用权等等。同时，作品的出版者拥有如下权利：1)在这些出版物被使用的任何场合署名或要求署名(第1260条第7款)；2)匿名或用笔名发表的作品，在无相反规定情况下，出版者被视为作者代理人，出版者有权以代理人身份维护作者权利和保障作者权

① 参见《俄罗斯联邦民法典》第71章关于邻接权的规定，黄道秀译：《俄罗斯联邦民法典》(全译本)2007年版，第463页。

利的行使(第1265条第2款)。这里需要指出的是,出版者享有的是署名,而非作者身份权,我国著作权法对此没有作出区分。但根据俄罗斯法律规定,显然作为法人的出版者是无权享有作者身份权的[①]。

以上邻接权类型中俄两国的规定基本一致。但《俄罗斯联邦民法典》在邻接权保护中特别规定了对数据库及作品发表人的保护[②],我国《著作权法》中没有此详细的规定。

5. 关于著作权的保护——侵权责任及救济

《中华人民共和国著作权法》第45条和第46条规定了15种侵犯著作权和邻接权的行为,并规定了侵犯著作权和邻接权所应承担的民事责任、行政责任和刑事责任。我国《著作权法》第五章规定了侵犯权利人精神权利和财产权利应承担的民事责任,包括停止侵害、消除影响、赔礼道歉、赔偿损失等,同时危害公共利益的,还可以进行行政处罚;情节严重的,承担刑事责任。侵犯著作权或者与著作权有关的权利的,侵权人应当按照权利人的实际损失给予赔偿;实际损失难以计算的,可以按照侵权人的违法所得给予赔偿。赔偿数额还应当包括权利人为制止侵权行为所支付的合理开支。我国《信息网络传播权保护条例》规定[③]:(1)除法律、行政法规另有规定的外,任何组织或者个人将他人的作品、表演、录音录像制品通过信息网络向公众提供,应当取得权利人许可,并支付报酬;(2)未经权利人许可,任何组织或者个人不得进行下列行为:(一)故意删除或者改变通过信息网络向公众提供的作品、表演、录音录像制品的权利管理电子信息,但由于技术上的原因无法避免删除或者改变的除外;(二)通过信息网络向公众提供明知或者应知未经权利人许可被删除或者改变权利管理电子信息的作品、表演、录音录像制品。(3)构成侵权行为的,根据情况承担停止侵害、

---

① ГРАЖДАНСКИЙ КОДЕКС РОССИЙСКОЙ ФЕДЕРАЦИИ (ЧАСТЬ ЧЕТВЕРТАЯ), издательство《Ось - 89》, Москва, 2007。以及 Право интеллектуальной собственности в сфере периодческой печати, Ермакова А. Р. - СПБ: Издательство《Юридический центр Пресс》, Р. 142. р144.

② 《俄罗斯联邦民法典》第1333—1336条,黄道秀译:《俄罗斯联邦民法典》(全译本),北京大学出版社。

③ 中国《信息网络传播权保护条例》第2条、5条、18条。

消除影响、赔礼道歉、赔偿损失等民事责任；同时损害公共利益的，可以由著作权行政管理部门责令停止侵权行为，没收违法所得，并可处以罚款；情节严重的，著作权行政管理部门可以没收主要用于提供网络服务的计算机等设备；构成犯罪的，依法追究刑事责任。

俄联邦法律也规定了侵犯著作权和邻接权所应承担的民事责任、行政责任和刑事责任[①]。包括：1）承认权利；2）停止侵权或造成侵权威胁的行为、恢复侵权前的状况；3）赔偿损失，包括可能获得的利益；4）就侵权者因侵犯著作权和邻接权所取得的收入，予以罚款以代替赔偿损失；5）支付赔偿费以代替赔偿损失或收入罚款；6）其他措施。以上3、4、5项措施选择适用。赔偿金从1万到500万卢布，赔偿数额依据作品样品的价值或作品使用权的价值来确定[②]。此外，俄罗斯联邦各主体也都有关于侵犯著作权和邻接权的法律规定，如：根据哈萨克斯坦共和国《行政违法法典》第129条规定和《刑法典》第184条规定，对于侵犯版权及邻接权的行为，包括非法使用版权和邻接权客体以及为销售目的购买、保管、运输或制造假冒产品，剽窃或强迫他人使权利归属成为共同，行为人应对上述行为承担行政或刑事责任[③]。

与我国不同的是，俄罗斯明确规定了补偿精神损害和公布侵权的保护方式，并且俄罗斯的规定更为详细具体。除此之外，《俄罗斯联邦民法典》第1299条、第1300条还专门规定了不得侵犯著作权保护的技术手段和著作权信息，我国法律没有此特别规定。

6. 合理使用我国著作权法规定的合理使用包括[④]：

（一）为个人学习、研究或者欣赏，使用他人已经发表的作品；

（二）为介绍、评论某一作品或者说明某一问题，在作品中适当引

---

① 参见《俄罗斯联邦民法典》第1251—1252条，黄道秀译：《俄罗斯联邦民法典》（全译本），北京大学出版社2007年版，第440页。

② 参见《俄罗斯联邦民法典》第1301条，黄道秀译：《俄罗斯联邦民法典》（全译本），北京大学出版社2007年版。

③ Ответственность за нарушение прав интеллектуальной собственности, Сайт газеты "Вечерний Алматы", 2008年11月25日，阿拉木图晚报，来源：www. zakon. kz/126906 – otvetstvennost – za – narushenie – prav. html。

④ 我国《著作权法》第22、23条。

用他人已经发表的作品；

（三）为报道时事新闻，在报纸、期刊、广播电台、电视台等媒体中不可避免地再现或者引用已经发表的作品；

（四）报纸、期刊、广播电台、电视台等媒体刊登或者播放其他报纸、期刊、广播电台、电视台等媒体已经发表的关于政治、经济、宗教问题的时事性文章，但作者声明不许刊登、播放的除外；

（五）报纸、期刊、广播电台、电视台等媒体刊登或者播放在公众集会上发表的讲话，但作者声明不许刊登、播放的除外；

（六）为学校课堂教学或者科学研究，翻译或者少量复制已经发表的作品，供教学或者科研人员使用，但不得出版发行；

（七）国家机关为执行公务在合理范围内使用已经发表的作品；

（八）图书馆、档案馆、纪念馆、博物馆、美术馆等为陈列或者保存版本的需要，复制本馆收藏的作品；

（九）免费表演已经发表的作品，该表演未向公众收取费用，也未向表演者支付报酬；

（十）对设置或者陈列在室外公共场所的艺术作品进行临摹、绘画、摄影、录像；

（十一）将中国公民、法人或者其他组织已经发表的以汉语言文字创作的作品翻译成少数民族语言文字作品在国内出版发行；

（十二）将已经发表的作品改成盲文出版。

《俄罗斯民法典》将合理使用称之为自由使用，规定了未经作者同意和不支付报酬而使用作品的几种情形①：

1）为个人目的而自由复制作品。《俄罗斯联邦民法典》规定了几种除外情形。

2）为了信息、科学、教学或文化目的而自由使用作品。包括：①以原文和译文的形式，为科学、研究、政论批评和新闻报道之用或为个人目的合法摘录已经正常发表的作品，篇幅与摘录的目的相符。其中包括以报刊概述的形式转载报纸和杂志文章的段落。②在教学性质的

① 参见《俄罗斯联邦民法典》第1273—1280条。黄道秀译：《俄罗斯联邦民法典》（全译本），北京大学出版社2007年版，第452页。

出版物、广播电视节目录音录像制品中，作为说明问题的例证资料而使用已经正当发表的作品及其片断，篇幅与既定目的相符。③报纸转载、无线电播放或者电缆公开传播在报纸或杂志上正当发表有关当前经济、政治、社会和宗教问题的文章或无线播放的此类性质的作品，但是作者特意禁止这样的转载无线电播放或电缆传播的情形除外。④报纸转载、无线电播放或者电缆公开传播公开发表的政治演说、宣言、报告及其他类似的作品，篇幅与新闻报道目的相符。在这样的情形下，作者保留在文集中发表这些作品的权利。⑤通过摄影、无线电播放或者电缆公开传播，在时事综述中复制或公开传播。在这样的事件中所见或所闻的作品，篇幅与新闻报道目的相符。在这样的情形下，作者保留在文集中发表这些作品的权利。⑥以盲文或者其他特殊方式，为盲人非营利地复制正当发表的作品，但专门为此种复制方式而创作的作品除外。其中，自由使用作品的教育单位一般包括图书馆、档案馆、教学机构、公共广播站等，但是这种自由使用是在一定限度内的，著作权的持有人也始终在争取对教育单位的这种例外进一步予以限制[①]。

3）以翻印方式自由使用作品。包括：图书馆和档案馆为修葺、替换遗失或损坏的作品样本，向由于某种原因从自己的藏书中遗失作品样本的其他图书馆提供作品复制件，影印复制正当发表的作品；图书馆和档案馆根据自然人为教学与研究之用，复制正当发表在文集、报纸和其他定期出版物上的单篇文章和小篇幅作品，以及影印复制正当发表的文字作品（带插图或不带插图）的片段。

4）自由利用在公开自由进入场所展示的作品。

5）音乐作品的自由公开演奏。

6）为执法活动而自由复制作品。

7）无线电广播组织为短期使用而自由录制作品。

8）对电子计算机程序和数据库的自由复制。

《俄罗斯联邦民法典》规定：自由使用时必须指明作者及其出处；

---

① Авторское право в цифровыех технологиях и СМИ，Луцкер А. П. М:《КУДИЦ – ОБРАЗ》，2005. p. 51.

而我国规定合理使用应指明作者姓名、作品名称。与我国著作权规定相比,《俄罗斯联邦民法典》有对电子计算机程序和数据库的自由复制的详细规定,而我国对电子计算机程序的保护规定在《计算机软件保护条例》中。同时,作品的自由使用不能影响作品合法使用的效力(使合法使用落空)或是以非法方式损害作者的合法利益[①]。

7. 法定许可。所谓法定许可,是指在某些特定的情况下,使用作品不需要取得权利人许可但必须向其支付报酬。我国《著作权法》目前规定的法定许可有5处:1)九年制义务教育教科书法定许可:为实施九年制义务教育和国家教育规划而编写出版教科书,除作者事先声明不许使用的外,可以不经著作权人许可,在教科书中汇编已经发表的作品片段或者短小的文字作品、音乐作品或者单幅的美术作品、摄影作品,但应当按照规定支付报酬,指明作者姓名、作品名称,并且不得侵犯著作权人依照本法享有的其他权利。此规定适用于对出版者、表演者、录音录像制作者、广播电台、电视台的权利的限制;2)报刊转载法定许可:作品刊登后,除著作权人声明不得转载、摘编的外,其他报刊可以转载或者作为文摘、资料刊登,但应当按照规定向著作权人支付报酬。按最高人民法院的司法解释及《著作权法》第32条的规定,适用法定许可的转载主体可以有以下几种组合:报刊社与报刊社之间的相互转载;网站与网站之间的相互转载;网站可以转载报刊社刊登的作品;3)制作录音制品法定许可:录音制作者使用他人已经合法录制为录音制品的音乐作品制作录音制品,可以不经著作权人许可,但应当按照规定支付报酬;著作权人声明不许使用的不得使用;4)播放法定许可:广播电台、电视台播放他人已发表的作品,可以不经著作权人许可,但应当支付报酬;5)播放已出版录音制品法定许可:广播电台、电视台播放已经出版的录音制品,可以不经著作权人许可,但应当支付报酬(当事人另有约定的除外)。上述法定许可适用的要件有两个:第一,作品已发表;第二,著作权人或当事人未声明不许使用。

《俄罗斯联邦民法典》第1326条规定:为了商业目的而发表的录

---

① 参见:Авторское право: законодательство, теория, практика. Хохлов В. А, Издательский Дом《Городец》, Москва, 2008, p. 148.

音作品，允许不经录音作品专属权持有人和该录音作品表演人员同意而进行公开演出以及进行无线或有线广播，但必须向其支付报酬。可见，我国在著作权法定许可方面比俄罗斯范围大。

8. 关于著作权集体管理。著作权集体管理，是指著作权集体管理组织经著作权权利人授权，集中行使权利人的著作权及邻接权并以自己的名义进行相关活动。

1）著作权集体管理组织的成立。我国著作权集体管理组织依照有关社会团体登记管理的行政法规和著作权集体管理条例的规定进行登记并开展活动；在俄罗斯设立著作权集体管理组织，依据民法典及非商业组织的法律，其成立的目的可以是为管理涉及某一类或几类著作权和邻接权，也可以是为了按特定方式使用相关客体，还可以是为了管理任何的著作权及邻接权[①]。

2）著作权集体管理的依据。我国著作权集体管理依据的是著作权集体管理组织与使用者订立著作权或者与著作权有关的权利许可使用合同（以下简称许可使用合同）；在俄罗斯，著作权集体管理组织权限的根据是该组织与权利持有人签订的关于移转权利管理权的合同，也可以是与其他组织签订的合同，包括与外国著作权集体管理组织签订的合同。

3）著作权集体管理组织可行使权利。我国《著作权法》规定：表演权、放映权、广播权、出租权、信息网络传播权、复制权等权利人自己难以有效行使的权利，进行涉及著作权或者与著作权有关的权利的诉讼、仲裁等可以由著作权集体管理组织进行集体管理。依据《俄罗斯民法典》第1242条规定，著作权集体管理组织可行使依靠个人力量无法实现的权利或法律允许非经许可有偿使用著作权客体及邻接权而产生的权利，同时，为保护著作权及邻接权，管理机构可以权利所有人或自身名义向法院提出请求。

4）法律责任。著作权集体管理组织从事营利性经营活动的，由工商行政管理部门依法予以取缔，没收违法所得；构成犯罪的，依法追究

---

① 参见《俄罗斯联邦民法典第》第1242条。黄道秀译：《俄罗斯联邦民法典》（全译本），北京大学出版社2007年版，第434页。

刑事责任;擅自设立著作权集体管理组织或者分支机构,或者擅自从事著作权集体管理活动的,由国务院著作权管理部门或者民政部门依照职责分工予以取缔,没收违法所得;构成犯罪的,依法追究刑事责任[①]。《俄罗斯联邦民法典》对著作权集体管理组织的法律责任没有特别予以规定,可以参照俄罗斯关于非商业组织的法律规定和民法典关于专属权保护的一般性规定。

总的来说,我国与《俄罗斯民法典》对著作权的集体管理的规定差别不大,在详细规定上俄罗斯更强调对著作权以私有性权利进行保护。

(三)中俄商标法的立法比较

1. 商标法保护的主客体。我国《商标法》规定商标权主体包括:中国企业、事业单位和个体工商业者,以及外国人和外国企业;《俄罗斯联邦民法典》第1478条规定商标权人可以是法人或个体经营者。根据我国新《商标法》的规定,商标法保护的客体包括商品商标、服务商标、集体商标和证明商标。商标由文字、图形、字母、数字、三维标志和颜色组合等上述要素组合构成,应当具有显著特征,便于识别,且不得违背商标法第10条、第11条规定的禁用条款。《俄罗斯联邦民法典》规定:文字的、图形的、立体的或其他标识或其组合,可以作为商标进行注册;商标可以用任何颜色或颜色组合进行注册[②]。《俄国联邦民法典》对商业名称、商品商标、服务商标、集体商标、商品原产地名称予以保护。

2. 商标的注册申请。我国《商标法》规定了商标注册申请的原则,包括注册原则、申请在先原则、优先权原则、自愿注册和强制注册相结合原则。外国人或外国企业在中国申请商标注册的程序:必须委托国家认可的代理机构办理,并按外国人或外国企业所属国与中国签订的协议或共同参加的国际条约,或者按对等原则办理[③]。

---

① 参见我国《著作权集体管理条例》第42、44条。

② 参见《俄罗斯联邦民法典》第1482条,黄道秀译:《俄罗斯联邦民法典》(全译本),北京大学出版社2007年版,第532页。

③ 参见我国《商标法》第17、18条。

《俄罗斯联邦民法典》第1492条对商标注册程序、所需文件作出了详细规定，同时也对商标优先权作出了详细规定①。俄罗斯对优先权的规定比我国详细且优先权内容明确规定在商标证书中，俄罗斯没有自愿注册和强制注册的规定。

3.商标注册审查和核准程序。我国《商标法》第三章规定，商标注册审查和核准的程序为：初步审定、公告、核准注册。《俄罗斯联邦民法典》规定，向俄罗斯提交商标申请后由联邦知识产权行政管理机关对申请进行鉴定。根据《俄罗斯联邦民法典》规定，对商品标志和服务标志申请的鉴定包括形式鉴定和申请作为商标标识的鉴定。

4.商标专用权的内容、转让和使用许可。根据我国《商标法》第52条规定，商标专用权的内容包括独占权、转让权和许可他人使用权。转让注册商标应当签订商标转让合同转让人和受让人共同向商标局提出申请，并经商标局核准。商标注册人可以通过签订商标许可合同，许可他人使用其注册商标。商标使用许可合同应当报商标局备案。

依据《俄罗斯联邦民法典》第1484条规定，商标所有人有利用和处置商标以及禁止他人使用其商标的专用权。未经商标所有人许可，任何人不得使用在俄联邦受保护的商标，保护范围包括以下活动：商品生产、使用、进口、供应、销售以及其他方式进入民用流通；以此为目的储存商标或该商标标志的商品；使用与其相近似以致造成混淆的同类商品标志的行为；在进行服务活动中的使用；与进口进入民用流转的商品有关的文件使用；商品销售提案、执行作业、公告、招牌及广告使用；因特网使用，包括域名及其他选址②。

5.注册商标的续展和撤销。我国《商标法》与《俄罗斯联邦民法典》均规定，注册商标的有效期为10年，我国是自核准注册之日起计算，而俄罗斯是自向联邦知识产权行政管理机关提出申请之日起计

① 参见《俄罗斯联邦民法典》第1494、1495条，黄道秀译：《俄罗斯联邦民法典》（全译本），北京大学出版社，2007年版。

② 参见黄道秀译：《俄罗斯联邦民法典》（全译本），北京大学出版社2007年版，第534、535页。

算。我国在商标期满前6个月可以申请续展注册,每次续展注册的有效期为10年,6个月内未申请续展注册的,可以给予6个月的宽展期;俄罗斯根据商标权利持有人在注册有效期满前一年提出的申请,可以延长商标注册有效期,每次续展期限为10年,续展商标专用权有效期的次数不限。我国对商标续展次数没有专门规定。

我国《商标法》第41条、第44条规定:已经核准注册的商标,如果违反《商标法》规定,国家商标局有权主动撤销,有利害关系的其他单位和个人也可请求商标评审委员会裁定撤销。《俄罗斯联邦民法典》第1512条规定:商标利害关系人有权按照民法典规定的根据和期限向专利争议局或知识产权管理机关提出异议,经确认可撤销注册商标。俄罗斯对注册商标专用权终止的规定比我国具体、详细。

6. 注册商标专用权的保护。我国《商标法》第51条规定:注册商标的专用权以核准注册的商标和核定使用的商品为限。对侵犯商标权的行为,商标注册人或者利害关系人可以直接向人民法院起诉,也可以先请求工商行政管理机关处理,对处理决定不服的,还可以向人民法院起诉。认定侵权行为成立的,工商行政管理部门责令立即停止侵权行为,没收、销毁侵权商品和专门用于制造侵权商品、伪造注册商标标识的工具,并可处以罚款;涉嫌犯罪的,应当及时移送司法机关依法处理。①

《俄罗斯联邦民法典》第1484条规定:商标权持有人有利用和处分商标以及禁止他人使用其商标的专用权。未经商标权持有人许可,任何人不得使用在俄联邦受保护的商标。《俄罗斯联邦民法典》扩大了商标使用的定义:被许可人以外的,被商标权利人控制的人对商标的使用都构成对商标的使用;而过去,只有通过权利人许可,并在商标局备案的人在该商标注册的商品或服务,或它们的包装上使用商标才能构成商标法意义的使用。新法降低了商标许可人对被许可人产品的监督责任,商标许可人对于被许可人使用其商标的商品在质量方面的监控成为一种权利而不是义务。而原来,商标许可人必须保证被许可人的产品在质量上不低于其本身的产品。但是,在新的规定下,许

① 参见我国《商标法》第53、54条。

可人应在针对被许可人的诉讼中作为共同生产者承担责任[①]。可见，俄罗斯对商标权权利人的保护比我国规定更广泛。根据《俄罗斯联邦民法典》第1515条规定,俄罗斯对侵犯注册商标的专用权的保护措施包括:去除侵权标识、退出流通领域、销毁侵权商品、支付补偿金。俄罗斯没有对侵权工具的处理作出规定。

7. 驰名商标的保护。中国对驰名商标的保护主要是根据1996年国家工商行政管理局发布的《驰名商标认定和管理暂行规定》(1998年修订)和新商标法的规定。驰名商标是指在市场上享有较高声誉并为相关公众所熟知的注册商标。国家工商行政管理局商标局负责驰名商标的认定与管理工作,任何组织和个人不得认定或者采取其他变相方式认定驰名商标。申请认定驰名商标,应当提交《暂行规定》第5条规定的证明文件。修正后的《商标法》第14条规定:"认定驰名商标应当考虑下列因素:(一)相关公众对该商标的知晓程度;(二)该商标使用的持续时间;(三)该商标的任何宣传工作的持续时间、程度和地理范围;(四)该商标作为驰名商标受保护的记录;(五)该商标驰名的其他因素。"显而易见,我国目前认定驰名商标已不再以"注册"为前提。中国对驰名商标的保护范围可以扩大到非类似商品,保护力度也较普通注册商标高。侵权行为包括淡化商业标识显著性的行为、侵占他人商誉的行为等。在《暂行规定》以及国家工商行政管理局商标局颁布的《关于商标行政执法中若干问题的意见》等部门规章、规范性文件中涉及到了商标淡化及侵犯商誉问题[②]。

《俄罗斯联邦民法典》第四部分规定了对驰名商标的保护。俄罗

---

① 《俄罗斯颁布新知识产权法》,来源 www.tmhot.com/Item/18188.aspx.

② 我国《驰名商标认定和管理暂行规定》第9条规定:"将与他人驰名商标相同或者近似的商标使用在非类似的商品上,且会暗示该商品与驰名商标注册人存在某种联系,从而可能使驰名商标注册人的权益受到损害的,驰名商标注册人可以自知道或者应当知道之日起两年内,请求工商行政管理机关予以撤销;"我国《关于商标行政执法中若干问题的意见》第11条规定:"在非类似商品或者服务上使用与知名度较高且显著性较强的商标相同或者近似的商标,从而不公平地利用或者损害该商标的显著性或者声誉的行为,可以适用《商标法》第38条第(4)项的规定处理,但应当按照《工商行政管理机关查处违法案件监控规定》执行。"

斯对驰名商标概念认定与我国相同，都是得到广泛应用并众所周知的商标。驰名商标由俄罗斯联邦执行机构进行登记（载入《驰名商标目录》）并颁发证明，在知识产权领域内执行机构负责进行规范的法律调整[①]。两国在驰名商标保护上都没有期限限制。

8. 地理标志的保护。根据我国新《商标法》第16条的规定，地理标志是指标示某商品来源地区，该商品的特定质量、信誉或者其他特征主要由该地区的自然因素或者人文因素所决定的标志；商品中有地理标志，但该商品并非来源于所标志的地区，误导公众的，不予注册并禁止使用。但已经善意取得注册的继续有效。

根据《俄罗斯联邦民法典》第76章第3节对商品产地名称权作出了规定，作为商品原产地名称的可以是现代或历史的、正式或非正式的、全称或简称；城市或乡村的居民点、地区或其他的地理客体；同时也包括由这些名称衍生的因某种具有特别性能或样式商品的应用而为人所知悉的标志。该商品的特殊属性完全或主要是由该地理区域所特有的自然条件或人文因素，或者自然条件和人文因素共同决定的。尽管某一标志是某一地理区域名称或包含该地理区域名称，但其在俄罗斯联邦被普遍使用作为一定商品的标识，却并不是与其产地相关联的标识，则该标志不属于商品原产地名称[②]。

俄罗斯对商品原产地名称的注册是永久有效的。商品原产地名称可被一个或几个法人、自然人注册。在出产具有相同品质的商品的同一地理区域内，使用注册的原产地商品名称的权利可授予此区域内的任何法人或自然人。在俄罗斯，商品原产地名称的使用包括四种情况，证书的持有人无权转让或许可他人使用商品原产地名称。禁止无证书者使用已注册的商品原产地名称，即使是在使用时指出商品真正的原产地，或使用译文名称，同时加上含有“类”、“类型”、“仿”等字样，以及在任何商品上使用相近似的标志，可能误导消费者对商品原

---

① 参见《俄罗斯联邦民法典》第1508、1509条，黄道秀译：《俄罗斯联邦民法典》（全译本），北京大学出版社2007年版。

② 参见《俄罗斯联邦民法典》第1516条，黄道秀译：《俄罗斯联邦民法典》（全译本），北京大学出版社2007年版，第547页。

产地和商品特殊品质产生错误认识[①]。《俄罗斯联邦民法典》用一节的篇幅对商品产地名称权作出了详细规定,比我国《商标法》的规定详细具体,具有很强的操作性。

9. 集体标志的保护。《俄罗斯联邦民法典》规定,集体标志是用以标识加入该团体的人所生产的具有统一的质量品质特点或其他共同特点的商品商标。集体标志的权利不得转让或许可他人使用,团体的成员有权使用本组织的集体标志[②]。我国的集体商标,是指以团体、协会或者其他组织名义注册,供该组织成员在商事活动中使用,以表明使用者在该组织中的成员资格的标志。这与俄罗斯规定略有不同,没有突出生产的商品具有统一的质量品质特点或其他共同特点。我国《商标法实施细则》第 6 条对集体商标作出如下规定:集体商标、证明商标注册和管理的特殊事项,由国务院工商行政管理部门规定。我国把集体商标管理方面的立法权完全归于行政机关,这与俄罗斯的规定不同。

《俄罗斯联邦民法典》第 1511 条规定了对集体商标保护的终止条件:如果把集体商标使用在没有统一质量或其他共同特性的商品上,则根据任何利害关系人的请求,经法院作出判决,可以提前全部或部分终止其法律保护。我国商标法对此没有特别规定。

除此之外,我国《商标法》对证明商标作出规定:证明商标,是指由对某种商品或者服务具有监督能力的组织所控制,而由该组织以外的单位或者个人使用其商品或者服务,用以证明该商品或者服务的原产地、原料、制造方法、质量或者其他特定品质的标志。而《俄罗斯民法典》没有此方面的规定。

《俄罗斯联邦民法典》第 76 章还规定了另外两种商务个别化手段,即商业名称权和商业标识权,我国商标法对这两种权利没有作出特别的保护规定。

---

① 参见《俄罗斯联邦民法典》第 1518、1519 条,黄道秀译:《俄罗斯联邦民法典》(全译本),北京大学出版社 2007 年版,第 547～548 页。

② 参见《俄罗斯联邦民法典》第 1510 条,黄道秀译:《俄罗斯联邦民法典》(全译本),北京大学出版社 2007 年版。

《俄罗斯联邦民法典》第1473—1476条对法人商业名称权作出专门规定，其中包括商业名称权的组成及限制规定、专属权、效力，其中具体规定值得我国借鉴。

而《俄罗斯联邦民法典》第1538—1541条对法人或个体经营者的商业标识作出专门规定：1）法人（包括非营利性法人）以及私人企业主可以使用应用于自己的商品、工业或其他事业的标识，它不是商标并且不强制性纳入企业成立文件和统一的法人国家登记表。商务标记可以用于一个或多个企业，一个企业不能同时使用两个或两个以上的商务标记。2）商务标记作为私有财产，权利人对其拥有独占权，权利人可以通过合法的方式随意使用，包括在招牌、公文用纸、账单及别的文件、商品及包装、公告和广告上的使用，前提是该商务标记具有明显的区别标记并且是企业的私人使用。3）独占权保护规定：禁止他人使用有可能对企业造成混淆的标记；权利人有权要求侵权人停止使用商业标记并获得赔偿；商务标记所有人有权转让或许可他人使用商务标记；4）如权利人在一年内不使用商务标记，使用专属权将被终止。

（四）中俄集成电路布图设计的立法比较

1. 关于集成电路布图设计保护的对象和要件

我国《集成电路布图设计保护条例》（以下简称《保护条例》）第4条规定：作为本条例保护对象的集成电路布图设计应具有独创性，即布图设计是创作者自己的智力劳动成果，而且该布图设计在布图设计创作者和集成电路制造者中不是公认的常规设计。该条例对布图设计的保护不涉及思想、处理过程、操作方法或数学概念等。

《俄罗斯联邦民法典》规定：本法典保护的集成电路布图设计仅适用于通过设计人创造性劳动完成的（或）和截止完成之日尚不为集成电路布图设计领域专家所熟知的独特的集成电路布图设计；对集成电路布图设计的保护不适用于与它的制造有关的思想、方式、体系、工艺和代码信息①。从以上规定可以看出，俄罗斯保护集成电路布图设计

① 参见《俄罗斯联邦民法典》第1448条，黄道秀译：《俄罗斯联邦民法典》（全译本），北京大学出版社2007年版。

的标准比我国严格。

2. 关于集成电路布图设计保护的内容

我国《保护条例》第 7 条规定:布图设计权利人享有下列专有权:对受保护的布图设计的全部或其中任何具有独创性的部分进行复制;将受保护的布图设计、含有该布图设计的集成电路或含有该集成电路的物品投入商业利用。

《俄罗斯联邦民法典》规定:符合法定条件受到保护的集成电路布图设计创作者享有以下权利:1)专属权;2)设计者身份权;3)现行法典赋予的其他权利,其中包括利用职务布图设计取得报酬的权利①。布图设计的专属权,包括根据个人意愿使用布图设计的权利(尤其是进行商业利用和利用这样的布图设计排布集成电路的权利)、禁止他人未经许可使用布图设计的权利,均属于设计者或其他权利人。权利人有权在下列情况下获得报酬:1)通过接入集成电路全部或部分地复制布图设计,不包括复制非独创性的部分;2)进口、销售和以其他方式把布图设计、纳入布图设计的集成电路及其制品引入民用流转②。设计者身份权在专属权转移或转让过程中是不可移转和不能转让的,对此项权利的放弃自始无效③。

与我国集成电路布图设计保护规定相比,俄罗斯增加了一项对设计者身份权的保护,体现了其民法强化对私权保护的特点。

3. 关于集成电路布图设计专有权的归属

我国《保护条例》规定:布图设计的专有权属于布图设计创作者;由自然人创作的布图设计,该自然人是创作者;由单位创作的布图设计,该单位是创作者;合作完成的布图设计,其专有权由合作者共同享有;受委托创作的布图设计,其专有权的归属由委托人和受托人共同

---

① 参见《俄罗斯联邦民法典》第 1449 条,黄道秀译:《俄罗斯联邦民法典》(全译本),北京大学出版社 2007 年版。

② 参见《俄罗斯联邦民法典》第 1454 条,黄道秀译:《俄罗斯联邦民法典》(全译本),北京大学出版社 2007 年版。

③ 参见《俄罗斯联邦民法典》第 1453 条,黄道秀译:《俄罗斯联邦民法典》(全译本),北京大学出版社 2007 年版。

约定;未作约定或者约定不明的,其专有权由受托人享有[①]。

《俄罗斯联邦民法典》规定:1)集成电路布局的设计人享有对集成电路布图设计的专属权;2)工作人员基于履行职责或执行雇主交付的任务完成的布图设计是职务集成电路布图设计,雇主对布图设计享有专属权,双方另有约定的除外;工作人员享有设计者身份权和获得报酬权;工作人员利用雇主提供的金钱、技术或其他物质资料完成的非职务布图设计,工作人员享有专属权,雇主为个人需要有权要求获得无偿使用的普通许可,或者请求给予补偿;3)如果布图设计是在完成承揽合同或进行科学研究、试验设计或技术工作时完成的,合同又未明确规定其完成,如合同无其他约定,其专属权属于承揽人;定做人有权要求订立无偿使用许可合同,以保障自己的使用权(特别是在独占权转让过程中);当事人约定专属权转让给定做人或定做人指定第三人的,承揽人为个人需要有权要求获得无偿使用的普通许可而不再给付报酬;4)布图设计是定做的,如果无其他约定,其专属权属于定做人,承揽人为个人需要有权要求获得无偿使用的普通许可并获得报酬;当事人约定专属权属于承揽人,定做人为个人需要有权要求获得无偿使用的普通许可;设计人不是权利持有人的,设计人有权取得报酬[②];5)在履行根据联邦国家需要或联邦机构需要而订立的国家合同过程中产生的发明、应用新型和外观设计的专利权,如果合同未规定权利属于国家委托人所代表的俄联邦或联邦机构,那么,该权利属于合同履行者或承担方。在根据联邦国家需要或者联邦机构的需要而订立的国家合同的履行过程中,如果联邦国家或联邦机构没有取得所产生的布图设计的独占权,则根据国家委托人的要求,权利人应当授予国家委托人所指定的人免费布图设计使用许可,以满足联邦国家或联邦机构的商品利用和合同执行的需要。比较而言,俄罗斯有关布图设计归属的规定比我国更详细,且对设计人权利的保护很完善。

---

① 参见我国《集成电路布图设计保护条例》9—11 条。

② 参见《俄罗斯联邦民法典》第 1461—1463 条,黄道秀译:《俄罗斯联邦民法典》(全译本),北京大学出版社 2007 年版。

4. 关于集成电路布图设计专有权的保护期

中俄布图设计专有权的保护期均为10年。我国《保护条例》第12条规定:保护期自布图设计登记申请之日或者在世界任何地方首次投入商业利用之日起计算,以较前日期为准。但是,无论是登记或者投入商业利用,布图设计自创作完成之日起15年后,不再受本条例保护。《俄罗斯联邦民法典》规定:集成电路布图设计专属权有效期自第一次利用(以文件形式固定下来且进入民事流转)布局设计之日或者注册之日起开始计算,以上两种情况以在先发生为准。保护期届满后,集成电路布图设计即成为社会财富,任何人可以不经许可无偿使用[①]。可见,俄罗斯对集成电路布图设计保护期限比我国短,且保护起算之日略有不同。

5. 关于集成电路布图设计专有权的转让与许可

我国《保护条例》第22条和《俄罗斯联邦民法典》[②]均规定,布图设计权利人可以将其专有权转让或者许可他人使用其布图设计;转让或许可使用布图设计专有权的,应当订立书面合同,并向国家知识产权行政部门登记注册。不同的是,我国规定布图设计专有权的转让自登记之日起生效,而俄罗斯没有此种规定,根据俄罗斯民法典第425条规定:合同应自签订之时生效。

6. 专有权的限制

依据我国《保护条例》规定[③]:专有权有以下限制:

1)合理使用。为个人目的或者单纯为评价、分析、研究、教学等目的而复制受保护的布图设计;对自己独立创作的与他人相同的布图设计进行复制或者将其投入商业利用的。

2)反向工程。只要在合理使用的范围里创造出具有独创性的布图设计就可不经布图设计权利人同意而使用,亦无须支付报酬,以科

---

① 参见《俄罗斯民法典》第1457条,黄道秀译:《俄罗斯联邦民法典》(全译本),北京大学出版社2007年版。

② 参见《俄罗斯联邦民法典》第1458—1460条,黄道秀译:《俄罗斯联邦民法典》(全译本),北京大学出版社2007年版。

③ 参见我国《集成电路布图设计保护条例》第23—25条、33条。

学研究为目的的反向工程是合法的。此创作过程叫做反向工程。反向工程是现代集成电路工业发展的主要手段之一,立法者希望借此鼓励民众的创新,这是从公共利益角度考虑的[①]。

3)权利穷竭。受保护的布图设计、含有该布图设计的集成电路或者含有该集成电路的物品由布图设计权利人或经由其许可投放市场后,他人再次商业利用的,可以不经过布图设计所有权人许可,并无须支付报酬。布图设计专有权权利穷竭的只是商业利用权,不包括复制权。

4)过失商业利用。在获得含有受保护的布图设计的集成电路或者含有该集成电路的物品时,不知道也没有合理理由应当知道其中含有非法复制的布图设计,而将其投入商业利用的,不视为侵权。这是为了维护第三人的权益及便于解决纠纷才对专属权作出此限制[②]。

5)强制许可。《保护条例》规定在以下三种情况下:a. 国家出现紧急情况或非常情况时;b. 为公益利益的目的;c. 经法定机关依法认定,布图设计权利人有不正当竞争行为而需予以补救时,国务院知识产权部门可以给予其使用布图设计的非自愿许可。取得强制许可的人必须向布图设计权利人支付合理的报酬。

《俄罗斯联邦民法典》规定:不属于侵犯布图设计专属权的行为包括:1)不知道或不应该知道对此布图设计或集成电路制品的复制行为是非法的,并且在得到通知后向布图设计权利人支付相应的补偿金;2个人不以营利性为目的使用以及为评价、考察、研究及教学目的的使用;3)享有专属权的人或其他人经权利持有人同意传播含有已进入民事流转的布图设计的集成电路[③]。俄民法典总则部分关于强制许可的规定可同样适用于布图设计专属权。

与我国规定相比,《俄罗斯联邦民法典》缺少关于布图设计专有权权利穷竭、反向工程的规定。

---

① 张今:《知识产权新视野》,中国政法大学出版社2000版,第96页。

② 郑胜利:《集成电路布图设计保护法比较研究》,载《北大知识产权评论》第1卷,法律出版社2002年版。

③ 参见《俄罗斯联邦民法典》第1456条,黄道秀译:《俄罗斯联邦民法典》(全译本),北京大学出版社2007年版。

7. 关于侵权的法律责任

我国《保护条例》第 30、31 条规定：侵权人应承担停止侵权行为、赔偿损失的责任；侵犯其布图设计专有权，引起纠纷的，由当事人协商解决；不愿协商或者协商不成的，布图设计权利人或者利害关系人可以向人民法院起诉，也可以请求国务院知识产权行政部门处理。国务院知识产权行政部门处理时，认定侵权行为成立的，可以责令侵权人立即停止侵权行为，没收、销毁侵权产品或者物品。对侵犯布图设计权的救济，我国采取了行政救济与司法救济相结合的双轨制①。

《俄罗斯联邦民法典》在第四部分总则部分第 1252、1253 条对侵犯知识产权的法律责任作出概括性规定，包括：1）停止侵权行为；2）赔偿损失；3）基于行政处罚支付补偿金；4）没收物质载体或销毁侵权工具；5）取消侵犯知识产权法人或私人企业主的执业资格；6）禁用商业名称或禁止从事某些业务种类；7）情节严重的承担刑事责任。以上几点同样适用于侵犯布图设计专有权。与俄罗斯相比，我国《保护条例》没有作出关于取消侵犯知识产权法人或私人企业主的执业资格和禁用商业名称或禁止从事某些业务种类的规定。

（五）中俄植物新品种（育种成果）立法的比较

1. 关于植物新品种保护的对象和范围。我国《植物新品种保护条例》第 2 条规定：受保护的植物新品种是指经过人工培育的或者对发现的野生植物加以开发，具备新颖性、特异性、一致性和稳定性，并有适当命名的植物品种。同时，第 6 条规定了新品种的排他的独占权及该授权品种的繁殖材料。

根据《俄罗斯联邦民法典》第 1412 条规定：作为知识产权客体的育种成果包括植物、动物品种或它们的某些组成部分，植物新品种以其特有的基因组或基因组合而被确认，它往往具有与其他植物学分类组群不同的一个或几个特征；克隆、品系、第一代杂交、种群都被纳入植物品种保护范畴。同时，第 1421 条规定育种成果的专属权还扩展到以下种子和育种材料：1）本身不是育种成果，但继承了其他育种成

---

① 方诗龙：《集成电路布图设计权的法律保护》，载《科技与法律》，2002 年第 2 期。

果本质特征的品种;2)与法律保护的品种没有显著差异的动植物品种;3)为育种屡次利用法律保护的动、植物品种的;4)继承了另一育种成果的基本形态,但与法律保护的源育种成果有明显区别的育种成果;5)继承了原始育种成果最本质特征或同时体现原始育种成果基因型及基因组合;6)与源育种成果的基因型及基因组合相符的,不包括那些对源品种进行个体筛选、个体突变种筛选、回交、基因工程等方法引起的变异。比较而言,俄罗斯对育种成果保护对象的范围超出我国的规定,同时俄罗斯的育种成果既包括植物也包括动物。

2. 关于授予植物新品种权的条件。我国《植物新品种保护条例》和俄罗斯民法典均规定,申请品种权的新品种应当属于国家机关品种保护名录(清单)中列举的种类,且应当符合新颖性、特异性、一致性、稳定性的要求。"四性"的规定除在新颖性方面略有差异外,其他"三性"的要求两国基本一致[①]。我国授予品种权的植物新品种应具备适当的名称,并与相同或相近的植物属或者种中已知品种的名称相区别。该名称经注册登记后即为该植物新品种的通用名称。除此之外,2007 年《中华人民共和国植物新品种保护条例实施细则(农业部分)》规定:对危害公共利益、生态环境的植物新品种不授予品种权。《细则》第 18 条规定了不得用于农业新品种命名的八种情形,并且规定:已通过品种审定的品种,或获得《农业转基因生物安全证书(生产应用)》的转基因植物品种,如品种名称符合植物新品种命名规定,申请品种权的品种名称应当与品种审定或农业转基因生物安全审批的品种名称一致。《俄罗斯联邦民法典》对新品种名称的确定没有特别性规定。

3. 关于植物新品种权的内容和归属。我国《植物新品种保护条例》第 6 条规定:完成育种的单位或者个人对其授权品种享有排他的独占权,任何单位或者个人未经品种权所有人许可不得为商业目的生产或者销售该授权品种的材料,不得为商业目的将该授权品种的繁殖材料重复使用于生产另一品种的繁殖材料(该条例另有规定的除外)。《俄罗斯联邦民法典》规定:符合法定条件的育种人对育种成果享有以下权利:专属权、育种人身份权,同时依据本法典规定也享有申请专

---

① 参见我国《植物新品种保护条例》第 14—17 条、《俄罗斯联邦民法典》第 1413 条

利、获得报酬及育种成果命名的权利[①]。独占使用权是基于任何对种子、育种材料和受保护的选择育种成果的使用,任何使用都应获得专利权人的许可。专利权人对育种成果的独占权涉及范围包括:1)新品种的生产与再生产;2)为后续繁殖进行播种准备;3)提供销售;4)销售或以其他方式进入民用流转;5)涉及俄罗斯联邦领域的输入和输出;6)为上述目的的保管[②]。俄罗斯的新品种权比我国多出一项育种人身份权,且专属权的范围规定十分具体,比我国规定更具有操作性。

我国《植物新品种保护条例》第7条规定:由于执行单位任务或主要是利用单位的物质条件所完成的植物种,植物新品种的申请权属于该单位;非职务育种,植物新品种的申请权属于完成育种的人。申请被批准后,品种权属于申请人。委托育种或者合作育种,品种权的归属由当事人在合同中约定;没有合同约定的,品种权属于受委托完成或者共同育种的单位或个人。已经于2007年8月通过的《中华人民共和国植物新品种保护条例实施细则(农业部分)》规定:执行本单位任务所完成的职务育种是指下列情形之一:(一)在本职工作中完成的育种;(二)履行本单位交付的本职工作之外的任务所完成的育种;(三)退职、退休或者调动工作后,3年内完成的与其在原单位承担的工作或者原单位分配的任务有关的育种。所称本单位的物质条件是指本单位的资金、仪器设备、试验场地以及单位所有的尚未允许公开的育种材料和技术资料等。

《俄罗斯联邦民法典》规定:育种成果申请专利的权利、专属权、育种人身份权属于育种人;如果选择育种成果是人工培育的,且成果是在履行工作任务和职责期间取得的,育种人身份权属于工作人员,专属权和申请专利的权利归雇主所有,选择育种人和雇主另有协议约定的情况除外;如果育种成果是根据定做而完成、提取或发现的,其专属

① 参见《俄罗斯联邦民法典》第1408条,黄道秀译:《俄罗斯联邦民法典》(全译本),北京大学出版社2007年版。

② 同上参见《俄罗斯联邦民法典》第1421条,黄道秀译:《俄罗斯联邦民法典》(全译本),北京大学出版社2007年版。

权属于定做人,合同另有规定的除外[①]。此处规定与我国规定不同,我国委托育种对品种权没有合同约定的,品种权属于受委托完成育种的单位或个人。

与《俄罗斯联邦民法典》相比,中国《植物品种保护条例》对规定植物新品种权的内容归属更加明确,具体划分为职务育种、非职务育种和委托育种三种。

4. 关于植物新品种权的保护期、终止无效。中俄在植物新品种权的保护期方面存较大差异,俄罗斯对育种成果的保护期限比我国长。我国《植物新品种保护条例》规定:植物品种权的保护期限,自授权之日起,藤本植林木、果树和观赏树木为 20 年,其他植物为 15 年。该条例第 36 条对四种植物新品种权在护期限届满前的终止作了具体规定。该条例第 37 条规定:植物新品种复审委员会可以根据公众的书面要求,对不符合本条规定的植物新品种权宣告无效。

《俄罗斯联邦民法典》规定,自育种成果记入受保护育种成果国家登记簿之日起 30 年内受到专利保护。对于葡萄、观赏植物、果实作物和林木品种,包括它们的砧木,专利保护期为 35 年[②]。

(六)中俄商业秘密立法的比较

按照我国目前的法律保护体系,有关商业秘密法律保护的规定散布在诸如《民法通则》、《合同法》、《刑法》、《反不正当竞争法》以及其他行政性法律规范等法律之中,极其零散。而《俄罗斯联邦民法典》第 75 章专门对商业秘密的保护作出了规定,准确地说,俄罗斯法律将商业秘密称之为生产秘密。

1. 关于商业秘密的概念。1993 年我国的《反不正当竞争法》把商业秘密定义为:不为公众所知悉、能为权利人带来经济效益、具有实用性并经权利人采取保密措施的技术信息和经营信息。1995 年,国家工

---

① 参见《俄罗斯联邦民法典》第 1430、1431 条,黄道秀译:《俄罗斯联邦民法典》(全译本),北京大学出版社 2007 年版。

② 《俄罗斯联邦民法典》第 1424 条,黄道秀译:《俄罗斯联邦民法典》(全译本),北京大学出版社 2007 年版。

商局在其发布的《关于禁止侵犯商业秘密行为的若干规定》中，对商业秘密的内涵外延做了比较完整的解释，其中“能为权利人带来经济利益”解释为“能为权利人带来现实的或潜在的经济利益或竞争优势”。笔者认为，国家工商局的《关于禁止侵犯商业秘密行为的若干规定》中对商业秘密下的定义是比较准确的①。

依据《俄罗斯商业秘密法》第3条规定：商业秘密是指在现实或者可能的情况下能够为其所有人增加收入，避免不必要的损失，保持该信息所有人在商品市场、劳务市场、服务市场上的地位或者获得其他商业利益的秘密信息②。可见，两国立法在商业秘密的概念上内涵是不同的，俄罗斯的商业秘密概念更侧重商业经营信息，而我国的商业秘密概念包含技术信息和经营信息两方面内涵。但从知识产权保护角度来看，《俄罗斯联邦民法典(第四部分)》将“任何性质的(生产的、技术的、经济的、组织的和其他的)关于科学技术领域智力活动成果的信息材料，以及关于从事职业活动的信息材料”作为商业秘密加以保护的部分都以“生产秘密”进行知识产权保护。由此可见，俄罗斯民法中的“生产秘密”可视为我国立法中的“商业秘密”。但是，俄罗斯立法中的“生产秘密”不等同于其“商业秘密”，“生产秘密”必然是受到知识产权保护的商业秘密，而“商业秘密”并不一定是知识产权意义上的“生产秘密”，这是俄罗斯立法应当明确的地方。

2. 关于保护对象。商业秘密包括技术信息和经营信息两方面。从我国立法上看，技术信息包括设计、程序、产品配方、制作工艺、制作方法等；经营信息包括管理诀窍、客户名单、货源情报、产销策略、招投标中的标底及标书内容等③。《俄罗斯联邦民法典》规定：生产秘密的信息是指不为第三人所知悉的具有现实的或潜在的商业价值，而第三

---

① 陈旭、吕国强：《法官论知识产权》，法律出版社1999年，第235～236页。

② 参见 Федеральный закон 《О коммерческой тайне》, 载 Охрана интеллектуальной собственности в России, Сборник законов, международных договоров, правил Роспатента с комментариями/Ответственный редактор : Трахтенгерц Л. А, Жуйков В. М, Юридическая фирма《КОНТРАКТ》, Москва, 2005, р. 602。

③ 参见我国国家工商行政管理局《关于禁止侵犯商业秘密行为的若干规定(1998年修正)》第1条。

人又没有合法自由了解的可能，该信息的持有人对其作为商业秘密进行保护的信息材料，这些信息材料涵盖生产的、技术的、经济的、组织的和其他的科学技术领域以及职业活动范围[①]。俄罗斯的法律规定比我国概括、笼统，在操作上保护范围更广。

3. 关于商业秘密的构成要件或获得保护的条件。我国法律规定，构成一项商业秘密必须具备以下三个要件：(1)秘密性。是指该信息不为公众所知悉，即该信息不能从公开渠道直接获取；(2)实用性。是指该信息具有确定的可应用性，能为权利人带来现实的或者潜在的经济利益和竞争优势；(3)保密性。是指权利人采取了保密措施，包括订立保密协议、建立保密制度及采取其他合理的保密措施。俄罗斯的规定虽然与我国表述不同，但含义基本相同。

与我国不同的是，《俄罗斯联邦商业秘密法》第5条规定了不能构成商业秘密的信息。从事经营活动的人不能对下列信息采取保密措施[②]：

1)记载在相关国家登记薄中的法人设立文件和证明法人或者私营企业主的事实信息；

2)授权从事经营活动文件中的信息；

3)有关国有和自治地方所有单一制企业、国家机关财产的组成和预算资金被他们使用的信息；

4)有关环境污染、消防安全状况、流行病和辐射情况、食品安全和其他对保障生产设施安全、每个公民的安全和居民的整体安全有负面影响的事实；

5)有关职工人数、组成、劳动工资制度、劳动条件，包括劳动保护、工伤和职业病指标以及空闲工作岗位的信息；

6)有关企业主因支付工资和其他社会性开支的债务信息；

---

① 参见《俄罗斯联邦民法典》第1465条，黄道秀译：《俄罗斯联邦民法典》(全译本)，北京大学出版社2007年版。

② 参见 Федеральный закон《О коммерческой тайне》，载于 Охрана интеллектуальной собственности в России, Сборник законов, международных договоров, правил Роспатента с комментариями/Ответственный редактор：Трахтенгерц Л. А, Жуйков В. М, Юридическая фирма《КОНТРАКТ》, Москва, 2005, p. 604。

7)有关违法行为和追究侵权责任的事实;

8)有关国有和自治地方财产私有化的竞争和拍卖条件;

9)有关非商业组织的收入数额和结构、财产的数目和组成、支出、职工人数和工人的工资,以及经营活动中利用公民无偿劳动的情况;

10)有关未经法人委托有权从事经营活动的人员名单;

11)其他法律规定必须公开的信息或者不得限制许可使用的信息。

我国法律没有上述的类似规定。

4. 在劳动关系范围内秘密信息的保护。我国《劳动法》第 22 条明确规定:“劳动合同当事人可以在劳动合同中约定保守用人单位商业秘密有关事项。”该法第 102 条进一步规定:“劳动者违反劳动合同的约定的保密事项,对用人单位造成经济损失的,应当依法承担赔偿责任。”第 99 条规定用人单位招用尚未依法解除劳动合同的劳动者,给原用人单位造成经济损失的,该用人单位应当依法承担连带赔偿责任。深圳特区 1995 年颁布的《技术秘密保护条例》中对这一点作了更为具体的规定,主要内容概括为两项:一是规定企业要求员工保守商业秘密的,应签订书面的保密协议。对协议的主要内容,条例也作了明确的规定;二是规定员工在保密协议有效期应承担的义务[①]。我国《关于禁止侵犯商业秘密行为的若干规定》第 3 条规定:禁止权利人的职工违反合同约定或者违反权利人保守商业秘密的要求,披露、使用或者允许他人使用其所掌握的权利人的商业秘密。

《俄罗斯联邦商业秘密法》也规定在劳动关系中通过签订合同的形式对秘密信息进行保护,同时规定了企业主及劳动者的义务、免责条款。劳动者的义务有:(1)执行企业主建立的商业秘密制度;(2)不泄露企业主及其合同当事人所拥有的商业秘密,未经他们的许可不得为了个人目的使用该信息;(3)劳动合同终止后,劳动者和企业主之间订立的有效劳动合同所确定的期限内,或者劳动合同终止后三年内,不得泄露企业主及其合同当事人所拥有的商业秘密;(4)如果劳动者过错泄露因履行劳动义务所知悉的商业秘密,应当赔偿企业主因此而

---

① 林冬妹:《论商业秘密的法律保护》,载《广东青年干部学院学报》,2002 年第 1 期。

遭受的损失;(5)在劳动合同终止或者解除后,劳动者应将其使用的含有商业秘密的物质载体转交给企业主[①]。

5. 在民事法律关系领域秘密信息的保护。我国1999年《合同法》规定了合同对方当事人保守商业秘密的义务,如果对方当事人泄露或者不正当地使用,则应当承担损害赔偿责任。在订立合同的过程中,当事人可以将属于商业秘密的内容写进合同条款,要求对方当事人保守商业秘密。该法从订立合同中知悉的商业秘密的保密义务(《合同法》第43条),合同履行中的保密义务(《合同法》第60条)和合同履行完毕的保密义务(《合同法》第92条)等三个方面建立完整的商业秘密合同保护制度。《合同法》在总则第43条规定:"当事人在订立合同过程中知悉的商业秘密,无论合同是否成立,不得泄露或者不正当地使用。泄露或者不正当地使用该商业秘密给对方造成损失的,应当承担损害赔偿责任。"涉及"技术转让合同"的324条、348条、350条、351条、352条等对合同关系中的保密义务都有明确规定。

《俄罗斯联邦商业秘密法》第12条规定[②]:1)商业秘密所有人及其合同当事人之间的关系涉及秘密信息保护的部分,受法律和合同的调整。2)在合同中应该约定秘密信息的保护条件,包括如果合同一方依照民法改组或者清算,以及合同当事人违反合同约定泄露该信息承担赔偿损失的义务。3)如果商业秘密所有人及其合同当事人之间没有另外规定,合同当事人可以依照俄罗斯联邦法律独立地确定依合同所受让商业秘密的保护方式。4)合同当事人有义务立即通知商业秘密所有人,有关被其许可使用的或者其知悉的商业秘密被泄露或泄露危险的事实,以及商业秘密被第三人不法获取和不法利用的情况。5)商业秘密的受让人,在合同有效期到来之前不得泄露商业秘密及单方面终止对商业秘密的保护,但合同另有约定的除外。6)如果合同没有另外规定,一方没有按照合同约定的方式保护被转让秘密信息的,则有义务赔偿另一方遭受的损失。比较而言,俄罗斯商业秘密法对商业

① 邓社民、林辉译:《俄罗斯联邦商业秘密法》,载《知识产权》,2006年第3期。

② 邓社民、林辉译:《俄罗斯联邦商业秘密法》,第11条3款,载《知识产权》,2006年第3期。

秘密的保护比我国系统和全面，我国对商业秘密的保护散见于各单行法中，且俄罗斯在对权利、义务的对等规定方面比我国法律完善。

6. 商业秘密侵权行为的形式。我国《反不正当竞争法》第 10 条规定了商业秘密侵权行为的形式：(1) 以盗窃、利诱、胁迫或者其他不正当手段获取权利人的商业秘密；(2) 披露、使用或者允许他人使用以前项手段获取的权利人的商业秘密；(3) 违反约定或者违反权利人有关保守商业秘密的要求，披露、使用或者允许他人使用其所掌握的商业秘密；(4) 第三人明知或者应知前款所列违法行为，仍获取、使用或者披露他人的商业秘密。根据我国《反不正当竞争法》第 10 条第 1 款的规定，网络服务提供商不是被动地接受他人违法行为的结果，而是积极促成、唆使他人盗窃、利诱、胁迫或以其他不正当手段获得权利人的商业秘密，应作共同侵权处理。

《俄罗斯联邦商业秘密法》第 12、14 条规定了以下几种侵权形式[①]：1) 商业秘密的受让人，在合同有效期到来之前泄露商业秘密及单方面终止对商业秘密的保护，给商业秘密所有人造成损失的。2) 缔约人没有按照合同约定的方式保护被转让秘密信息的，给商业秘密权利人造成损失的。3) 故意避开商业秘密所有人采取的保密措施，获取明知是他人的商业秘密或者明知转让人无合法根据而受让商业秘密的。4) 未经商业秘密权利人的许可为了个人目的使用该信息；5) 劳动者因履行劳动义务而获得企业主及其合同当事人的商业秘密，故意或过失泄露该信息；6) 获得商业秘密许可使用的国家权力机关、其他国家机关和地方自治机关，其公务员以及上述机关的国家和自治市政府的职员，泄露或非法使用因执行职务知悉的商业秘密。

在商业秘密侵权行为方面，俄罗斯明确了国家公务员对泄露或非法使用因执行职务知悉的商业秘密应承担侵权责任，这是我国没有明确规定的，但在非法获取商业秘密的手段方面我国比俄罗斯的规定详

① 参见 Федеральный закон 《О коммерческой тайне》，载 Охрана интеллектуальной собственности в России，Сборник законов，международных договоров，правил Роспатента с комментариями/Ответственный редактор：Трахтенгерц Л. А，Жуйков В. М，Юридическая фирма《КОНТРАКТ》，Москва，2005，第 609、610 条。

细。

7. 侵权责任与救济。我国的《民法通则》第 118 条规定:公民、法人的著作权(版权)、专利权、商标专用权、发现权、发明权和其他科技成果权受到剽窃、篡改、假冒等侵害的,有权要求停止侵害,消除影响,赔偿损失。所谓“其他科技成果”实际上包含技术秘密,当侵权人以不法手段侵犯权利人商业秘密时,权利人可以依照《民法通则》中有关侵权行为的规定,对非法获取、使用他人商业秘密的行为,追究其侵权责任。我国工商总局《关于禁止侵犯商业秘密行为的若干规定》第 6—9 条规定的侵权责任与救济方式包括:停止销售使用权利人商业秘密生产的产品;罚款;返还载有商业秘密的图纸、软件及其他有关资料;销毁使用权利人商业秘密生产的、流入市场将会造成商业秘密公开的产品;赔偿损失。依据我国《反不正当竞争法》第 20、25 条规定:“经营者违反本法规定,给被侵害的经营者造成损害的,应当承担赔偿责任,被侵害的经营者的损失难以计算的,赔偿额为侵权人在侵权期间因侵权所获得的利润;并应当承担被侵犯的经营者因调查该经营者侵害其合法权益的不正当竞争行为所支付的合理费用。”该法同时规定:侵犯商业秘密的,监督检查部门应当责令停止违法行为,可以根据情节处以罚款。根据我国《刑法》第 219 条之规定,侵犯商业秘密严重者还应承担有期徒刑或者拘役,并处或者单处罚金的刑事责任。单位犯侵犯商业秘密罪的,对单位判处罚金,并对其直接负责的主管人员和其他直接责任人员,依照第 219 条的规定处罚。同时,根据我国《刑法》第 284、285 条以及第 286 条的规定,侵犯商业秘密行为还有可能构成非法使用窃听、窃照专用器材罪、非法侵入计算机信息系统罪以及破坏计算机信息系统罪,是侵犯商业秘密罪的牵连犯。在法律救济途径上,规定了行政主管部门监督检查和提出司法诉讼两种形式。

对于善意第三人,我国《深圳经济特区企业技术秘密保护条例》第 33 条规定:“技术秘密受让人或技术秘密得悉人,获悉不知道也没有合理的依据应当知道该技术秘密是非法转让或违约披露的,赔偿责任由非法出让人或违约披露人承担。”《俄罗斯联邦民法典》规定:如果商业秘密的使用者不知道或不应当知道他的使用是非法的,其中包括因为意外或过失而获得商业秘密的情况,使用者可以不承担与现行法典条款相对应的责任[①]。《俄罗斯联邦民法典》没有规定具体的侵权责任承担者。

在俄罗斯侵犯商业秘密的责任包括:1. 依照俄罗斯联邦法律,违反本联邦法律承担纪律处分、民事责任、行政责任以及刑事责任。2. 依照俄罗斯联邦法律,劳动者因履行劳动义务而获得企业主及其合同当事人的商业秘密,如果故意或过失泄露该信息,尚不构成犯罪的,应承担纪律处分的责任。3. 获得商业秘密许可使用的国家权力机关、其他国家机关和地方自治机关,对其公务员以及上述机关的国家和自治市政府的职员,泄露或非法使用因执行职务知悉商业秘密的行为,向商业秘密所有人承担民事责任[②]。根据《俄罗斯联邦民法典》第 1472 条规定:侵犯商业秘密人(包括非法获得、使用商业秘密信息者、泄露商业秘密者、现行法典规定负有保护商业秘密职责的渎职人员)有义务补偿权利人因侵犯行为所遭受的损失。

总体看来,我国对侵权责任的规定比俄罗斯的规定具体详细。

俄罗斯民法将部分商业秘密(认定为"生产秘密"的部分)作为知识产权予以保护,所以该法规定[③]:生产秘密的持有人享有生产秘密的专属权(善意占有人也可获得生产秘密的专属权),持有人享有转让、许可他人使用的权利;专属权的效力在生产秘密得以保密情况下有效,自生产秘密信息资料丧失机密性时起,专属权的效力终止。

(七)中俄计算机程序保护立法的比较

1. 关于计算机软件保护的方式。我国法律规定,计算机软件作为一种特殊的作品既受著作权法保护,又受《计算机软件保护条例》保护。修改后的《著作权法》仍然对计算机软件作为一般意义上的作品

---

① 参见《俄罗斯联邦民法典》第 1472 条,黄道秀译:《俄罗斯联邦民法典》(全译本),北京大学出版社 2007 年版。

② 参见《俄罗斯联邦商业秘密法》第 14 条,邓社民、林辉译:载《知识产权》2006 年第 3 期。

③ 参见《俄罗斯联邦民法典》第 1466、1467 条,黄道秀译:《俄罗斯联邦民法典》(全译本),北京大学出版社 2007 年版。

加以保护,强调保护"复制权";鉴于计算机软件的保护有其特殊之处,我国专门出台了《计算机软件保护条例》对计算机软件保护作了具体规定。2002 年我国公布了新的《专利审查指南》,对涉及计算机程序的发明规定:"如果一件涉及计算机程序的发明专利申请上为了解决技术问题,利用了技术手段和能够产生技术效果则属于可给予专利保护的客体。"

现行《俄罗斯联邦民法典》只是把计算机软件作为著作权的一项内容予以保护,没有以独立章节规定,其保护等同于对文学作品的保护,俄罗斯也没有将计算机软件作为专利保护的规定。

2. 关于计算机软件保护的对象和要件。我国《计算机软件保护条例》规定:(1)条例保护的对象为计算机软件,指计算机程序及其有关文档;(2)受保护的软件必须由开发者独立开发,并已固定在某种有形物体上;(3)对软件著作权的保护不延及开发软件所用的思想、处理过程、操作方法或者数学概念等[①]。

《俄罗斯联邦民法典》规定:可以用任何语言和任何形式表现的各种电子计算机程序(包括运行系统和综合程序)都受著作权的保护,包括原始文档和源代码。同时也包括在编制电子计算机程序过程中获得的预备材料以及由计算机程序派生的音像再现形式[②]。民法典虽然没有直接规定对软件的保护是否能扩及开发软件所用的思想、概念、发现、原理、算法、处理过程和运行方法,但其规定电子计算机程序必须以"客观形式出现",结合民法典有关著作权客体的规定(第 1259 条第 5 款),可以认定为不涉及思想、理论与方法。俄罗斯学者 Карпухна 在其著述中也阐述并证明了此问题[③]。

3. 关于计算机程序权利的主体。我国《计算机软件保护条例》第 5 条规定:中国公民、法人或其他组织对其所开发的软件,不论是否发

---

① 参见我国《计算机软件保护条例》第 2、4、6 条规定。

② 参见《俄罗斯联邦民法典》第 1261 条,黄道秀译:《俄罗斯联邦民法典》(全译本),北京大学出版社 2007 年版。

③ 参见 Защита интеллектуальной собственности и патентоведение. Учбник, Карпухна С. И, – М.:Издательство《Международные отношения》,2004. p. 41.

表，依照本条例均享有著作权；外国人的软件首先在中国境内发表的，依照本条例享有著作权；外国人在中国境内发表的软件，依照其所属国同中国签订的协议或者共同参加的国际条约享有的著作权，受本条例保护。

依据《俄罗斯联邦民法典》关于著作权的一般规定，计算机程序的作者对电子计算机程序享有著作权。如同著作权一样，计算机程序的作者只能是自然人；多人合作完成的，每个人都是作者，即成为共同作者。两国法律都规定，经法律授权或作者许可，作者以外的其他人同样可以成为计算机程序著作权的持有人。

4. 关于计算机程序著作权的归属。我国《计算机软件保护条例》第 9—13 条规定，软件著作权属于软件开发者；合作开发完成的软件，著作权属于合作开发者；任职期间完成的软件，著作权属于任职的法人或者其他组织；委托开发完成的软件，如无协议约定，著作权属于受托人；由国家机关下达任务开发的软件，著作权的归属与行使由项目任务书或者合同规定；项目任务书或者合同中未作明确规定的，软件著作权由接受任务的法人或者其他组织享有。

《俄罗斯联邦民法典》规定：雇员由于工作职责或雇主的指派所开发的电子计算机程序是职务作品，专属权属于雇主，协议另有规定的除外；按定作编制的电子计算机程序，专属权属于定做人，协议另有规定的除外，承揽人拥有等同无偿普通许可的使用权；完成合同工作编制的电子计算机程序，且工作未明文规定编制电子计算机程序，则专属权属于承揽人（执行人），协议另有规定的除外。电子计算机程序的作者不享有专属权的，作者有权依法获得相应的报酬[①]。在履行根据联邦国家需要或联邦机构需要而订立的国家合同过程中产生的发明、应用新型和外观设计的专利时，如果合同未规定权利属于国家委托人所代表的俄联邦或联邦机构，则该权利属于合同履行者或承担方。值得注意的是，俄联邦的现行议事程序规定了国家委托人的义务，即登记俄联邦订立的国家合同中所取得的科研活动成果的权利，并代表俄

① 参见《俄罗斯联邦民法典》第 1295—1297 条，黄道秀译：《俄罗斯联邦民法典》（全译本），北京大学出版社 2007 年版。

联邦按照俄联邦政府制定的法令来处置这些权利[①]。我国与俄罗斯在委托定作编制的电子计算机程序方面的规定不同,俄罗斯规定专属权属于定做人,而我国规定著作权属于受托人(合同无特别规定情况下)。

5. 关于计算机软件著作权的内容。我国计算机软件条例第 8 条规定:软件著作权人享有下列各项权利:发表权、署名权、修改权、复制权、发行权、出租权、信息网络传播权、翻译权、应当由软件著作权人享有的其他权利;软件著作权人可以许可他人行使其软件著作权,并有权获得报酬;软件著作权人可以全部或者部分转让其软件著作权,并有权获得报酬。

根据《俄罗斯联邦民法典》规定,计算机程序的作者(或其他权利持有人)享有以任何形式和以任何不与法律相抵触的方式使用计算机程序的专属权,具体包括以下行为:以任何物质形式复制计算机程序(全部或部分);通过出售或其他转让计算机程序或其复制品的行为传播计算机程序;修改计算机程序;将计算机程序从一种语言翻译成其他语言;计算机程序的其他使用。权利持有人可以处分计算机程序的专属权(包括转让或许可)。[②]

6. 关于计算机软件的保护期。中国《计算机软件保护条例》规定:软件著作权的保护期为 50 年;软件开发者的身份权不受保护期限制。软件著作权人是自然人的,截止于自然人死亡后第 50 年的 12 月 31 日;软件是合作开发的,截止于最后死亡的自然人死亡后第 50 年的 12 月 31 日;法人或者其他组织的软件著作权,截止于软件首次发表后第 50 年的 12 月 31 日,但软件自开发完成之日起 50 年内未发表的,本条例不再保护。

根据《俄罗斯联邦民法典》有关著作权保护规定:计算机程序的著作权自它们被创造出来之日起在作者生前都是有效的,并从作者死后

---

① 参见《俄罗斯联邦民法典》1298 条,黄道秀译:《俄罗斯联邦民法典》(全译本),北京大学出版社 2007 年版。

② 参见《俄罗斯联邦民法典》1270 条,黄道秀译:《俄罗斯联邦民法典》(全译本),北京大学出版社 2007 年版。

第二年 1 月 1 日算起,70 年内有效。中俄两国对计算机程序保护期限不同。

7. 关于计算机软件的保护。(1)我国规定。中国《计算机软件保护条例》还规定了计算机软件侵权行为的形式及其刑事、行政责任以及违反合同的民事责任。实施下列侵权行为的,应当根据情况,承担停止侵害、消除影响、赔礼道歉、赔偿损失等民事责任:

1)未经软件著作权人许可,发表或者登记其软件的;

2)将他人软件作为自己的软件发表或者登记的;

3)未经合作者许可,将与他人合作开发的软件作为自己单独完成的软件发表或者登记的;

4)在他人软件上署名或者更改他人软件上的署名的;

5)未经软件著作权人许可,修改、翻译其软件的;

6)其他侵犯软件著作权的行为。

未经软件著作权人许可,有下列侵权行为的,应当根据情况,承担停止侵害、消除影响、赔礼道歉、赔偿损失等民事责任;同时损害社会公共利益的,由著作权行政管理部门责令停止侵权行为,没收违法所得,没收、销毁侵权复制品,并处罚款;情节严重的,著作权行政管理部门可以没收主要用于制作侵权复制品的材料、工具、设备等;触犯刑律的,依照刑法关于侵犯著作权罪、销售侵权复制品罪的规定,依法追究刑事责任:

1)复制或者部分复制著作权人的软件的;

2)向公众发行、出租、通过信息网络传播著作权人的软件的;

3)故意避开或者破坏著作权人为保护其软件著作权而采取的技术措施的;

4)故意删除或者改变软件权利管理电子信息的;

5)转让或者许可他人行使著作权人的软件著作权的。

我国新修订的《计算机软件保护条例》第 30 条第 1 款规定:“软件复制品持有人不知道,也没有合理理由应当知道该软件是侵权复制品的,不承担赔偿责任;但是,应当停止使用,销毁该侵权复制品。”2002 年 10 月,最高人民法院公布的《关于审理著作权民事纠纷案件适用法律若干问题的解释》第 21 条规定:“计算机软件用户未经许可或者超过范围商业使用计算机软件的,依据《著作权法》第 47 条第 1 项和《计算机软件保护条例》第 24 条第 1 项的规定承担民事责任。"

合理使用。我国《软件保护条例》第 17 条规定了软件的合理使用范围,该条规定:"为了学习和研究软件内含的设计思想和原理,通过安装、显示、传输或存储软件等方式使用软件的,可以不经软件著作权人许可,不向其支付报酬。"

(2)《俄罗斯联邦民法典》对计算机程序的保护适用于对著作权的保护规定:未经许可不得实施破坏保护计算机程序技术手段的行为;未经许可不得实施去除或变更有关计算机程序信息的行为;未经许可不得实施计算机程序作者及其他持有人有关专属权内容的行为①。

《俄罗斯联邦民法典》同时规定了对计算机程序的自由使用,即无须获得权利人许可和支付报酬的情况:合法占有人为个人目的的复制;为存档或遗失、毁损情况下的临时恢复目的的复制;为研究、考察、试验计算机程序功能目的的复制;符合法定条件的软件分解再造(反向工程)。同时,计算机程序或数据库的应用无正当理由不应损害作者与权利人的合法利益②。

(八)中俄涉及知识产权的反不正当竞争的立法比较

1. 我国法律规定。我国《反不正当竞争法》第 5 条和第 10 条规定了 5 种侵犯知识产权的不正当竞争行为:(1)假冒他人注册商标的行为;(2)仿冒知名商品特有名称、包装、装潢的行为;(3)擅自使用他人企业名称或姓名的行为;(4)伪造或冒用认证标志、名优标志的行为;(5)侵犯商业秘密的行为③。同时,该法第 14 条又规定:"经营者不得捏造、散布虚伪事实,损害竞争对手的商业信誉、商品声誉。"我国工商

---

① 参见《俄罗斯联邦民法典》第 1299、1300 条。ГРАЖДАНСКИЙ КОДЕКС РОССИЙСКОЙ ФЕДЕРАЦИИ(ЧАСТЬ ЧЕТВЕРТАЯ),来源:www. internet - law. ru/law/kodeks/gk4. htm

② 参见《俄罗斯联邦民法典》第 1280 条。

③ 张德霖:《竞争与反不正当竞争——反不正当竞争法理论实践与国外法律规范》,人民出版社 1994 年版,第 75 页。

行政管理总局发布的《关于禁止仿冒知名商品特有的名称、包装、装潢的若干规定》对仿冒行为作出详细规范。

我国目前对于未注册、登记的商标、外观设计等权利客体的保护主要是通过《反不正当竞争法》来完成的，即只要在产品上使用相同或者近似的未注册商标、未登记外观设计且能够产生市场混淆后果的，就由该法予以禁止，而不受《商标法》关于"禁止在相同或者近似的商品上使用相同或者近似商标"的限制[①]。对于保护期限已经届满的权利客体，依照我国的《反不正当竞争法》基本规定，权利人也可以请求国家机关进行保护。

反向仿冒行为。反向仿冒是指"将他人的商品冒充自己的商品而销售"[②]。我国《商标法》没有对反向仿冒行为进行规范，该类行为主要由《反不正当竞争法》进行必要的附加保护，即该类行为构成了该法第 9 条的虚假宣传行为。

侵犯知名形象和角色的行为。知名形象和角色是一种商业价值资源，也是智力劳动成果的表现形式之一，其中包括真实的人物形象与虚构的角色形象。我国司法实践中也出现了该类权利客体被不法侵害的案例。[③] 在我国，如果知名形象和角色符合有关商标、版权或者外观设计的法律特征时，可以将其纳入到相应的专门知识产权法中进行保护；反之，则可以对之实行《反不正当竞争法》的一般保护。

2. 俄罗斯法律规定。《俄罗斯联邦反垄断法》第三章禁止的不正当竞争行为包括：散布损害其他企业及其商誉的虚假、不准确以及失真的信息；在商品性质、生产方式、产地以及质量方面误导消费者；在广告中对自己的商品与他人商品作不正当比较；未经允许使用他人商标或商号以及模仿他人商品的形状、包装和外观；未经允许获取、使用

---

① 黄武双、于帮清：《论反不正当竞争法对知识产权的附加保护》，载《中国知识产权发展战略论坛论文集》，2005 年。

② 孔祥俊：《反不正当竞争法新论》，人民法院出版社，2001 年版，第 577 页，原载自"Trade Marks and Unfair Competition"，M. Bender Publishing 1996，p. 203.

③ 如北京市华麟企业（集团）有限公司侵害了崔永元对其在《实话实说》中的形象可享有商品化权利等，参见孔祥俊：《反不正当竞争法新论》，人民法院出版社 2001 年版，第 523 页。

或泄露他人的科技、生产或商业信息，侵犯商业秘密。

（九）中俄有关科学发现、非物质文化遗产保护的立法

科学发现、非物质文化遗产作为特殊的知识产权保护客体，在世界范围内各国立法对其有不同的规定，很多国家没有把这两种客体全部作为知识产权予以保护，其中也包括俄罗斯。《俄罗斯联邦民法典（第四部分）》没有对科学发现、非物质文化遗产作出保护性规定。我国《国家知识产权战略纲要》，明确提出要加强传统知识的知识产权保护，促进传统知识、传统文化表达和遗传资源的知识产权开发和利用，将传统知识资源优势转化为产业优势，提升区域综合竞争力。2008 年 10 月，我国首家传统知识知识产权保护试点县（市）在“钧瓷之都”——河南省许昌市禹州市授牌，标志着我国传统知识知识产权保护实践迈入了一个新阶段[①]。总体来说，我国传统知识保护水平虽然有一定的提高，但还存在观念的保守和立法的滞后的不足。

1. 发现权的保护。我国《民法通则》第五章民事权利在对知识产权的规定中以立法的形式确认了发现人享有发现权；发现人有权申请领取发现证书、奖金或者其他奖励。俄罗斯的法律没有对发现权的保护作出规定。

2. 非物质文化遗产。可分为民间文学艺术表达（包括创作和表演）、传统科技知识（包括生活知识）、传统标记（包括符号和名称）、与传统知识相关的生物资源、有形文化财产（可移动和不可移动的）和传统生活方式及其要素六大类。传统知识保护涉及的客体应包括民间文学艺术表达、传统标记和传统科技知识三大类[②]。传统文化表达受保护的客体包括语言、音乐、行动和有形物四类表现形式，传统标志、

---

① 记者李建伟：《全国首家传统知识知识产权保护试点县（市）河南授牌》，载《中国知识产权报》，2008 年 10 月 17 日第 1 版。

② 刘银良：《怎样保护传统知识：客体的排除与选择》，载国家知识产权局条法司编：《专利法研究》，知识产权出版社 2006 年版。

名称和符号则包含于语言表现形式之中[①]。

(1)非物质文化遗产的分类

包括以下四类：

1)民间文学艺术表达，包括(1)文学的表达形式，如民间故事、民间歌谣、民间诗歌等；(2)音乐和戏曲的表达形式，如民歌、民间乐曲、民间曲艺、民间戏剧等；(3)动作的表达形式，如民间舞蹈、民间杂技艺术等；(4)有形的表达形式，主要是民间工艺品，如民间绘画、民间剪纸、民间雕塑、民间服饰、民间蜡染、民间刺绣、民间编织等[②]。

2)传统科技知识(即狭义传统知识)。包括农业知识、科学知识、技术知识、相关药物和医治方法的医疗知识、其他生活知识等。

3)与传统知识相关的生物资源。世界《生物多样性公约》将"遗传资源"定义为，具有现实或潜在价值的遗传材料。遗传材料是指来自植物、动物、微生物或其他来源的任何含有遗传功能单位的材料。

4)传统标记。包括名称、地理标志、徽标等语言要素和可移动的文化遗产等。

(2)我国对非物质文化遗产的保护

根据我国的知识产权制度，部分传统知识可以通过《商标法》、《著作权法》、《专利法》以及《反不正当竞争法》得到商标、版权、地理标志和商业秘密的保护。此外，我国也通过了多部专门保护传统知识的行政法规，这些法律主要涉及的是民间文学艺术和传统医药的保护，如1987年的《野生药材资源保护管理条例》，1992年的《中药品种保护条例》，1997年的《传统工艺美术保护条例》，1998年国务院出台了《人类遗传资源管理暂行办法》，2002年颁布的《药品管理法实施条例》以及2003年制定的《中医药条例》。云南省、贵州省、四川省、安徽省淮南市、苏州市等省市都相继通过了有关民族民间文化的保护条例。除上述法律以外，《植物新品种保护条例》和《种子法》针对的是与生物

---

①　文中对WIPO有关文件的引用主要参见国家知识产权局条法司翻译的WIPO/GRTKF/IC/7 /5附录，载国家知识产权局网站主页"传统知识和遗传资源保护"专栏。

②　李磊：《传统知识的知识产权保护探讨》，载《南京财经大学学报》，2008年第4期。

多样性有关的传统知识。另外,我国还签署了《生物多样性公约》、《保护非物质文化遗产公约》以及《与贸易有关的知识产权协议》,积极探索传统知识在国际层面的保护策略[①]。我国加入联合国教科文组织《保护非物质文化遗产公约》后,广义的传统知识现已为非物质文化遗产概念替代[②]。

1)对非物质文化遗产的著作权保护。根据《伯尔尼公约》的定义和我国《著作权法》的规定:形成于文字的文学作品(包括民间诗歌、民间故事、民间传说和神话等)可以作为文字作品受到保护;通过口头流传的民间文学作品,虽没有被固定在纸或其他介质上,也可作为"口述作品"获得保护;民间音乐作品(包括歌曲和戏曲)可以作为音乐作品得到保护;民间戏剧和舞蹈作品可以作为戏剧和舞蹈作品得到保护;民间手工艺品可以作为美术作品或实用艺术作品得到保护;对民间歌曲、戏剧、舞蹈、传统庆典、仪式和礼节的表演可获得表演者权等邻接权的保护。版权法力所能及的也许仅仅是那部分能够形成为作品的、能够有权利主体主张权利的、并且尚未超过保护期的民间文学艺术表达而已,除此之外基本是无能为力的。

2)传统知识的专利保护。对于遗传资源和传统知识而言,专利可授予从自然界现有的基因结构,微生物及植物,动物及有机物中分离、合成或开发的产品。专利权也可授予这些资源的利用和开发有关的方法,以及符合这些条件的为传统居民所知的方法。应用基于基因和生物资源的所有技术成果,以及能获取有用结果的未公开技术,原则上也能获得专利保护[③]。包括:传统农业、林业、渔业、畜牧业技术,传统生活物品的制作,传统工艺的制作,传统医药和医疗知识,与保护环境和生物多样性有关的传统生态知识等。我国 2006 年《专利审查指

---

① 毛平:《传统知识的知识产权法保护问题研究》,西安理工大学 2008 年论文,载中国知网硕士学位论文全文数据库。

② 参见国务院办公厅《关于加强我国非物质文化遗产保护工作的意见》, 2005 年 3 月 26 日;文化部、财政部《关于实施中国民族民间文化保护工程实施方案》, 2004 年 4 月 8 日。

③ CarolsCoTrea:《传统知识与知识产权》,专题六,知识产权现有形式下的传统知识保护,国家知识产权局译,中国生物多样性知识产权信息网。

南》规定：首次从自然界分离或提取出来的基因或 DNA 片段，其碱基序列是现有技术中不曾记载的，并能被确切地表征，且在产业上有利用价值，则该基因或 DNA 片段本身及其得到的方法均属可给予专利保护的客体。但基于传统知识与现代专利制度存在诸多冲突性，要想把传统知识完全融入现有的专利制度当中是不现实的。事实上，专利对传统知识的保护力度并不大，不少传统知识，申请专利保护不利于长期发展，反而采用商业秘密的形式保护更合适。

3)传统标记的商标和地理标志保护。对于传统标记可以通过保护含有传统符号和标记的商品或服务从而间接地保护传统知识。如果某种农产品、手工艺品和其他产品的特征归结于社区的传统知识，这种知识又与特定的地理因素紧密相连，那么可以通过保护该社区的地理标记来保护该产品，以提高产品的商业价值。这可以有效防止传统标记的虚假使用。

4)遗传资源保护。遗传资源是指来自植物、动物、微生物或其他来源的任何含有遗传功能单位的、有实际或潜在利用价值的遗传材料。遗传资源所包含的丰富生命遗传信息，对生物制药、动植物育种、生命科学研究等有重要意义。植物新品种保护的目的是通过授予育种者对其育成的品种可复制、可繁殖的材料享有排他的独占权来保护育种者的权利。品种得到保护的条件主要是新颖性、稳定性、均一性，这里的新颖性要求也比专利法要灵活得多，对植物育种者来讲比较容易满足[①]。我国《人类遗传资源管理暂行办法》确定了“人类遗传资源是指含有人体基因组、基因及其产物的器官、组织细胞、血液等遗传材料及相关的信息资料”。该办法第 17 条规定：我国境内的人类遗传资源信息，我国研究机构享有特有专属持有权，外方合作单位和个人未经许可不得以申请专利或其他形式对外披露。关于中外合作研究开发的专利权，该办法第 19 条规定：“应由双方共同申请专利，专利权归双方共有。”至于各自在本国实施该专利的，双方可按协议共同或分别进行。但转让给第三方，须经双方同意，并按贡献大小分利。此外，它还规定了登记申报制度、限制出境等保护措施，规定了人体基因资源

---

① 例如我国《植物新品种保护国际公约》第 6 条规定。

保护的主管机关，确定了其职责，规定了涉及我国人类遗传资源国际合作项目的审批以及成果的利益分享原则，以及对有关违法行为的处罚。为防止非法窃取我国遗传资源进行技术开发并申请专利，2009 年第三次修改后的《专利法》增加规定，强化了对遗传资源的保护。规定指出：依赖遗传资源完成的发明创造，申请人应当在专利申请文件中说明该遗传资源的直接来源和原始来源；申请人无法说明原始来源的，应当陈述理由，并明确：对违反法律、行政法规的规定获取或者利用遗传资源，并依赖该遗传资源完成的发明创造，不授予专利权。

5）非物质文化遗产的商业秘密保护。具有技术和经济利益的，本土和土著社区拥有的传统秘密，像一些传统药方和制造技艺等。相对于专利保护而言，商业秘密保护具有保护期不受限制、没有"三性"要求、无须公开技术方案、不必经过特定部门授权等特点，因而符合条件的传统知识能够在此权利框架下获得普遍、方便、低成本和长期的保护。我国颁布了《传统工艺美术保护条例》来加强对我国传统工艺美术的保护，依法保护传统工艺的技术秘密和商业秘密，并规定了政府对于保护传统工艺美术的责任及相关人的权利与义务[①]。

（3）俄罗斯对非物质文化遗产的立法保护

俄罗斯对非物质文化遗产的保护是基于维持俄罗斯多民族的文化深度，他们认为有意义的传统、民间文学艺术和流行文化古迹承载了集体记忆，文化遗产、民族语言和文学是俄罗斯民族的基础。保护文化特性是一种自然的需要和俄罗斯人民的权利，是实现社会稳定和国家统一、繁荣和维护国际威望的条件。为推动对非物质文化遗产的保护，普京在 2006 年 12 月 26 日举行的俄罗斯联邦国家委员会会议上作出了有关"国家支持传统民间文化"的专题发言。俄罗斯总统普京在发言中指出：民间艺术、礼仪、习俗、工艺是无价的文化遗产，这是俄罗斯全国范围内的优势；保护传统民间文化不仅是俄罗斯国家发展

① 参见：我国 1997 年《传统工艺美术保护条例》。来源：www. gov. cn/banshi/2005 - 08/21/content_25113. html.

的基础,同时也是俄罗斯的多民族人民共存的根本[①]。

为保护非物质文化遗产,俄罗斯颁布了以下相关法律:"关于保护和使用历史和文化古迹"俄联邦法;"关于出口和进口文化珍品"联邦法;"图书馆"联邦法;"民族文化自治"联邦法;"民间工艺品"联邦法等。

俄罗斯在保护非物质文化遗产方面比较突出地体现在支持和发展少数民族传统文化和维护国家文化多元性范畴。以亚马尔—涅涅茨自治区为例,该区制定的公共政策,充分考虑到了土著人众多、少数民族人口居住区的种族构成等特点,力求保持北方少数民族传统的(游牧)的生活方式。具体包括:1)在师资培训上保证对少数民族语言的教育,它为从口头传说到书面的转型创造了先决条件。2)文学作品、艺术汇编、专著的发表以及信息工具,都有对当地语言的支持:3)电视节目、无线电广播、报纸均开设了少数民族语言的版本。以上措施使北方土著人母语的语言置于国家的保护。4)维护少数民族宗教、传统和文化遗产。通过多种途径保存、研究、利用和推广北方土著民族民间文学艺术,以保护文化多样性,例如:举办土著民族文化节[②]。

---

① 参见普京发言:О государственной поддержке традиционной народной культуры в России,2006 年 12 月 26 日,来源:depculture. tomsk. gov. ru/news/.../01/20070109_03. html

② 参见:Сергей Харючи О проекте Концепции сохранения и развития нематериального культурного наследия народов Российской Федерации на 2009 – 2015 гг. 2008 年 10 月 7 日,亚马尔—涅涅茨自治区杜马主席谢尔盖有关非物质文化遗产保护的发言,来源 http://www.edinros.ru/news.html? id = 141946.

第四章　中俄科技合作中知识产权保护的实践及救济方式

第一节　中俄科技合作中知识产权保护策略

一、中俄科技合作交流中知识产权保护策略

（一）遵循“合同在先”的原则

所谓“合同在先”，就是在进行中俄科技合作时，尽可能要与对方签订书面形式的合同（或协议书），这份合同要经过细致的考虑及有关单位严格的审查，其中必备的条款就是有关知识产权保护的条款，明确知识产权的归属以及利益的分配。对于我方（包括国家、单位和个人）应该得到的权利与利益要坚持，对于对方应该得到的利益，也要充分的尊重。这种书面的合同（或协议书）要经过公证，具有法律效力。任何一方若有违约行为，均应依法追究责任。这种做法，既坚持了平等互利的原则，又符合国家利益和国际惯例。

（二）采用“充分利用”的原则

一是要充分利用专利文献。专利文献记载着世界上绝大多数的最新技术，是人类共同的知识财富，要利用和借鉴文献来判断和修正合作研究的技术路线和研究方案、研究方向，同时确定怎样做能加快科研进度，避免造成侵权；二是充分利用现有的专利技术。中俄两国专利法都规定，为科学研究实验而使用有关专利的不视为侵权，属于合理使用。因此，在进行中俄合作研究中，应尽量运用世界最新的专利技术，避免不必要的重复研究以节省资金、人力和时间；三是利用他人论文中描述的技术内容。我国著作权规定，著作权只保护作品的表现形式，而不保护作品的内容。

(三)"抢先发表"的策略

基础性科学研究,目的在于探索自然规律。自然规律一旦被认识,就不再需要第二次认识,而仅仅需要传播、教育和应用。所以,人们常说:基础研究,只有第一、没有第二。对于基础性研究的新发现,应争取时间不失时机地抢先发表,因为它不受专利法的保护①。

(四)执行"严格审查"的程序

中俄科技人员参与合作、交流时,所带的技术信息应进行严格的审查。对技术信息要把握好交流的尺度,若有必须披露的最新技术信息内容,首先要考虑进行专利申请,要有强烈知识产权保护意识,以避免关键技术被对方无偿地获得。同样,对出国随身携带的计算机软件,也应严格审查,确定版权,防止对他人侵权。

(五)"合理使用"的原则

中俄知识产权法都允许不是为了营利目的的使用,比如为了教学或科研而使用他人的专利成果或具有版权的科技资料属合理使用。但必须遵守合理使用的原则,一方面要通过合理使用发挥这些科技成果与技术资料的作用,另一方面也不得违反合理使用的法律规定。例如,欲翻译或出版某些著作,必须获得原著作权人的许可。如欲为营利目的使用某项专利技术,必须经过专利权人的许可,并支付使用费。

在中俄科技合作与交流中我们要增强自身的知识产权保护意识,用法律保护自己创造的智力成果,防止造成不必要的损失;同时,尊重相对合作方及他人的智力劳动成果,避免造成侵权行为。

二、中俄科技合作中知识产权保护合同的内容

依据中俄科技合作的不同形式,知识产权保护的内容也有不同,一般是在科技合作合同中加以规定(也可设立专门的知识产权保护合同)。科技合作合同(协议)是指两国的法人和公民之间为合作进行科

---

①　汤锡芳:《浅谈国际科技合作与交流中的知识产权保护》,载《中国科学基金》,1995 年第 2 期。

学研究、技术开发等科技活动而签订的确定各方权利与义务关系的契约。笔者从各类合作合同(协议)角度来阐明知识产权保护的内容:

(一)人才交流、访问学者类合同

在中俄科技合作中一类重要的交流方式就是科技人员互访,科研中必然会涉及一些知识产权保护问题,需要以合同形式明确权利义务,加以保护。其内容应作以下规定:1. 现有权利的保护。对接受单位、访问者提供的技术情报和具有经济价值的其他未公开信息的保密。2. 访问期间所得技术成果归属。3. 科研期间获得的保密信息的权利分享,包括出版物的知识产权归属、对科研数据的权利。4. 后续技术成果的归属和分享。5. 知识产权争议解决法律适用。6. 协议中止条件中涉及知识产权保护的内容。7. 接受单位名称、徽章及标记的使用权规定。8. 接受单位的其他保密要求。

(二)合作研究类合同

其主要的知识产权保护条款应包括:1. 现有技术情报和具有经济价值的其他未公开信息的保密报酬等。2. 技术成果归属:包括哪一方享有申请专利(计算机软件著作权等)的权利;哪一方享有申请商标权的权利;专利权取得后的使用和有关利益分配方式;技术秘密的使用和转让的权利归属及由此产生的利益分配方式。3. 对后续技术成果的权利义务的约定。4. 科研期间获得的保密信息上的权利分享,包括出版物的知识产权归属、对科研数据的权利。5. 对第三方侵权的互相通报和协作制止侵权行为的约定。6. 合作单位名称、徽章及标记的使用权规定。7. 约定一方在向另一方交付研究开发成果后,为其指定的人员提供技术指导和培训,或提供与使用该研究开发成果相关的技术服务,以及由此产生的费用和支付。8. 约定完成并与履行本合同有关的阶段性技术成果的研究开发人员,享有在有关此阶段性技术成果文件上写明技术成果完成者的权利和取得有关荣誉证书、奖励的权利。9. 协议中止条件中涉及知识产权保护的内容。10. 发生纠纷时的法律适用选择涉及知识产权内容的。11. 双方对本合同有关的知识产权权利归属特别约定的。

（三）共同开发类合同

包括合资经营、合作经营、共同开采和开发调查等。1. 作为出资的技术成果规定。包括名称、内容、保密规定。2. 合作期间新技术成果归属和收益的分成价款及其支付方式。3. 对第三方侵权的互相通报和协作制止侵权行为的约定。4. 技术成果权利人名称、徽章及标记的使用权规定。5. 协议中止条件中涉及知识产权保护的内容。

（四）技术转让合同

如专利实施许可，专有技术转让等。1. 合同标的名称、内容、保密条款。2. 授予或获得的权利范围。3. 对第三方侵权的互相通报和协作制止侵权行为，包括在特定国家起诉和应诉的义务和费用分担等。4. 科技成果权利人获得的收益：价款或分成及支付方式。5. 协议中止条件中涉及知识产权保护的内容。6. 发生纠纷时法律适用选择涉及知识产权的内容。7. 履行技术转让合同后续改进技术成果的权属。

（五）技术咨询合同与技术服务合同

1. 涉及的技术情报和具有经济价值的其他未公开信息的保密。2. 履行合同产生的新技术成果的权属。3. 委托方提出的其他保密事项。4. 报酬及支付方式。

第二节　中俄科技合作知识产权的保护方式

一、知识产权一般性保护方式的分析

（一）以商标权方式进行保护

商标是用以区分商家、商品与服务的特有标识。商标的原始功能是表明商品的制造者，其目的是为了指示商品的来源。商标保护包含了两个层面的意义，一个层面体现为通过授予主体法定权利即商标权

的形式所提供的商标保护。这是一种完整意义上的保护,这种保护既体现在实体意义上主体对有关商标拥有控制与支配的权利(包括使用权、许可权、转让权以及禁用权),又表现为程序意义上主体对他人在相关的商品或服务上,就与其注册商标相同或近似的商标所提出的商标注册申请或者商标注册,提出异议或者无效申请(对抗他人申请或者注册)的权利[①]。另一个层面则表现为通过承认在贸易实践中商标的实际使用者的在先权的形式所提供的商标保护[②]。

(二)以著作权的方式进行保护

著作权又称版权,是文学、艺术和科学作品的创作人根据法律的规定所享有的以对其作品的支配权为客体的民事权利。根据《著作权法》的一般规定,著作权包括两方面的内容,即人身权和财产权。人身权一般包括署名权、保持作品完整权、作者身份权等,而财产权一般表现为能给权利人带来收益的各种使用权。在国际科技合作中,著作权保护的客体一般包括科学作品和计算机软件,科学作品一般包括学术论文和设计图。对于这类作品,依据各国著作权法的规定,是采取自动保护的原则,自该作品创作完成而依法自动产生,不需要履行任何形式的手续。

(三)以专利权形式进行保护

在中俄科技合作成果中,最有价值的就是科学技术或者通过合作研究的科学技术所生产的新成果。在知识产权法领域,有两种方式可以对合作科技成果进行保护,一是通过申请专利的形式进行保护,一是以技术秘密的形式进行保护。专利是专利权的简称,是指国家专利机关依照法律的规定授予发明人、设计人对其发明创造在法定期限内享有的独占权。专利权,其主要内容有制造权、使用权、许诺销售权、

---

① 王春燕:《商标保护法律框架的比较研究》,载《法商研究》,2001 年第 4 期。

② 对未注册的驰名商标的保护则有其特殊性。根据《巴黎公约》及 TRIPS 的规定,未注册的驰名商标享有与注册的驰名商标同等的保护。绝大多数《巴黎公约》成员国的商标立法对此均有体现。在我国,根据相关立法,未注册驰名商标的法律地位实际上与其他国家商标立法中享有先用权的未注册商标的法律地位相仿。

销售权、进口权、转让权和许可使用权。专利权还包括禁止权、放弃权、标记权等。

专利保护的客体包括产品发明和方法发明。各国专利法规定的专利一般有三种:发明专利、实用新型专利和外观设计专利。授予专利权的发明和实用新型一般应当具备新颖性、创造性和实用性的三性要求,但各国在法律表述上存在一些差别。

专利保护实行公开原则,是以公开的形式来加以保护。专利首先应接受专利审查员的审查,并支付相关的费用。符合授予专利条件的,该项专利就被授予专利,并颁发专利证书,同时将全部技术在指定的刊物上充分公开,专利权人对该技术获得垄断的利益,其可以禁止其他人制造、使用、销售专利产品,即使是其他人自己独立开发出该技术,也应受到专利权的限制。对合作科技成果究竟采取何种保护方式,取决于多种因素,但最主要取决于对该技术先进性的认识程度,以及由此所采取的知识产权战略。有时,制造技术的方法可以用商业秘密来保护,而通过此方法制造出来的产品可以采用专利进行保护,这是因为揭示一项产品很容易,但揭示制造产品的方法却很难。机器、饮料或化学产品的成分可以采用商业秘密进行保护,如可口可乐的成分。

(四)以商业秘密的方式进行保护

商业秘密包括技术秘密和商业信息。技术秘密是不为公众所知悉、能为权利人带来经济利益、具有实用性并经权利人采取保密措施的技术信息,包括生产和产品开发的有关图纸、工艺资料、技术数据、配方、设计方案等。技术秘密保护和专利保护的目的都是为了制造垄断,从而给权利人创造垄断利润,但技术秘密是采取隐蔽的方式,专利必须进行某种程度的公开。只要持有人不公开其技术,控制在适当的范围使用,就可以把该技术作为技术秘密永久保护,而不需要得到政府的认可。技术秘密保护需要持续性的保护措施以确保其保密性。技术秘密的保护终止于丧失机密性,即该技术被公开。商业信息包括质量控制资料、生产操作指南、战略资料、主要设备的配置和性能、销售渠道和网络、重要客户状况等内容。商业秘密的保护不用交费,无地域性。一项技术成果选择技术秘密保护的好处在于，只要能够有效保密就一直拥有权利，永不过期。例如，美国可口可乐公司一百多年来对其拥有的可口可乐主要配方从未申请过专利，而是作为技术秘密严格进行保密①。

（五）以植物新品种权的方式保护

在中俄科技合作中，如果合作的成果属于植物新品种，就可以申请植物新品种权的方式获得排他性的保护。申请植物新品种保护，对所开发的植物品种要符合《条例》关于授予植物品种权的条件，即申请品种权的植物新品种应当属于经过人工培育的或者对发现的野生植物加以开发，具备新颖性、特异性、一致性和稳定性并有适当命名的植物品种。另外，对于合作涉及集成电路布图设计开发的，对所开发的集成电路布图设计也可提供知识产权法上的保护。

（六）以发现权的方式进行保护

这类保护的对象是科学发现，科学发现是对自然科学领域已存在的自然现象、特征或规律所作出的前所未有的具有科学价值的认识、揭示或阐明。1967 年建立《世界知识产权组织公约》，把“与科学发现有关的权利”划入了知识产权的保护范围。我国已经加入该公约，我国《民法通则》也将发现权置于第五章第三节“知识产权”之中。发现人对其做出的科学发现并不具有直接的财产内容，只有享有精神上的利益，如表明身份、受领荣誉等。因此，发现权主要是一种身份权。《俄罗斯民法典》的知识产权部分没有对发现权作出保护性的规定。

二、中俄科技合作成果知识产权保护模式的选择

知识产权是专利、商标、著作权（又称版权）、商业秘密等各种智力成果权利的通称。每种权利各有特点，中俄科技合作中合作双方在对自己的无形财产进行保护时，应当选用合适的权利种类。基于不同的

---

① 周云祥:《论技术类知识产权保护方式的选择》，载《科技管理研究》，2009 年第 5 期。

考虑,中俄科技合作中合作成果的保护可以采取不同的手段。

1. 从知识产权保护的费用方面考虑,选择顺序是著作权、商业秘密、专利、商标。

费用指取得、维持、保护知识产权的费用。具体包括为采取保护措施而投放的人力、物力,如申请费、公告费、延滞费、审查费、诉讼费等等。其中最主要的是要考虑诉讼、无形资产评估、鉴定、异议、无效、许可等费用,这些费用往往比直接费用高得多①。在知识产权保护实践中,专利权的申请和维护的成本费用最高,其次是商标、商业秘密保护,著作权保护费用最低。商业秘密的费用主要用在保密设施、技术的引进及支付保密补贴。版权保护不需要专利与商标复杂的申请与维护程序及费用,因此费用最低。

2. 以取得技术独占权为目标,企业选择保护方式的优先顺序是:专利、商业秘密、著作权、商标。

这里考虑问题的基点是如何减少风险,此处所指的风险,是指技术成果被竞争对手取得的可能性。而现代高技术产业的特点之一是其风险性。

知识产权的独占性,又称垄断性、排他性,是指法律授予知识产权所有人的专有权。专利权有很强的排他性,未经专利权人许可或法律授权,任何人不得以生产经营为目的制造、使用或者销售该专利产品或使用其专利方法。商业秘密保护同专利相比,其义务主体不是社会整体,而是负有保密义务的涉密人员,如:涉密的企业雇员或政府公务人员。其他人可通过反向工程或其他方法获取技术并进行商业活动,其排他性取决于合同约定。商业秘密与专利比较,其保护的稳定性相对次之。商标在保护特定商品方面具有很强的排他性,但在保护技术本身的排他性方面却明显弱于专利和商业秘密。而《著作权法》在保护技术排他性方面是最弱的,因为《著作权法》只保护能以某种载体形式存在的作品,而不保护作者的思想、产品、公式、原则、工艺本身。

3. 对于那些有发展潜力、回报率高、周期长的技术来说,必须考虑

① 叶学军、彭建东:《知识产权保护方式的选择》,载《中国知识产权报》,2005 年 8 月 12 日第 3 版。

保护期限,选择保护手段的顺序是商标、商业秘密、著作权、专利。

各国法律一般都没有对商标的续展作出限制性规定,如:我国商标每10年可续展一次,这等同于商标的保护期限是无限的。而商业秘密的保护期限取决于该技术何时进入公有领域,并无法律强制性规定。例如:《俄罗斯联邦民法典》规定:技术秘密的效力终止于技术秘密丧失机密性。商业秘密的保护期限在一定程度上取决于持有人保密措施的成效。而我国著作权保护期限一般是50年,单位作品是首次发表后50年,自然人作品的保护期限是作者终身及死亡后50年。俄罗斯的保护期是70年。我国对专利的保护期限最短,自申请日起发明专利保护期限一般是20年,实用新型及外观设计10年。

第三节　中俄科技合作中知识产权保护措施的选择

一、中俄科技合作中知识产权行政保护措施

(一)中俄知识产权行政保护机关

知识产权的行政保护,是指国家行政管理机关,依据有关法律的规定,运用法定行政权力,通过法定的行政程序,用行政手段对知识产权实施全面的法律保护。行政保护本质上是一种国家干预行为。

1. 中国知识产权行政保护机关

长期以来,我国已形成了包括知识产权管理、审查、研究、教育、执法、中介服务以及知识产权信息服务等组织机构在内的全国知识产权工作体系和运行机制。我国行政管理机构中,拥有知识产权直接管理权的部门近10个,与知识产权密切相关的管理部门有20余个。目前我国的做法是将这些不同种类知识产权的行政管理归属不同的行政部门来负责,就中央政府这一层次而言,涉及的知识产权主要行政管

理机构如表1[①]。

表1:我国知识产权行政管理机构设置的现状

序号	知识产权种类	行政管理部门名称
1	专利权、集成电路布图设计专有权	国家知识产权局(及其所属专利局)
2	商标权	国家工商行政管理总局商标局
3	著作权	国家版权局(挂靠在新闻出版署)
4	制止不正当竞争	国家工商行政管理总局公平交易局
5	原产地标记	国家质量监督检验检疫总局
6	农业植物品种权	国家农业部
7	林业植物品种权	国家林业局
8	国际贸易中的知识产权	国家商务部
9	与科技有关的知识产权	国家科技部
10	与进出境货物有关的知识产权	国家海关总署

(1)国家知识产权局及各省市和有关政府部门的知识产权管理机关。其职能是负责管理全国各地的专利工作,统一受理和审查主管知识产权工作和处理侵权纠纷,查处假冒他人专利和冒充专利行为。地方知识产权局基本设在大中城市,只有少数设在县级城市。国家知识产权局统筹涉外知识产权事宜,下辖中国专利局、专利复审委员会。专利复审委员会其重要职能为对专利局决定不服的案件复审,并受理请求宣告专利无效的案件的审理工作。国家知识产权局还设立了集成电路布图设计行政执法委员会,负责处理侵犯布图设计专有权的纠纷,调解侵犯布图设计专有权的赔偿数额。2008年7月,国家知识产权局增加了新的管理职责,承担已撤销的国家知识产权战略制定工作

① 朱雪忠、黄静:《试论我国知识产权行政管理机构的一体化设置》,载《科技与法律》,2004年第3期。

领导小组和国家保护知识产权工作组的工作,负责组织协调全国保护知识产权工作和会同有关部门组织实施国家知识产权战略纲要。2008 年 9 月,国家知识产权局增设保护协调司。该司主要职责是承担组织协调全国保护知识产权工作和实施国家知识产权战略的有关工作①。

(2)国家商标局及各级工商行政管理局负责商标管理的部门。根据我国《商标法》第 2 条,国务院工商行政管理部门主管全国商标注册和管理工作。其内设机构商标局和商标评审委员会承担保护商标权的职能,商标局主管全国商标注册和管理工作,商标评审委员会负责处理商标争议事宜。另外,国家工商管理总局的另一个内设机构公平交易局的部分职能也涉及知识产权的保护,即反不正当竞争。公平交易局下设反不正当竞争处,主管市场上各种不正当竞争行为。2008 年,为加强反垄断法等行政执法工作,工商总局新设反垄断与反不正当竞争执法局。各级工商部门与知识产权相关的执法包括查处垄断、不正当竞争行为,查处商标侵权行为,保护注册商标专用权,对企业名称,驰名和著名商品特有的名称、包装、装潢、商业秘密、商标等实施监督管理和综合保护。其中侵犯商业秘密的行为由县级以上工商行政管理机关认定处理。各地方的工商机关下设部门较多,分管内容不同,而且各地机关的内部设置也略有差异。权利人在投诉时,需要找到对应的部门。知识产权执法工作一般由各地工商局内设的市场管理科、公平交易处、商标监管处等部门负责。我国已建立了具有中国特色的工商行政管理机关与司法机关并行保护商标专用权的"双轨制"执法体制;工商行政管理机关具有执法网络健全、行动迅速、程序简便的特点,已成为我国处理商标侵权案件的重要力量。

(3)新闻出版总署(国家版权局)和地方著作权行政管理机关。国家版权局是国务院著作权行政管理部门,主管全国的著作权管理工作。在著作权管理上以国家版权局名义单独行使职权。版权管理司作为其内设机构主要负责:1)参与与著作权保护有关的法律、法规的起草和规章的拟订实施;2)检查著作权法律、法规的实施和我国加入

---

① 赵建国:《识产权管理机构肩负起历史的重任》,载《中国知识产权报》,2008 年 10 月 24 日第 2 版。

的国际版权公约在我国的执行情况，查处有重大和涉外的侵权案件；3）承办设立著作权集体管理机构的审批及指导工作；4）监管作品著作权登记和法定许可使用作品的工作，管理国家享有著作权作品的使用；5）承办与国外及港、澳、台地区的著作权作品的使用；6）承办参加著作权的双边或多边条约、协定的谈判、签约和国内履约活动的有关工作；7）联系国际著作权组织；8）承办设立著作权涉外机构、指定国（境）外著作权认证机关、外国和国际著作权组织在华设立办事机构的审批工作；9）承办强制重印或翻译出版外国作品申请的审批工作并发行强制许可证；10）监督指导涉外著作权贸易、涉外著作权合同登记、外国作品著作权认证工作。文化局、新闻出版局、版权局（国家新闻出版总署）作为新闻出版和文化市场管理部门对主管业务中涉及的知识产权进行保护。著作权的登记和管理工作由国家新闻出版总署（国家版权局）主管，其下属的中国版权保护中心负责办理普通作品著作权登记和软件著作权登记。各地方的新闻出版局（版权局）负责办理本辖区内的著作权（软件除外）登记工作。国家新闻出版总署（国家版权局）负责查处或组织查处有重大影响的著作权侵权案件和涉外侵权案件。许多地方的新闻出版局、版权局和文化局是同一个机关，有些地方文化局下设版权管理处。文化局的执法也会涉及知识产权领域，譬如在“扫黄打非”行动中，打击非法出版物的执法。

除主管知识产权的行政管理机关外，海关总署、公安部、新闻出版署、文化部、农业部、林业部等部门根据有关法律的规定，也拥有一定的知识产权行政执法职能，分别在本部门所属行业内，依法对有关的知识产权予以行政保护。

中国海关在保护知识产权方面的职能设置采取三个管理体制，海关对知识产权的保护分为依申请保护和依职权保护两种模式。海关保护的知识产权是与进出口货物有关的商标专用权、专利权、著作权和与著作权有关的权利，保护程序分为备案、扣留、调查、处理四个阶段。权利人要求海关对其与进出境货物有关的知识产权实施保护的，应当将其知识产权向海关总署备案。备案的权利人发现侵权货物即将进出境时，可向口岸海关提出采取保护措施的申请，海关根据申请对侵权嫌疑货物予以扣留。当事人有权属和侵权争议，提请知识产权主管部门处理或向人民法院起诉，或由海关进行调查。经海关、知识产权主管部门或人民法院确定为侵权货物的，由海关予以没收，并依法予以销毁或清除侵权标识。对于明知或应知其进出口货物侵犯他人知识产权的收发货人，海关还可处以进出口货物等值以下的罚款。

农业部、林业部。农业植物新品种权的审批机关为农业部，农业部植物新品种保护办公室承担农业植物新品种权申请的受理和审查任务。林业植物新品种权的审批机关为国家林业局，国家林业局植物新品种保护办公室负责林业植物新品种权申请的受理和审查任务。假冒授权品种的，由县级以上人民政府农业、林业行政部门依据各自的职权责令停止假冒行为，没收违法所得和植物品种繁殖材料，并处罚款。品种权侵权案件的涉案品种权人或利害关系人可以请求省级以上人民政府农业、林业行政部门依据各自的职权进行处理。省级以上人民政府农业、林业行政部门依据各自的职权处理品种权侵权案件时，可以责令侵权人停止侵权行为，没收违法所得，并处罚款。省级以上人民政府农业、林业行政部门依据各自的职权，根据当事人自愿的原则，可以对侵权所造成的损害赔偿进行调节。

另外，医药卫生管理部门在药品制造生产中所涉及的知识产权、农业管理部门对农药制造生产中知识产权、化学工业管理部门对化学物质制造生产中的知识产权分别依法采取适当措施予以保护。各知识产权行政管理机关，依据法律规定行使职权，维护知识产权法律秩序，鼓励公平竞争，调解纠纷，查处知识产权的侵权案件，针对侵犯知识产权的行为，采取行政措施有效地制止侵权行为，保障了知识产权权利人的利益和良好的社会经济环境①。

质监局、信息产业部、中国互联网络信息中心。质监部门负责制定国家标准、行业标准、地方标准，并对企业制定的产品标准备案。同时，质监局也是查处假冒、伪劣商品的主管部门。各地方质监局侧重打击生产假冒伪劣产品的行为，与工商机关打击假冒商标的执法有重叠。根据自 2005 年 7 月 15 日起施行的《原产地名称产品保护规定》，国家质量监督检验检疫总局统一管理全国的原产地名称产品保护工

① 1994 年 6 月，国务院新闻办公室：《中国知识产权保护状况白皮书》，第 16 页。

作。各地出入境检验检疫局和质量技术监督局依照职能开展原产地名称产品保护工作。主要包括原产地名称产品的申请受理、审核批准、原产地专用标志注册登记和监督管理工作。

随着计算机时代的到来，电子知识产权保护成为重点，信息产业部与国家版权局联合颁布了《互联网著作权行政保护办法》，对于收到著作权人通知后、未履行记录义务的互联网信息服务提供者，信息产业部或地方电信管理机构可以对其予以警告，可以并处三万元以下罚款。经信息产业部批准成立的中国互联网络信息中心，是域名注册管理机构和域名根服务器运行机构，域名争议必须由该中心认可的争议解决机构受理解决。根据《中国互联网络域名注册暂行管理办法》，国务院信息化工作领导小组办公室（简称国务院信息办）是我国互联网络域名系统的管理机构，负责制定中国互联网络域名的设置、分配和管理的政策及办法；选择、授权或者撤销顶级和二级域名的管理单位；监督、检查各级域名注册服务情况。

保护知识产权举报投诉服务中心。2006 年商务部已在全国设立 50 个保护知识产权举报投诉服务中心，这是为了解决知识产权执法部门分散问题的一种新尝试。保护知识产权举报投诉服务中心面向全社会接收有关侵犯商标权、专利权、著作权等知识产权行为的举报投诉，为权利人和社会公众提供与知识产权保护有关的咨询服务；同时，还对接收的举报投诉进行初步审查，将符合接受条件的举报投诉转交相应的行政执法机关和公安、司法机关依法办理，并将举报投诉转交、办理的情况反馈举报投诉人。保护知识产权举报投诉服务中心设立后，权利人今后可不必再为选择哪个执法机关投诉而头痛。

2. 俄罗斯知识产权管理机构设置①

1992 年 9 月 30 日，俄罗斯专利商标委员会成立。1996 年 9 月，该委员会更名为俄罗斯专利商标署。2004 年 3 月 9 日，再次更名为俄罗斯联邦知识产权专利商标局。

（1）职能

1）俄罗斯联邦知识产权专利商标局是俄罗斯联邦权力执行机构，执行统一的国家政策；

---

①　参见：《俄罗斯联邦知识产权专利商标局 2005 年年报》，来源 www. sipo. gov. cn/sipo2008/.../t20080401_353436. html.

2）对俄罗斯境内的发明（计算机程序、数据库系统及集成电路布图设计）、实用新型、商标、特殊服务标记、地理标志及商品原产地名称给予登记、保护、批准、协调；

3）知识产权领域法律及标准的完善；

4）知识产权与内部经济贸易的发展及国际合作。

（2）机构设置

俄罗斯联邦知识产权专利商标局下设：联邦工业产权院、专利纠纷委员会（见图1）、俄罗斯国立知识产权学院（见图2）和四个职能部门（国际合作司、财务行政司、科技活动中遵守联邦专利法监督检查司和工业产权法律保护范围内监督检查司）。

联邦工业产权院。联邦工业产权院院长由俄罗斯联邦知识产权专利商标局副局长兼任。联邦工业产权院是在俄专利体系中从事工业产权审查、登记工作的主要职能部门，其主要职能是：组织审查、提高审查质量、缩短审查周期。

联邦工业产权院下设：化学审查部、物理审查部、机械审查部、俄罗斯专利技术图书馆、商标注册登记部、行政管理部、自动化部及开发和技术保障部等部门及院直属处。

除此之外，俄罗斯联邦的海关、新闻出版、科学与技术政策部、经济发展与贸易部、反垄断局等部门也承担一部分知识产权行政管理职能。

图1　　专利纠纷委员组织机构图

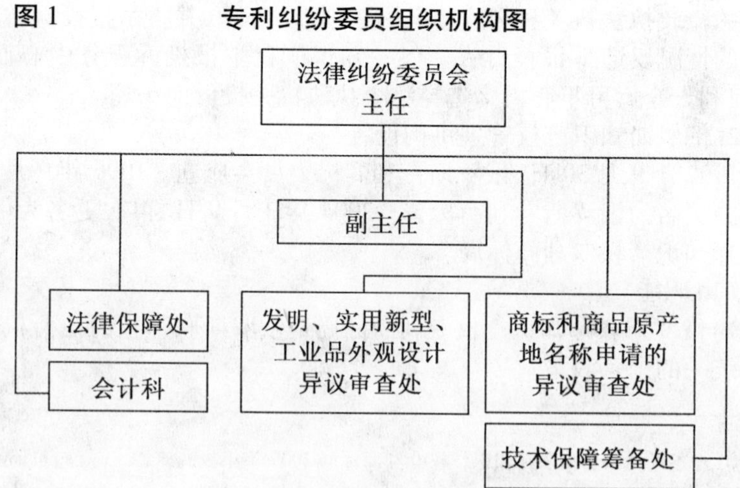

图 2　俄罗斯国家工业产权学院组织机构图

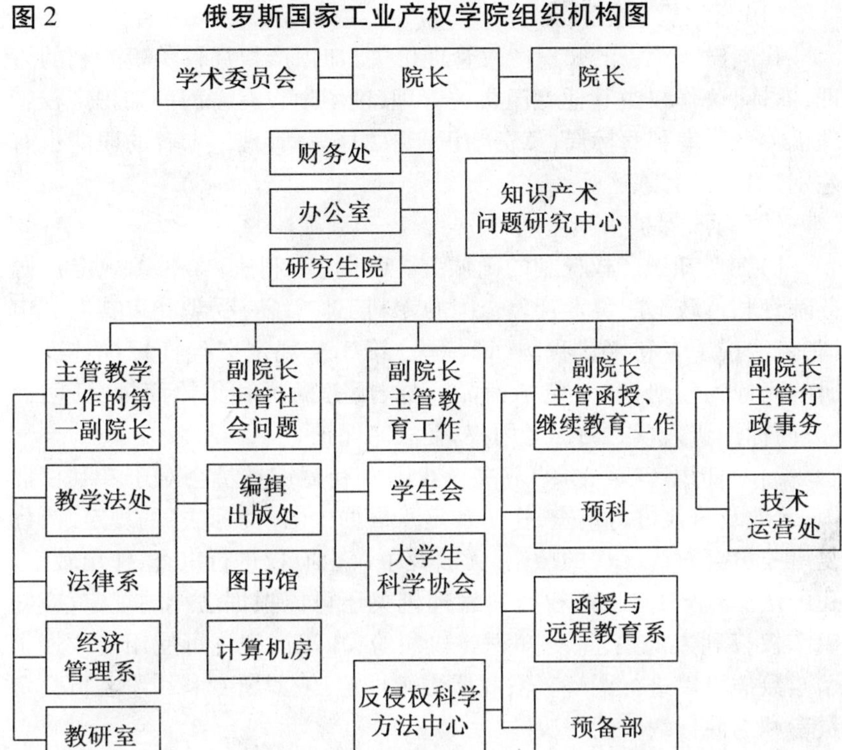

俄罗斯联邦海关、反垄断局、文化及农林等行政部门也在知识产权保护上发挥了积极作用。联邦反垄断局负责制定和实施有关培育商品市场和促进竞争,以及预防、限制、排除垄断活动和不公平竞争的国家政策。反垄断政策与企业扶持部是俄罗斯反垄断的立法、执法和行政裁决机关,负责解决有关反垄断的行政管理争端,但不涉及经济纠纷。反垄断局在防止滥用知识产权方面发挥了重大作用。

(二)中俄知识产权行政保护制度比较

1. 中俄知识产权行政保护的一般比较

很多国家的行政执法并不涉及侵权的查处,而我国的行政机关则是把侵权查处作为极其重要的一项行政职能,这与我国的知识产权保护的总体环境不容乐观有密切关系。

(1)行政机关差别

我国没有统一的知识产权管理机关,知识产权局仅负责专利的管理,商标、著作权由其他专门机关管理;俄罗斯设有专门的知识产权管理机关——专利商标局,负责知识产权的统一管理。二者的职能也有差别,前文已有陈述。

(2)行政保护措施差别

1)在对知识产权权利的确认上。我国《专利法》第3条规定:"国务院专利行政部门负责管理全国的专利工作;统一受理和审查专利申请,依法授予专利权。"我国《商标法》第3条规定:"经商标局核准注册的商标为注册商标,包括商品商标、服务商标和集体商标、证明商标;商标注册人享有商标专用权,受法律保护。"

2)对知识产权纠纷的裁决。我国专利复审委员会对于专利权撤销、无效及争议进行审查,作出裁定。根据中国《商标法》的规定,商标复审委员会对商标权的撤销、无效及争议也有权进行审查,作出裁定。我国法律规定:知识产权行政管理机关还可以根据法律的规定,应知识产权权利人的请求,对知识产权纠纷、知识产权许可使用费或损害赔偿数额可以进行调解。俄罗斯法律规定:俄罗斯专利纠纷委员会负责专利与商标纠纷的解决。

3)对知识产权侵权的处理。我国规定侵犯专利权引起纠纷的,专利权人或者利害关系人可以请求管理专利工作的部门处理。管理专利工作的部门处理时,认定侵权行为成立的,可以责令侵权人立即停止侵权行为,……进行处理的管理专利工作的部门应当事人的请求,可以就侵犯专利权的赔偿数额进行调解。

我国行政救济的力度是比较大的。根据知识产权法和相关行政处罚法的规定,行政机关可以以其行政权力认定侵权行为的构成,并采取责令行为人停止侵权行为甚至于罚款、没收并销毁侵权商品、工具,并可以就侵权赔偿数额进行行政调解。行政机关可以对侵权人处以的罚款数额是比较高的。如版权局可以对侵犯著作权的行为人处以其非法经营数额三倍以下的罚款;非法经营数额难以计算的,可以处10万元以下的罚款。对侵犯商标权的行为,工商行政管理局可以对行为人处以其非法经营数额三倍以下的罚款;非法经营数额难以计算的,可以处10万元以下的罚款。2009年第三次修改后的《专利法》增加规定:侵犯专利权的赔偿应当包括专利权人为制止侵权行为所支付的合理开支。同时,为打击专利违法行为,将假冒他人专利的罚款数额从违法所得的3倍提高到4倍;没有违法所得的,将罚款数额从5万元提高到20万元。

《俄罗斯联邦民法典》对知识产权侵权的救济依据保护对象的不同作出相应规定。

4)对知识产权保护行政立法。中俄两国行政机关通过制定相应的行政法规对知识产权予以保护。如:我国国务院颁布了《中药品种保护条例》、《中华人民共和国药品管理法》及《药品管理法实施条例》,随后发布了《药品行政保护条例》,国家药品监督部门制定的《新药审批办法》、《新药保护和技术转让的规定》,共同对我国中药进行行政保护。我国质量监督检验检疫总局通过了《地理标志产品保护规定》,地理标志产品是指产自特定地域,所具有的质量、声誉或其他特性本质上取决于该产地的自然因素和人文因素,经审核批准以地理名称命名的产品。在中药行业里,云南文山三七、吉林长白山人参、广西永福罗汉果、广东阳春砂仁、宁夏枸杞子、四大怀药、浙八味等,早已成为公认的地道药材。对于基因管理,1993年11月,科技部制定了《基因工程安全管理条例》,1996年农业部又制定了《农业生物遗传工程的安全管理实施办法》,2001年5月23日国务院发布《农业转基因生物安全管理条例》,农业部于2002年又先后制定了《农业转基因生物安全评价管理办法》,《农业转基因生物进口安全管理办法》和《农业转基因生物标识管理办法》等。

2. 中俄知识产权海关保护制度比较

在知识产权的行政保护中,处于国家对外窗口的海关拥有极其重要的地位。在世界范围内,伴随着国际贸易的迅速发展,侵犯他人知识产权的非法货物的国际贸易数量也呈上升趋势。侵权产品贸易的泛滥,严重地破坏了国际贸易秩序,成为国际贸易中不正当竞争的重要方面。由于海关是一个国家商品进出境的监督管理机关,拥有对进出口货物实施有效监控的职权和能力,在防止和制止侵权货物进出境方面可以发挥积极作用。知识产权海关保护又称为知识产权边境保护或者知识产权边境(执法)措施,是指海关在进出口关境的监督管理过程中,通过依法制止侵犯知识产权货物进出关境,对受国家法律和行政法规保护的知识产权而采取的一种行政保护[①]。

(1)知识产权海关保护的法律依据。1)我国的法律依据。1994年9月,我国开始对知识产权实施边境保护,目前已经基本建立起了以《海关法》为基本法,以《知识产权海关保护条例》(以下简称《保护条例》)和《海关关于知识产权保护的实施办法》(以下简称《实施办法》)为具体执法依据,其他各种法规、规章和规范性文件相配套的较为系统的海关法规体系。如2004年9月中国政府公布《中华人民共和国海关行政处罚实施条例》,对进出口侵犯知识产权的行政处罚予以明确规定。此外,我国知识产权海关保护的法律依据还包括:《专利法》、《中华人民共和国对外贸易法》、《关于实施专利权海关保护若干问题的规定》、《奥林匹克标志保护条例》等。2)俄罗斯的法律依据。俄罗斯知识产权海关保护的法律依据主要是《俄罗斯联邦海关法典》和《俄罗斯联邦民法典》第四部份,以及《行政违法法典》等涉及知识产权保护的法律法规。例如:由于在绝大多数情况下,假冒、盗版产品都是从国外进入俄罗斯的,所以,海关组织在同侵犯版权行为的斗争中起着非常重要的作用,而俄罗斯联邦《海关法典》第38章则对海关机构对侵犯版权、商标权采取的措施作出了明确规定;俄罗斯《行政违法法典》第7章第12条对"侵犯版权及邻接权、发明及专利权"行为作出规定,第14章第10条对"非法使用商标"的行为作出明确规定[②]。此外,俄联邦总统的命令、俄联邦政府部门颁布的海关事务领域的命令[③]及决定也是知识产权海关保护的法律依据。

---

① 熊淑珺:《中外知识产权海关保护法律制度比较》,载《合作经济与科技》,2007年8月号下。

② 参见 Полный сбрник кодексов Русссийской Федерации,第803页、430页、454页,责任编辑:Т. Скуратова,出版社:Эксмо,2007年出版,含2007年4月30日以前的法律变更与补充。

③ 如:Положение о защите прав интеллектуальной собственности таможенными органами,Приложение к приказу ГТК России от 27.10.2003 № 1199,来源:www. customs. ru/ru/ved_info/. . . pro/popup. php?

（2）关于执法制度。我国海关已经建立起包括报关单证审核、进出口货物查验、对侵权货物的扣留和调查、对违法进出口人进行处罚以及对侵权货物进行处置等环节在内的完善的知识产权执法制度。[①] 一是建立知识产权海关保护的中央备案制度[②]。只要知识产权权利人事先将知识产权在海关总署备案，口岸海关就有权对侵犯有关备案的知识产权的进出口货物予以扣留。二是实行主动保护与被动保护相结合的执法模式。海关不仅根据知识产权权利人的申请扣留进出口的侵权嫌疑货物，而且主动依据职权对进出口侵权货物的违法行为进行查处。我国《保护条例》对于海关主动依职权实施知识产权边境保护措施明确了操作程序，但在海关的责任免除上，《保护条例》及相关法律法规都没有相关规定。

依据《俄罗斯联邦海关法》规定：俄罗斯联邦海关当局在保护知识产权上主要有两方面的工作：1）依据海关法 38 章规定对商品的放行按照法定程序进行检查；2）海关的法律保护行为致力于使破坏者承担行政责任，其职责是审查法律指向的各个方面：包括知识产权登记、检查、扣押与处罚等。为了海关关员更好地独立行使追究知识产权违反者的法律责任，俄罗斯联邦海关署打算继续推行自己的《ex officio》作法，即允许海关人员对未列入《知识产权保护目录》且权利机关没有提起调查的商品暂缓出口。

（3）关于知识产权海关保护制度适用范围。我国《海关法》第 44 条规定：海关依照法律、行政法规的规定，对与进出境货物有关的知识产权实施保护。需要向海关申报知识产权状况的，进出口货物收、发货人及其代理人应当按照国家规定向海关如实申报有关知识产权状况，并提交合法使用有关知识产权的证明文件。俄罗斯海关法的规定与我国相同。

（4）关于知识产权海关保护的对象。根据《保护条例》第 2 条的规定，目前我国海关查扣的侵权货物不仅包括假冒商标货物和盗版货物，还包括侵犯商标专用权、著作权以及与其有关的权利、专利权和奥

① 于璇、王晓晶：《浅议知识产权海关保护》，载《对外经贸实务》，2006 年 6 月。

② 参见我国《知识产权海关保护条例》第二章规定。

林匹克标志专用权的货物。俄罗斯海关法保护的知识产权对象是著作权及其邻接权、商标、服务商标及原产地名称权，保护对象必须经过海关登记[①]。与我国不同的是，俄罗斯海关不包含涉及专利权的产品。

(5)关于知识产权海关保护的申请。我国知识产权边境保护的主管机关是海关总署，我国《保护条例》第13条规定：知识产权权利人请求海关扣留侵权嫌疑货物的，应当提交申请书及相关证明文件，并提供足以证明侵权事实明显存在的证据。俄罗斯海关法此方面的规定与我国基本相同。如：禁止放行的申请人应提交相关个人信息、权利证明及货物具有伪造迹象的相关证明。

(6)关于中止放行通知和期限。我国《保护条例》第16条规定：海关在扣留侵权嫌疑货物后，书面通知知识产权权利人，并将海关扣留凭证送达收货人或者发货人。海关发现进出口货物有侵犯备案知识产权嫌疑的，应当立即书面通知知识产权权利人。知识产权权利人自通知送达之日起3个工作日内依照本条例第13条的规定提出申请，并依照本条例第十四条的规定提供担保。俄罗斯《海关法》规定：海关扣留涉嫌侵权商品的暂停期为10个工作日，在10个工作日应作出放行或没收等处理决定(在特殊情况下放行期限可以延长10天)。知识产权权利人提出保护申请应提供担保，担保金额不得超过50万卢布[②]。

(7)关于救济措施。我国《保护条例》、《实施办法》规定被扣留的

---

① Назаренко, Н. А, Правовое регулирование охраны объектов интеллектуальной собственности при перемещении через таможенную границу Российской Федерации，通关货物流转中知识产权客体保护的法律调整。Финансовое право. –2008. – № 4. – С. 27 – 28 金融法，2008年第4期。

② ПРАКТИЧЕСКИЕ АСПЕКТЫ ЗАЩИТЫ ИНТЕЛЛЕКТУАЛЬНОЙ СОБСТВЕННОСТИ ТАМОЖЕННЫМИ ОРГАНАМИ ПРИ ПЕРЕМЕЩЕНИИ КОНТРАФАКТНЫХ ТОВАРОВ ЧЕРЕЗ ТАМОЖЕННУЮ ГРАНИЦУ РФ , В. П. ШАВШИНА, Р. Е. ГОЛОВАЦКИЙ, Арбитражные споры. –2007. – № 1. – С. 131 – 140。从实践视角来看海关机构在通关货物流转中对知识产权保护，来源 www. law. edu. ru/script/matredirect. asp? matID = 1254385。

侵权嫌疑货物,经海关调查后认定侵犯知识产权的,由海关予以没收[①]。海关对没收的侵权货物的处置方式主要有:1)转交给有关公益机构用于社会公益事业;2)知识产权权利人有收购意愿的,海关可以有偿转让给知识产权权利人;3)被没收的侵犯知识产权货物无法用于社会公益事业且知识产权权利人无收购意愿的,海关可以在消除侵权特征后依法拍卖;4)侵权特征无法消除的,海关应当予以销毁[②]。俄罗斯海关法规定的救济措施包括:扣押和没收,销毁货物,赔偿损失,追究不作为海关人员的纪律、行政、民事责任等。

(8)关于海关行政职权。《保护条例》第3条规定海关实施对知识产权的进出境保护时,可以行使《中华人民共和国海关法》规定的一切权力,即对进出境的运输工具、货物、物品和人员行使检查权、调查权、扣留权、追缉权等项权力。我国《海关行政处罚实施条例》第25条规定:对在进出口环节查处的侵犯知识产权的进出口人和未如实申报知识产权状况,或未提交合法使用有关知识产权的证明文件的收发货人及其代理人,进行行政处罚。情节严重涉嫌犯罪的案件,可以向公安机关移送。海关法第91条规定:违反本法规定进出口侵犯中华人民共和国法律、行政法规保护的知识产权的货物的,由海关依法没收侵权货物,并处以罚款。

俄罗斯海关职权就是对非法流入俄罗斯联邦的知识产权实体采取强制措施,如扣押、海关监管等。根据《海关法典》第20条及第38章规定,为了保护知识产权,海关有权或禁止侵权商品的输入,或没收侵权商品和处以罚款;根据《俄罗斯联邦民法典》有关保护知识产权的授权,海关组织有权对非法翻印和复制伪制品的据点采取措施,宣布他们非法,并有权没收非法翻印的产品等。

(9)关于刑事责任条款规定。我国《保护条例》第30条规定了进出口侵权货物收发货人的刑事责任,同时第31条还规定了海关工作

---

① 我国《海关法》第91条规定:违反本法规定进出口侵犯中华人民共和国法律、行政法规保护的知识产权的货物的,由海关依法没收侵权货物,并处以罚款;构成犯罪的,依法追究刑事责任。

② 《海关总署关于依法拍卖海关没收的侵权货物的公告》(公告〔2007〕16号),海关总署网站2007年11月。

人员的刑事责任。在知识产权领域，由行政机关依照职权主动查处一些侵权活动时，发现有的活动已经构成犯罪，这时就要移交司法机关处理。2004 年 12 月，最高人民法院和最高人民检察院公布实施的《关于办理侵犯知识产权刑事案件具体应用法律若干问题的解释》，进一步明确了代理进出口侵权货物的刑事责任①。俄罗斯海关法也明确规定，对于侵犯知识产权情节严重的行为，应依法追究刑事责任；其中包括在保护知识产权过程中不作为的海关工作人员②。

在中俄海关合作保护知识产权方面，我们可以从国外发达国家建立的知识产权海关保护制度中获得如下的启示：

1）在知识产权海关保护的对象方面，俄罗斯海关对知识产权的保护对象范围比我国小，美国的保护对象范围超过我国，而 TRIPS 协议中只要求必须对仿冒和盗版两种侵犯知识产权的行为在海关环节予以保护。在中俄进行科技合作联合保护知识产权的过程中，两国海关应当根据合作的实际情况，确定于己有利的海关保护的客体范围。

2）在知识产权海关保护的申请方面，中俄两国应借鉴欧盟的有关经验，建立健全的信用制度和完善的权利人自律机制，减轻申请人的担保金负担。

3）在知识产权海关保护的提起方面，中俄在联合保护中应把对工业外观设计和专利权的海关保护限定在依申请保护，工业外观设计和专利权权利状态的不稳定给海关保护带来难度，如果纳入依职权保护范畴，海关的执行能力明显不足。

4）海关免责问题。此处中俄两国应借鉴欧盟的有益经验，采取知识产权保护措施的海关应当对法定扣留期间内的错误扣留或者扣留后权利人放弃扣留申请的情况免责，以此鼓励两国海关发挥保护知识产权产品积极作用。

---

① 最高人民法院和最高人民检察院公布实施的《关于办理侵犯知识产权刑事案件具体应用法律若干问题的解释》第 16 条规定了对明知他人实施知识产权犯罪，而代理其进出口业务的相关人员，追究其刑事责任。

② 参见：Положение о защите прав интеллектуальной собственности таможенными органами，Приложение к приказу ГТК России от 27. 10. 2003 № 1199，来源：www. customs. ru/ru/ved_info/. . . pro/popup. php?

5)关于救济措施,中俄应当明确赋予权利人在海关对侵权货物采取相关措施后仍然拥有采取其他行动,如通过民事诉讼获得民事赔偿的权利。此处是借鉴 TRIPS 协议的做法。

总之,在知识产权保护中海关保护占有重要的地位,其积极的作用在于:对内能防止侵权货物入境冲击本国市场、保护本国权利人合法利益,对外可以阻止侵权货物出口、维护国际贸易秩序、防止贸易纠纷。在中俄合作,特别是科技合作过程中,必然涉及联合保护知识产权问题,中俄海关应发挥其门户和屏障的作用,借鉴国际先进经验,在阻止侵犯知识产权货物进出境方面履行特定职能,为中俄科技合作的顺利进行创造条件。

值得一提的是,近几年,俄罗斯海关机构通过实施联邦海关服务目标,计划提高现有系统的海关清关效率和使俄罗斯海关机构的活动水平达到世界标准。俄海关在履行海关征收的财政责任的同时,努力完善海关服务的形式和方法,打击涉及海关进出口的犯罪,高质量地培训和再培训海关人员。

(三)中俄知识产权行政保护的措施

行政保护措施有四类:一是确权保护,二是裁决纠纷保护,三是侵权保护,四是制定知识产权保护政策、法规。

1. 确权保护。知识产权要获得法律上的确认,就必须符合法律规定的条件,经过国家政府管理机关的审查和授权。在具体的知识产权行政保护实践中,中俄两国知识产权行政管理部门,根据法律的规定行使职权,分别对专利、商标、著作权等知识产权进行确认、授权、登记和保护。法律对知识产权的授权与登记的程序规定,从某种程度上可以说是知识产权获得法律保护的第一步程序,特别是商标和专利,只有经过法定程序的授权之后,才能取得法律保护资格。根据这些规定,行政机关对知识产权的实际情况进行审查,确认符合法律规定后,才向权利人授予知识产权的专有权。

2. 裁决纠纷保护。在知识产权权利归属纠纷中,知识产权管理机关对于专利权撤销、无效及争议进行审查,作出裁定。可以根据法律规定,对知识产权纠纷、知识产权许可使用费或损害赔偿数额可以进行调解,使真正的知识产权权利人的合法权益得到法律切实的保护。如:《专利法》第54条规定:“取得实施强制许可的单位或者个人应当付给专利权人合理的使用费,其数额由双方协商;双方不能达成协议的,由国务院专利行政部门裁决。”

3. 侵权保护。依照法律的规定,对有关的侵权纠纷,权利人可以请求专利管理机关、工商行政管理机关、著作权行政管理机关予以保护。行政保护机关还包括国家农业部、国家林业部、海关、国家科学技术部等。法律赋予各机关保护知识产权的权限、措施不同,综合起来有以下保护措施:1)责令侵权人立即停止侵权行为。这是任何行政管理机关都具有的权力。2)侵权人赔偿。我国《专利法》第57条规定:“……认定侵权行为成立的,……进行处理的管理专利部门应当事人的请求,可以就侵犯专利权的赔偿数额进行调解。”3)没收违法所得,并处以罚款。4)收缴用于侵权的工具、设备,没收、销毁侵权产品或物品。但是知识产权行政管理机关对知识产权侵权的处理不是终局的,只要当事人一方不服,在收到知识产权行政管理机关的处理通知后,仍可以向法院提起行政诉讼。侵权人期满不起诉又不停止侵权行为的,管理专利工作的部门可以申请人民法院强制执行。

4. 制定知识产权保护政策、规定。我国国家科技部在2000年发布了《关于加强与科技有关知识产权保护和管理工作的若干意见》,其中充分体现了国家在知识产权保护方面的管理介入;俄罗斯科学院在2001年对下属的科研机构下达了“关于制止损害俄联邦活动的计划”的指示,要求俄科院系统的科研院所向院部提供有关本单位所签署的对外合作协议和合同的情况,强调加强对科研单位对外科技合作和知识产权保护工作进行监督与管理的必要。

《俄罗斯民法典》对知识产权的行政保护措施作出了规定,其中行政措施包括:1)确认权利。向否认权利或以其他方式侵犯权利人利益者证明权利人拥有权利的合法性。2)制止侵害。取缔侵权行为和消除侵权带来的危险(包括制止侵权的准备活动)。3)裁决赔偿损失。行政机关通过行政决定勒令侵权人赔偿因非法使用智力活动成果或私人资料对权利人造成的损失。4)没收侵权的物质载体。被执行人包括:生产者、进口商、保管人、承运人、销售者、其他推广人及非法获得者。5)取缔执业资格。对于侵犯知识产权的法人及私人企业主,行政机关视侵权程度可以作出取缔执业资格或禁止从事某方面活动的决定。

(四)中俄科技合作中知识产权的政府职能的发挥

1. 知识产权政府行政保护的优势

中俄两国都曾是计划经济体制,行政制度对国家各方面的干预、管理都曾经处于主导地位,在向市场经济的转变过程中虽有一定程度的改变,但仍然在国家管理中居于重要地位。在知识产权的保护上,行政保护也同样处于主要地位,在我国表现更为突出。知识产权的行政保护比知识产权的其他保护方式要具有一定的优势,下面分三个方面分析:

第一,拥有一批专业人才。知识产权制度不仅涉及法律问题,更多的是涉及专业技术方面的问题,是一门跨学科专业,不具有相应的专业知识操作起来困难是相当大的。从实际情况来看,中俄两国都建立了全世界最庞大、最复杂的行政体系,行政权力几乎渗透到了社会生活的方方面面,在自上而下的改革开放过程中扮演着重要的角色,在知识产权保护中也发挥了重要的作用。现行与知识产权执法有关的行政机关包括工商、技术监督、专利、版权、海关、公安等机关,这些机关集中了一大批懂专业、懂法律的专门执法人员,其数量多、分工细、专业知识丰富。相比之下,司法部门则没有这方面的优势。

第二,行政机关的职责决定了它对案件的处理必须是积极主动的。法院受理案件的条件必须是原告或检查机关起诉,而行政机关对知识产权违法案件的查处可以因多种形式提起,既可以由群众举报、也可以由权利人举报,绝大部分是行政机关为了履行自己的管理职责主动对违法行为进行查处。对于知识产权保护来说,行政机关的大量的、主动的执法非常重要,因为知识产权权利人受地域限制不可能知悉所有的侵权行为,而国家行政机关则可以利用其庞大的机构设置、人员对知识产权进行各种保护。我国自知识产权法律制度建立以来,行政机关查处了大量的违法案件,其数量远远超过了法院受理案件的数量,仅1999年全国各级工商行政机关就查处了各类商标违法案件

32 298 件。另外,行政机关在纠纷处理上也发挥着重要的作用,据统计,行政机关和法院受理的纠纷案件的数量比例为 4:1.6。

第三,行政保护具有一定的灵活性。有些知识产权由于条件尚不成熟,暂时不能由立法机关以法律的形式予以保护,有些情况下不需要以立法的形式保护,而只能由行政机关以行政法规、规章的形式加以保护,这些行政法规、规章在我国大量存在,例如:《软件保护条例》对软件保护作出了规定。随着科技进步,还会有新的知识产权客体出现,行政保护的灵活性正可以弥补立法滞后的不足。

综上所述,那种认为知识产权领域的纠纷解决只能走民间化、司法化的路子,知识产权行政保护应当弱化和退出的思路,则既不符合中俄两国的实际国情,也不符合知识产权领域国际规范的现实和发展趋势。例如,从 1991 年邓克尔文本的 TRIPS 协议开始,国际上已明确承认并支持行政执法在知识产权保护中的作用;1995 年和 1996 年的中美知识产权谈判及所达成的双边协定,更进一步肯定和扩大了行政执法在知识产权保护中的作用,认为它可以在较简便的程序中较迅速地制止侵权行为并阻止侵权行为扩大[①]。

2. 政府保护知识产权职能的发挥

在中俄科技合作中,政府间合作是中俄两国间科技合作的主渠道,在合作中知识产权保护也必须要国家政府参与其中,制定相应的管理规章和制度。知识产权保护在两国发展战略中具有重要意义,其特殊的重要性主要表现在:一是可以促进两国科学技术的发展,二是可能影响到国家的利益和安全。这种特殊性决定了政府参与管理与保护的必然。

政府的措施主要是进行国家间协调,缔结双边保护协议。中俄总理定期会晤委员会一年一度的科技合作分委会例会,经常保持联系,跟踪执行情况,解决存在问题,探讨合作机制;两国分别在 1996 年、1999 年、2006 年缔结了三个知识产权保护双边条约。如:1995 年 6 月,中俄两国政府签订了《中华人民共和国政府和俄罗斯联邦政府关于在信息化领域合作的协议》,其中规定:“缔约双方将根据各自国家

---

① 郑成思:《知识产权法》,法律出版社 1997 年版,第 51 ~ 52 页。

的法律以及所参加的国际条约的各种规定保证有效地保护和公平地分享本协议合作范围内合作成果的知识产权。缔约双方应同样保护在本协议范围内进行合作过程中缔约一方提供给缔约另一方的科技信息的知识产权。”2006 年 7 月，中俄两国知识产权局举行双边会晤，随后签署了备忘录。备忘录内容主要是双方愿意加强多方面合作，包括交流知识产权领域的法律信息、交流发明成果鉴定经验、交流专利信息自动化及加工整理方面的经验、交流专利文献等[①]。俄罗斯与中国还计划在“促进知识产权创新和商业化方面进行实践和经验的交流”。从 2006 年 9 月开始，中国和俄罗斯两国在打击非法盗版产品领域内开展积极合作，两国相关部门签署了关于交流打击盗版信息、法律制度建设和学习中方培训干部经验的协议[②]。

俄罗斯国家科学机构在调整知识产权的申请和保护方面起着关键性作用。主要表现为：1）充分利用内部资源、竞标、基金和预算，对创新项目进行卓有成效的支持；2）建立内部、外部知识产权保护和奖励系统。不仅对著作权，还包括社会权利；3）在由实验室小试过渡到工业化中试阶段，建立对中小型企业的组织和支持机制；4）制定知识产权转让和保护程序，保障进一步完善技术和生产规模。知识产权的转让和保护机制的建立是一项系统工程。俄罗斯专家认为，首先，需要强化国家对企业无形资产的控制，避免其闲置和流失，给国家和企业造成巨大或者不可弥补的经济损失。其次，在国家科技机构和中小企业之间建立长期的互利关系是保护和转让知识产权的重要因素。第三，中小企业与科学研究所的合作创新项目具有开发前景和经济意义。第四，在中标和获得经费后，项目的推进工作仍在继续，完成项目的规划修订和与参加者的调整同样是十分重要的环节。

---

①　参见《俄罗斯与中国有意在知识产权领域扩大合作》，载 www. xinhuanet. com，2006 年 7 月 28 日。

②　参见《中俄将确定保护版权和知识产权合作的形式》，载 www. china. cn2ru. com，2006 年 9 月 11 日。

二、中俄科技合作中知识产权保护的司法救济措施

(一)中俄知识产权司法保护制度比较

知识产权司法保护是指知识产权的权利人或国家公诉人向法院对侵权人提起民事诉讼、刑事诉讼,追究侵权人的民事、刑事法律责任,以及因当事人不服知识产权行政机关处理决定而提起的行政诉讼。2008 年 6 月,我国《国家知识产权战略纲要》发布,据此我国将对设置统一受理知识产权民事、行政和刑事案件的专门知识产权法庭,探索建立知识产权上诉法院等问题进行研究。

1. 中俄知识产权刑事保护制度比较

侵犯知识产权犯罪是伴随着知识产权制度的建立而产生的。"有权利必有救济",知识产权亦不例外。当一些严重的侵权行为开始发生,严重侵害知识产权权利人的利益,并破坏知识产权管理制度和市场秩序时,刑法以其特有的强制力维护权利人的合法权益,保障知识产权管理制度和市场经济秩序的正常运转。因此,知识产权刑法保护是在知识产权受到严重侵害情况下国家对权利人采取的救济措施。中国与俄罗斯各自拥有独特知识产权刑事保护制度,在中俄科技合作中为促进两国携手保护知识产权的行动,有必要对两国知识产权刑事保护制度进行一定的研究。

(1)立法模式

知识产权刑事保护制度是知识产权法的有机组成部分,但它同时也是刑法的组成部分。那么知识产权的刑事保护法律应当规定在刑法典中,还是规定在知识产权法律中,还是采取其他的方式,综合来看,当前各国关于知识产权刑事保护的立法模式,主要分为集中型和散在型两种①。集中型立法模式是将知识产权犯罪与其他类型的犯罪统一规定在专门的刑法典中,大陆法系的一些国家如我国、巴西、瑞典等国多以此类立法方式为主;散在型立法模式是在相应的保护知识产

① 马海生:《中法知识产权刑事保护制度比较》,载《中国欧盟知识产权法比较研究》,2005 年版。

权的法规中设置具有独立罪名和法定刑的刑法规范，普通法系的多数国家及具有成文刑法典的日本等国均采用此类立法模式。目前，散在型的立法模式更为通用，多数发达国家及一些发展中国家均采纳这种立法模式。

我国知识产权刑事立法模式属于集中型立法，侵犯知识产权犯罪集中规定在现行刑法典分则第三章即“破坏社会主义市场经济秩序罪”第7节之中，而在《著作权法》、《商标法》、《专利法》等法律中则未对侵犯知识产权犯罪的罪名、犯罪构成、刑事责任方面作出具体规定。在高新技术迅速发展的今天，我国集中型立法已滞后于社会经济生活的变迁，最终导致了2004年“两高”《关于办理侵犯知识产权刑事案件具体应用法律若干问题的解释》的出台。

俄罗斯知识产权刑事立法模式也属于集中型立法，主要集中在刑法典，知识产权法主要集中在民法典第四部分，突出了知识产权民事权利的本质，对于侵犯知识产权的刑事责任没有作出具体规定。

中俄两国都面临一个尴尬的问题：适应时代的需要，及时修改知识产权刑事法律保护的内容，有可能削弱刑法典的稳定性；而维护刑法典的稳定性，又有可能使知识产权的刑事法律规定因不能及时进行调整而滞后于社会的发展，不能有效地发挥刑事法律在知识产权保护中的应有作用。而在现代俄罗斯的知识产权保护的意义已经远远超出了创作者和权利人的权利及利益保护知识产权非法使用已涉及国家的利益，俄罗斯的盗版具有工业的性质，广泛地生产和假冒产品，对消费市场的负面影响损害了俄罗斯的企业家信誉、贸易网络、国家投资的吸引力。俄罗斯国家的任务是确保通过有效的机制，保护知识产权的活动，使权利人获得他们应得的收入和以适当的措施保障发明和创作的环境，俄罗斯刑法典的规定突出地体现了这一点[①]。

(2)保护范围

知识产权受刑法保护的范围决定了刑法介入知识产权的广度，代表着知识产权刑事保护的范畴。通过对比分析俄罗斯知识产权法典

---

① 参见：Уголовно - правовая охрана интеллектуальных прав，论文摘要，Бондарев，М. Ю.，2008年，来源：www. law. edu. ru/book/book. asp? bookID = 1307433

和我国刑法的相关规定，我们认为，总体而言，俄罗斯所规定的知识产权犯罪没有中国所规定的犯罪全面。

1）在专利权刑事保护方面

我国刑法在规定的侵犯专利权犯罪中，只有以下列四种方式假冒他人专利的行为才会构成犯罪——假冒专利罪[①]。

A）未经许可，在其制造或者销售的产品、产品的包装上标注他人专利号；

B）未经许可，在广告或者其他宣传材料中使用他人的专利号，使人将所涉及的技术误认为是他人专利技术；

C）未经许可，在合同中使用他人的专利号，使人将合同涉及的技术误认为是他人专利技术；

D）伪造或者变造他人的专利证书、专利文件或者专利申请文件的[②]。

俄罗斯联邦刑法典侵犯专利规定：非法使用发明、实用新型或工业样品，未经发明人或专利申请人的同意泄露发明、实用新型或工业样品的秘密，直至正式公布有关材料，剽窃他人发明或强迫参加共同发明，这种行为造成巨大损失的，行为人负刑事责任；多次实施，或有预谋的团伙或有组织的集团实施上述行为的，从重处罚。[③] 剽窃应该是指将他人的发现或发明以自己的名义申请发明或专利，或者以非法手段对并非本人的发现或发明取得自己名下的证书。剽窃可能通过欺骗手段、复制已经颁发证书的发现或发明以及合理化建议的方法进行。强迫参与合作可能是以降职、对已进行的工作不提供合法报酬相威胁，或许诺进行奖励等方法要求作者将实验室、处、研究所、主管部门领导人的名字列入合作者的名单。不经发明人或专利申请人的同意泄露发明、实用新型或工业样品的秘密直到正式公布有关的材料必须是以任何形式（讲演、出版物、广播、电视等）公开。

---

① 我国《刑法》第216条：假冒他人专利，情节严重的，处三年以下有期徒刑或者拘役，并处或者单处罚金。

② 我国《关于办理侵犯知识产权刑事案件具体应用法律若干问题的解释》第10条。

③ 黄道秀译：《俄罗斯联邦刑法典释义（上册）》，中国政法大学出版社2000年版，第380页。

2)在著作权刑事保护方面

根据我国刑法的规定,可能构成侵犯著作权罪的行为包括:未经著作权人许可,复制发行其文字、音乐、电影、电视、录像作品,计算机软件及其他作品的行为,出版他人享有专有出版权的图书的行为,未经录音录像制作者许可,复制发行其制作的录音录像的行为,制作、出售假冒他人署名的美术作品的行为,以及以营利为目的,销售明知是前述四种行为所制造的侵权复制品的行为[①]。可见,能受到刑法保护的著作权和邻接权包括著作权人的复制权、发行权,出版单位的专有出版权,录制者对录制品的复制权、发行权,以及美术作品作者的署名权。

对于侵犯著作权和邻接权《俄罗斯联邦刑法典》规定:1. 非法利用著作权或邻接权的客体,以及剽窃他人作品,如果这种行为造成重大损失的,处数额为最低劳动报酬 200 倍至 400 倍或被判刑人 2 个月至 4 个月工资或其他收入的罚金,或处 180 小时至 240 小时的强制性工作,或处 2 年以下的剥夺自由。2. 多次实施,或有预谋的团伙或有组织的集团实施上述行为的,处数额为最低劳动报酬 400 倍至 800 倍或被判刑人 4 个月至 8 个月工资或其他收入的罚金,或处 4 个月以上 6 个月以下的拘役,或处 2 年以上 5 年以下的剥夺自由[②]。

通过对两国的立法进行比较,可以看出:

A)我国给予署名权一定的保护,其他精神权利均不受保护;俄罗斯刑法在精神权利保护方面没有规定。

B)我国在著作财产权方面,只要达到追诉标准,任何违法复制发行作品的行为均会构成犯罪,俄罗斯立法者没有全部列举侵害的方式,而只是规定,对著作权和邻接权的侵犯可以表现为非法利用著作权的客体以及剽窃他人的作品。非法利用著作权或邻接权包括:“加工”他人的作品,这种所谓加工并不使新作品具有任何艺术或科学的独立性;强制进行合作(强制作者同与作品的创作没有关系的人进行

---

① 参见我国《刑法》第 217、218 条。

② 参见《俄罗斯联邦刑法典》146 条,黄道秀译:《俄罗斯联邦刑法典释义(上册)》,中国政法大学出版社 2000 年版,第 381 页。

合作),非法复制他人的作品(再版而不通知作者,删除部分作品,对作品加注和说明)。这也包括违背作者意志非法传播他人作品(销售、公开演出、表演)。在俄罗斯最新修改的刑法中把盗版行为列为重罪。剽窃他人作品是指以自己的名义全部或部分出版他人的作品;以自己的名义出版与他人合作的作品,而不指出合作者的姓名。

C)在我国,对软件作品的刑事保护力度同其他作品保持一致,没有特别规定;数据库如果能构成汇编作品则受到同其他作品相同力度的保护,也没有特殊之处。俄罗斯刑法则直接把软件与数据库等同于著作予以保护。

D)对邻接权提供刑事保护的广度。我国仅对录音录像制品提供刑事保护,并且仅涉及录音录像制品的复制发行(包括网络传播录音录像制品);俄罗斯侵犯邻接权的受害人可能是演出人、录音制作人、无线广播组织和有线广播组织。

E)在我国,一切销售侵权复制品的行为都构成侵权,不包括进出口。俄罗斯则包括进出口行为。

综合来看,两国的立法都侧重于对著作权任何邻接权人的商业利益给予刑事保护;俄罗斯还突出显示了对新兴产业的发展给予特殊的、更大力度的保护,我国立法看不出这一点,倒是显现出对传统出版单位的特殊保护。

3)在商标权刑事保护方面

在我国,只有下列三种行为才可能构成侵犯商标权犯罪:①未经注册商标所有人许可,在同一种商品上使用与其注册商标相同的商标的行为;②销售明知是假冒注册商标的商品的行为;③伪造、擅自制造他人注册商标标识或者销售伪造、擅自制造的注册商标标识的行为[①]。

---

① 我国《刑法》第 213 条:未经注册商标所有人许可,在同一种商品上使用与其注册商标相同的商标,情节严重的,处 3 年以下有期徒刑或者拘役,并处或者单处罚金;情节特别严重的,处 3 年以上 7 年以下有期徒刑,并处罚金。第 214 条:销售明知是假冒注册商标的商品,销售金额数额较大的,处 3 年以下有期徒刑或者拘役,并处或单处罚金;销售金额数额巨大的,处 3 年以上 7 年以下有期徒刑,并处罚金。第 215 条:伪造、擅自制造他人注册商标标识或者销售伪造、擅自制造的注册商标标识,情节严重的,处 3 年以下有期徒刑、拘役或者管制,并处或者单处罚金;情节特别严重的,处 3 年以上 7 年以下有期徒刑,并处罚金。

就商标权的刑事保护而言,我国与俄罗斯相关规定的区别在于:

A)俄罗斯刑法保护商品商标、服务商标、商品原产地名称,我国保护的注册商标范围要比俄罗斯范围广,同时还包括证明商标和集体商标。

B)我国刑法要求仅限于在同类商品上使用相同商标才可能构成犯罪;俄罗斯刑法还包括使用与注册商标相类似的标识。

C)俄罗斯刑法构成犯罪的情形还包括多次使用他人商标、团伙或有组织侵犯商标权、使用在外国注册的商标,我国没有直接的规定。两国刑法都把情节严重作为侵犯商标权的要件。

D)在我国,伪造、擅自制造他人注册商标标识或者销售伪造、擅自制造的他人注册商标标识可能构成犯罪,俄罗斯没有此规定。

我国刑法所规定的保护对象应进一步改进,至少应当扩大假冒商标犯罪的范围。应当将假冒商标犯罪的行为扩展至在同类商品上使用近似商标、在类似商品上使用相同或近似商标的行为;假冒商标犯罪应当包括假冒服务商标行为;反向假冒行为也应规定为犯罪。

4)在商业秘密权刑法保护方面

我国的知识产权法保护商业秘密,它既包括技术秘密也包括经营秘密。刑法也对商业秘密提供了保护,规定以盗窃、利诱、胁迫或者其他不正当手段获取权利人的商业秘密,披露、使用或者允许他人使用非法获取的权利人的商业秘密,违反约定或者违反权利人有关保守商业秘密的要求,披露、使用或者允许他人使用其所掌握的商业秘密,及明知或者应知他人的商业秘密为采用前述所列手段获得,仍然获取、使用或者披露该商业秘密的行为构成犯罪①。

俄罗斯刑法典对商业秘密没有作出保护规定。

(3)犯罪构成

我国是以危害结果为强制性要件,而不是采用行为犯立法模式。

---

①　参照刑法第 219 条。有上述侵犯商业秘密行为之一,给商业秘密的权利人造成重大损失的,处 3 年以下有期徒刑或者拘役,并处或者单处罚金;造成特别严重后果的,处 3 年以上 7 年以下有期徒刑,并处罚金。

一种是以"销售金额"或"违法所得数额"为要件[①];另一种以侵权行为"情节严重"或给权利人"造成重大损失"为要件[②]。情节严重主要包括行为人的销售数额,但还有其他方面,如受过行政处罚然后从事侵犯知识产权的行为。

按照最高人民检察院、公安部《关于经济犯罪案件追溯标准的规定》(2001 年 4 月 18 日)和"两高"《关于办理侵犯知识产权刑事案件具体应用法律若干问题的解释》,假冒注册商标罪犯罪构成中的"情节严重"主要从以下几个方面判断:1)行为人非法经营数额、是否假冒他人驰名商标或者人用药品商标、是否因假冒他人注册商标受过行政处罚两次以上但又假冒他人注册商标或者是否造成其他恶劣影响[③];非法制造、销售非法制造的注册商标标识罪犯罪构成中的"情节严重"主要从以下八个方面判断:行为人非法制造、销售非法制造的注册商标标识的数量、违法所得或者非法经营数额、是否非法制造、销售非法制造驰名商标标识、是否因非法制造、销售非法制造注册商标标识受过两次以上的行政处罚而又从事该违法行为、是否利用贿赂等非法手段推销非法制造的注册商标标识[④];假冒专利罪犯罪构成中的"情节严重"主要从以下几个方面判断:行为人违法所得数额、侵权行为给专利权人造成的直接经济损失数额、是否因假冒专利行为受到过两次以上的行政处罚而又假冒他人专利、是否有恶劣影响[⑤]。依据最高人民法院《关于审理非法出版物刑事案件具体应用法律若干问题的解释》,构成侵犯著作权罪所要求的"情节严重"主要从以下几个方面判断:行为人是否因实施该违法行为被追究过两次以上民事或行政责任、行为人非法经营数额或者其他情节。

---

① 参见我国刑法第 214 条规定。

② 参见我国刑法第 216 条规定。

③ 参见《关于经济犯罪案件追溯标准的规定》,第 61 条、假冒注册商标案(刑法第 213 条)。

④ 参见最高人民检察院、公安部《关于经济犯罪案件追溯标准的规定》:第 63 条、非法制造、销售非法制造的注册商标。

⑤ 参考最高人民检察院、公安部《关于经济犯罪案件追溯标准的规定》:第 64 条、假冒专利案(刑法第 216 条)。

《俄罗斯联邦刑法典》规定:对侵犯著作权和邻接权的只有在对受害人造成重大损失时才追究刑事责任。必须有受害人的重大损失发生,这是俄罗斯侵犯知识产权犯罪的构成要件。这一犯罪所造成的损失可能是物质的,也可能是侵犯公民的宪法权利。物质损失可以是所有权的实际损失和预期利益的损失(例如,没有得到作者本应依法得到的一定金额的金钱)。重大损失的标准是:公民宪法权利受侵犯的程度;公民所遭受的物质损失的性质和数额。近年来的审判实践承认超过俄罗斯联邦立法规定的最低工资额10倍的损失是重大损失。在认定侵犯商标权犯罪上,俄罗斯规定多次非法使用也可构成犯罪。多次实施、有预谋团伙或有组织集团犯罪都是从重处罚的情节。

侵犯知识产权的犯罪主体。中俄两国是相同的,具有刑事责任能力的自然人、法人都可以成为犯罪主体。俄罗斯刑法典规定:犯罪的主体可以是年满16岁的个人身份的人。公职人员出于贪利的动机或其他个人利害关系侵犯著作权的,应该承担滥用职权的责任(第285条)或依照刑法典第201条承担滥用权力的责任。

侵犯知识产权犯罪的主观方面。我国刑法对知识产权犯罪规定通常要求行为人有主观上的故意;多数不要求行为人有营利目的。但刑法规定的侵犯著作权犯罪要求行为人具备营利目的的才构成犯罪[①]。依据《俄罗斯联邦刑法典》规定:犯罪的主观方面是故意的。如:犯罪人意识到他是非法利用著作权和邻接权的客体,或者是剽窃他人的作品,预见到可能造成重大损失,并希望或放任这种后果发生。犯罪的动机和目的不是主观方面的必要要件。犯罪的动机和目的可能是虚荣心、贪利、羡慕、仇恨等等。俄罗斯刑法对于著作权犯罪没有把行为人具备营利目的作为犯罪构成要件。

(4)刑罚设置

我国的刑法典通常规定侵犯知识产权犯罪处不超过3年的有期

---

① 我国《刑法》第217条规定:以营利为目的,有下列侵犯著作权情形之一,违法所得数额较大或者有其他严重情节的,处3年以下有期徒刑或者拘役,并处或者单处罚金;违法所得数额巨大或者有其他特别严重情节的,处3年以上7年以下有期徒刑,并处罚金。第218条规定:以营利为目的,销售明知是本法第217条规定的侵权复制品,违法所得数额巨大的,处3年以下有期徒刑或者拘役,并处或者单处罚金。

徒刑,有加重情节的可以处最高7年的有期徒刑。就中俄两国所规定的刑期来看,中国的刑罚比俄罗斯的刑罚要严厉。俄罗斯知识产权犯罪大部分为轻罪,一般不超过5年。只是在2007年4月,迫于国内外压力,俄罗斯总统普京签署了《俄罗斯联邦刑法典》修正案,该修正案加重了对侵犯版权及相关权的惩罚。根据法律,今后盗版者将面临6年监禁的严惩,而盗版行为也被划入重罪范畴。俄罗斯也有从重情节的规定,如:多次实施或有预谋的团伙或有组织的集团实施的,依照俄罗斯刑法典关于保护专利权与著作权的规定,是加重责任的要件。

中俄两国都重视罚金刑的应用,刑法中都有相关规定。我国在刑事上采用限额罚金制或倍比罚金制。《俄罗斯联邦刑法典》对于侵犯专利权与著作权的,处数额为最低劳动报酬200倍至400倍或被判刑人2个月至4个月工资或其他收入的罚金,对于多次实施,或有预谋的团伙或有组织的集团实施犯罪的,加重处罚。

特殊刑罚的应用。我国刑法规定了附加刑即剥夺政治权利,对于知识产权犯罪而言,该刑罚的针对性也不强,附加刑主要适用于重罪。俄罗斯刑法典在关于处罚侵犯著作权与专利权犯罪的规定中,同时可以选择适用强制性工作或拘役,我国刑法没有关于强制性工作的规定。如:对于侵犯著作权及邻接权造成重大损失的,对侵权人可以处180小时至240小时的强制性工作。另外,我国刑事诉讼法规定了刑事被害人损害赔偿制度采用刑事附带民事诉讼制度,附带民事诉讼的审理范围不包括精神损害赔偿。《刑事诉讼法》第77条规定:"被害人由于被告人的犯罪行为而遭受物质损失的,在刑事诉讼过程中,有权提起附带民事诉讼。""人民法院在必要的时候,可以查封或扣押被告人的财产。"刑事诉讼法及相关司法解释对该刑事附带民事诉讼的提起、审理、范围等作了规定。

综上所述,中俄两国在知识产权的刑事保护方面存在诸多的差异,在中俄科技合作联手保护知识产权的过程中必须重视这些问题,以保障科技合作顺利进行。一方面两国应通过与国际接轨,完善刑事立法,逐渐消除两国间存在的立法差异,另一方面应重视相互的沟通与协调,及时互通信息和解决执行中出现的问题,使两国刑法发挥最佳的震慑侵犯知识产权犯罪的效果。

中俄虽然签署了知识产权保护协定和司法协助协定，但在打击侵犯知识产权犯罪实际行动中还应当注意以下问题：

1）在定罪标准上，我国刑法规定的侵犯著作权犯罪要求行为人具备营利目的的才构成犯罪，而俄罗斯没有此种规定。

2）在量刑上，俄罗斯刑法将"有预谋的团伙或有组织的集团实施"规定为从重情节，而我国刑法没有这种规定。

3）俄罗斯刑法特别强调了公职人员侵犯著作权的，应该承担滥用职权的责任，而我国对此没有特殊的规定，只是规定单位犯罪单位负责人应当承担个人刑事责任。

4）俄罗斯刑法在侵犯商标权和商业秘密方面的规定没有我国详细或没有具体规定，这都是应当注意的地方。

2. 中俄知识产权民事司法保护制度比较

（1）归责原则

知识产权侵权的民事责任是指民事主体违反知识产权法律而依法应当承担的民事法律后果。民事责任以恢复被侵害的民事权益为目的，大多不具有惩罚性，只是使受害人恢复到原来的财产和精神状况[①]。知识产权侵权民事责任的归责原则有三种不同的学说"过错责任原则"、"无过错责任原则"和"折衷说"[②]。

依据我国《民法通则》第 106 条之规定，我国在侵犯知识产权的归责原则上采用的以过错责任为原则，无过错责任原则为例外的做法。根据我国《民法通则》和几部知识产权法的规定，我国知识产权侵权损害赔偿的归责原则主要为过错责任原则和一定条件下的过错推定原则。过错责任原则的含义是：以行为人主观上的过错作为构成责任的必要条件，有过错即有责任，无过错即无责任。其中过错推定原则在处理知识产权等侵权赔偿纠纷中起着极为重要的作用。如：《著作权法》第 52 条规定：复制品的出版者，制作者不能证明其出版、制作有合法授权的，复制品的发行者或电影作品或以类似摄制电影的方法制作

① 佟柔：《中国民法》，法律出版社，1990 年版，第 48 页。

② 宋建文：《TRIPS 侵权行为归责原则与中国知识产权司法保护》，吉林大学 2004 年论文，载中国知网硕士学位论文全文数据库。

的作品,计算机软件、录音录像制品的出租者不能证明其发行、出租的复制品有合法来源的,应当承担法律责任。该条款所规定的即是过错推定归责原则。《商标法》第 56 条第 3 款也规定:销售不知道是侵犯注册商标专用权的商品,能证明该商品是自己合法取得的并说明提供者的,不承担赔偿责任。

根据俄罗斯刑法典规定,知识产权侵权的归责原则采用过错责任原则。即行为人主观上必须有过错,并且要有损害事实、侵权人行为违法、行为人的行为与损害事实存在因果关系。

(2)知识产权民事侵权责任构成要件

依据我国民法、知识产权法相关规定,在通常情况下,知识产权侵权损害赔偿责任的构成要件有四个,即:损害事实、行为违法、行为人的行为与损害事实的因果关系和行为人的主观过错[①]。损害事实是指因侵权造成知识或知识财产损害的客观事实,包括知识产权人因侵权所造成的有形财产的损失和对非财产的精神利益的损害。行为违法是指民事主体的行为违反了民法、知识产权法等相关的法律规定。行为人主观过错的心理状态一般包括主观故意和过失两种形式,前者的举证责任由权利人承担,后者的举证责任,在知识产权领域中,一般适用过错推定原则,由行为人举证,只要其对自己无过错举不出证据或者举证不充分,行为人即要被认定为有过错。

根据俄罗斯民法典规定,知识产权侵权责任构成要件包括:过错、损害、过错行为与损害事实之间的因果关系。

(3)侵权责任

我国知识产权侵权的民事责任主要是采用民事制裁手段,即停止侵害、赔礼道歉、赔偿损失、消除影响等。我国法院对于侵犯著作权或者与著作权有关的权利的,可以没收违法所得、侵权复制品以及进行违法活动的财物。对于侵犯专利权的,人民法院可以根据专利权的类型、侵权行为的性质和情节等因素,确定给予 1 万元以上 100 万元以下的赔偿。

---

① 杨波:《中外知识产权侵权法律问题比较研究》,大连海事大学 2003 年论文,载中国知网硕士学位论文全文数据库。

俄罗斯法院认定被告的行为构成侵权后，侵权责任人应承担的经济赔偿责任包括支付损害赔偿金（包括惩戒性赔偿金）、侵权获利、判决前后的利息、诉讼支出、销毁侵权产品的支出等费用。在诉讼中，权利人可请求法院判令销毁侵权物品，根据判决，侵权人负有销毁侵权物品的责任。

3. 中俄知识产权行政保护的司法审查制度比较

知识产权司法保护的另一项重要内容就是司法对行政行为的审查，即司法审查[①]。司法审查是通过行政诉讼来实现的。知识产权行政诉讼，就是对知识产权行政管理机关所做出的行政行为进行审查，通过对违法行政行为的纠正或者否定，以保护与行政机关相对的公民、法人的合法权益。我国司法审查制度是在加入 WTO 后，按照 TRIPS 协议的规定，修改了各项知识产权立法，增加了对各种行政确权行为的司法审查的内容。它的意义在于加强了对知识产权保护的力度。原来行政机关终决制改为司法终审制，使权利人及义务人有机会寻求司法救济，以达到更加公平、公正、透明的目的。由于立法的修改，也使我们的司法审查活动成为知识产权司法保护的重要内容之一，使人民法院的司法保护知识产权范围更广，意义更大[②]。由于其在特定情形下保护知识产权利益功能的现实性，知识产权行政诉讼仍然是不可或缺的司法平衡方式之一。

俄罗斯于 1998 年颁布了《关于俄罗斯最高法院设置司法行政局的法律》，在联邦最高法院设置司法行政局，管理司法行政业务；最初，《民事诉讼法》以限定方式设置了行政审判程序，由普通法院管辖，随着行政诉讼的增多，2001 年 12 月制定了新行政违法行为法——《俄罗斯联邦行政违法法典》。2003 年 7 月对其修改补充[③]。对于行政违法行为案件，引入了准刑事诉讼各项原则。

从立法上看，我国是以单行法形式规范行政诉讼，俄罗斯是以法

① 程永顺：《中国专利诉讼》，知识产权出版社 2005 年版，第 5 页。

② 徐家力：《我国知识产权司法保护目前存在的问题及对策》，载《法律适用》（月刊），2006 年 3 期。

③ 范纯：《论俄罗斯的司法改革》，载《俄罗斯中亚东欧研究》，2007 年第 2 期。

典形式立法。从机构设置上看，俄罗斯设立司法行政局管理行政诉讼业务，我国是法院系统从上至下设立行政审判庭管理行政诉讼。

（二）中俄科技合作中知识产权保护司法救济的基本形式

1. 中俄科技合作中知识产权保护的民事保护措施

我国宪法的2004年修正案，明确了对私有财产的保护，这在国内外均引起了巨大的反响。

作为私权的知识产权，是私有财产权的一部分①。民法是调整私有财产权的基本法律，而从本质上讲知识产权是一种民事权利，所以民法在知识产权保护中发挥着重要的作用。通过民事诉讼，可以给予权利人以下的救济措施：

（1）责令停止侵害。请求停止侵害，既包括请求停止已经产生的侵害，也包括可能出现的侵害。我国《著作权法》第47条规定："有下列侵权行为的，应当根据情况，承担停止侵害、消除影响、赔礼道歉、赔偿损失等民事责任……。"根据《专利法》第61条的规定，专利权人或者利害关系人可以向人民法院提出诉前责令被申请人停止侵犯专利权行为的申请。提出申请的利害关系人，包括专利实施许可合同的被许可人、专利财产权利的合法继承人等；申请人提出申请时，应当提交法律规定的相关证据；申请人提出申请时应当提供担保，申请人不提供担保的，驳回申请；申请人不起诉或者申请错误造成被申请人损失，被申请人可以向有管辖权的人民法院起诉请求申请人赔偿，也可以在专利权人或者利害关系人提起的专利权侵权诉讼中提出损害赔偿的请求。2008年我国《最高人民法院关于审理注册商标、企业名称与在先权利冲突的民事纠纷案件若干问题的规定》第4条规定：被诉企业名称侵犯注册商标专用权或者构成不正当竞争的，人民法院可以根据原告的诉讼请求和案件具体情况，确定被告承担停止使用、规范使用等民事责任。

（2）赔偿损失。请求赔偿损失，是一种"债权之诉"，即当知识产

---

① 郑成思：《我国知识产权保护的定位与路径》，载《检察日报》，2005年7月18日第5版。

权受到损害时权利人可以请求侵权人支付一定数额的金钱予以赔偿。在侵犯知识产权之诉中，不存在恢复损害事实未曾发生的原状可能，所以损害补偿即意味着金钱赔偿。关于知识产权的损害赔偿额，有两种计算方法：一种是按侵权人在侵权期间因侵权行为所获得的利润计算，另一种是按权利人在侵权期间因被侵权所受到的损失计算。如果权利人的实际损失和侵权人非法所得不能确定的，一些国家的相关制度还规定法定赔偿数额，即由法官根据侵权行为的社会影响、侵权手段和情节、侵权时间和范围以及侵权人的主观过错程度，判决给予一定数额金钱的赔偿[①]。

(3)诉前临时保全措施。在侵权纠纷发生后，诉讼程序开始前，为了避免可能因纠纷当事人一方的原因使另一方的权利得不到法律保护或其合法权益受到难以弥补的损害，而且法院根据一方当事人的申请采取的保全措施。临时措施包括：证据保全措施、财产保全措施。《商标法》规定，商标注册人或者利害关系人有证据证明他人正在实施或者即将实施侵犯其注册商标专用权的行为，如不及时制止，将会使其合法权益受到难以弥补的损害的，可以在起诉前向人民法院申请采取责令停止有关行为和财产保全的措施。《商标法》第 58 条规定，为制止侵权行为，在证据可能灭失或者以后难以取得的情况下，商标注册人或者利害关系人可以在诉前向人民法院申请保全证据。人民法院可以责令申请人提供担保，申请人不提供担保的，驳回申请。申请人在人民法院采取保全措施后 15 日内不起诉的，人民法院应当解除保全措施。《最高人民法院关于诉前停止侵犯注册商标专用权行为和保全证据适用法律问题的解释》第 4 条规定了申请人在向人民法院申请临时禁令时，应当提交两方面证据，证明其享有诉讼权利的证据和证明侵权行为正在实施或者即将实施的证据。为防止侵权人在专利权人起诉之前转移、毁灭证据，2009 年第三次修改后的专利法增加了诉前证据保全的规定。

(4)消除影响、赔礼道歉[②]。这是对于侵权情节轻微的处理规定。

---

① 吴汉东：《知识产权保护论》，载《法学研究》，2000 年第 1 期。

② 参见《中华人民共和国著作权法》第 47 条规定。

《俄罗斯联邦民法典》在第1251条规定了保护非物质性权利的方法,其中包括:对权利的认定;恢复权利被侵犯前的状况;制止违法行为并对违法行为建立预防措施;精神损害赔偿;对损害行为司法裁决的公开化。除此之外,《俄罗斯联邦民法典》第1252条对特别权利保护的方法作了列举(对权利的认定;制止违法行为和建立预防危害行为的预防措施;对商标保护的无效认定;赔偿损失;禁止对具智力活动成果和专利的物质载体的版权的侵犯;对损害行为司法决议的公开化;对侵犯特殊权利的赔偿)。

对损害智力活动成果(专利)的特别保护权的补偿,是作为对权利人知识产权保护特别方式提出的。上述方法的特别之处在于,在法律直接规定之下,这种方式可以对个别的知识产权客体直接采取保护措施。从而取代导致损害后果时的赔偿。根据新的立法规定,补偿的适用条件是:1)损害权利人特别权的事实存在(第1301条);2)损害权利人混合权利事实存在(第1311条);3)非法使用商标(第1515条);4)非法使用商品的原产地证明。《俄罗斯联邦民法典》第四部分对侵犯特别权的物质补偿标准规定了两种认定方式(第1301,1311,1515,1537条):1)根据法院裁决赔偿金额从1万到500万卢布;2)根据非法使用商标和原产地证明产品、摄影作品或商品数量价值,或者根据使用产品、混合权利客体的价值以及合法使用权利客体的可比价格的商标价值来判定。补偿的尺度还要根据法院依法的认定以及基于理性和正义的要求,损害行为性质和其他情况认定。

2. 行政司法保护措施(司法审查)

行政司法保护即是司法审查制度,其实质上是一种对行政的救济措施。知识产权行政救济是指法院依法审理不服知识产权行政机关处理的当事人提起的行政诉讼,进行行政执法的司法审查,使各方当事人的合法利益都得到切实的保护①。我国《商标法》53条规定,当事人对行政机关处理决定不服的,"……可以自收到处理通知之日起十五日内依照《中华人民共和国行政诉讼法》向人民法院起诉;侵期满不

① 《关于当前知识产权司法保护国际发展趋势及我国应采取的对策的专题调研分析》,载公文文秘资源网,2007年11月16日。

起诉又不履行的，工商行政管理部门可以申请人民法院强制执行。”专利法、著作权法都有类似的规定，这是行政司法保护的立案依据。在现代法治社会中，司法审查备受重视，因为它是法治国家的基本理念之一。事实上司法救济的范围和发达程度是衡量一个国家法治发展水平的基本标尺之一[①]。为保护公民、法人或其他弱势方的合法权益，只有通过对行政机关行政行为的司法审查控制，才能制约权力滥用，提高司法机关自身地位。俄罗斯最高法院成立了专门机构对知识产权的行政司法审查进行管理。

3. 刑事保护措施

在俄罗斯，侵犯知识产权的犯罪活动十分严重，同时据国际反盗版联盟(IACC)统计，在俄罗斯，严重违法的侵权产品的生产能力从2003年的3.3亿张增长到2005年的4.88亿张[②]。国际知识产权联盟估计，俄罗斯75%的严重违法侵权产品不仅在俄罗斯市场流通，还销往国外，尤其是周边国家[③]。据《中国知识产权犯罪统计表》[④]显示，中国国内知识产权犯罪日益增长，1994年前后，中俄两国的贸易曾受到侵权产品的严重影响，两国边境上的侵犯知识产权犯罪非常严重。2007年4月通过的《俄罗斯联邦刑法典》修正案，加重了对侵犯版权及相关权的惩罚。根据法律，今后盗版者将面临6年监禁的严惩，而盗版行为也被划入重罪范畴，生产、运输和保存成批盗版音像制品将构成刑事案件。

我国刑法对侵犯知识产罪也作出了详细的规定，1997年修订的我国刑法在第三章“破坏社会主义市场经济秩序罪”中专列第七节“侵犯知识产权罪”，从第213条到第220条规定了涉及商标、专利、著作权和商业秘密等四类七种罪名，并可以对罪犯处以有期徒刑、拘役、管制、罚金等各种刑事处罚。一般而言，有期徒刑与罚金是两类最基本

① 孔祥俊：《WTO知识产权协定及其国内适用》，法律出版社2002年版，第368页。

② 任磊石编译：《俄罗斯加大打击盗版侵权力度》，载《公安研究》，2003年第5期。

③ Inrelleetualp pertyonInnanadRussia，来源于美国2004年301报告调查节选（英文版）。

④ 高超：《当前我国知识产权犯罪统计数据分析及预测》，载《中国人民公安大学学报》，2005年第2期。

的刑事救济措施[①]。1998 年最高人民法院制定了《非法出版物案件解释》,明确了有关著作权犯罪的定罪量刑标准。2001 年发布的《最高人民检察院、公安部关于经济犯罪案件追诉标准》就著作权犯罪以外的其他侵犯知识产权罪的追诉标准作了规定。刑法第三章第七节和这两个司法解释构成了目前我国知识产权刑事司法保护最主要和最基本的法律依据。另外,刑法第三章第一节规定的生产、销售伪劣商品罪以及 2001 年发布的《最高人民法院、最高人民检察院关于办理生产、销售伪劣产品刑事案件具体应用法律若干问题的解释》也适用于部分知识产权犯罪案件,主要是商标犯罪案件。俄罗斯联邦刑法第 146、147、180 条对侵犯知识产权的刑事犯罪作出规定,包括了对著作权、发明专利权、商标权的保护。

三、中俄科技合作中知识产权保护的其他选择

(一)中俄科技合作主体(企业或个人)之间的私力救济

作为科技合作方的中俄企业,可以采取下列方式保护知识产权:

1. 在合同中设立知识产权保护条款或签订保护协议。中俄企业在科技合作中为保护各自的知识产权应作出专门详细规定。我国《关于国际科技合作项目知识产权管理的暂行规定》第 11 条规定:“项目承担单位在与外国合作方签订项目合作协议时,应按照本规定在项目合作协议中设立知识产权专门条款或者双方另行签署专门的知识产权协议,……”其内容应包括以下几个主要方面:1)知识产权保密规定和其他的保护程序性规定;2)科技合作智力成果的归属及申请程序;3)知识产权许可、转让的权利、义务内容;4)合作方协调保护知识产权等方面的其他权利、义务;5)违约责任。

订立保密合同,以合同形式约束相关人员。与员工订立保密合同或保密协议,加重员工的保密义务是企业保护知识产权,特别是商业秘密的必然选择。企业可通过合同形式规定员工在职时的保密义务,并强调员工在职和离职后所要承担的竞业避止义务。此外,还要同生

① 李明德:《美国知识产权法》,法律出版社 2003 年版,第 255 页。

产经营活动中相关的业务伙伴，如代理商、供应商、销售商，还有技术转让中的接受方订立保密合同，双方约定保密范围、保密期限、保密措施等，并规定承担保密义务的一方当事人如违反上述保密约定，将承担违约责任[①]。

2. 专门机构、专门人员保护知识产权。《暂行规定》第5条规定："国际科技合作项目的承担单位（以下简称"项目承担单位"）应当建立和完善知识产权管理制度，加大知识产权工作经费投入，设立专门的知识产权工作机构、配备专门人员或者委托知识产权中介服务机构负责项目的知识产权管理和保护工作，……"知识产权管理部门的人员应该具有理工科及法律等方面的专业知识。其职责主要包括：专利申请，对可能泄露、侵犯知识产权的行为进行监督、分析、警告、谈判和诉讼，对现有和已获得的信息、专利进行管理，处理其他知识产权纠纷，业务上与各级专利法院和联邦的联系，技术合作与技术许可、组织许可谈判并签订有关知识产权的合同等[②]。知识产权管理专门部门应进行分层交叉管理：知识产权部门的主要事务包括申请、登记、缴费、续展、专利检索、知识产权许可、转让谈判、处理纠纷、进行教育培训、制定规章制度等等。对本企业知识产权的管理不能大一统，而应当在了解各种知识产权制度利弊的基础上选择对企业最为有利的方式，形成多角度的管理机制。比如专利的保护力度较强，但是保护期限有限，而商业秘密在期限上没有限制，但是保护较弱。在这种情况下，企业就可以针对实际情况，将部分技术作为商业秘密管理，同时配合公开的专利管理，以实现技术的垄断和市场的独占。再比如对于一些代表企业形象的设计，既可以注册商标，也可以进行著作权登记，还可以申请外观设计的专利。因此，知识产权管理并不是简单的凡是技术类的就申请专利凡是标识类的就申请商标，而是分层交叉管理，利用不同知识产权的优势，使企业的利益达到最大化。

---

① 鄂眉：《制度措施+保密合同+法律武器保护商业秘密重在人员管理》，载《中国医药报》，2004年11月16日。

② 徐新、相丽君：《职能视角下的企业知识产权管理》，载《科技管理研究》，2008年第8期。

3. 改进、完善保密制度和措施。针对商业秘密的流失大多通过内部人员窃取或泄露的实际情况，企业应加强内部管理，建立健全相关保密规章制度。如规定保密的级别、范围，明确知密岗位的保密责任；加强商业秘密档案管理，实行统一管理，分级保管，并严格执行档案借阅制度；建立监督保障措施，有关岗位要设立专、兼职人员监督；企业管理层有专人负责并经常检查工作，从而有效防止企业内部人员盗窃、泄露商业秘密事件发生。另外，还要建立监控设施，以防范外部人员的不正当行为。为了防止外部人员借参观访问、联系业务之机窃取商业秘密，企业应对外来人员实施监控，如进入企业要登记、禁止外来人员在企业内随意走动、重点区域实行封闭管理或禁止参观等，有条件的企业可设置屏幕监控系统，对重点区域进行重点监督控制。

4. 加强教育，提高全体员工的知识产权保护意识。作为特殊财产，科研成果在研发生产过程中充满着知识创新、产品开发等知识产权内容，因此企业应教育全体职工充分认识知识产权的价值，熟知其内容及对企业生存与发展的重要作用，并了解商业秘密具有易流失性及保护难的特征，增强全体员工自觉保护知识产权的意识。普及相关法律知识，使员工了解侵犯知识产权，特别是商业秘密的违法性质和处罚原则，自觉遵守保密规则，不断提高职业道德水平，共同担负起保护企业知识产权的责任。

5. 建立知识产权评估制度。高新技术企业对其拥有的无形资产应当定期进行评估，因为无形资产是高新技术企业总资产的重要组成部分，对其进行评估，有利于及时掌握企业资产的变化，调整企业发展战略。

6. 充分利用知识产权信息，建立知识产权检索和检验制度。企业应建立网络化的知识产权信息系统，收集、整理、研究和利用知识产权情报信息，并充分利用政府部门构建的知识产权信息网络，重点是专利文献的研究和利用，通过对专利文献的系统分析、综合比较，跟踪预测科技动态、行业动态和市场走向，弄清竞争对手技术发展动向和该技术领域的发展趋势，监视与企业有关的国内外专利申请动向，明确自己的主攻方向，超前介入未来起主导作用的技术领域。高新技术企业在产品研发、生产、销售的各个阶段都要进行全面的知识产权检索和检验，以防止盲目开发，避免侵犯他人的知识产权。高新技术企业在进行新产品的研发之前，应由知识产权部门利用专利公告、商标公告等途径，对相关专利、近似商标进行全面检索，将详细报告提供给研发部门，避免重复研发造成研发经费的浪费。知识产权的检验制度是指产品在生产过程中，或者是生产之后上市之前，由知识产权部门对其中的知识产权相关问题进行全面检验，防止在产品中隐含侵权瑕疵。对产品进行知识产权检验不但是尊重他人的知识产权，更是出于保护本企业利益的需要。

7. 运用法律武器，保护企业的知识产权。知识产权的保护不但要靠采取以上所述各种保密措施加强管理，而且一旦此后发生泄露或被他人不正当披露、使用的情况，也应积极寻求法律保护，以保护自己的合法权益，避免企业遭受更大损失。应当建立知识产权侵权纠纷应对制度，一方面，在日常生产销售中设立预防机制，尽量避免侵权纠纷的发生；另一方面，一旦侵权纠纷发生，能够迅速作出反应，防止损害后果的扩大，减少损失，维护自己的合法权益。目前，我国与世界上大多数国家一样，通过《反不正当竞争法》、《劳动法》、《合同法》等法律、法规保护知识产权。侵犯他人知识产权情节特别严重者，如构成犯罪，即可依据《刑法》加以惩处。

（二）中俄科技合作中知识产权保护的民间救济

1. 科技中介机构。在中俄科技合作中中介机构参与其中，根据有偿转让和互利互惠的原则，保障合作双方的知识产权利益，并以合同的形式加以确立，从而避免出现因为知识产权问题而终止合作的情况。

2. 大学、科研机构及其他民间组织。在中俄科技合作的民间交流中，双方通过订立交流、合作协议（合同）、举办各种活动，来促进知识产权的保护。根据不同的合作类型，协议中可选择性地包含以下条款：1）“知识产权保护”条款：界定计划的项目成果与已有成果的界限；明确知识产权的取得、保护和运用，特别是通过研究开发所能获取的知识产权类型、数量及其获得的阶段；跟踪该领域的知识产权动态，及时调整研究策略和措施。2）研究开发经费或者项目投资的数额及其支付、结算方式中的“知识产权保护”条款。3）技术情报和资料中的

“保密”条款。4)“风险责任的承担”条款。5)“技术成果的归属和分享”条款。6)“违约责任”条款。

在俄罗斯,在一系列从事知识产权商品化问题研究的科研院所和大专院校,行政部门开始和科技工作者签订合同,其中规定了《知识产权法》的法律关系、研发者的研究结果商品化的形式和内容、作者享受成果的份额等。除此之外,项目的所有参与者还签订了共同遵守纪律、保守机密、利益分享等有关协议。经验表明,从事科研成果商品化问题研究的人员应该是专设部门的负责技术转让的专家。大学内专设的技术推广办公室即是专门从事这方面的工作。其职能是:将学校内外创新经营的资源提供给教师、科研人员、行政部门、公司和独立的经营者;把握合同的内容及跟踪合同的执行情况;分析科研成果的商业价值,做宣传广告,使用知识产权和商业秘密的战略和战术研究,提出知识产权保护措施,进行科研成果的商业化理论研究等。

技术推广办公室的工作不仅经济效益明显,更重要的是成果产业化结果使新的中小型企业相继诞生,税收增加,有利于刺激经济的进一步发展。目前在俄罗斯,这项工作虽尚处于初始阶段,但其重要性却日趋明显。在国家层面上的推广和实施,将会大大推动知识产权保护工作在科研院所和大专院校的开展。在俄工业科技部直接领导下,科学院机构和国家科学中心建立了首批六个技术推广办公室。同时还选择了四所高等院校,准备建立由教育部和美国民用研发基金会资助的知识产权研究中心,资助力度分为7.5万美元和15万美元两档。

第四节 中俄科技合作中与贸易有关的知识产权保护

在中俄科技合作中,有时经常需要通过双边贸易的形式获得产品与技术,其中主要方式是技术贸易和货物贸易。在此类贸易中涉及一些知识产权的保护问题,对此中俄两国都有相关的保护规定。知识产权保护问题在两国的技术贸易中显得尤为突出。俄罗斯输出到中国的产品一旦得到知识产权授权,其出口企业就可以通过一定程度的垄断而获得超额的利润。这必然会吸引一部分中国企业从事知识产权产品的平行进口或对其专利技术进行模仿和“衍生专利”的研究。如果中国的知识产权保护制度不能消除这种现象,则必然会损害到俄罗斯技术出口企业的利益。但是,中国目前的原始技术创新水平相对落后,保护知识产权既要考虑吸引跨国高技术企业的投资,更应该立足于保护大量的引进和合理模仿基础上的创新。这与俄罗斯知识型企业在中国市场的利益相违背,知识产权问题成为两国企业在中国市场竞争中的焦点属正常现象。

一、中俄科技合作中有关货物贸易与知识产权保护

(一)平行进口问题

所谓平行进口是指国际贸易活动中,当某一知识产权人的知识产权获得两个以上国家的保护时,未经其许可,第三人从外国知识产权人手中购得知识产权产品并输入本国进行销售的行为[①]。例如:经乙国知识产权人 B 的许可,A 在甲国享有某种产品的知识产权,同时 C 在丙国也取得了相同的权利,如果甲国的 D 未经 A 的许可从丙国进口该种产品,那么这种进口则构成平行进口[②]。我国《专利法》第 11 条规定:专利申请人被授予专利后,除法律另有规定外,专利权人有权阻止他人未经专利权人许可,为生产经营目的进口其专利产品或者进口依照专利方法直接获得的产品。这条规定赋予专利权人进口权,排除了平行进口,与各国通行做法是吻合的。我国 2000 年修订的《专利法》的第七章专利权的保护中第 63 条第 1 款第 1 项规定:专利权人制造、进口或者经专利权人许可而制造、进口的专利产品或者依照专利方法直接获得的产品售出后,使用、许诺销售或者销售该产品的,不被视为侵犯专利权。从该规定的反面来看,未经专利权人的许可而制造、进口专利产品的,应当视为侵犯专利权。这可以视为我国知识产权制度当中,对“平行进口”的有关规定。我国的《著作权法》没有关于平行

① 刘媛媛:《浅议国际贸易中的知识产权保护》,载《法制与社会》,2007 年第 8 期。

② 刘莹:《国际贸易中知识产权保护问题研究》,载《法制与社会》,2008 年第 8 期。

进口的规定。2001年修订的《商标法》虽有一些重大变化,但也没有涉及到“平行进口”的问题。平行进口既涉及到知识产权问题,又涉及到贸易问题。知识产权强调的是独占性,而贸易则更强调自由化而反对垄断,由此形成了平行进口方面的激烈争论与矛盾。从我国法律规定来看,在商标与著作权上我国并未禁止平行进口。

《俄罗斯联邦民法典》第1359条第6款对平行进口作出许可性规定:如果在俄罗斯专利产品已由专利合法持有人投入民事流转,则向俄罗斯联邦境内进口专利产品不属于侵犯发明、实用新型或外观设计专属权。

(二)知识产权货物贸易保护

我国《对外贸易法》在与对外贸易有关的知识产权保护中规定:1)进口货物侵犯知识产权,并危害对外贸易秩序的,对外贸易主管部门可以采取在一定期限内禁止侵权人生产、销售有关货物进口等措施。2)知识产权权利人有阻止被许可人对许可合同中的知识产权的有效性提出质疑、进行强制性一揽子许可、在许可合同中规定排他性返授条件等行为之一,并危害对外贸易公平竞争秩序的,对外贸易主管部门可以采取必要的措施消除危害。3)其他国家或者地区在知识产权保护方面未给予中华人民共和国的法人、其他组织或者个人国民待遇,或者不能对来源于中华人民共和国的货物、技术或者服务提供充分有效的知识产权保护的,国务院对外贸易主管部门可以依照本法和其他有关法律、行政法规的规定,并根据中华人民共和国缔结或者参加的国际条约、协定,对于该国家或者该地区的贸易采取必要的措施。4)进出口属于禁止进出口的货物的,或者未经许可擅自进出口属于限制进出口的货物的,由海关依照有关法律、行政法规的规定处理、处罚;构成犯罪的,依法追究刑事责任。5)对外贸易主管部门或者由其会同国务院其他有关部门,经批准,可以临时决定限制或者禁止前款规定目录以外的特定货物的进口或者出口。

俄罗斯为打击利用贸易侵犯知识产权的行为,海关机构成立了特别工作小组,专门协调确定区域海关当局的冒牌货品的工作,其中有来自数个部门的人员,包括贸易限制和出口管制、法律等部门的专家。

海关在知识产权货物贸易保护方面主要履行以下职能:1)对进入俄罗斯流通领域的外国货物进行检查,查明违反俄罗斯联邦有关知识产权立法的情况;2)对含有知识产权客体的货物的移转进行检查,不仅包括输入俄罗斯境内的,也包括输出国外的货物;3)防止冒牌产品进口到俄罗斯①。

二、中俄科技合作中有关技术贸易与知识产权保护

技术贸易是指不同的国家或地区间按照商业条件签订技术协议或合同而进行的有偿技术转让,是以技术为交易标的国际贸易行为,主要包括专利贸易、商标贸易和专有技术贸易②。

我国《对外贸易法》规定:1. 国家基于下列原因,可以限制或者禁止技术的进口或者出口:为建立或者加快建立国内特定产业,需要限制进口的;依照法律、行政法规的规定,其他需要限制或者禁止进口或者出口的;根据我国缔结或者参加的国际条约、协定的规定,其他需要限制或者禁止进口或者出口的。2. 对外贸易主管部门或者由其会同国务院其他有关部门,经国务院批准,可以在本法规定范围内,临时决定限制或者禁止前款规定目录以外的特定技术的进口或者出口;3. 国家对限制进口或者出口的技术,实行许可证管理。以上是我国为保护知识产权而采取的限制措施。

我国的《技术进出口管理条例》(2001 年 10 月 31 日由国务院发布)第 29 条对技术进口合同中应当禁止的限制性条款作出了进一步明确规定。根据该规定,在技术进口合同中,下列限制性条款应予以禁止:(1)要求受让人接受并非技术进口必不可少的附带条件,包括购买非必需的技术、原材料、产品、设备或者服务;(2)要求受让人为专利

---

① Т. Л. Мелто: Таможенные органы в борьбе с контрафактом в России и за рубежом, Интеллектуальная собственность. Контрафакт. Актуальные проблемы теории и практики : сб. науч. трудов. Т. 2 / под. ред. д-ра юрид. наук В. Н. Лопатина. - М. : Издательство Юрайт, 2009. - 303 с. 参见:world. lib. ru/. . . /tamozhennueorganivborbeskontrafactomvrossiiizarubezhom. shtml.

② 严青云:《加强知识产权保护促进国际技术贸易发展》,载《湖南农业大学学报》(社会科学版),2007 年 9 月。

权有效期限届满或者专利权被宣告无效的技术支付使用费或者承担相关义务;(3)限制受让人改进让与人提供的技术或者限制受让人使用所改进的技术;(4)限制受让人从其他来源获得与让与人提供的技术类似的技术或者与其竞争的技术;(5)不合理地限制受让人购买原材料、零部件、产品或者设备的渠道或者来源;(6)不合理地限制受让人产品的生产数量、品种或者销售价格;(7)不合理地限制受让人利用进口的技术生产产品的出口渠道。因此,依法禁止和控制技术许可合同中的限制性商业条款,是我国技术进口管理的重要内容,也是维护我国技术进口方权益的重要措施。

处罚规定。进出口属于禁止进出口的技术的,或者未经许可擅自进出口属于限制进出口的技术的,依照有关法律、行政法规的规定处理、处罚;法律、行政法规没有规定的,由国务院对外贸易主管部门责令改正,没收违法所得,并处以罚款;构成犯罪的,依法追究刑事责任。

在俄罗斯,2001 年 6 月俄科院主席团一致通过了"关于完善俄科院科研单位国际科技合作和知识产权保护工作"的第 175 号决定,重申要加强对俄科院系统国际科技合作和知识产权保护工作的监督与管理。根据此决定,在签署国际科技合作协议和合同过程中,必要时应组织对准备出口到国外的新技术、新发明和其他知识产权进行鉴定(依据 1998 年俄科院主席团第 302 号决定)。同时,根据俄罗斯进出口管理规定,国家对密码破译设备、武器及军民两用产品、核材料及其装置实行出口配额和许可证管理,俄罗斯还规定出口军民两用产品和技术需申领出口许可证,以出口产品和技术与俄罗斯联邦承担的有关国际义务是否一致作为出口许可证颁发的依据。以上规定对俄罗斯的技术进出口及贸易产生了积极影响。

第五节　中俄科技合作中涉及国家安全的知识产权保护问题

在中俄科技合作中,两国都把知识产权保护放到国家安全战略高度予以保护,特别是涉及国家安全领域的知识产权的一些重大项目。中俄两国通过制定一系列的法规对这些敏感的知识产权进行保护。如:我国制定了《国防专利条例》,商务部、科技部在2008年发布了修订后的《中国禁止出口限制出口技术目录》,列入《目录》的禁止类技术不允许出口,限制类技术实行许可证管理。俄罗斯科学院通过了“关于完善俄科院科研单位国际科技合作和知识产权保护工作”的决定,加强对科技合作中知识产权的保护。我国《国防专利条例》第1条明确规定了条例制定目的:“为了保护有关国防的发明专利权,确保国家秘密……”俄罗斯政府发布了《关于对自俄罗斯联邦出口的两用产品和技术进行监督的办法条例》,规定出口军民两用产品和技术需申领出口许可证。目前我国在国防科研领域内也已经建立起了一系列有关国防知识产权的制度,如《国防法》、《武器装备研制合同暂行办法》、《武器装备研制合同暂行办法实施细则》、《国防专利条例》等。这些制度在依法保护发明创造、掌握自主知识产权、激励科技创新等方面发挥了巨大的作用,为推动国防科技进步和武器装备发展作出了重要的贡献。

一、中国的有关涉及国家安全知识产权保护的法律规制

1.《中华人民共和国科学技术进步法》第20条规定:利用财政性资金设立的科学技术基金项目或者科学技术计划项目所形成的发明专利权、计算机软件著作权、集成电路布图设计专有权和植物新品种权,除涉及国家安全、国家利益和重大社会公共利益的外,授权项目承担者依法取得。项目承担者依法取得的知识产权,国家为了国家安全、国家利益和重大社会公共利益的需要,可以无偿实施,也可以许可他人有偿实施或者无偿实施。第28条规定:国家实行科学技术保密

制度,保护涉及国家安全和利益的科学技术秘密。

2.《中华人民共和国对外贸易法》规定:1)本法适用于对外贸易以及与对外贸易有关的知识产权保护。2)国家基于下列原因,可以限制或者禁止有关货物、技术的进口或者出口:为维护国家安全、社会公共利益或者公共道德,需要限制或者禁止进口或者出口的;国家对与裂变、聚变物质或者衍生此类物质的物质有关的货物、技术进出口,以及与武器、弹药或者其他军用物资有关的进出口,可以采取任何必要的措施,维护国家安全;在战时或者为维护国际和平与安全,国家在货物、技术进出口方面可以采取任何必要的措施。3)国家基于下列原因,可以限制或者禁止有关的国际服务贸易:为维护国家安全、社会公共利益或者公共道德,需要限制或者禁止的;国家对与军事有关的国际服务贸易,以及与裂变、聚变物质或者衍生此类物质的物质有关的国际服务贸易,可以采取任何必要的措施,维护国家安全。4)从事属于禁止的国际货物、服务贸易的,或者未经许可擅自从事属于限制的国际货物、服务贸易的,依照有关法律、行政法规的规定处罚;法律、行政法规没有规定的,由对外贸易主管部门责令改正,没收违法所得,并处以罚款;构成犯罪的,依法追究刑事责任。

3.《国防专利条例》规定主要有以下几个方面:1)概念。国防专利是指涉及国防利益以及对国防建设具有潜在作用需要保密的发明专利。涉及国防利益或者对国防建设具有潜在作用被确定为绝密级国家秘密的发明不得申请国防专利。2)构成要件。授予国防专利权的发明,应当具备新颖性、创造性和实用性。3)保护期限。国防专利权的保护期限为20年,自申请日起计算。国防专利在保护期内,因情况变化需要变更密级、解密或者国防专利权终止后需要延长保密期限的,国防专利机构可以作出变更密级、解密或者延长保密期限的决定;但是对在申请国防专利前已被确定为国家秘密的,应当征得原确定密级和保密期限的机关、单位或者其上级机关的同意。4)转让。经批准可以向国内的中国单位和个人转让国防专利申请权或者国防专利权,但应当确保国家秘密不被泄露,保证国防和军队建设不受影响;国防专利转让当事人应当订立书面合同,并向国防专利机构登记;禁止向国外的单位和个人以及在国内的外国人和外国机构转让国防专利申请权和国防专利权。5)实施。国防专利权人许可国外的单位或者个人实施其国防专利的,应当确保国家秘密不被泄露,保证国防和军队建设不受影响,并向国防专利机构提出书面申请,经批准才可实施。国防专利实施应订立书面实施合同,依照规定向国防专利权人支付费用,并报国防专利机构备案。6)专利保护。国防专利机构应当事人请求,可以对下列国防专利纠纷进行调解:①国防专利申请权和国防专利权归属纠纷;②国防专利发明人资格纠纷;③职务发明的发明人的奖励和报酬纠纷;④国防专利使用费和实施费纠纷。除法律规定外,未经国防专利权人许可实施其国防专利,即侵犯其国防专利权,引起纠纷的,由当事人协商解决;不愿协商或者协商不成的,国防专利权人或者利害关系人可以向人民法院起诉,也可以请求国防专利机构处理。

4. 依据《中华人民共和国保守国家秘密法》规定:国家秘密事项包括科学技术中的秘密事项;未经有关主管部门批准,禁止将属于国家秘密的文件、资料和其他物品携带、传递、寄运至境外。这当然包括涉及知识产权的科技秘密。1990 年颁布的该法的实施办法规定:其泄露可能危害国家政权的巩固和防御能力、削弱国家的经济、科技实力的事项,应作为国家秘密予以保护。这把影响国防、国家的经济、科技实力的知识产权均包括在内。实施办法还规定:在国家保密技术的开发、研究中取得重大成果或者显著成绩的个人或者集体应给予奖励;泄露国家秘密已经人民法院判处刑罚的以及被依法免予起诉或者免予刑事处罚的,应当从重给予行政处分;在对外交往与合作中,对方以正当理由和途径要求提供国家秘密时,应当根据平等互利的原则,按照国家主管部门的规定呈报有相应权限的机关批准,并通过一定形式要求对方承担保密义务;对外提供涉及经济、科技和社会发展方面的国家秘密,批准机关应当向同级政府的保密工作部门通报有关情况。

5. 关于国际科技合作项目知识产权管理的暂行规定。1)适用范围:政府间、省州间及国家科研计划及其他由政府财政资金资助设立的国际科技合作项目。2)国际科技合作项目所产生的研究成果及其形成的知识产权中属于中方的部分,除涉及国家安全、国家利益和重大社会公共利益以及任务书、项目合同书或合作协议中另有约定的以外,依照《关于国家科研计划项目研究成果知识产权管理若干规定》(国办发(2002) 30 号)授予项目承担单位。3)项目承担单位需要派遣人员赴外国合作方进行研究的,应当与出国人员签订保密协议,确保国家秘密及本单位的技术秘密不向外泄密。4)项目承担单位违反本规定的,项目管理部门依照法定权限,责令改正、给予警告、通报批评、终止项目合同、追回已拨经费、一定时限内不接受其承担国际科技合作项目的申请;构成违纪的,建议有关部门给予纪律处分;构成犯罪的,依法移送司法机关追究刑事责任。

6. 关于国家科研计划项目研究成果知识产权管理若干规定。1)科研项目研究成果及其形成的知识产权,除涉及国家安全、国家利益和重大社会公共利益的以外,国家授予科研项目承担单位(以下简称项目承担单位)。项目承担单位可以依法自主决定实施、许可他人实施,转让,作价入股等,并取得相应的收益。同时,在特定情况下,国家根据需要保留无偿使用、开发、使之有效利用和获取收益的权利。2)科研计划归口管理部门对涉及国家安全、国家利益和重大社会公共利益的科研项目,须在立项或验收时予以确认,明确项目成果知识产权管理方式,拟定成果转化和应用方案。

7. 其他规定。《中国禁止出口限制出口技术目录》,于 2008 年 11 月 1 日施行。目录综合了国务院各部委、各行业协会和地方商务主管部门的建议,经百余位技术和贸易专家多次评审,并经中国工程院专家审定后确定的。《目录》共列入技术 150 项,涵盖了农、林、畜牧、渔业、纺织、化学原料及化学制品制造、医药制造、有色金属、交通运输设备制造、通信设备制造、仪器仪表制造、电信和信息传输服务等 34 个行业。其中,禁止出口技术 33 项,限制出口技术 117 项。《中华人民共和国企业国有资产法》。该法在资产评估部分明确规定知识产权属于国有资产范畴。同时,该法第 57 条规定:国有资产向境外投资者转让的,应当遵守国家有关规定,不得危害国家安全和社会公共利益。我国《促进科技成果转化法》规定:科技成果转化中的对外合作,涉及国家秘密事项的,依法按照规定的程序事先经过批准;2003 年 2 月 17 日由国防科工委发布的《国防科工委关于加强国防科技工业知识产权工作的若干意见》第 18 条规定:“执行国家国防科技计划项目形成的智力成果的知识产权,属于完成单位,但以保证国家安全或者重大利益为目的,并由合同明确约定的除外。”该意见针对国防研发项目中专利权等知识产权的归属,明确采用了“放权原则”,并提出了“合同约定原则”。依据《国家高技术研究发展计划[863 计划]管理办法》规定:1)在招标和择优委托课题的立项程序中,涉及国家安全和重大经济利益的课题,立项前要进行保密审查,由领域办拟订密级,并按有关保密规定管理。2)课题形成的国家保密技术,须按保密规定确定密级和保密期限。我国 2009 年第三次修改的《专利法》规定:任何单位或者个人可以将在中国完成的发明或者实用新型向外国申请专利。这样就取消了必须先申请中国专利的限制。考虑到一些专利申请可能涉及我国国家安全,需要进行保密审查,修改后的《专利法》规定,在中国完成的发明或者实用新型向外国申请专利的,应当事先报经国务院专利行政部门进行保密审查。保密审查的程序、期限等按照国务院的规定执行。对未依法经保密审查向外国申请专利的发明或者实用新型,在中国申请专利的,不授予专利权。我国 2008 年生效的《植物新品种保护条例实施细则(农业部分)》规定:单位和个人申请品种权的植物新品种涉及国家安全或者重大利益需要保密的,申请人应当在申请文件中说明,品种保护办公室经过审查后作出是否按保密申请处理的决定,并通知申请人;品种保护办公室认为需要保密而申请人未注明的,仍按保密申请处理,并通知申请人。

二、俄罗斯有关涉及国家安全知识产权保护的法律规制

1. 关于完善俄科院科研单位国际科技合作和知识产权保护工作的决定。2001 年 5 月俄罗斯科学院(以下简称俄科院)主席团向所属科研单位下达了“关于制止损害俄联邦活动的计划”的指示,要求俄科院系统的科研院所向院部提供有关本单位所签署的对外合作协议和合同的情况,并提出具体要求。同年 6 月俄科院主席团一致通过了“关于完善俄科院科研单位国际科技合作和知识产权保护工作”的第 175 号决定,重申要加强对俄科院系统国际科技合作和知识产权保护工作的监督与管理。决定内容包括:

1)要求各单位负责人做到:①根据 1993 年 7 月俄联邦政府颁布

的"关于国家秘密"法令，对本单位开展对外学术交流过程中保守国家、单位和商业秘密的情况进行分析和研究，必要时针对这一工作采取相应的措施；②在签署国际科技合作协议和合同过程中，必要时应组织对准备出口到国外的新技术、新发明和其他知识产权进行鉴定（依据1998年俄科院主席团第302号决定）；③在俄罗斯境内执行国际合作协议和其他合作项目，如果需要安装和使用外国的技术检测和跟踪装置，则应遵照俄政府规定的有关办法进行；④根据1996年8月15日俄政府颁布的《俄联邦出入境法》，对掌握国家秘密的科研人员出国参加国际学术活动要严格把关；⑤采取必要措施，要求因公出国的科研人员及时提供出国考察总结报告；⑥采取相应技术手段，确保俄科院系统与国际信息网络联网过程中的信息安全（依据1997年俄罗斯国家技术委员会第61号决定）。

2）俄科院各分院、地方分院和科学中心应当从保护俄科院知识产权和确保俄联邦乃至俄科院利益的角度，对已签署的国际合作协议和正在执行的合作项目进行分析和研究，并提出相应的建议。如果有必要，可直接向俄科院主席团提建议，要求对俄联邦现行的有关对外科技合作的法规进行修改和补充。

3）在开展对外科技合作过程中，为维护俄联邦的利益以及项目执行单位的权益，俄科院主席团领导应根据需要按规定程序加强同俄联邦有关部委和主管部门的协作关系。

4）俄科院对外合作局应进一步加强俄科院系统所签署国际合作协议和合同数据库的创建工作。俄科院分析与组织局应会同对外合作局、司法处和特种局联合组织实施本决定的第一条措施。

2. 出口管理规定。俄罗斯主要采用出口配额、出口许可证等方法实施出口管理。俄罗斯对以下三类产品实行出口配额和许可证管理：第一类是国际协议规定要求限制数量的产品，如纺织品、个别黑色金属制品、碳化硅等；第二类是某些特殊产品，包括野生动物，药物原料，密码破译设备，武器及军民两用产品，核材料及其装置，贵金属及宝石，矿物及古生物学的收藏资料，半宝石及其制品，麻醉剂，镇静剂，毒药，有关俄境内、大陆架及海洋经济区内的分地区和分产地的能源信息等；第三类是俄罗斯国内需求较大的产品。俄罗斯规定出口军民两用产品和技术需申领出口许可证,以出口产品和技术与俄罗斯联邦承担的有关国际义务是否一致作为出口许可证颁发的依据。1996 年 1 月起,俄罗斯对出口商品的数量、质量和价格实行统一的强制性验证制度,规定出口商品,特别是重要的战略性原料商品,均须在起运地接受验证机构的检验。目前,在实践中俄罗斯只能对石油、成品油、天然气、煤、黑色及有色金属、木材、矿肥等部分商品进行验证。俄罗斯的各种出口限制措施,在一定程度上保护了涉及国家安全领域与产品的知识产权,为本国保持竞争优势创造了条件,争取了时间。

3. 战略行业限制。2008 年 4 月 2 日,俄罗斯杜马通过了《关于外资向对国家国防和安全具有战略意义的经营公司进行投资之程序的联邦法》,对外资向其战略行业投资,特别是战略矿产资源投资,制定了包括投资比例、交易及申请程序等方面的限制措施。在 90 年代直到 2000 年初,由于俄罗斯没有对外资向其战略行业制定限制措施,导致俄罗斯的某些大型石油公司和军工产业公司受到外资的控制。西门子公司在 2005 年企图收购俄罗斯动力机械公司,在俄罗斯遭遇政府抵制,决定对同类问题予以规范。

外资受到限制的战略行业共计包括 42 个,主要分布在 5 大领域:专门技术生产、武器和军事技术生产、航空制作、太空活动和核能使用领域的活动。在杜马审议过程中,新增加了出版和印刷行业、联邦性矿产资源使用、水生物资源捕捞、电视广播和无线电广播等,取消了先前规定的互联网接入服务、基础通信和通讯领域的地方垄断经营者、供热和供电领域的垄断经营者。同时,受到限制的还包括在自然垄断条件下进行的活动。被认定为战略行业的矿产资源包括:储量超过 7 000万吨的陆上油田、储量超过 500 亿立方米的天然气田、储量超过 50 吨的金矿,储量超过 50 万吨的铜矿,以及位于大陆架上的所有的矿区。

外国投资者如欲对受到限制的战略行业进行投资,则其必须向俄罗斯联邦政府为此成立的专门委员会提出申请,该政府委员会由俄罗斯联邦政府总理直接领导。俄罗斯工业和资源部与俄罗斯联邦安全局在其中起到一定的主导作用,关于具体条款的协调也是在这两个部门之间进行。俄罗斯联邦安全局对涉及到战略部门的决议具有否决权。如果联邦安全局反对,则政府委员会也不得批准。政府委员会还可以要求投资者作出承诺,如涉及到国家秘密时必须由符合条件的俄罗斯公民担任公司经理或者董事会成员等。

因为《俄罗斯联邦限制外资程序法》涉及诸多行业,随着该法的通过,俄罗斯还通过并实施了另外一部专门法律,对与该法有关的其他法律进行了修改,如《俄罗斯联邦矿产资源法》《俄罗斯联邦侦查活动法》、《俄罗斯联邦大陆架法》、《俄罗斯联邦股份公司法》、《俄罗斯联邦有限责任公司法》、《俄罗斯联邦外国投资法》、《俄罗斯联邦通讯法》、《俄罗斯联邦保护竞争法》、《俄罗斯联邦行政违法法典》、《俄罗斯联邦仲裁程序法典》等法律,《俄罗斯联邦关于航空发展国家调控法》被废止。

《俄罗斯联邦限制外资程序法》在限制外商投资的同时,加强了对战略行业企业的控制,保护了涉及国家安全的知识产权。其第 12 条第 1 款规定:在申请人签署协议,承诺履行第 12 条规定的义务的情况下,如果政府委员会决定同意交易或者取得控制,则应当在作出决定之前确定申请人应当承担以下义务:在组建战略行业经营公司的管理机构时,应当选用根据俄罗斯联邦法律可以接触国家机密信息的人员,该公司还应当根据俄罗斯联邦关于保守国家机密的法律规定采取保密措施,其中包括在必须保证自然人申请人或者法人申请人的领导及员工接触国家机密信息时,这种接触必须按照俄罗斯联邦关于保守国家机密的法律规定进行;该法第 13 条第 5 款规定:主管部门在履行其职责时得到的信息,如果构成国家机密、商业秘密或者其他收到法律保护的秘密,则不应当被披露,但俄罗斯联邦法律规定的情况除外。对前述信息的披露,主管部门的工作人员将承担俄罗斯联邦法律规定的责任。由于主管部门披露前述信息而给法人或者自然人造成的损失,应当根据俄罗斯联邦法律规定的程序得到赔偿。而根据俄罗斯国家保密法规定,凡是涉及国家安全的知识产权都有可能被列为国家机密。

第六节　中俄科技合作中知识产权保护现状评介及面临的问题

一、中俄科技合作中的知识产权保护现状评介

1996年4月中俄签署了《中华人民共和国政府和俄罗斯联邦政府关于在知识产权保护领域合作的协定》,对两国在知识产权保护领域的合作问题做出了框架式规定。1999年中俄双方签署了《中俄政府间科技合作协定框架下知识产权保护和权力分配议定书。其目的是规范中俄双边合作,体现平等互利成果共享和保护知识产权的原则。从2001年开始,为促进中俄两国科研院所和企业之间的科技交流与合作,了解两国在知识产权保护领域存在的差异,解决中俄科技合作中出现的法律问题,使合作双方签订的合同文本更加规范化,中国科技部与俄罗斯工业科技部委托专家,历时两年终于完成了《中俄科技成果产业化法律指南》一书的编写工作①。这标志着中俄科技合作中的知识产权保护水平的进一步提高。2006年7月,中俄两国知识产权局又签署了两局之间知识产权保护的谅解备忘录。同时,两国也加强了在知识产权保护方面的合作。例如:1994年9月,《中华人民共和国政府和俄罗斯联邦政府海关合作与互助协定》签订,其要求对知识产权进行海关备案,这对于跨国知识产权犯罪的事先预防有重要作用;中俄两国又在打击知识产权跨国犯罪方面相互协作。1993年1月中俄双方签订了《中华人民共和国和俄罗斯联邦关于民事和刑事司法协助的条约》;1995年6月中俄双方签订了《中华人民共和国和俄罗斯联邦引渡条约》;2002年12月双方签订了《中华人民共和国和俄罗斯联邦关于移管被判刑人的条约》。随着与其他国家交流、合作的增加,俄罗斯政府和科技人员越来越注重知识产权的保护及其价值的认定。

① 《关于举办〈中俄科技成果产业化法律指南〉推介会的通知》,载湖北国际科技合作网,2003年10月30日。

从本质上讲,我方主要是学习引进购买俄方的技术人才和设备为我所用,而俄方则主要是通过合作获得经费和其他补偿,科技合作是基于互惠互利的双赢合作,在这样的背景下,我国开展对俄科技合作必须立足长远,加大知识产权的保护力度。在中俄科技合作中保护知识产权方面取得了显著成效,主要表现在:进一步拓宽中俄合作领域;使中俄合作方式不断增多;合作深度加深,向高新技术和产业化方向发展;各种科技合作的孵化器不断涌现;促使中俄科技合作向新的战略高度发展。

二、中俄科技合作中的知识产权保护面临的问题及解决路径

1. 中俄科技合作中知识产权保护面临的问题

(1)立法上的障碍。中俄两国在知识产权的立法上存在着一些差异。有的是陈述上的差异,有的是法规的规定内容上的差异。但是,随着两国与世界知识产权保护的不断接轨,这种差异会越来越小。

(2)经济因素的障碍。一方面,两国经济发展走向及双边贸易都会对科技合作中的知识产权保护产生直接影响。我国和俄罗斯的贸易水平与西方国家相比还有差距;另一方面,两国对知识产权保护投入资金的大小也对知识产权保护产生直接的影响,显然,俄罗斯在知识产权保护上的资金投入不会太多。

(3)政治因素的障碍。两国政局的稳定性、政策的走向、国家战略都是干扰因素。现在中俄两国都在致力于提高对方在自己国家中的战略地位,但显然不会提高到超过美欧日的地位。另外,在俄罗斯政界也有中国威胁论。

(4)社会因素的影响。必须纠正对知识产权保护认识上的误区。中国与俄罗斯民众对知识产权保护的重视不够,这关系到知识产权保护的一系列问题,包括立法、执法、民众自觉执行与监督。20 世纪 90 年代初的中俄边贸,中国人给俄国人留下了非常不好的印象,再加上中国威胁论的鼓噪,“大俄罗斯”民族主义思想,俄罗斯排外浪潮(有暴力倾向),这都会产生不良影响,所以必须进一步完善中俄科技合作知识产权保护的环境建设,特别是舆论环境。

(5)配套制度、服务体系的滞后。中俄科技合作知识产权保护信息网络服务不到位;缺乏中俄科技合作知识产权保护的复合型人才;相关制度,特别是中俄知识产权保护的协调机制不完善。

2. 中俄科技合作中解决知识产权保护问题的路径

进一步推进中俄科技合作中的知识产权保护须从以下几个方面入手:(1)立法、司法、行政执法、政府合作上的协调机制建设。(2)复合人才、服务体系的配备、完善。(3)两国在经济、政治上对知识产权保护重视与保障。(4)对保护知识产权不利思想意识的扭转与正确引导。

从知识产权条约角度来看,应注重三个方面的问题:第一,公约中知识产权是私有权利的观念仍须深化。现代意义上的知识产权制度是从西方社会出现并发展起来的,人们对这项权利给予了充分认同。而从中俄传统来看,“公有”的思想非常浓厚,科技人员的科技成果往往不能体现在个人利益上,而权利主体被国家、集体所替代,这就直接导致了科技人员工作缺乏积极性甚至是人才外流(俄罗斯经济、政治转轨时期曾导致人才大量外流);因成果的投入与个人利益的取得不成比例,科技人员或科研单位申请专利积极性不高,导致知识产权制度对部分成果保护失控。这一点在国际科技合作中尤为关键。近几年特别是我国加入 WTO 后,在这个方面出台了很多制度,除了个别经济状况好的省市力度较大外,总体感觉是工作效率慢,操作过程中官僚意识严重。英国在公有科研机构近年来的动作较大,为了推进知识产权的有效保护,加速转移和开发以形成切实的生产力,英国政府已将由政府资助的研究项目所产生的归国家所有的知识产权改为归项目研究机构所有。他们认为:(1)研究机构作为知识产权的生产者、相关责任的承担者和利益的获得者,对成果最了解,知道如何转化,也了解如何保护;(2)有利于保护研究机构的利益,维护其知识生产的积极性。在任何一个合作研究项目中,研究机构与企业、以及其他合作伙伴相比都属于弱势群体,把国家投入的产出归于研究机构,可以增强其在合作中的份量,增加其在合作谈判中的筹码;(3)企业为使用知识产权付出一定的成本,会因此更加珍惜、慎重,进而加快开发应用的速度;(4)企业的慎重反过来会使研究机构对研究成果进行认真、负责的市场分析,从而采取相应的保护措施,避免盲目性,降低保护成本[1]。英国的此项政策我们可以充分考虑辩证性采纳。

第二,充分理解公约、双边条约条款要求,特别关注条约的最低标准。我国在知识产权保护国际化的过程中,特别为了达到 WTO 标准要求,在一定程度上接受了某些西方国家的要求,导致我国某些法律法规超出了国际条约的最低标准。如我国《软件保护条例》就属于这种情况。在今后的中俄科技合作中我们要非常关注此类规范,不能让我们自己的知识产权保护制度成为保护别人利益的武器而侵害了自己的权益。而要达到这样的目的,在执法、司法操作上应该恰当选择适用规则,既符合我们自己利益,又无损于科技合作顺利进行。

第三,加强科技人员的知识产权意识,乃中俄科技合作中知识产权保护的重中之重。例如印度有关科技组织就十分强调,在国际科技合作中有效保护知识产权的关键是科技人员知识产权意识的普遍提高,并通过各种渠道大力宣传和普及知识产权知识[2]。中俄两国本身在知识产权意识上就有所欠缺,曾经也出现过许多丧失先进科研成果的经济利益之先例,将自己辛辛苦苦研究出来的成果以炫耀的姿态无偿公布于世,丧失的却是科研成果背后巨大的经济利益。在中俄科技合作中是同样的道理,科技人员的知识产权意识的加强对于知识产权保护制度的良好运行大有裨益。任何制度的建立和运作都离不开人的因素,知识产权制度也不例外。当科技人员研发出科技成果的那一刻起,他的知识产权意识就决定了这项成果的命运:或被隐藏、或被众人无偿使用、或获得专利保护,其间的差别非常之大[3]。在不同国家的法律主体之间进行科技合作交流日益频繁的今天,科技人员知识产权意识的强弱甚至还关系到了国家的利益和安全。俄罗斯就曾经发生过科学家向国外输出技术,被俄政府以泄露国家机密罪判刑的事例。一些发达国家都开始意识到这点的重要性,例如法国研技部于 2001

① 范光:《英国在国际合作中保护知识产权的举措》,载《全球科技经济瞭望》,2002 年第 12 期。

② 张义明:《印度在国际科技合作中的知识产权保护》,载《全球科技经济瞭望》,2002 年第 12 期。

③ 潘永:《知识产权保护与国际科技合作》,载《北方经贸》,2004 年第 6 期。

年公布的《关于公共高教和科研机构制定知识产权章程的建议》,其中提到:应让科技人员、接受培训的实习生和博士生树立良好的知识产权意识,以避免科研成果泄漏。研究人员应该认识到,不能为自己的发明申请专利,不能委托其他企业为自己的发明申请专利,不能阻挠所在院所为自己的发明申请专利[①]。总之,充分理解知识产权公约、加强科技人员知识产权意识,利用知识产权制度促进和保护国家科技进步和国家安全,在中俄科技合作中不可忽视。

---

① 王凯:《法国在国际科技合作中的知识产权保护》,载《全球科技经济瞭望》,2002年第12期。

第五章 构建中俄科技合作中的知识产权法律保障机制

第一节 中俄科技合作中的知识产权法律保障机制构建的必要性

一、中俄的新安全观以及中俄科技合作在两国国家战略中的基本定位

我国认为,新安全观的核心应是互信、互利、平等、协作。互信,是指超越意识形态和社会制度异同,摒弃冷战思维和强权政治心态,互不猜疑,互不敌视。各国应经常就各自安全防务政策以及重大行动展开对话与相互通报;互利,是指顺应全球化时代社会发展的客观要求,互相尊重对方的安全利益,在实现自身安全利益的同时,为对方安全创造条件,实现共同安全;平等,是指国家无论大小强弱,都是国际社会的一员,应相互尊重,平等相待,不干涉别国内政,推动国际关系的民主化;协作,是指以和平谈判的方式解决争端,并就共同关心的安全问题进行广泛深入的合作,消除隐患,防止战争和冲突的发生[①]。基于新的安全观,我国制定了以经济发展,特别是以科技发展为核心的国家战略,发展中俄科技合作是推动我国科技进步的重要一环。

2000 年 7 月,普京在出任俄罗斯联总统之后不久便签署了《俄罗斯联邦外交政策构想》,确立了旨在维护国家利益,捍卫大国地位和国家尊严的独立自主的务实的外交方针政策。一方面坚持推行平衡的全方位外交;另一方面又主张俄罗斯的外交战略应服从于内敛性的国家发展战略,基本战略目标的选定主要看是否有利于俄罗斯经济的恢

① 陆忠伟:《非传统安全论》,时事出版社 2003 年版,第 35、36 页。

复和建设,以及能否有助于俄罗斯守住其战略底线。根据国家利益的区域分布,新的俄罗斯外交战略对外交重点作了重新排序,即以独联体为战略重点,以与西方关系、特别是与欧洲关系为优先,同时加强亚太外交。中国是世界和亚太有重要影响的国家,又是俄罗斯最大的邻国,中俄关系被置于俄罗斯亚太外交关系的优先位置。由于俄罗斯的力量现在已大大被削弱,维护俄罗斯大国地位需要奉行均衡政策,借助第三方的力量来抵消西方的影响,从这个意义上说,俄罗斯将中国当做它保持力量对比均衡的一个重要的砝码①。俄罗斯将开展国际科技合作政策视为国家科技政策的一个重要组成部分。在兼顾国家安全利益、对外政策和对外经济方针的同时,通过国际科技合作可以在市场经济条件下,发展和变革俄罗斯科学体系。由此看出,俄罗斯与我国都有发展经济的迫切要求,而两国在科技合作上也有着共同的利益。

自 1992 年中俄双方签订《中华人民共和国政府和俄罗斯联邦政府科学技术合作协定》以来,双边科技交流与合作保持了顺利发展的势头。1996 年中俄两国建立了面向 21 世纪的战略协作伙伴关系,2001 年两国签署了《中俄睦邻友好合作条约》,为中俄科技合作取得更大进展奠定了坚实的基础。可以说,在两国的国家关系与交往中,科技合作占有突出的地位。

但是俄方仍有许多政府高官和科技人员认为,在中俄科技合作中俄方流失了大量高技术,而未能获得应有的经济回报。中俄双方于 1999 年签订的《中华人民共和国和俄罗斯联邦政府关于在科技合作协定框架下所产生和转移的知识产权保护和权力分配的议定书》,虽对双方科技合作中知识产权保护的问题作出规定,但俄方认为其所采取的具体保护措施很不够。在目前的中俄科技和创新合作仍是以我引进俄方技术为主的情况下,针对俄方管理和保护措施加强,我们必须在今后的合作中不断规范自己的行为,更多地使用国际通行的市场化合作方式,同时在合作中充分照顾对方的利益,着眼于从长远保持

① 姜毅、郑羽:《世纪之交的中俄关系》,来自 http://www. cass. net. cn/chinese/s24_oys/produetion/proJeets29. html.

中俄科技合作的健康发展[1]。

二、中俄科技合作中的知识产权保护规范化、法制化现实需要

1. 法律先行的必要性。法律是调整社会关系的最为重要和正式的规范。而法律规范本身又可分为调整性规范与构成性规范[2]。在国内法律中,大多数法律规范都为调整性法律规范,而在国际科技合作(尤其是一些专业性极强的由政府主导的经济合作)的相关国际法中,则以构成性法律规范居多。这一类的国际经济合作往往以各国签署的合作条约为基础,在条约签署之前,一般并未形成条约所指向的合作关系。从法律的角度来看,这些重要的法律文件在合作国之间创设了新的法律关系,而这些新的法律关系构建了全新合作机制,同样,在中俄科技合作中的知识产权保护上也不例外,必须以法律意义上的相互约定为前提。

2. 知识产权保护的特殊性是法制化的内在动因。知识产权的无形财产性、客体可复制性特征,都为知识产权的保护增加了难度。特别是中俄科技合作涉及知识产权跨国保护问题,更增添了保护的难度。法制化进程可以促使两国科技合作知识产权保护按照法定的程序进行,简化步骤,提高知识产权保护的效率和效果,进一步促进两国的科技合作。

3. 科技合作问题的复制性是法制化的促进因素。科技合作具有多方式、多层次、涉及范围广的特点。民间的、官方的,经济领域、技术领域、军事领域都涉及科技合作的问题,技术交流、合作研究、技术贸易、合作办厂、合作开发等合作形式多样,而其中涉及的知识产权保护问题也是复杂多变,必须进行统一的规范,加强管理。

4. 知识产权保护在两国国家利益中的地位特殊。在知识经济全

---

① 黄寿增、孙键:《俄罗斯科技体制改革主要趋势及对中俄科技合作的影响》,载满洲里中俄科技合作网,2009 年 1 月 2 日。

② 上述分类可参见张文显主编:《法理学》,北京大学出版社、高等教育出版社 1999 年版,第 73 页。

球化的背景下，拥有自主知识产权的多少已成为一国能否在激烈的国际竞争中掌握主动权的关键，这也代表着一国国力。所以，中俄两国非常重视知识产权保护问题，并把它列为科技合作发展战略中的重点，通过各种措施予以保障。俄罗斯甚至把知识产权保护提高到国家安全高度。中俄科技合作中知识产权保护法制化，不仅有利于保护两国的知识产权利益，同时，也有利于两国间的相互沟通，避免因知识产权非故意侵害国家安全事件的发生。俄罗斯就曾经发生过因科学家转让知识产权而被判刑的事情。

第二节 中俄科技合作中知识产权机制架构的现实法律基础

知识产权法的渊源即知识产权法的创制及表现为何种法律文件形式，即确定调整知识产权法律关系时依据的法律规范。在我国与俄罗斯，知识产权法的渊源，主要表现为成文法形式；知识产权法的法律渊源分国内法与国外(际)法两部分，包括直接渊源与间接渊源。

一、构建中俄知识产权保护机制的法律直接渊源

1. 国家基本法

主要指一国宪法。宪法是规定一国社会制度、国家制度的基本原则、国家机关的组织活动的基本原则以及公民的基本权利、义务等重要内容的根本大法。宪法具有最高法律效力，也是制定其他法律的依据。我国知识产权法就是根据宪法的原则制定的。我国宪法规定，“公民有进行科学研究、文学艺术创作和其他文化活动的自由。国家对于从事教育、科学、技术、文学、艺术和其他文化事业的公民有益于人民的创造性工作给以鼓励和帮助”(第47条)。“公民有言论、出版、集会、结社、游行、示威的自由”(第35条)。“公民有劳动的权利和义务”(第42条)，“国家保护公民的合法收入……依照法律规定保护公民的私有财产的继承权”(第13条)。“国家发展自然科学和社会科学事业，普及科学和技术知识、奖励科学研究成果和技术发明创

造”(第20条),“国家发展为人民服务、为社会主义服务的文学艺术事业、新闻广播电视事业、出版发行事业、图书馆博物馆文化馆和其他文化事业,开展群众性的文化活动”(第21条)。这些内容既是知识产权的法律基础,也为我们提供了立法依据。由于我国对台湾、香港、澳门实行“一国两制”,香港、澳门特别行政区基本法也属于具有宪法效力的基本法范畴。

俄罗斯宪法规定:每个人都有使用母语、自由选择交际、教育、学习和创作语言的权利(第26条)。每个人都有利用任何合法方式搜集、获取、转交、生产和传播信息的权利(第29条)。不允许进行旨在垄断和不正当竞争的经济活动(第34条)。私有财产权受法律保护(第35条)。劳动自由。每个人都有自由支配其劳动能力、选择活动种类和职业的权利(第37条)。

任何国家机关在制定知识产权法规范性文件时,不得与基本法相抵触。

2. 法律

法律是全国性、国家级立法机关依立法程序制定和颁布的规范性文件。其法律地位仅次于宪法。通常规定社会生活中某些基本的和主要方面的社会关系,如民事关系,它是制定从属性法规的依据。

法律中关于知识产权法的有关部分是我国知识产权法的重要渊源。这些法律规范包括:

1)宪法、民法基础上制定的民事单行法,是我国知识产权法的最直接渊源,这些单行法包括:《著作权法》、《专利法》、《商标法》、《反不正当竞争法》、《反垄断法》等。

2)民法是我国知识产权法的重要法律渊源。民法调整的对象是平等主体的公民之间、法人之间、公民与法人之间的财产关系和人身关系。人们在知识产品的创作发明与使用活动中形成不同的社会关系,这种关系发生在公民之间、法人之间、非法人单位之间,以及公民、法人、非法人单位之间。我国《民法通则》第5章第3节专门对“知识产权”作出规定。由此可见,我国民法把知识产权定义为一项民事权利。《民法通则》只规定民事主体享有的民事权利的基本方面。

除法律以外,全国人大及其常委会通过的其他有关知识产权保护的决定,也是知识产权的直接渊源,例如《全国人民代表大会常务委员会关于惩治侵犯著作权的犯罪的决定》。

《俄罗斯联邦民法典》囊括了知识产权民事立法的所有方面,不仅规定了民事主体的基本权利内容,同时对几乎所有的知识产权客体的保护问题作出了详细规定(《俄罗斯联邦民法典(第四部分)》,2008 年 1 月施行)。此外,俄罗斯海关法典、行政违法法典、刑法典中有关知识产权保护的规定也构成了知识产权制度的法律渊源。

3. 最高行政机关制定的法规、决定、命令

我国国务院根据有关法律或全国人大常委会的授权,可以制定行政法规,发布决定和命令,其中涉及知识产权的,是知识产权法的重要组成部分。如《计算软件保护条例》(依照《著作权法》的规定制定)。此外,如《实施国际著作权条约的规定》(1992 年国务院颁布)、《关于进一步加强知识产权保护工作的决定》(国务院 1994 年 7 月发布)、《中华人民共和国知识产权海关保护条例》、《中华人民共和国发明奖励条例》、《中华人民共和国自然科学奖励条例》、《合理化建议和技术改进奖励条例》、《中华人民共和国科学技术进步奖励条例》。此外,俄罗斯联邦政府命令、总统令中有关知识产权保护的内容也属此类。

4. 政府所属各部委发布的命令、指示、规章

我国国务院所属的部、委、局依据法律或国务院的法规、决定或命令,在其职权范围内可以发布命令、指示、规章、条例,其中涉及知识产权方面的是知识产权法的具体表现形式,例如:国家版权局根据著作权法第 54 条的规定制定《中华人民共和国著作权法实施条例》,机电部发布的《计算机软件著作权登记办法》、国家版权局发布的《对侵犯著作权行为行政处罚的实施办法》、新闻出版署发布的《音像制品复制管理办法》、《国家科委、国家工商行政管理局、国家版权局、广播电视部关于加强科技知识产权法律贯彻实行和监督管理工作的通知》、国家科委《国家高新技术研究发展计划知识产权管理办法》、《关于认真做好知识产权保护工作的通知》等等。

5. 最高法院、检察院作出的司法解释和具有指导性的指示

例如,《关于进一步加强知识产权司法保护的通知》、《关于依法严肃查处侵犯知识产权犯罪案件的通知》(最高人民检察院),《关于办

理科技活动中经济犯罪案件的意见》(最高人民检察院、国家科学技术委员会)。省、市、自治区人民代表大会常委会和县以上各级人民代表大会和人民政府发布的决议和命令中涉及知识产权的也是著作权法的表现形式,但其效力有限。

6. 中俄两国加入的国际公约和两国缔结的双边条约

中俄两国加入的国际公约涉及知识产权部分的应看成是我国知识产权法的表现形式之一。中俄双方共同参加的知识产权保护国际条约有:《保护工业产权巴黎公约》、《商标注册马德里协定》、《保护文学艺术作品伯尔尼公约》、《世界版权公约》。

中俄科技合作具有多层次、多方式、灵活多变的特点,各省与俄罗斯的合作较为分散,总体上在组织机构和制度建设方面不尽人意,需要国家间的统一协调。两国政府通过签订条约明确双方合作的宗旨与内容,协调合作中的知识产权保护问题,在国家层面上对知识产权进行保护,是十分必要的。迄今为止,中俄两国已三次签订有关知识产权保护条约。

条约的签署及其层次:但凡国与国之间或者国家与国际组织之间签署的规范性文件,无论其被冠以什么名称[①],都可以称之为条约[②]。合作将涉及多个条约,这些条约将构成一定的层级,包括全面的框架性的合作纲领和具体的合作的规范。协议只是作了一个框架性的规定,例如:1996 年《中华人民共和国政府和俄罗斯联邦政府关于在知识产权保护领域合作的协定》。各部门还需要进行双边的沟通,另行签署交流合作协议。这种协议较之框架协议相对低一层次。例如:《中国国家工商行政管理总局和俄罗斯联邦反垄断局关于实施(中华人民共和国政府和俄罗斯联邦政府反不正当竞争和反垄断领域合作协定谅解备忘录(2006 年—2007 年)》。

---

① 常见的有“公约”、“条约”、“协定”、“协议”等。

② 《维也纳条约法公约》(1969)第 2 条甲款规定:“称条约者,谓国家间所缔结而以国际法为准之国际书面协定,不论其载于一项单独文书或两项以上相互有关之文书内,亦不论其特定名称如何。”

二、构建中俄知识产权保护机制的法律间接渊源

在中俄两国经济法、合同法、刑法、行政法、物权法等法律形式中也有涉及对知识产权保护的内容,但所占比例较小,不是针对知识产权的专门立法。例如:刑法规定的"侵犯知识产权罪",它是我国知识产权法的重要渊源之一。我国刑法从第 213—219 条对侵犯知识产权犯罪作出详细规定,内容涉及侵犯商标权、专利权、著作权及商业秘密权。俄罗斯刑法典第 145、146 条对侵犯著作权及其邻接权、侵犯发明权和专利权的犯罪行为作出详细规定。2007 年通过的《俄罗斯联邦刑法典》修正案加重了对侵犯版权及相关权的惩罚。俄罗斯联邦《海关法典》对计算机侵犯版权行为作出明确规定。

在经济法中也有大量内容规定经济活动中的知识产权问题,特别涉及我国国家安全与经济安全的科技与经济政策法规,这些也是我国知识产权法的渊源。此外还有:《中华人民共和国继承法》,我国《继承法》第 3 条规定:"遗产是公民死亡时遗留的个人合法财产。"包括知识产权中的财产权;《中华人民共和国促进科技成果转化法》规定:"科技成果转化活动应当遵循自愿、互利、公平、诚实信用的原则,依法或者依照合同的约定,享受利益,承担风险。科技成果转化中的知识产权受法律保护。"(第 3 条);《中华人民共和国科技进步法》规定:"国家保障科学研究的自由,鼓励科学研究和技术创新,使科学技术达到世界先进水平。国家和全社会尊重知识、尊重人才、尊重科学技术工作者的创造性劳动,保护知识产权。"(第 3 条);国家政策及经国家认可的习惯,例如:国家的宗教政策、民族政策涉及知识产权的部分也成为知识产权法的表现形式。同时,国家认可的习惯,也应具有约束力。在著述与发明创造活动中要尊重少数民族的风俗与习惯[①]。

---

① 陈传夫:《高新技术与知识产权法》,武汉大学出版社 2000 年版。

第三节　中俄科技合作中知识产权法律保障机制构建的基本方向

一、制定、细化和完善中俄两国有关知识产权交易的双边协定及条约

中俄两国政府在 1995 年 6 月缔结了《关于在信息化领域合作的协议》,1996 年 4 月签订了《关于在知识产权保护领域合作的协定》,这两个协议中与知识产权交易有关的内容很少。如:在《关于在信息化领域合作的协议》第 3 条中规定:缔约双方将在下述方面进行合作:配合建立共同的技术市场,商业公司和机构,以保证尽快推广新的信息化技术;鼓励各种有益于扩大互相购买信息化手段的实际措施;《关于在知识产权保护领域合作的协定》在第 3 条中规定:双方的合作包括:定期交流两国间在经贸科技合作、特别是两国间在技术转让方面的信息,促进两国间技术转让的不断发展和扩大;举办包括知识产权项目的展览、研讨会,有关技术交流、知识产权保护问题的会议。以上规定均属培育知识产权交易市场、创造交易机会的内容,从知识产权交易制度本身来看还不够完善,中俄两国应当通过缔结有关知识产权交易的专门协定,进一步细化两国间知识产权交易的规则,为中俄科技合作的发展奠定基础。

从知识产权交易制度构建的实践来看,在协议中细化和完善中俄两国间知识产权交易的规则应注重以下几方面:

1. 关于执行知识产权交易的原则。除了国民待遇原则和平等互利原则以外,还应相互给予最惠国待遇,遵循有助于促进技术革新、转让与传播,促进技术知识生产者与使用者互利,增进社会、经济福利和保持权利与义务的平衡等原则。以上原则是维护知识产权交易秩序和社会公共利益的基本保障。

2. 确定与知识产权交易相关的名词术语的内涵。如:可交易的知识产权的范畴,应当明确只能是相关的财产权利;还有知识产权资产

评估、知识产权信息披露等相关内容的概念。只要明确名词术语的内涵,才能避免因两国法律规定不同而发生争议,影响知识产权正常交易和效率。

3. 解决知识产权资产评估的分歧。知识产权是一种无形财产,它的垄断性决定了其具有带来收益的潜在可能性。知识产权交易的标的是一种财产权,所以必须在交易前确定知识产权的财产价值,即必须对知识产权进行资产评估,这是交易的前提。中俄两国对知识产权进行资产评估的标准、方法可能存在差别,因此在两国协议中必须规定确定资产评估标准的方式,以避免无形资产评估值的弹性与随意性为目标,使两国间知识产权交易的资产评估有章可循,减少争议。

4. 保障交易中对知识产权信息的披露。信息披露制度又称为公示制度或公开披露制度,是交易市场公开或公布有关信息和资料而形成的一系列行为惯例和活动准则,信息披露制度是市场监管的核心制度[①]。知识产权市场的信息披露有利于规范知识产权资产评估行为,使知识产权资产价格的形成过程透明化。依据充分、可靠的相关信息,市场交易各方主体可以对专利等知识产权资产的价值作出比较准确的判断,从而实现资产评估的客观、公正。在知识产权市场实行信息披露,还有利于实现知识产权交易市场的投、融资功能。信息的透明化,能消除投资者的疑虑,鼓励他们通过知识产权质押、担保、托管等多种方式进入市场,从而建立适应知识产权交易的多元化、多渠道投融资体制。中俄两国有关知识产权交易的双边协定应当明确保障信息披露的措施,为中俄间知识产权交易的发展创造条件。

二、协调与完善中俄两国海关出口商品知识产权保护的监管及保护

海关出口商品知识产权保护制度至少可以从以下方面加以完善:

1. 关于出口检查制度。货物出口可以分为一般货物出口和限制货物出口。对于一般货物出口,只要符合国家出口货物的一般规定,

---

① 詹宏海、王伟君:《知识产权交易市场的信息披露监管》,载《电子知识产权》,2008 年第 9 期。

进行正常海关报关、通关程序后,便可顺利走出国门进入国际市场。对于限制性出口货物而言,例如计算机、易制毒的化学品、消耗臭氧层物质的出口等,由于其本身所具有的特殊性,为了合理配置资源,规范出口经营秩序,营造公平透明的贸易环境,也为了履行我国加入的国际公约和条约,维护国家经济利益和安全,因而对该类货物的出口程序规定的较为严格。为了获得出口许可证,该类货物不仅要经过发放出口许可证部门的严格审查,通关时,海关还要对其是否侵犯他人知识产权进行一定审查。这样做不仅给行政部门带来程序上的重复审查,更给相关当事人带来时间和金钱上的浪费。因此,有必要对行政审查程序进行简化,可以在当事人提交相关文件申请出口许可证时,要求其提供必要的知识产权保护状况说明书,颁发出口许可证的行政部门就可以和知识产权行政管理部门共同对其申请书进行审查,如有侵犯他人知识产权的情形就不予发放出口许可证。

出口检查制度,给出口商带来额外的沉重负担,通关接受审查时需要履行烦琐的手续,提交各种授权文书,商业票证,以及时间上的拖延等,凭空为出口行业增加交易成本和意外风险,不利于国际贸易的自由流通,同时,也导致知识产权滥用。为了彻底解决出口检查制度的弊端,有必要参照 TRIPS 协议的最低标准,将知识产权保护的一些强制性规定限定在进口环节,而不是在进口和出口环节实施同等的保护。

2. 关于主动执法的问题。海关边境执法的国际惯例是被动保护的,即只有在知识产权权利人提出保护申请后,海关才对侵权货物进行扣留、处置。海关当局有证据怀疑正在申请进口、出口或转口的商品属条例规定的侵权商品,即可主动依职权采取保护知识产权的措施。但在海关边境执法实践中,主动执法使海关面临问责风险,这是加大知识产权海关保护力度的障碍所在。我国虽然规定了海关主动依职权实施知识产权边境保护措施的操作程序,但是没有规定免责条款。世贸组织 TRIPS 协议第 58 条规定:如果成员要求主管当局在其获得初步证据表明有关商品侵犯知识产权时,主动采取行动,中止放行,只有对政府当局及官员们系善意采取或者企图采取特定救济措施的情况,成员才应免除其为采取措施而应负的过失责任。一方面,我国作为世贸组织成员,有遵守 TRIPS 协议的义务;另一方面,考虑到在中俄科技合作中应加强知识产权保护强度,在立法中加入鼓励主动执法的免责内容,都是势在必行。同时,应增加海关主动依职权保护知识产权的权力。我国知识产权海关保护条例规定:扣留侵权嫌疑货物必须有权利人的申请,这大大限制了海关对进出口侵权货物行为的打击力度。侵权货物涉及的利益方方面面,对于那些涉及公共利益、人身安全等方面的进出口侵权货物,即使没有权利人的申请,海关也应当有权介入扣留,以保护社会公共利益和人民生命财产安全,这是现代海关知识产权边境保护制度中应有的题中之意。同时,对于侵权特征明显的进出口货物,即使权利人因客观原因不能向海关提出扣货申请或海关无法联系到权利人的,法律也应当赋介海关扣留货物的权力。

3. 关于海关保护的知识产权的范围。当前,我国海关保护的知识产权仅限于传统的知识产权即商标专用权、专利权和著作权,而对于新兴的知识产权如植物新品种、集成电路布图、地理标志等,还被排除在海关的保护范围之外。随着知识产权在国际贸易中的重要性不断提高,世界各国尤其是经济发达国家不断利用知识产权问题给发展中国家制造贸易壁垒的情况下,这种保护范围的局限性将日益突现。加大海关知识产权保护的范围,对于我们充分利用国际规则,应对新的国际贸易争端,保护国内产业及权利人利益等将具有非常积极的意义。另外,有些发达国家的知识产权保护国内法,将专利权,特别是实用新型和外观设计专利权,排除在海关保护之外,或规定有别于商标权、著作权的专门程序予以保护。从这几年的实践来看,立法的高起点和执法面临的困境难以相适应,究其原因,最主要的还是在于专利商品的权利特征隐蔽和权属稳定性差,因此,建议在修改相关法律法规时,参照国际相关做法作出修改并完善[①]。

4. 进一步降低权利人寻求海关保护的负担。传统知识产权理论认为,知识产权属私权,保护知识产权应当更多地走民事救济途径,权

---

① 熊淑珺:《中外知识产权海关保护法律制度比较》,载《合作经济与科技》,2007 年 8 月号(下)。

利人应当自行承当维权成本。但随着知识产权与国家经济政治生活的关系日益密切,保护知识产权,促进科技创新已成为各国政府行政管理的主要职责之一,国家公权力的介入已经使知识产权保护问题远远超出了私权保护的范畴。打击假冒伪劣,保护知识产权是国家维护市场经济秩序、打击不正当竞争、保护社会公共利益的重要内容,政府在知识产权保护中应当承当更多的责任,权利人不应承担过多的义务。所以,在海关保护程序中,法律也应当减轻权利人寻求海关保护的负担,一方面,取消或降低权利人申请海关保护时递交的担保;另一方面,由国家承担海关扣留侵权嫌疑货物所需的有关费用[①]。

5. 关于刑事责任问题。对于追究侵犯知识产权嫌疑人的刑事责任问题,TRIPS 协议和我国的海关保护制度里都有规定。但我国刑法与海关法律法规之间对于侵犯知识产权构成犯罪的如何移交,以及哪些行为应当追究刑事责任,追究何种刑事责任,目前并没有明文规定,也就导致对侵犯知识产权的行为处罚标准难以确定,不能达到 TRIPS 协议的在采用救济手段时,应以符合适用于相应严重罪行的惩罚标准为限的要求。因此,建议按照 TRIPS 协议的"其处罚的严厉程度与所犯罪行的严重程度相符"的移送标准,根据我国的执法实际需要,制定出追究刑事责任的标准。

6. 完善知识产权海关保护法律制度的程序。(1)实施透明度原则。应当将有关知识产权海关保护的规章以下的规范性文件进行公布;制定并公布职能部门的工作职责、操作规程;建立告知制度。(2)明确证据制度。知识产权海关保护过程中的证据收集、举证责任和举证范围,也应区分申请人申请保护和海关主动保护分别予以规定。(3)完善执法程序。应当在《实施办法》中明确规定侵权由哪个具体部门做出认定结论,经过何种具体程序进行认定以及认定过程中的审查期限、放行程序、放行期限等细节性问题。

---

① 聂毅、黄建华:《欧美知识产权海关保护制度的特点及对我们的启示》,载《世界知识产权》(第 15 卷)。

三、建立中俄两国知识产权司法保护制度的救济机制

(一)知识产权司法保护执法方面的对策

借鉴国外知识产权保护的成功经验,笔者对中俄两国在科技合作中知识产权的司法保护上提出以下几个方面合理建议:

1. 成立专门的知识产权法院[①]。这在国外已经是成熟的经验,特别是美国。只有建立专门审理知识产权案件的专门法院,才能真正促进法官专业素质提高,发挥专业法官的特长以保证知识产权案件审判的质量,从而最终实现知识产权司法保护的目的。在俄罗斯法院体系内,普通法院、仲裁法院、最高法院司法行政局、宪法法院在知识产权保护方面都发挥着积极作用。

2. 发挥陪审员的作用,保证审判的专业水准。国外法院普遍采用陪审团制度,案件的性质由陪审团决定而不是法官。目前在我国实行陪审团制度不现实,但可以发挥陪审员的作用,挑选知识产权业界内的资深人士充任陪审员,协助法官对知识产权案件的审理,在审理过程中充分发挥陪审员的专业作用,把陪审员的专业知识运用到人民法院的裁判当中去。根据2004年8月20日颁布的《俄罗斯联邦普通法院陪审员法》的规定,联邦普通法院陪审员参加俄罗斯联邦最高法院、各联邦主体最高法院、各军区(舰队)军事法院一审刑事案件的审理。但在俄罗斯,也并非所有的重刑案件都可由陪审法庭进行审理,还需要另一个条件,即被告人的选择。根据《俄罗斯联邦宪法》第20条的规定:"俄罗斯公民有权获得陪审法庭审判的权利。"依据《俄罗斯联邦刑事诉讼法》规定:是否由陪审法庭进行审理,选择权归刑事被告人。在共同犯罪中,只要有一人选择了陪审法庭,整个案件都由陪审法庭审理。而如果一个人犯有数罪,则只要其中一罪归陪审法庭管辖,被告人就有权选择陪审法庭[②]。被告人也可不选择陪审法庭,而由一般

---

① 陈旭主编:《法官论知识产权》,法律出版社1999年版,第14页。

② [俄]卢金:《关于完善当前俄罗斯陪审法庭活动问题的专题报告》,载《俄罗斯报》,2004年10月14日。

法庭，即由3名职业法官组成的合议庭按照一般程序进行审理[①]。俄罗斯联邦行政主体最高行政权力机关每4年编制一次预备陪审员总名单和备选名单，以供选择。

3. 注重专家意见，开展专家论证活动。知识产权案件涉及的专业性和技术性的问题很多，也很深，法官不可能在每一个问题上都能熟练把握，此时知识产权专家，特别是技术专家的意见就显得尤为重要。应该把听取专家意见和主动征询专家意见作为法院审判活动的辅助手段，并形成长效机制以保证知识产权案件的审理水平。

4. 建立专业法官队伍，倡导终身职业学习。知识产权本身就是一个动态的现象，它所包含的内容不仅深邃博大，而且还千变万化，任何一个从事知识产权专业的人士都必须不断学习，甚至是终身学习才能跟上知识产权日新月异的发展。笔者建议不仅要从专门机构和大专院校招募知识产权专业法官，还要对现在岗位的法官进行培训，提供法官各种学习进修的机会，把知识产权法官学习制度作为法院的一个固定制度，要从全盘考虑，安排现职法官的审判工作和学习任务，把学习任务当成考核法官的重要指标，而不是局限于案件的审理数量。

5. 建立健全交流制度，逐步形成知识产权专业职业共同体。法院是国家机器，法院是为了解决社会矛盾而设立的，法官也来源于社会，为了更好地解决社会中的知识产权问题，应该提倡法官与知识产权专业其他部门的交流。比如，法官应该到专利、商标、版权、软件等主管部门进行交流和调研，甚至工作一段时间，同时与知识产权专业人士，比如专利代理人、商标代理人、律师、学者进行互动式的交流，使法官了解知识产权业界的方方面面，也使知识产权专业人士了解法官和法院，这样就可以使法官更好地审理案件，特别是更容易地调解案件。应该说因为知识产权本身的专业性特点，在现实中已经形成了一个相对稳定的知识产权专业从业人员共同体，法官应该是这个共同体中的核心人物[②]。

---

① [俄]K. 古岑科主编：《刑事诉讼法》，镜子期刊2005年出版，第489页。

② 徐家力：《我国知识产权司法保护目前存在的问题及对策》，载《法律适用》，2006年第3期。

6. 构筑以法院为核心的司法保护知识产权体系。所谓以法院为核心是指法院在司法保护中作用最大，管辖的案件范围也最广。司法审查的上游是行政执法，民事审判的下游是刑事打击。作为人民法院在司法保护知识产权既要联接上游又要顾及下游，使知识产权司法保护在各界法院的主导下形成一个多层次的体系。

（二）知识产权司法保护立法方面的建议

1. 侵权责任应认定适当采用无过错责任。长期以来，我国对知识产权侵权责任的归责原则适用的是传统民法理论，即有过错者承担法律责任，无过错者则不承担责任。我国现行的《商标法》、《专利法》对侵权责任的归责原则也是以过错作为前提的。WTO 的 TRIPS 协议规定，在适当场合即使侵权人不知、或无充分理由应知自己从事之活动系侵权，成员仍可以授权司法当局责令其返还所得利润或令其支付法定赔偿额，或二者并处。近年来国际上也已出现把无过错责任归责原则引入知识产权的立法趋势。如希腊和德国最新修订的《版权法》，无论是作为 WTO 成员履行义务，还是从保护中俄合作中的知识产权法律实践需要，在立法中根据实际情况在司法救济中相应地引入无过错责任原则都是必要的。

2. 关于民事立法。1）对于侵犯知识产权商品的处理法律规定必须明确，我国的《著作权法》、《商标法》、《专利法》均无对侵权物品应如何处置的规定。上述法律相关实施细则虽然有一些规定，但毕竟不属于法律的规定，缺乏权威性。制裁侵权措施必须严厉，我国相关知识产权法律实施细则对于侵权物品的制裁手段不够严厉，与 TRIPS 协议相比，缺乏直接销毁商品、排除出商业渠道的规定。在中俄科技合作知识产权保护中，这都是应该借鉴的。2）关于临时措施和对即发侵权的处理，我国法律以前没有任何规定，虽然修改后的专利法已作了补充，但仍然缺乏操作规程，审判人员也缺乏操作经验。建议制定明确的操作规程。3）通过立法加大了证据保全和财产保全力度，克服知识产权权利人举证难问题；采用诉前和诉中临时禁令措施，及时制止侵犯他人知识产权的行为；贯彻全面赔偿原则，加大知识产权侵权损害判赔力度，依法适用法定最高赔偿额；通过制度创新增强审判活动的透明度。

3.关于司法审查。1)扩大司法审查范围的建议。对于行政立法以外的行政机关抽象行政行为和终局裁决都应该纳入司法审查的范围。将抽象行政行为纳入司法审查的范围,是我国司法审查制度发展的必然趋势。世界上很多国家都将抽象行政行为作为司法审查的对象,WTO 的 TRIPS 协议规定:凡是实施与 WTO 及 TRIPS 协议有关的所有行政行为,当事人皆有向法院起诉的权利,只有独立的司法机关才具有最终决定权,而不能由行政机关行使最终决定权。相对人直接对抽象行政行为提起诉讼,实现事前救济,可以避免事后无法救济的可能性,同时也符合诉讼经济的原则。确立对抽象行政行为的完全审查权,可以更大程度和更大范围地保护相对人的合法权益。法院对具体行政行为的合法性审查只能保护提起诉讼的相对人,而法院对抽象行政行为的合法性审查,可以保护所有可能或已经受到该抽象行政行为侵害的相对人[①]。据此,结合当前我国部门、地方立法和行政行为个体利益化倾向的弊端,除了国务院制定的行政法规,对于部门规章、地方法规、其他规范性文件和行政终局裁决行为,应当纳入司法审查范围之内。2)完善司法审查程序。应当简化知识产权的司法审查程序,弱化审判委员会的审判作用,将司法审查权明确赋予审判法官行使,这种司法审查既是法律审,又是事实审,既审查行政行为合法性,又审查行政行为合理性,确实维护司法判决的终局性和公信力[②]。3)确立正当法律程序的司法审查标准。WTO 中很多地方对行政行为程序的正当性,有原则性的规定。如要求行政决定应当具有透明度,应当公平、公正等。这些规定与目前中国法院对行政程序中司法审查的既有标准有冲突。在目前的立法状况下,从法院的角度看,应当对行政诉讼法中法定程序作扩大的“非立法原意”的解释,即法定程序不应是法律规定的具体的行政程序,而应当是指符合法律精神和原则的行政程

① 参见《司法审查的权利救济价值及其改革重点》,载《人民法院报》,2001 年 3 月 12 日第 B01 版。

② 彭向阳:《在 TRIPS 协议视角下完善我国知识产权的司法审查制度》,载《广东科技》,2007 年第 6 期。

序。对法定程序作这样的司法解释,对于公民程序权利的司法救济将产生巨大的积极作用。

4. 关于刑事立法。1)犯罪客观要件。刑法规定的知识产权犯罪在客观方面的共同特点,就是行为必须达到一定严重情节才能构成犯罪,但其缺乏可操作性,具体立法应从以下几个方面入手:侵犯知识产权犯罪的定罪情节的完善,细化定罪标准,适当降低知识产权犯罪的追诉数额底线,扩大刑法的保护范围。2)关于犯罪的主体要件。建议立法中对自然人犯罪和单位犯罪适用相同的定罪量刑标准,加大对单位犯罪的打击力度,避免放纵单位和个人严重侵犯知识产权的行为。3)关于犯罪的主观要件。建议取消侵犯著作权犯罪、销售侵权复制品罪中"以营利为目的"的限制,对不论出于何种目的的故意严重侵权行为都追究刑事责任,给知识产权更为完整的保护。4)关于刑罚手段。专利创造者付出的劳动比起其他知识产权权利人来相对更多,但是法律却没有体现专利权的这种特点给其更为有效的保护,相反却对侵犯专利权的行为规定了最宽厚的刑罚。新刑法对侵犯专利权的犯罪的处罚规定,与商标权、著作权、商业秘密保护相比,力度不够。这违背了罪刑相适应原则,建议修改假冒专利犯罪的最高刑期,与其他犯罪刑期相一致。5)增设对其他知识产权标的的刑事保护。建议明确对"地理标记"的刑事保护,同时建立对集成电路知识产权的刑事保护制度。

5. 适用判例。在当代,法院及法官地位的提高,使判例在知识产权保护的司法实践的作用越来越大,并逐渐成为知识产权法渊源之一。在司法实践方面,我国与俄罗斯都对知识产权判例进行汇编与适用,给予很大重视。近年来,俄罗斯联邦对司法制度进行了一系列重大的改革,其直接结果就是法院权威的树立和判例地位的提高。在这方面最突出的变动就是宪法法院的建立,以及法律对宪法法院作出的决定的效力的明确规定[①]。从宪法法院作出的"认定规范性决定或其中的独立部分违宪的决定生效时起,已经发生效力的规范性决定或其有关的部分就被认为是无效的"。"如果根据被确认为违宪的国际条约以及规范性决定作出的法院判决或其他机关的有关决定,在宪法法

① 杨亚非:《判例与俄罗斯法的发展》,载《法制与社会发展》,2000年第1期。

院的确认决定生效前没有被执行的，则不再执行。”[①]在中俄科技合作知识产权保护中不能忽视判例的适用。

四、建立和完善中俄两国知识产权纠纷解决的行政协调制度

1. 中俄两国知识产权纠纷解决的行政协调制度建立与完善的侧重点。

（1）建立统一的知识产权行政保护体系。知识产权行政保护工作的面广、量大、涉及因素多，加之有关的行政组织法律规范尚不健全，某些执法主体的职权范围不够明确或交叉矛盾，并且不少部门立法、地方立法还存在争权、弃责、低质量的问题等，故执法协调的任务异常艰巨，在操作中极易产生执法依据、执法主体等方面扯皮打架而导致行政法治信任危机和增大社会代价的问题。可见只有各方面配合协调好，才能加大知识产权保护力度。现在国际上大部分国家是按照工业产权分类，实行专利和商标统一集中管理。1997 年 70% 多的国家和地区采取专利和商标集中管理的模式；23% 的国家和地区采取专利、商标和版权集中管理；只有极少数国家采取三家分散管理模式[②]。因此，建议有必要建立统一的知识产权行政管理机构。这有利于行政资源的节约和提高，适应各种新兴的知识产权的保护的要求，在客观上消除部门利益之争。例如：可由国家知识产权局对知识产权保护工作进行综合的统一的管理，并对知识产权行政管理机关内部体制结构进行改革整合，改变原来分散、片面的知识产权行政保护局面，通过高层次、权威性的协调机制，首先在行政系统内部及时解决有关的执法权责矛盾和纠纷，以利于保护当事人合法权益，推动依法行政，提高行政效率。此外，还需要解决好与系统外部有关要素（如司法保护）配合协调的问题。

---

① 参见《俄罗斯联邦宪法法院法》第 65 条第 2 款、第 65 条第 3 款。来源：law.laweach.com/rule_320396_1.html

② 吕薇：《我国知识产权工作面临的主要问题》，载《中国经济时报》，2003 年 8 月 7 日。

(2)丰富完善知识产权行政保护方式,通过制度创新加强两国知识产权行政保护的薄弱环节。要做到依法管理,避免人为因素对科技合作与贸易往来的干扰。在中俄科技合作的知识产权保护中,除了行政处罚和行政调解两种方式保护知识产权,还可以通过以下制度加强和改善识产权行政保护:(1)行政指导制度,如制定知识产权发展和保护战略、知识产权保护法规和政策;2)行政参与制度,如参与知识产权行政保护工作协调、社会宣传与教育、听证;3)行政信息制度,如信息公开、信息交流;(4)行政程序制度,完善调查程序、举证程序、处罚程序、复议程序、执行程序等方面的规范;5)行政检查制度;6)行政奖励制度。在中俄科技合作中知识产权保护中,以上制度的改善重点在于保证决策产生的程序合法、透明度和有效监督。如:外经政策的不确定性往往给企业带来意想不到的损失。2004 年 4 月下旬,俄罗斯海关总署突然向承办进口中国商品业务的各海关下达命令,大幅度提高中国商品的进口关税,这导致大批日用品滞留和积压,直接影响了中国商品的出口。俄方有些人士认为这是为了限制中国"倒包"者携带大量商品进入俄罗斯。但事实绝非如此。俄罗斯远东通关经纪人联合会主席叶夫盖尼·维尔霍金披露:"俄罗斯海关总署单方面调高中国商品关税的决定是俄罗斯制鞋企业联盟'院外'(不公开)活动的结果。"由此可见,在中俄科技合作中增强对决策机制法律监督、增加其透明度势在必行。

(3)完善两国的知识产权行政保护的法律规范体系。知识产权行政执法成效有赖于立法完善,立法应根据科技、经济、社会环境的变化和发展趋势,以及行政法治化进程的客观要求,中俄科技合作的知识产权立法完善应从以下几个方面入手:1)参照 TRIPS 协议等国际条约的最新规范,并借鉴他国的有关立法经验,同时结合我国实际,首先对现行知识产权法作出必要修改,例如关于强化执法力度,严格行政程序,增加透明度等。2)拟制定知识产权法典。根据新技术革命和经济社会发展的客观要求,在条件成熟时制定出统一的知识产权保护法典,以对整个知识产权保护工作加大引导和规范的力度。3)清理涉及知识产权的行政规范性文件(指行政法规、规章之外的带规范性的行政性文件),并建立对之进行有效监督和救济的机制,减少因此引发的权益纠纷和争议问题。混乱的行政法律规范体系必然对中俄合作保护知识产权造成困难。两国的行政协调制度应以消除立法分歧、增加透明度、统一操作程序为目标。

(4)建立完整的知识产权法律责任体系,加大对行政执法的司法审查力度。知识产权法律责任体系包含三方面内容:一是侵权人所应承担的法律责任;二是权利人对社会、他人所应履行的法律义务,即是不滥用知识产权和维护社会公益等责任;三是知识产权行政保护责任,应建立政府机关的"行政问责制",强化知识产权行政管理机关对知识产权行使行政保护"职责"的意识和责任,做到权责统一。对知识产权行政管理机关行政保护中的权力滥用、职能行使不当、怠于行政职能等具体的法律责任,通过司法审查制度进行追究,对权利持有人进行救济。两国合作中保护知识产权必然涉及追究侵权人责任的问题,如果知识产权法律责任体系不完整,必然难以达到预期效果,两国协调中应相互督促建立对方完善知识产权法律责任体系,使知识产权的保护落到实处。

2. 中俄两国知识产权纠纷解决的行政协调制度建立与完善的具体建议。

知识产权纠纷解决一般有诉讼机制、行政型纠纷解决机制、社会型纠纷解决机制以及自力型纠纷解决机制几种方式,中俄行政协调解决纠纷制度是指两国行政管理机关以中立第三人身份在解决平等主体之间有关知识产权权益争议的活动中进行协调。中俄两国知识产权纠纷解决中建立与完善行政协调制度应明确规定以下几个方面内容:

1)进行行政协调的部门、机构及人员。一般包括相同部门之间的协调(如两国海关、知识产权保护机关)和跨部门之间的协调,跨部门的协调需要两国政府派出专门人员组成工作协调组。

2)进行行政协调的原则、依据。如:遵守法律、遵守条约与协议、促进合作、平等互利等原则;进行行政协调的依据一般是两国的基本法律及单行法、双边协议。

3)进行行政协调的范围、方式及程序,需要提交的文件、资料。行政协调的范围包括所涉知识产权领域、行业、争议内容、企业规模及性质等;行政协调方式如:调解、仲裁等;需要提交的文件、资料包括:(一)协调事项的情况说明;(二)自行协商情况及有关各方的分歧意见;(三)有关法律、法规或者规章依据等;

4)行政协调知识产权信息通报、协调进度通知、问题反馈制度。

5)有关行政协调的责任追究。包括行政协调机关责任和具体人员责任。

在构建行政协调制度方面,日本的经验十分丰富,值得中俄两国在知识产权纠纷解决中借鉴,具体措施包括[①]:1)事务委托。一国地方政府可以与另一国地方政府签订协议,将一部分事务委托给另一个地方政府处理。2)部分事务组合。两国地方政府之间可通过协议,共同设立一个专门处理地方政府部分事务的组织或共同设立委员会并安排专职委员,处理两地间共同事务。3)建立协调机构。如:日本地方政府间通过协议设立协议会来处理跨区域事务。协议会的主要工作是:①处理事务。②联络和协调。③制定跨区域的计划。日本政府还通过召开地方行政联络会议,加强地方政府之间的横向联系,促进跨区域行政的实施。4)制定、实施行政圈政策。把一定的地域划为一个行政圈,制定、实施某些共同的行政圈政策。以上举措对中俄两国知识产权纠纷的解决具有借鉴意义,虽然施行上难度很大,但值得进行有益的尝试。

---

①　傅钧文:《日本跨区域行政协调制度安排及其启示》,载《日本学刊》,2005年第5期。

第六章 中俄科技合作中知识产权交易的法律保障机制的实施

第一节 有关中俄科技合作中知识产权交易的法律保障运行机制的基本认识

一、中俄科技合作中知识产权交易的法律保障运行机制的内涵

知识产权交易的法律保障运行机制是指以保障知识产权交易为目的,在一定的知识产权制度安排下所构成的知识产权各构成要素之间相互联系和作用的制约关系及其功能。在机制运行中,所构成的各要素之间的配置方式、组织形式以及调节功能不同,则运行机制的运行效率和运行结果就不同。知识产权交易涉及知识产权的转让、许可及质押,知识产权的特殊性使其交易具有自身特点,构建良好的法律保障运行机制才能保证知识产权交易顺利进行。运行机制贯穿于实施过程中,法律保障机制的顺利实施以运行机制为保证。

中俄科技合作中知识产权交易的法律保障运行机制则是指在中俄科技合作中,以保障知识产权交易为目的,在一定的知识产权制度安排下所构成的知识产权各构成要素之间相互联系和作用的制约关系及其功能。中俄科技合作中知识产权交易的法律保障运行机制的目的在于:在中俄科技合作中实现(1)通过一定的垄断权力增加知识生产的投入回报,激励智力成果供给;(2)对同一智力成果给予唯一保护,激励知识的创新;(3)以保护换公开,促进知识的传播和利用;(4)以知识为核心配置资源,提高社会资源配置效率;(5)尊重知识的创新文化。

二、中俄科技合作中知识产权交易的法律保障运行机制的内容及构成

在中俄科技合作中,其知识产权法律保障机制的运行涉及以下几个方面:

1. 知识产权保护中的利益平衡。知识具有易复制、传播低成本、可重复消费的特征,知识一旦公开就不易控制,因此在市场惩罚约束不足、侵权成本不大时,往往诱发侵权行为。而另一方面,由于知识产权人享有的独占权利实际上也是一种垄断权,因此产权人有可能滥用权力而妨碍知识利用、阻碍技术创新、损害社会利益。以上两种情况都无益于市场秩序和市场竞争,因此防止侵权行为和防止市场垄断,寻求产权人和社会公众之间的利益平衡是知识产权制度立法和司法保护追求的市场目标。

2. 知识产权行政管理与国家创新。知识产权制度运行是以一个庞大的、涉及多个政府部门的行政管理体系为支撑的。一方面,知识产权行政管理体系肩负了知识产权条法制定,产权审查,行政执法,国际合作,信息服务,行业规范等一系列复杂、专业化很强的工作,其权责体系、组织机构、行政效率、服务质量直接影响了制度目标的实现。一个高质量、高效率的知识产权体系是知识产权制度在经济大系统中保持良好运行的必要前提。另一方面,在新一轮知识经济的国家竞争中,政府创新管理作用日益重要。政府为弥补私人投资的缺陷,会不断加大公共财政投入,有选择地介入知识和技术创新。

国家科技投入应该逐渐从目标导向走向能力导向。首先,发挥国家投入资金的杠杆效应引导企业增加 R&D 投入,其次,通过科技计划的管理引导企业、研究机构建立良好的知识产权管理,提升知识产权运用能力。区别于其他财产权制度,政府适度介入知识产权管理,把知识产权管理政策纳入国家创新政策,已成为整个知识产权运行中不可或缺的有机组成部分。中俄两国都制定了相应科技创新政策及制度,为中俄双方科技合作创造有利条件。

3. 知识产权交易。“要使资源得到有效的利用,就必须实现产权

的流转，在流转中产生效益。”[①]从知识产权立法基础来看，只有通过交易才能促进社会对知识产品的分享，实现制度的价值目标。因此，产权交易是实现市场资源配置和多方利益的重要环节。

4. 知识产权激励与风险报酬机制。一方面，从知识产权创造到市场收益的过程中存在技术、市场双重风险；另一方面，潜在的高收益对产权人和投资人双方都是巨大的激励，激发了双方合作的愿望。因此，“知本”与“资本”结合的知识经济，既需要更加灵活的资本市场的支撑，也催生了新的以知识产权为核心的知识产品投资方式——风险性投资。将知识产权的创造、转化归为风险投资模式，给予必要的风险报酬，需要在政府与市场共同构成的框架下，形成关于权益归属的调节规范[②]。

上述几个方面有机的结合，形成一个各司其职的整体，在不断的自我调节中促成知识产权运行的良性循环。在实践中它们以下述制度为支撑点：激励制度、组织与协调制度、支撑平台构建制度、监督与救济制度、政策公开制度。

第二节　中俄科技合作中知识产权交易的法律保障机制实施中激励制度的建构

中俄科技合作中知识产权法律保障机制的运行可以从激励、组织与协调、支撑、监督与救济、利益双赢、政府支持等方面进行分析，为提高中俄科技合作水平提供依据。其中双赢的利益机制核心应该是双赢与共享。要树立双赢的意识，必须让合作双方的企业意识到智力成果的获得是不能脱离合作环境而独立存在的，任何道德败坏行为虽然能获得短期利益，但是这种行为将招致合作的失败，从长远利益来说，

① 高步德：《产权与增长：论法律制度的效率》，中国人民大学出版社 1999 版。

② 陈海秋等：《发挥知识产权制度功效：基于运行机制内涵的分析》，载《科学学研究》2009 年 6 月。

对合作双方不利。从中俄科技合作来看，双方在科技方面都有自己的优势与不足，互补性很大，这是中俄合作利益所在。近年来，中俄合作方以产权为纽带，共建研发中心、工程研究中心、重点实验室、科技型企业、科技园区和人才培养基地等创新载体的合作模式，确保了双赢机制的有效运行。“诚信理解、互补互利、共担风险、共谋发展”的原则是利益双赢的集中体现。

一、有关中俄知识产权交易法律保障机制激励制度基本认识

科研单位、企业在合作创新活动中除了会在市场竞争中获得激励以外，政府对高新技术企业创新活动的激励是很重要的一个方面。政府各种激励措施使得中俄合作双方敢于冒风险参与合作创新，特别是在高新技术行业。另外，技术研发人员承担技术创新的主要工作，企业技术创新活动的成效在很大程度上取决于他们的工作努力程度。针对技术研发人员的特点，一方面为技术研发人员提供宽松灵活的环境，激发他们的工作积极性和创新潜能；另一方面通过制度为技术创新活动提供有效的物质与精神激励。例如：产权奖励，授予证书、奖金、分成等物质奖励。我国科学院还建立了“研究所产业化评价指标体系”，由经济效益指标和社会经济效益指标两部分组成，该体系以中国科学院产业化统计数据为基础，对研究所年度产业化工作绩效进行排序，从研究所年度工作评价上发挥激励作用。

中俄合作双方必须制定对发明者和创作者的奖励制度，并且使之与世界上通行的有关规则接轨。为此，各参与方都要注重在《俄罗斯联邦政府同中华人民共和国政府科学与技术合作协议》规定的范围内进行认真商讨，制定出行之有效的奖励制度；在合作项目投入开发之前，就要提前规定好发明者和创作者的报酬额度；必须保证各个参与方在知识产权的权利分配方面，拥有市场开发的使用权利。我国有关科技成果奖励的法律法规有《科技进步法》、《自然科学奖励条例》、《发明奖励条例》和《科学技术进步奖励条例》，同时，我国分别设置了国家最高科技奖、国家自然科学奖、国家技术发明奖、国家科技进步奖

这四大国家科技奖项。

二、中俄知识产权交易法律保障机制激励制度的具体实施措施

(1)实施产权奖励及受让优先

产权奖励是通过确立发明创造新成果的所有权来推动发明创造的。对专利发明人实施产权奖励,把一部分专利所有权交给他们,使人身权和财产权统一起来,让他们对于专利的享受,既有名,也有利,切实调动专利发明人将科技成果申请和实施专利的积极性。同时,当科技人员意识到未来科技成果将属于自己时,会以所有人的心态在科技成果产生的全过程中对知识产权保护予以关注。经济学家在论及产权奖励时指出:产权的确定是最经济有效、持久的创新激励手段。知识产权是无形资产,因此,应当以科技人员为重点,建立有利于创新和保护科技成果的知识产权激励和监督机制,逐步确立知识产权导向的利益机制,改变应用开发类科技成果片面追求奖励的倾向,以促进创造发明和成果转化。中俄两国可以利用这种产权奖励制度极大地促进知识产权创新与保护。

依据我国《关于加强与科技有关的知识产权保护和管理工作的若干意见》对执行国家科技计划项目除以保证重大国家利益、国家安全和社会公共利益为目的,并由科技计划项目主管部门与承担单位在合同中明确约定外,所形成科技成果的知识产权,可以由承担单位所有;对执行国家科技计划项目所产生的发明权、发现权及其他科技成果权等精神权利,属于对项目单独或者共同作出创造性贡献的科技人员。对于承担单位无正当理由不采取或者不适当采取专利保护措施,以及无正当理由在一定期限内可以转化而不转化应用科技计划项目研究成果的,科技计划项目的行政主管部门可以依法另行决定相关研究成果的专利权归属,并以完成成果的科技人员为优先受让人。国务院批准的《关于国家科研计划项目研究成果知识产权管理的若干规定》中明确指出,国家在一定条件下将知识产权授予项目承担单位,项目承担单位可依法自主实施、许可他人实施、转让、作价入股等,并取得相

应的收益。

(2)提高获得专利的科技成果在考评中的地位

即通过两国国内法律、制度的调整，在中俄科技人员的考核和晋升、加薪，享受特殊待遇、授予荣誉头衔中，把科技成果获得专利及其实施情况作为重要内容列入评审条件；改革对科研机构的评价方法，除了科技奖励外，把科技成果获得的专利也列入科研机构技术进步评价指标体系，并与今后的科研立项与资助挂钩。中俄两国各部门、各地方政府在制定政策时，应当把获得知识产权的成果作为重要的因素加以考虑，使专利和科技奖励一样，在各种政策中具有相应的地位。企业及科研单位可以对职务专利计算一定的工作量，把拥有专利与否作为考核科研工作的一项量化指标，在职称评定、年终奖励等方面体现向专利等知识产权倾斜[①]。这对激发高技术研发者的积极性，促进高技术发展有很大作用。

(3)解决和落实专利申请和维护的经费

中俄两国都面临科研经费不足的困难，对知识产权保护的投入都面临困境。有许多科研机构因经费不足而放弃了部分专利的申请，有的申请了国内专利，而没有申请国际专利，丢失了宝贵的国际保护，中俄两国应把专利申请经费预算算在科研计划立项经费中。另外，可以考虑联合建立科技合作专项基金。该基金主要用于：对有些潜在市场大的好的发明创造，因经费不足无法申请知识产权的，可以申请专项基金；对于只申请了国内专利的技术，经过一定的审查，预计有一定国际市场的，可以由国家专利申请基金资助申请国际专利。

(4)报酬和收入提成奖励

现金奖励，这是一种最直接、最有效的奖励方式，现实的利益取得最能体现公平和激发科技人员的积极性。我国《关于促进科技成果转化的若干规定》中规定：科研机构、高等学校转化职务科技成果，应当依法对研究开发该项科技成果的职务科技成果完成人和为成果转化

---

①　张玉涵：《我国高技术专利保护法律制度研究》，大连理工大学2008年论文，载中国知网硕士学位论文全文数据库。

作出重要贡献的其他人员给予奖励。其中，以技术转让方式将职务科技成果提供给他人实施的，应当从技术转让所取得的净收入中提取不低于 20% 的比例用于一次性奖励；自行实施转化或与他人合作实施转化的科研机构或高等学校应当在项目成果投产后，在连续 3 年内，从实施该科技成果的年净收入中提取不低于 5% 的比例用于奖励，或者参照此比例，给予一次性奖励；采用股份形式的企业实施转化的，也可以用不低于科技成果入投时作价金额 20% 的股份给予奖励，该持股人依据其所持股份分享收益。在研究开发和成果转化中作出主要贡献的人员，所得奖励份额应不低于奖励总额的 50% 。根据我国《关于加强与科技有关的知识产权保护和管理工作的若干意见》，对职务发明创造，允许其发明人在收益中按一定股份取得报酬；对本单位业务领域的非职务发明，其专利权归属单位所有，发明人在发明创造收益中持有一定的高于职务发明的股份。

我国《专利法》中规定："被授予专利权的单位应当对职务发明创造的发明人、设计人给予奖励；发明创造专利实施后，根据其推广应用的范围和取得的经济效益，对发明人或者设计人给予合理的报酬。"

我国《国家高技术研究发展计划知识产权管理办法（试行）》（863 知识产权管理办法）规定，研究开发方应当从实施或者转让科技成果所获得的收益中提取一定比例资金作为报酬，支付参加研究开发的课题组成员。实施技术成果的，每年可从所得利润纳税后提取 1%—2.5% 支付，或者参照上述比例，一次性支付；转让技术成果的，从所获得的使用费中纳税后提取 10%—15% 支付；执行 863 计划所产生的发现权、发明权和其他科技成果权等精神权利，属于对该项发现、发明或者其他科技成果单独作出或者共同作出创造性贡献的个人。

同时，企业可以对接触、使用企业商业秘密的职工，给予较优厚的工资、奖金待遇或者允许商业秘密的持有者，接触、掌握商业秘密的人拥有部分股权，成为企业的股东，使之与企业形成休戚相关的命运共同体[①]；企业也可以依据发明人的成果，采用相应的累积计分制、等级奖励制和各种表彰制度。对于违反保密规定，造成企业商业秘密遗失的、或者泄露商业秘密的，应该根据情节、后果，给予行政处分、经济制裁，直至辞退、开除，甚至让相关机关追究其刑事责任。

按照俄罗斯联邦现行的法律，从事特许的中心或者实验室的领导者应该支付给作者每年不低于 2 000 美元的酬金和不低于收入的 15%。其他收入可以用作研发的再投入。如果许可支付超过实验室年度预算的 5%，其余部分则列入联邦预算。超过数额由支行和国库按 25% 对 75% 的比例分摊。支付的程序应该是作者先得到自己的一份，其次是实验室，最后是国家。当获得高收入时，国家将得到相当大的利益。这种机制可以减少利益冲突，刺激著作者的创造积极性，从而避免作者隐匿发明或者参与黑市交易。

第三节　中俄科技合作中知识产权交易的法律保障机制实施中的组织与协调制度建构

一、涉及中俄知识产权交易保护的组织活动

设置的机构负责中俄两国间科技合作知识产权保护的协调和监管等有关的事宜。该机构内部也应按权力与行政职能的划分来设立具体的部门，做到既符合科技合作的要求又达到权利的统一。

1. 政府间机构设置。目前，我国在知识产权管理方面是机构分设，权力分散，涉及知识产权的行政管理机关有科技部、国家知识产权局（专利局）、商标局和出版署，分别行使知识产权管理的部分权力，虽然我国于两年前成立了国家知识产权局，但是实际只是接管了原中国专利局的行政职能，所赋予的“对全国知识产权工作进行统筹协调”的

---

① 刘尚华：《商业秘密保护战略（2）》，载：http://www.chinaiprlaw.cn/file/200601176810.hmt.

职能，由于现行体制和职能分工使其无法对商标、版权和科技中的知识产权进行管理，这种机构不统一、职能不协调的管理体制严重影响了我国知识产权的有效管理和整体保护[①]。加之有关的行政组织法律规范尚不健全，某些执法主体的职权范围不够明确或交叉矛盾。俄罗斯也存在这种情况。这远远不能适用中俄两国科技合作知识产权保护的需要，必须由两国政府牵头成立一个跨部门、跨国家的超越于各知识产权管理部门的国家级知识产权保护协调机构。其名称可以暂定为中俄科技合作知识产权保护联络处。

其职能应涵盖以下几个方面：(一)协调有关科技合作中知识产权保护的问题，并促进两国有关部门、组织之间签订科技，专利，商标以及版权等领域中的知识产权保护合作的具体协议；(二)交流知识产权领域的法律信息；(三)交流专利信息及其整理和应用方面的经验；(四)交流经验，讨论工业产权项目的统一鉴定程序的可能性；(五)培养和提高知识产权保护领域的人员的专业技能，并交流该方面的经验；(六)交流国际合作经验和各自参加保护知识产权的国际多边条约或协定的信息及其执行情况；(七)定期交流两国间在经贸科技合作、特别是两国间在技术转让方面的信息，促进两国间技术转让的不断发展和扩大；(八)举办包括知识产权项目的展览；研讨会；有关技术交流、知识产权保护问题的会议；(九)相互商定的其他合作方式。

2. 科研单位与企业、院(科学院)地(地方)合作中机构设置。在中俄科技合作中，科研单位与企业、院(科学院)地(地方)合作占有很大的比例，其中知识产权保护机构设立与良性运行对知识产权的保护意义重大。院地合作需从院地双方整体上协同构建合作的组织机制，其中院地高层领导的正确决策是前提，职能部门的有效管理是保障，科研院所与地方企业(简称“所企”)的成功对接是关键。宏观决策、中观管理和微观操作构成了院地合作组织机制的三个层面(见图

① 王炎冲等：《加强我国科技活动中知识产权保护的若干思考》，载《研究与发展管理》，2003年第1期。

1[①])。

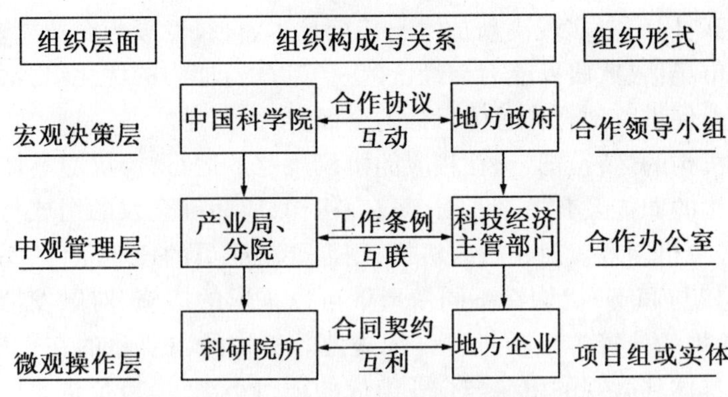

图1　院地合作的组织结构

宏观决策层面：成立由院地双方分管领导任组长、有关部门负责人组成的"院地合作领导小组"，以院地全面科技合作协议为依据，通过院地合作决策层面的互动沟通，为院地合作中知识产权保护提供强有力的组织保障。其主要职责是：在知识产权保护上营造良好的合作环境、确定合作重点与发展战略、协调解决重大问题、制定有关配套知识产权政策、合理配置合作资源、决定重大合作项目等。

中观管理层面：由中国科学院高技术产业发展局，有关分院和地方科技、经济主管部门的有关领导组成"院地合作领导小组办公室"，以院地合作工作条例为依据，通过院地合作管理层面的互联协作，提高院地合作的知识产权管理水平和保护工作的效率。其主要职责是：开展知识产权重大问题决策的前期调研、制定合作年度知识产权保护工作计划、落实有关知识产权政策、组织实施重大项目、搭建所企对接平台、沟通合作进展情况、协调解决有关知识产权问题等。

微观操作层面：所企分别作为科技的供给方和需求方，是院地合作的直接实施者和推动者。围绕院地合作总体规划，结合自身发展的需求和实际，以所企双方达成的合作契约和有关知识产权约定为依据，采取技术转让、联合攻关、委托开发和共建实体（园区、基地）、人才

① 林若扬：《中国科学院与省市、企业合作的运行机制分析》，载《中国软科学》，2005年第5期。

培养等多种形式，通过以知识产权权益为纽带、科技成果资源整合为基础的互补互利，实现高新技术与传统技术、科技专家与企业家、科技信息与市场信息、研发能力与经营（生产、市场）能力的优化组合，从微观层面上促进院地合作总体目标的全面实现。

3. 机构的运行。必须在相应的协议规范下运行，协议应具体规定不同机构的职能及其关系。对于权力机构，应明确会议的组成与召开机制、表决机制等。对于行政机构，则需要就职员的任职条件、不同岗位的职权与职责、机构在不同情形下可以采取的措施、对触发情形的认定、违规的处置等事项进行详细规范。机构的主要目的在于协调，运行中具体到微观的由参与企业组成的项目小组，项目负责人应将协调工作作为贯穿整个项目的中心工作，在内部协调成员间的配合与统一，在外部协调与政府、中介机构和金融机构的关系，以保证项目的顺利完成。协调的主要目的就是实现知识产权保护成本最小化和高效率，如果协同成本过高则丧失了合作创新的优势。

4. 民间的组织与参与。除了政府的指导与参与外，各种民间组织（学会、协会）、大型企业及企业联盟、有专业知识自然人的参与也是对知识产权保护的重要途径。作为科技合作主要参与者的企业，对知识产权保护的重视程度与采取何种保护措施，无疑对知识产权的保护产生至关重要的影响。听证制度是参与制度的主要组成部分。行政主体实施指导时，应当给相对方说话和发表观点的机会，听取相对方的意见和建议。对于影响重大的或者针对多数人实施的行政指导行为，尤其是容易侵害相对人利益的指导，如规制性和调整性行政指导，行政主体在实施前必须听证程序主动或依相对人申请举行听证会，相对人有权提出质询，行政主体必须答复；有争议处双方应通过对话、协商、辩论等方式予以沟通。听证制度使行政主体在全面收集各种因素和信息的情形下作出适当的行政指导，而相对人享有充分的参与权、知情权、质辩权后，了解了行政指导的全面内容，且人格受到了尊重，会自觉对听证的结果予以遵循，主动配合行政主体完成行政指导的目标。

作为自然人的企业职工可以通过以下四种方式参与对知识产权

的保护：一是通过职工(代表)大会这一基础形式参与企业管理，主要是在传统的国有企业和集体企业中，职工依法组成职工代表大会作为职工民主管理机构，参与企业知识产权决策、监督企业管理人员、维护职工知识产权合法权益，具体行使审议建议权、审查通过和否决权、审议决定权、评议监督权。二是通过选派代表参与到企业的决策机构(董事会)和监督机构(监事会)，分享企业的知识产权管理权和保护监督权。三是平等协商制度。职工通过自己的本职工作参与企业日常的管理活动，就有关企业生产经营决策和职工权益事务互相协商、讨论，互通信息，达成理解和合作，如提出知识产权保护合理化建议、科研成果革新等。四是通过职工自己持有股份，以股东的身份参与管理，这种方式因职工的股东性质，可理解为职工参与管理的异化方式。我国2005年公司法规定和完善了关于职工建议权、知情权、职工监事制度、职工董事制度和职工代表大会等民主管理的条款。

需要特别指出的是，作为知识产权特殊保护客体——非物质文化遗产，扎根于民间的特点决定了它的保护在很大程度上必须依赖民间力量，例如：民间剪纸艺术，它只掌握在少数的民间艺人手中。公众参与非物质文化遗产保护的必要性表现在以下几个方面：1)公众参与将使民族民间文化遗产保护具有深厚的生存土壤，促进非物质文化遗产世代相传。广大民众生活在特定环境下的民风习俗中，是丰富多彩的民间文化的创造者、享用者和传承发展者，是实现民族民间传统文化传承与发展的主体；2)就民族民间文化遗产保护的法律机制来看，主要包括民族民间文化遗产保护的普查机制、保护和传承机制、使用与开发机制和保障措施等。而这些机制能否顺利实现都离不开公众的广泛参与。[①] 3)对公权力进行监督、限制的需要。由于民族民间文化遗产在整体权益上具有公权性质，政府在保护文化遗产方面上肩负着最主要的责任，发挥着主导作用。但是公权力掌控者难免会受各种私利的驱动损害公众利益。公众参与可以起到对政府执政的外部监督

---

①　胡春华、游晓兰：《公众参与民族民间文化遗产保护的法理基础及制度安排》，载《西华大学学报》(哲学社会科学版)，2008年12月。

作用，提高了政府行为的透明度，必将对政府的不当行为起到约束作用，其主要的途径就是保障公民知情权、健全听证制度。

我国于 2004 年 8 月经全国人大常委会批准加入的国际《保护非物质文化遗产公约》对公众参与保护非物质文化遗产作出了明确规定："缔约国在开展保护非物质文化遗产活动时，应努力确保创造、延续和传承这种遗产的社区、群体，有时是个人的最大限度的参与，并吸收他们积极地参与有关的管理。""各缔约国应在各群体、团体和有关非政府组织参与下，确认和确定其领土上的各种非物质文化遗产。"[①] 对非物质文化遗产的保护予以监督，是公众参与机制的另一个职能。"各级政府应加强对自然和文化遗产的保护与管理，要建立健全权威、全面、科学的世界遗产决策机构，完善管理体制，建立权威的世界遗产保护专家委员会，对世界遗产的保护、开发、利用从规划到实施，必须充分听取专家学者的意见并置于社会、公众强有力监督之下。"[②]

二、中俄知识产权交易保护的协调

包括协调机构的设置、侵权通报制度、证据提供规则、定期会晤制度等一系列问题。

1. 关于合同项目的通报。根据《中俄知识产权保护和权利分配原则议定书》规定：自愿声明拥护"协定"目标的"参与者"，需在合同订立前向"协定"第 6 条所指定的双方负责机构和负责人通报合同和协议方案，其中包括项目合作计划的完成期限和条件、实施方法、财务条件、知识产权保护和权利分配问题，以及根据本议定书应当说明的其他问题。"协定"第 6 条规定的负责实施的双方机构，应对"参与者"签订合同或协议提供帮助。

2. 侵权通报制度。中俄双方主管部门之间将就保护工业产权加强信息交流。一方主管部门收到另一方主管部门提供的侵权案件信

① 参见《保护非物质文化遗产公约》第 11 条、第 15 条规定。

② 刘红缨、王健民：《世界遗产概论》，中国旅游出版社 2003 年版，第 38 页。

息后，将依照本国的法律、法规予以处理[①]。

3. 定期会晤制度。目前中俄两国已在科技合作领域形成定期总理级会晤制度。1997 年 6 月，中俄双方正式决定在中俄总理定期会晤委员会框架内设立科技合作分委员会。通过一年一度的科技合作分委会例会，两国保持经常联系，跟踪知识产权保护执行情况，解决存在问题，探讨合作机制。科技合作分委员会作为一个协调机构，在两国知识产权保护协调方面发挥着越来越重要的作用。

第四节　中俄知识产权交易法律保障机制实施中的支撑平台构建制度

中俄知识产权交易法律保障机制实施中的支撑平台制度包括层级管理平台、信息交流平台、中介服务平台、成效统计平台和人才培养平台。

一、中俄知识产权交易中的层级管理平台构建

政府、科研机构、企业通过建立层级管理制度，把知识产权保护落实到基层单位，构建了层级管理平台，信息化技术在其中发挥重大作用。如：中国科学院建立分院管理制度，各分院、研究所结合自身的工作实际，面向地方需求，在院地合作的知识产权保护管理与保护中发挥了不可替代的作用。

二、中俄知识产权交易中的信息交流平台构建

建立专业性人才流动和信息交流网站，举办网上科技对接洽谈会，为知识产权保护提供人才与信息服务。例如：中国科学院建立高技术产业化信息网，促进院地合作。至今已开设 10 个频道，科技成果

① 参见《中华人民共和国政府和俄罗斯联邦政府关于在知识产权保护领域合作的协定》第 5 条第 2 款。

供需信息量近万项，先后与黑龙江、浙江等省共同举办网上科技对接洽谈会，并在深圳高交会、杨凌农博会等国内大型展会上进行网上直播，取得了良好效果[①]。具体可以建立以下有利于中俄知识产权保护的信息与交流制度：

1. 建立中俄知识产权数据库，两国间开展持续的知识产权数据交换、信息交流，为两国的科技合作与知识产权保护提供信息服务；建立两国知识产权管理机构之间的知识产权协作制度，包括相互提供知识产权信息、产权证明、知识产权法律动态等多方面的服务。

2. 建立利用知识产权文献的设施和制度。搭建网络平台，利用互联网资源对本部门相关领域知识产权的动向予以充分的了解和掌握。现代社会是信息社会，比较充分的信息是现代社会中一个组织实现良性运转的必要条件，而政府部门在这方面有着得天独厚的条件，是重要的信息汇集、加工的提供者之一，应通过定期发布官方信息服务，来指导人们作出正确行为选择。

2007 年我国国家知识产权局表示：企业是国家的经济细胞，企业面临的知识产权风险实际上就是国家经济社会发展中的知识产权风险，而摆脱这种被动局面是制定和实施国家知识产权战略的重要任务；面对全球化竞争中不断加剧的知识产权风险，我国要在 5 年内建设高质量、高水平的专利，商标，版权，集成电路布图设计，植物新品种，地理标志等知识产权基础信息库，加快开发适合国内检索方式与习惯的通用检索系统[②]。

3. 建立企业信息化联盟。知识产权的管理与保护离不开信息化，而企业信息化是国民经济和社会信息化的核心，建立企业信息化联盟，利用信息技术提升企业竞争力，发展企业优势和提高管理水平成为一种可行的路径。通过建立企业信息化联盟，利用联盟内各成员雄厚的信息、设备、客服等优势，帮助中小企业利用信息技术提升企业竞

---

① 林若扬：《中国科学院与省市、企业合作的运行机制分析》，载《中国软科学》，2005 年第 5 期。

② 张海志：《我国正加快知识产权信息平台和预警机制建设》，载《中国知识产权报》，2007 年 12 月 7 日，第 1 版。

争力，发展企业优势和提高管理水平成为一种可行的路径。在政府的指导下，联盟可以整合包括在业界有代表性、在市场有影响力的信息化服务供应商、专业媒体、咨询培训机构（大专院校、研究机构和中介机构）、行业协会、用户企业等各类资源为中小企业信息化提供服务①。

企业信息化联盟的实现路径和运行模式主要有三种：a）研发联盟型，建设研发服务平台，助推企业快速成长；b）联合体型联合企业，建立企业信息化联合体。依托行业协会，推动企业信息化进程；c）推广培训型，借助行业协会，为企业提供信息化解决方案及全程化培训。信息化联盟基本运行框架图如下②：

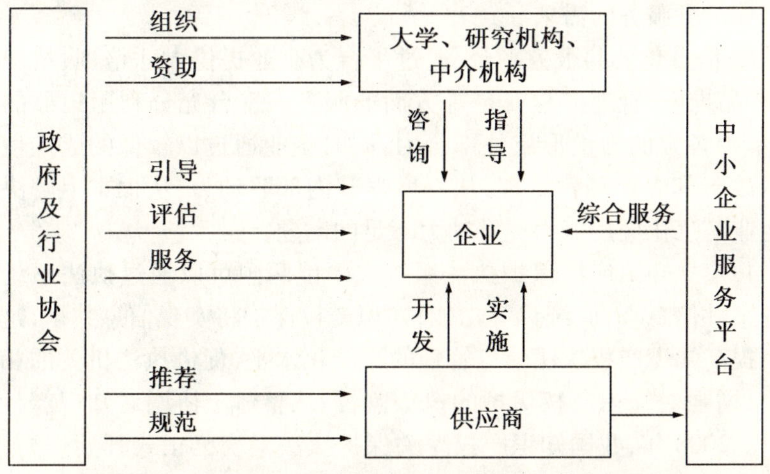

A）网络运营商能够提供优质的产品和服务，为企业提供量身定制能涵盖所有企业信息化建设需求的一站式信息化应用解决方案，真正为企业提供便宜的、免维护、安全的全方位信息化服务。硬件供应商和软件供应商能够为企业提供所需的各种硬件产品和技术支持以及个性化的信息化应用服务和解决方案。

B）大专院校、研究机构和中介机构能够提供各种类型的咨询及信息化培训服务，包括中小企业业务流程的调整与重组、企业系统开发

① 史臻：《中小企业信息化联盟的运行机制分析》，载《消费导刊》，2008年12月。

② 史臻：《中小企业信息化联盟的运行机制分析》，载《消费导刊》，2008年12月。

的策略与指导、软件项目的评估与整合、建立中小企业信息化人才培训基地等。

C)行业协会能够利用其自身的优势积极组织市场开拓,发布市场信息,开展行业培训、交流、咨询、展览、展销等活动。可以在企业与政府之间架起桥梁和纽带,既可促使企业走向市场,又可出面维护企业利益和市场经济秩序。

D)专业媒体能够以信息资源平台为支撑,在平台上开发各种不同层次的内容产品、信息产品及增值业务,并加以灵活组合,全方位地满足中小企业信息化应用所需的行业新闻、资讯、教育培训、产品及服务推广等信息服务的需求。

E)信息化公共服务平台,通过平台为企业提供人才培训、技术创新、产品推广、管理流程充足等方面的服务。平台充分利用集群的力量,集中各方的力量形成外部合力,同时企业通过以较低的成本使用平台改善其生产经营管理,从而增强其内部驱动力,从根本上解决中小企业信息化应用能力提升动力不足的问题。

4. 建立知识产权保护执法系统。中俄两国可以通过执法系统提供的案件信息查询、统计等功能,知识产权保护将实现信息共享,这将大大提高知识产权执法信息管理的智能化水平,促进执法机关的相互协作,增强对知识产权保护的执法监督,从整体上协调对知识产权的保护。2008 年,我国知识产权海关保护执法系统已正式开始运行,这意味着知识产权海关保护将实现信息共享。系统运行后,由各地海关查获的侵权货物案件信息将会第一时间内输入系统,其他海关可以通过执法系统查看全国海关知识产权执法的最近进展情况,实现了案件信息的共享。同时,海关执法经验可以通过这个平台相互借鉴,实现举一反三[①]。

① 陈光:《"知识产权海关保护执法系统"正式运行》,载《国际商报》,2008 年 1 月 26 日第 6 版。

三、中俄知识产权交易中的中介服务平台构建

为知识产权保护与管理提供中介服务的信息平台，如：为企业进行知识产权人才培训服务、成果转化服务、信息管理服务等。我国科学院把建立科技中介服务体系作为推进院地合作的重要举措，在全国建立多个技术转移中心。

四、中俄知识产权交易中的成效统计平台构建

政府及知识产权保护机构通过网络的调查统计，对知识产权保护法律制度和政策进行科学调研，为立法与国家政策导向提供科学依据。在具体操作上，可以确定专人负责统计工作，投入大量时间去跟踪，与企业保持经常联系、布置填报调查表，并不断进行跟踪催报，确保能按时按质完成统计。在统计过程中，可以对统计表进行分层分类。所谓分层，就是对销售额达到一定数量（如 500 万）以上的大项目，列入统计；对 500 万以下的小项目，则可合并统计，不用具体细分。所谓分类，是对于技术咨询、技术服务、设备交易等项目，仅填报直接收入效益，社会效益可通过专家评估法；而对于产业化项目，才填报销售额、利税额、社会效益等。在设计表时，尽量减少非必须的要素，以减轻工作难度和工作量。在统计技术上，增加数据自动汇总功能和查询功能，以提高工作效率。

五、中俄知识产权交易中的知识产权人才培养平台的构建

知识产权管理离不开人才的培养，拥有知识产权人才才能对知识产权进行有效的保护。当今的知识产权人才，大体可划分为“教研型”（服务于大专院校）、“司法型”（服务于司法部门）、“服务型”（服务于知识产权中介）、代理机构和“管理型”（服务于企业）四大类。从我国当前形势来看，教研型、司法型、服务型人才的需求，相对趋于平缓。与三者形成强烈反差的是——随着全球化竞争的不断加剧，我国企业面对的知识产权挑战愈发严峻，而这一现状则直接激发了中国企业群

体,对于“管理型”知识产权人才的巨大需求[①]。企业、中介组织和政府及行业协会对知识产权管理人才的需求非常迫切,尤其是高科技型、日用制造型和跨国外资企业。知识产权管理人才的培养可通过以下模式进行:大学本科培养模式;双学位培养模式;本硕连读模式;校企合作培养模式(订单式培养);企业自培模式。培养的目标是培养具有普通高校理工科基础知识,信息技术知识,知识产权创造、管理、保护与运用知识的懂技术,懂经济,知法律,会管理的复合型高级知识产权管理人才。学成后适合在各类企业和科研机构、知识产权中介服务业从事知识产权创造、管理、战略制定工作,从事知识产权信息资源服务、专利代理、商标代理等工作,同时也能在政府行政管理部门和金融部门从事相关的知识产权的行政管理、项目管理与评价工作。要求培养的知识产权管理人才应熟悉国家有关方针、政策和法规,掌握本专业所必需的基本理论、基本知识、计算机应用等基础知识以及较系统的专业知识,具有活跃的思维和较强的创新能力,并能熟练掌握一门外语和使用计算机;要能通过良好的科学思维和科学实验的基本训练,全面了解现代知识产权的理论前沿、发展前景和发展动态,掌握工商企业管理的原理、原则与方法,并对与本专业密切相关的交叉学科、高新技术的发展及其应用前景有所了解,掌握文献检索、资料查询的基本方法,具有科学研究和实际工作的初步能力[②]。建立知识产权培训网络平台,通过聘请经济管理、企业管理、行政管理、工程技术方面的专家及成功企业家组成知识培训体系,坚持为创业人员提供系统的管理咨询与培训。

---

① 王婧:《中国需要大批管理型知识产权人才》,载《法制日报》,2008 年 6 月 22 日第 8 版。

② 黄宝中:《我国知识产权管理人才培养模式研究》,载《牡丹江教育学院学报》,2008 年第 4 期。

第五节 中俄知识产权交易法律保障机制实施中的监督与救济机制

合作中的中俄双方应通过高效的行政手段、法律手段解决合作创新活动中出现的各种利益争端,保证创新者获得其应得收益,净化合作创新环境。科研机构、高等学校和政府有关部门加强从事知识产权保护和管理工作的力量,建立重大经济活动的知识产权特别审查机制。同时,要特别注意防止滥用知识产权制约创新。

一、中俄知识产权交易法律保障机制实施中的监督问题

监督机制是以某种条件进行监督,对监督机构、监督途径、监督措施等进行细致的规范。

1. 企业内部应该建立专门的知识产权保护监督保障机构,鼓励举报。无论是私人企业还是国营企业,企业的利益与业务担当人员的利益,经常发生冲突,所以业务担当人有可能出卖企业的商业秘密以获取个人收入。例如国内有的企业经常存在这样的现象:业务员通过出卖客户资料获取私人利益,科研人员通过出卖科研成果取得额外收入等等[①]。

2. 监督途径及具体措施。(1)建立举报投诉渠道,加强对知识产权保护的监督,如设立知识产权举报投诉服务中心。我国从 2008 年开始筹建 12312 保护知识产权举报投诉服务中心,构建知识产权保护新平台。举报投诉以及咨询主要涉及专利、商标和版权,未涉及商业秘密、植物新品种等知识产权类型。当权利人的知识产权遭到侵害或发现其他侵犯知识产权线索时,可以拨打当地 12312 电话或通过“中国保护知识产权网”的举报投诉系统举报投诉,举报投诉服务中心会

① 郝磊:《网络环境下的商业秘密权保护》,山东大学 2006 年论文,载中国知网学位论文全文数据库。

及时将符合条件的举报投诉转交相关执法机关办理，并将举报投诉的有关办理情况反馈举报投诉人[①]。全国举报投诉系统的建立，将为知识产权执法机关搭建起信息沟通平台，能在被侵权人与政府部门之间架设起畅通的桥梁，还可以促进政府部门之间的信息交流与协调沟通，为政府决策提供数据信息参考，从而提高执法效能，增加执法透明度，有助于进一步加大对知识产权违法犯罪行为的打击力度，对于形成全国上下一体、部门互动、区域联动的保护知识产权工作机制将产生积极作用[②]。

(2)监督机制包含建立中俄科技合作知识产权保护预警机制。为了协调两国的知识产权保护和建立科技合作知识产权保护机制，两国应建立知识产权预警机制，设立一个专门研究外国在中国申请知识产权尤其是专利技术情况的机构，分析研究外国在两国高新技术领域、关键领域的知识产权动向，及其可能对我国产生科技、经济、社会、市场的影响，及时向政府有关部门提出警报和应采取的对策，在竞争激烈的领域加大科技投入，支持自主知识产权的科技成果产出。在2007企业知识产权管理与风险控制国际论坛上，我国国家知识产权局副局长张勤表示：面对全球化竞争中不断加剧的知识产权风险，我国正在加快建设国家知识产权预警机制。

(3)机密信息保密制度。中俄两国各参与方必须共同对机密信息采取保护措施，推动其潜在的市场价值逐渐变为现实的经济价值。在《俄罗斯联邦政府同中华人民共和国政府科学与技术合作协议》规定的谈判程序上，各参与方必须强调被共同认定的机密信息的传播与使用范围。其范围的确定，是根据现实的或具有市场潜力的商业价值。对于具有市场潜力与商业价值的机密信息，各参与方应当采取相应的知识产权保护措施，以便推动其潜在的市场价值逐渐变为现实的经济价值。机密信息保密包含两方面内容：一是对原有智力成果、信息的

---

① 阳河：《第二批保护知识产权举报投诉服务中心投入运行》，载《国际商报》，2006年7月29日第1版。

② 张恒瑞：《构建知识产权保护新平台》，载《中国消费者报》，2006年8月21日第C01版。

保密,二是对新创成果、信息的保密。依据《中俄知识产权保护和权利分配原则议定书》规定:在为执行“协定”签订的合同中,“参与者”应说明已有的知识产权或新产生的知识产权。在完成合同和协议时,应充分预见有关知识产权的产生、利用或转让。在合同中应当规定,利用已有的知识产权需提供必要的法律保护,包括签订相应的许可合同。如实施双边合作项目涉及知识产权的保密问题或转让保密性的信息,应在相应的合同或协定中规定保密条款。双方有关组织将按照各自国家的法律、法规和合同或协定的规定履行其承担的保密义务[①]。

1)劳动关系中的知识产权保护。中俄合作企业应和员工通过签订劳动合同保密的措施,包括订立知识产权保护协议、实施竞业限制。劳动部《关于企业职工流动若干问题的通知》第2条规定:用人单位与掌握商业秘密的职工可以在劳动合同中约定保守商业秘密的有关事项,用人单位可以规定掌握商业秘密的职工在终止或者解除劳动合同后的一定期限内(不超过三年),不得到生产同类产品或经营同类业务且有竞争关系的其他单位任职,也不得自己生产与原单位有竞争关系的同类产品或者经营同类业务。但需要注意的是,用人单位对职工做出上述限制的,必须对职工给予一定数额的经济补偿。知识产权保护协议可以规定以下内容:①企业拥有的专利、商标、著作权等知识产权,员工以及发明人、设计人、撰稿人、署名人等,除依法享有的权利外,其他从事涉及有关知识产权的行为,都必须经本企业授权许可;②员工执行本企业任务时,认为有必要申请专利、商标、著作权等知识产权的,应当经本企业法定代表人审批后及时申报,但在国家依法公告公开或授权前,员工必须按本协议商业秘密的保密约定进行保密;③保密涉及的内容、保密的义务人范围、泄密的方式;④在职期间知识产权归属;⑤竞业限制规定;⑥合同期限及违约责任;⑦其他对权利、义务规定。

2)对外交流中的知识产权管理制度。①对业务交往实施保密措

① 参见《中华人民共和国政府和俄罗斯联邦政府关于在知识产权保护领域合作的协定》第6条。

施。企业在与其他单位经济交往过程中,可以在合同中约定对交往中所掌握的对方的知识产权,特别是商业秘密负有保密义务。《合同法》第43条规定:"当事人在订立合同过程中知悉的商业秘密,无论合同是否成立,不得泄露或者不正当使用。"此外,《合同法》第60条及92条又明确规定了当事人在合同履行过程中以及合同的权利义务终止后,仍应当遵循诚实信用的原则,根据合同的性质、目的和交易习惯,履行通知、协助、保密等义务。②建立和完善对参加各种展览会、博览会、广告等等的合理保密管理制度。③对于科研单位,在开展对外学术交流中,应遵守外事和保密工作纪律;利用档案时,需要了解和遵守档案管理和保密方面的规定。

3)对外来驻留人员的管理制度。对于外来驻留人员的管理,企业也不能忽视,我国企业应该建立健全相关制度,规定未经主管部门的同意或批准,任何部门或职工均不得约请、允许外来人员参观、访问、学习、观摩;外来人员入场要登记,得到要访问部门的确认后,再放其进入;发给外来人员贵宾卡,表明其身份,引起本企业职工的注意,在介绍有关事宜的时候应该有分寸、有保留,不该说的不说;外来人员没有厂方人员伴随不得随意走动或跨区走动,不得进入特定区域;外来人员需要了解技术、经营内容时,需要经过有关部门批准后,才可进入特定场所或区域。另外,对于有组织的参观、观摩,应该限定固定路线和场所,应有人陪同;涉及商业秘密的样品、零部件、加工工具对参观者要绝对保密①。

4)对企业员工科研成果发表的管理制度。在当前的商业秘密保护过程中,由于企业内部科研人员公开发表的学术论文或者作学术交流时由于把关不严、缺乏起码的商业意识或者起码的保护意识而导致商业秘密的大量流失的现象时有发生。比如,企业技术人员把一些自己苦心研制多年的技术秘密在公开的学术期刊上发表,导致商业秘密

---

① 张玉瑞:《商业秘密.商业贿赂法律风险与对策》,法律出版社2005年版,第99页。

的大量流失[①]。这就要求我国企业对员工的学术交流和论文的发表进行严格的审查,建立专门的审查机构或由企业已有的机构负责相应的审查并配备相应的人员,对于有可能泄露企业商业秘密的论文,应要求其作者修改,经企业审查合格后方能发表[②]。

5)建立保密提醒制度。伴随着对外科技交流越来越频繁和密切,科技人员在对外科技交流活动中泄密事件呈上升趋势。因此,在对外开展科技交流活动过程中,对泄密人员实施保密提醒制度,不断增强他们的防范泄密意识,加强保密观念,是新形势下加强科技保密工作的迫切要求。企业员工在境外或境内参加的有境外机构、组织、人员参与的科学技术开发、讲学、进修、培训、学术会议、文献资料交换、考察、谈判、合作研究、合作设计、合作调查、合作经营、种质资源交换、展览和咨询等活动;科技人员利用广播、电影、电视、网络、报刊、书籍等媒体进行的宣传或论文发表;科技人员自身的流动过程中,单位应采取多种方式对内部的涉密人员进行保密法律法规的培训和教育及泄密案例的介绍和剖析,提高他们在对外科技交流活动中的保密意识。同时在企业内确定制度落实的具体职能部门和管理人员,明确该部门和相应人员在落实保密提醒制度过程中的权力、义务和责任;确定本企业对外科技交流保密提醒对象、方式、程序和内容。

6)网络环境下知识产权保密措施。包括:①技术层面保护。技术保护措施是网络环境下对商业秘密最基本最直接的保护手段。通常采用的技术保护措施除了一些物理性隔离措施等最基本的保护措施之外,主要有防火墙技术、数据加密技术、数字签名技术和数字认证技术、访问控制技术、信息确认技术、智能代理技术和数字水印技术等来保护知识产权。企业可利用这些技术商业秘密进行保护。一方面,防止外界人员非法侵入系统、窃取和篡改商业秘密;另一方面,使自己的商业秘密在网络传输过程中不为未经授权的人知悉。如权利人将包

---

① 徐英华、李志刚:《企业在商业秘密保护中存在的问题及对策》,载《经济师》,2003 年第 9 期。

② 江南、华军:《商业秘密的保密方法》,载《中国牧业通讯》,2005 年第 2 期。

含商业秘密的某项技术资料或营销方案等等通过互联网传输给在外国或外地的分公司和办事机构时，就应该采取这些技术措施加强对商业秘密的保护[①]。如 Adobe System 公司研制开发的一种 PDF 文件格式，该文件格式中含有拒绝下载功能、引导购买功能、限制复制功能，它可以使出版物在进行网络传送之前先进行编码，因而能有效保护出版商的版权。又如方正电子开发的 DRM（数字版权保护）技术，实现了对电子书的版权保护。通过方正 Apabi 网络出版方案制作并发行的电子书，在下载到用户终端后，将无法进行非法的打印和恶意的复制，更不能随意地传播，从而使出版者的利益得到了保护。[②] 对知识产权进行保护，除了以上措施以外，还要对重要的信息进行经常的备份，因为网络条件下，病毒的传播非常猖獗，即使有了防火墙和必要的杀毒软件，也不能保证层出不穷的新的病毒不会对企业存放重要信息的电脑进行致命的侵袭，为了防止企业关键技术信息、经营管理信息因为病毒而丢失，不断对新的商业秘密信息进行备份存储就非常必要。另外，提高企业商业秘密信息的难复制性也非常重要。②对物的管理制度。一是对企业涉及商业秘密文件的管理。因为企业的商业秘密，通常是以一定的物质载体形式体现出来，这包括以文字、图表、音像等形式记载的各种商业信息。企业可以根据自己的情况，划分有关商业秘密的等级。比如可以分为绝密、机密、秘密等，企业可在保密文件上加盖保密章或保密声明。密级分类和保密声明的使用将在商业秘密诉讼中具有初步的证明力，证明有关文件被企业采取了一定的保密措施。另外，还应该根据商业秘密的特点来确定保密期限的长短，还要建立保密文件管理的责任制[③]，企业应该设立一定机构、指定人员负责信息工作，规定借阅相关文件的范围和手续，不同性质的文件应限于

① 王伟军、汪琳：《网络环境下企业的商业秘密保护》，载《科技进步与对策》，2002 年 7 月。

② 陈琦：《数字时代的文献资源共享和知识产权保护》，载《图书馆学研究》，2004 年 5 月。

③ 张玉瑞：《商业秘密. 商业贿赂法律风险与对策》，法律出版社 2005 年版，第 98 页。

不同的范围借阅，借阅时限也应该作出相应的限制，对重要的文件信息要做到专人专柜保管，严格使用手续。在信息文件上加注“保密”等保密标记和“不得带出办公室”等警语，限制查阅信息资料的人员，限定资料发放范围和数量。二是对计算机的使用尤其是与网络连接的计算机的使用的合理限制措施。企业对自身内的计算机应作一个分类，比如可以分为：接入 Internet 的计算机、企业内部局域网内的计算机和不与其他计算机联网的计算机。然后再针对这三种与外界开放程度的计算机制定相应的使用制度，对于接入 Internet 的计算机，除了应该有必要的电子监管设备外，还应该由专人负责管理，对员工的使用情况进行记录，以防止有内部员工通过网络将自已企业的商业秘密轻易的向外界泄露，另外，这些联入因特网的计算机上最好不要存储企业的重要技术、经营信息，一方面防止内部员工外泄，另一方面也防止外部黑客通过网络侵入这些电脑以获取商业信息。对于接入局域网的计算机也要制定相应的制度，保证各种信息与病毒的隔离，为不同岗位的职工设立不同的等级，根据其等级不同，其所能查看到的企业信息也不同，以防止任何员工都能查看到企业内部重要的信息。另外，接入内部局域网的计算机里也不能存放很重要的商业信息，以防止被病毒破坏以及内部员工的外泄；对于单独的计算机，可以存放一些关系企业发展的重要的商业信息，应对该类计算机的使用进行严密的监管，员工不经高层管理者的同意不能随便使用和查看。三是建立网络安全检查制度。网络安全的维护是确保企业商业秘密安全、及时消除隐患的重要保障。企业应建立定期和不定期的网络安全检查制度，一旦发现问题，应及时采取紧急处理措施，以防止损失进一步扩大[①]。四是建立对废弃物的合理管理制度。在企业的生产管理过程中，包括企业各个办公室、生产车间以及其他单位在内的企业各个部门都会产生大量的垃圾和废弃物品。从某种意义上来说，这些废弃物品中可能暗含着与企业的技术、经营信息相关的技术标准，详细日志等等重要信息，如果被竞争对手得到的话，就可能从中获得很多本企

① 冯晓行：《企业知识产权保护战略》，知识产权出版社 2002 年版。

业生产经营的重要信息，所以，对于这些废弃物品，必须进行妥善的处理。我国企业应该对所有办公垃圾进行分类，一律将其载体彻底破坏，如使用碎纸机将纸质垃圾彻底粉碎，绝对不能简单地一撕了之[①]。

（4）知识产权保护程序制度。1）动态中知识产权保护。对于知识产权有关文件、资料的拟稿、复印、对外公开、对内公开、废弃、保管、资料传送、销毁等过程建立严格的操作与批准程序，包括接触人员范围、密级、计算机、通讯技术和网络技术的使用特别规定等。2）知识产权档案管理。档案管理包括：档案的接收与征集、整理、鉴定、保管、统计和利用服务，或加上编目与检索、编辑与研究。实现文件、档案一体化管理和集成管理，则还包括文件的制作或接收、传递、处理、归档等环节。知识产权档案管理必须指定专门人员、专门部门进行，设定保密等级、参阅人级别，建立相关操作与批准程序及管理人员责任制度。3）知识管理中知识产权保护。知识管理更重视对文件、档案内容（信息、知识）的管理，其目的是促进文件、档案的开发利用，从而提升档案管理的价值；另外，知识管理要求将包括文件、档案在内的一切载体形态的知识纳入管理范围，并将不同载体形态的知识进行整合与集成，建构一个整体的知识资源体系。知识管理强调在企业各项生产、经营、管理活动中创造知识，共享知识，应用知识，使知识直接服务于企业价值创造活动[②]。知识管理的流程是知识的产生、收集、存储、加工、整理、评价、利用等，这一过程涉及的知识产权管理问题与动态中知识产权保护和档案管理有重合之处，需要注意的是知识管理中不要侵犯他人知识产权和在应用信息技术过程中保护自身知识产权。4）知识产权取得方面程序保护。依据《中俄知识产权保护和权利分配原则议定书》规定：在确定专利申请程序时，“参与者”应遵循以下原则：对在俄罗斯联邦产生的发明的专利申请，首先提交俄罗斯联邦专利局；对在中华人民共和国产生的发明的专利申请，首先提交中华人民共和国

---

① 张玉珍：《商业秘密、商业贿赂法律风险与对策》，法律出版社2005年版。

② 王丽曼：《档案管理与知识管理的关系研究》，载《边疆经济与文化》，2008年第12期。

国家知识产权局。建立实验记录和发明呈报制度。企业特别是高科技企业可以要求科技人员必须在实验记录本上记录各项实验的情况，在此基础上还建立一套完整的发明呈报制度。一方面保障企业对技术发明成果的有效控制和充分利用，另一方面作为企业发明过某项技术的证据，一旦发生相关的知识产权纠纷，企业就可以获得充分的法律保护[①]。5）对未公开信息的保护。在根据“协定”签订的合同中，应注明“参与者”认为是未公开的信息。该信息的规模根据其现有的或潜在的商业价值而定。在合同中应规定保护未公开信息的具体办法和责任，以及向第三者公开的条件和程序[②]。

（5）企业知识产权内部控制运行机制。完整的知识产权内部控制系统由五部分组成：控制环境、风险识别、内部控制措施、信息传递与反馈、监督与纠偏机制。知识产权内部控制运行机制包括公司知识产权治理框架、内部审计、知识产权信息技术平台、整个社会的监督总体框架及企业知识产权文化等方面。1）完善公司治理框架，为知识产权内部控制的构建提供制度基础。健全符合公司知识产权保护需要的组织结构和运行机制，建立现代企业制度，真正实现产权明晰、权责清楚、管理科学、政企分开，从产权制度上保证内部控制建设制度化。2）加强内部审计的独立性，转变内部审计职能，有效提升内部审计在知识产权保护方面的价值。内部审计人员比较熟悉各项业务，其自身的专业能力非常高，能够深入经营过程中了解掌握知识产权内部控制和风险管理具体情况及新的动向，因此内部审计人员可以帮助公司制定全面风险管理的整体改革规划，以完善风险管理的系统性。内部审计机构还可以通过自身的专业能力对有关知识产权履约情况进行检查和评价，来改变经营管理者与所有者之间信息不对称的状况，从而约束和促进经营管理层能充分履行守约责任。内部审计还应该利用其专业能力优势向相关管理层提出知识产权风险管理的相关建议，提供

① 熊英：《国外企业知识产权管理机制比较与启示》，载《现代企业》，2008 年第 3 期。

② 参见《中俄知识产权保护和权利分配原则议定书》第 9 条。

咨询服务，积极协助公司建立高效的内部控制及风险管理制度。在实际工作中，要把内部审计融入到整个公司的知识产权运营管理过程中，做到“事前参与、事中监督、事后审计”。3）加强知识产权信息化建设，搭建内控运行机制的技术平台，适应知识经济的发展。要保证财务部门能准确提供信息、参与经济决策、提高经济效益，必须搭建适应社会发展的技术平台，即加快会计信息化建设。信息化可以有效地保障内部控制运行机制的正常运行，减少监督成本。通过信息化建设，可以把技术、管理等资源纳入监控范围，扩大信息容量，使整个内部控制运行机制上升到一个新水平。4）搭建知识产权保护社会监督的整体框架，协调好政府会计监管与内部控制系统的关系，实现两者的无缝对接。内部控制运行机制是一个开放的系统，该系统不仅要实现与企业其他内控措施的衔接，还必须作到与政府监督体系的对接。科学的内部控制系统是减低政府监管成本、提高监管效率的微观基础，而科学的内部控制系统的构建与运行又离不开社会监管的宏观环境。对于政府监管部门来说，当务之急是，针对企业知识产权保护工作的重点和薄弱环节，扩大拟颁布的内部控制的范围，并作好制度间的对接与协调。5）增强风险意识，建立以风险为导向的知识产权管理和内控运行机制。只有以风险为导向，并在整个运行机制中建立知识产权风险评估机制，才能有效地化解风险，降低财务及监控风险，改变过去被动地接受风险的状况，因此只有把知识产权业务纳入全方位的监控之中，才能有效降低整个企业的运营风险，从而形成监督效益与监督成本双赢的局面。在具体业务中，可以对企业的业务进行划分，分层参与与监督，以提高监督效益。如对涉及重大战略问题的知识产权决策进行风险控制分析时，应当加大监督力度。6）加快企业知识产权文化建设，为内控制度的运行提供良好的人文平台，为内控制度运行机制的运行提供人力资源的保障。企业知识产权文化是在一定的民族文化传统中逐步形成的知识产权的基本意识、价值观念、道德规范、生活方式及与此相适应的思维方式和行为方式的总和。由于文化本身的特性（无形性、相对稳定性），它在内控制度运行中有着潜移默化的影响。因此企业的经营管理者应该注重对企业知识产权文化的培养与优化，通过各种方式对企业员工进行知识产权教育培训，增强工作人员知识产权保护意识，培养知识产权保护专职人员，促进企业的可持续发展。

(6)风险管理制度。在知识产权转让和保护实践中，研究其过程的风险管理十分必要。其中包括知识产权的确立、保护、专利事务、使用、买卖、办理许可等。专利风险研究不够是造成国家经济损失、创新活动产品伪劣成分增加以及许可证协议破坏的重要因素。充分利用国家保险保障机制可以将损失减少到最低限度。

1)减少风险的措施

减少风险的程度以及堵塞可能产生风险的漏洞，是风险管理中的重要环节。

①对业已存在的竞争状况进行实事求是的分析，了解创新活动成果的处理方法，尽快地获取专利权；

②选择创新活动结果的法律保护形式，减少创新企业的风险。其中包括避免专利代理的职业责任所造成的某种风险；

③加强国家保障系统，完善法律机制，提高专利代理和工作人员的业务能力和工作水平。

2)保险机制的作用

采用职业保险责任机制，取得银行保障，设立财政储备可以避免或者减少由于职业责任事故所招致的损失。

保险机制对于专利代理无意产生的失误，可以通过相应的保障形式消除后果，补偿损失。

专利代理活动的财政保障和消除失误与职业活动的结果密切相关，其中：

①由专利机构与国家专利代理机构协调，确定财政保障的最低限额；

②确定财政保障形式，包括银行和国家保障、经营者的财政基金和财政储备；

③按照专利代理公民责任保险与保险机构或保险协会签订的协议界定保险金额。

当前在俄罗斯，专利代理的职业责任法律、法规尚不完善。因此，专利代理采取何种方式消除可能产生的危害，如何依法履行自己的职责是值得注意的重要问题。

二、中俄知识产权交易法律保障机制实施中的侵权救济

救济机制从法律的角度来看，救济分为私力救济与公力救济，公力救济又可分为行政救济与私法救济。在国际法层面，磋商与斡旋等外交手段可视为私力救济，国际法院的裁判为公力救济。一些国际组织的裁决则具有准司法的性质[①]。

商业秘密侵权救济。我国《反不正当竞争法》确立了对于商业秘密侵权的救济采取补偿性赔偿原则，不论侵权行为主观过错程度、侵权情节如何，侵权人的赔偿责任限于弥补受害人所受的损失，使受害人的利益回复到侵权发生之前的状态。在中俄科技合作中应当在侵犯商业秘密的民事责任中，吸取我国台湾地区与其他国家和地区的立法经验，增加惩罚性赔偿的法律规定，弥补单一补偿性赔偿金制度之不足，更有效地保护商业秘密。

从私力救济角度来看，签订争端解决机制协议是中俄两国各参与方共同确定解决分歧的务实方法，也可以仲裁的方式来调节参与方之间的利益冲突。对于在知识产权的利益分配中出现的分歧，如果属于《俄罗斯联邦政府同中华人民共和国政府科学与技术合作协议》所规定的，要通过各参与方协商来加以解决。在参与方之间不能解决分歧时，可以转交到该协议第六章所确定的负责机构进行解决，也可以通过该协议所规定的其他方式来解决，其中包括走法庭仲裁的程序，以求利益冲突的合理解决。根据《中俄知识产权保护和权利分配原则议定书》规定：对在实施“协定”框架下的活动中产生的知识产权的分配所发生的争议，可以由有关“参与者”通过协商解决。“参与者”协商不成的，可将争议提交“协定”第六条规定的负责其实施的双方机构研究处理，也可按照“参与者”在合同中所商定的其他方式解决，包括申请仲裁。

---

① 典型的如 WTO 的争端解决机制。

第六节　中俄知识产权交易法律保障机制实施中政府指导与参与的制度构建

中俄科技合作中知识产权法律保障机制运行和完善过程中离不开政府的支持、调节和引导。政府应在遵循市场机制调节规律的前提下,对市场主体的行为加以规范和协调,从而推动整个知识产权保护体系协调运转和不断完善,产生更多的创新成果。

政府应当在其中扮演好四种角色,即决策者角色、管理者的角色、协调者角色和监督者角色。政府行为主要包括:处理知识产权保护社会公共事务,包括:知识产权立法与完善、国际交流与合作等;维护促进可持续发展的市场秩序,例如:知识产权行政执法与监督;为知识产权保护提供良好的社会条件和创造良好的环境,包括:知识产权知识宣传及教育、知识产权保护配套设施及机构建设;管理国有资产中的知识产权。我国近年来,地方政府通过产业、财政、税收、信贷、土地、奖励等优惠政策,加大对产学研合作的支持力度。在中俄两国政府间及跨国多个组织参与的合作中,政府作为第三方进行协调,这样能够提高知识产权保护效率,使合作方有充足的精力促成合作的成功,这种专门协调工作应成为中俄政府的经常性行为。

一、中俄知识产权交易法律保障机制实施中的出口检查制度

中俄政府作为管理者与监督者角色一个最显著的体现是执行两国的出口检查制度。中俄两国各参与方必须严格遵守出口检查制度,才能保证合理实现、开发知识产权的正当利益。在《俄罗斯联邦政府同中华人民共和国政府科学与技术合作协议》的权利与义务范围内,各参与方在签订合作协议与开发方案之前,必须明确按照规定转交商品、作品、设备、智力成果的合理程序,与此同时还要把智力成果与产品递交出口检查机关验证;在落实合作协议与开发方案的过程中,发

明者和创作者要保证向其他参与者转让商品、作品、设备与智力成果；而在遵守本国的出口检查制度方面，发明者和创作者没有任何特殊的权力。根据《中俄知识产权保护和权利分配原则议定书》规定：在实施“协定”范围内的合同签字之前，“参与者”须弄清受出口检查的商品、作品、服务、智力活动成果（包括对其的知识产权）能否进行转让；“参与者”应当保证，按照本国的出口检查制度来转让商品、作品、服务、智力活动成果（包括对其的特权）。双方将根据各自国家的法律和共同参加的国际条约、协定，采取包括刑事和行政措施在内的所有可能的手段，制止在其境内制作发行和从其境内出口到另一方境内的侵犯版权及邻接权和商标权利的制品[①]。

二、中俄知识产权交易法律保障机制实施中政府的指导与参与

科技合作中知识产权保护需要国家采取相关的行政措施与法律对策，其中问题的解决亦离不开相关的国家政策与法律。这涉及到技术成果的产生、交易和保护诸环节，包括技术创新的主体关系、政府管理、财政支持、资金来源、技术标准、技术转移和司法保护各方面，均需要国家政策与法律的保障。因此两国政府的指导与参与必不可少。行政指导是行政机关根据社会经济生活的变化，为谋求当事人做出或不做出一定行为以实现一定行政目的，在其职责范围运用劝导、建议、期望、谋求、警告等手段，引诱相对方作出选择并接受拥有事实强制力的行政行为[②]。在我国行政指导与参与制度多体现在具体行政法规和部委规章的层次上，对行政指导则以完整的规范性文件予以规定，如国家计委与经贸部等于 1995 年 6 月联合发布的《指导外商投资方向暂行规定》等均是典型的规定行政指导的规范文件。如后者明确规定

① 参见《中华人民共和国政府和俄罗斯联邦政府关于在知识产权保护领域合作的协定》第 5 条第三款。

② 刘建军：《建立行政指导法律救济制度——社会和谐的一种制度安排》，载《宜宾学院学报》，2008 年第 4 期。

了外商投资项目的种类,尤其具体明确了鼓励类、限制类和禁止类的范围。除此以外,在宪法、法律、地方性法规、自治条例和单行条例及地方政府规章等各层次规范性文件中也有不少关于行政指导制度的规定[①]。例如:宪法第11条规定“国家鼓励、支持和引导非公有制经济的发展,并对非公有制经济依法实行监督和管理”;《土地管理法》第38条规定“国家鼓励单位和个人按照土地利用整体规划,开发未利用的土地”。另外,政府机关可以通过举办各种活动促进知识产权的保护,例如:召开企业知识产权培训会。

中俄科技合作中的知识产权保护在政府的指导与参与方面主要应从以下几个问题入手:

1)健全行政听证制度,重点是建立审议会制度。审议会是一种咨询性、调研性、独立性、非权力性的合议制组织,由专家学者和有关利害关系人组成。其机能是多方面的,最主要的是调查、审议重要的知识产权行政政策及法规制定。采取审议会的形式,可以把各种专门知识引入行政实务,确保行政公开性,协调各方面行政相对方之间的矛盾,调动各方面的积极性,沟通行政机关与相对方之间的联系,使相对方的意见能充分地反映到行政决策中去。相对人的参加本身就有利于合意空间的形成,而且事前和事中的参加使得双方充分地交流意见,有利于保证行政指导获得相对人的配合,充分有效地实现行政目的。程序控制的目标在于公开行政指导的过程,阐明行政指导行为本身的非强制性[②]。

2)建立、健全行政指导公开制度,重点是政府知识产权信息发布、告示制度,为相对方提供优质、全面的信息服务,这对于正确引导相对方的行政选择,保障经济与社会生活健康运行,具有重大意义。除了国家秘密、商业秘密和个人隐私,有关指导的一切方面都应公开。将行政指导的依据、过程和结果向相对人和公众公开;公民有权查阅、复

① 刘卫东:《中外行政指导制度的比较与借鉴》,载《理论导刊》,2002年第11期。

② 唐云龙:《试论我国的行政指导制度及规制》,载《中小企业管理与科技》(上旬刊),2008年第11期。

制有关指导的文件；指导者向公民告知指导的宗旨、依据、内容、实施理由、实施主体，告知可以采用口头和书面两种方式。在公开的基础上，公民了解了指导的一切内容，才能相对准确地判断是否要接受指导，自愿接受的指导比强制命令能更好地实现行政目的；同时，公开可以防止和制止滥用职权、暗箱操作等行政腐败现象①，增加行政指导行为的透明度。

3）建立行政建议、劝告、告诫制度，以促使民事主体在知识产权保护上的一定行为，力求规范化、定型化，使受指导者明确地知晓行政指导的内容和要求，以便作出正确反应。

4）加强和完善行政调解和协调制度。在市场经济条件下，相对方之间的利益矛盾和冲突相应增多。这些矛盾、冲突在未达到行政处理或诉讼阶段时，由行政机关出面进行协调、调解，有利于减少利益损失，降低社会成本。

5）建立健全行政奖励制度。市场经济不同于管制性经济、惩罚性经济或制裁性经济，对经济主体的行为在依法律法规予以管理的同时，行政机关通过正面的表彰、鼓励、奖励，包括非物质性鼓励、奖励等方式来引导和影响相对方在知识产权方面的价值取向和行为目标是非常重要的。

6）健全行政计划制度。市场经济并不一概排斥行政计划，甚至在特殊的有限范围内还容许指令性计划的存在。在日本、德国等不少成熟市场经济国家，计划行政在整个行政中均有相应的地位。在我国社会主义市场经济体制下，计划调节是行政调控的一部分，在行政计划中主要是指导性计划。因此，为适应市场经济发展的要求，应进一步健全我国行政计划制度，法律应对各类行政计划作出更明确的专门规定，做到科学、合理、规范，使行政计划对经济及社会发展起到正确的引导和指导作用。行政计划可用于对知识产权保护的宏观调控和政府的长期规划及各种发展战略。

7）建立责任救济制度。责任救济制度是构建责任行政和信赖保

① 许岭：《试论我国行政指导制度的完善》，载《法制与社会》，2008 年第 5 期（中）。

护原则的必然要求。相对人出于对行政主体权威性与专业性的信赖接受指导后其权益可能受损，根据信赖保护原则的要求，行政主体必须对违法或不当的行政指导承担责任。对于有损于知识产权保护行政指导和具体行政行为，权利人有责任救济请求权。

按照现代法治的要求，“有损害必有救济”。行政指导与行政处理行为一样，难免发生失误或损害，因此，必须建立相应的救济制度，以对受到违法、不当行政指导的行政相对人予以补救。建立行政指导的责任制度和救济制度的目的，主要在于保障相对方的合法权益，同时也要有利于行政机关实施行政指导，以鼓励和保障其维护社会公益的积极性。救济方式有如下几种：(1)行政补偿。行政主体在掌握、分析各种信息和材料时有一定的技术和专业优势，对于善意合法的行政指导造成的相对人损失的，比如信息错误，决策失误等，行政主体应承担补偿责任。(2)行政赔偿。行政主体违法实施指导时，诸如超越管辖层级事项范围指导；以国家强制力迫使接受指导；以优惠条件诱使相对人接受指导但事后又不兑现条件等等，只要给相对人造成损失就应承担赔偿责任，赔偿可以通过行政复议与行政诉讼来落实。日本、美国等国家已将行政指导纳入司法审查范围，而我国《最高人民法院关于执行〈中华人民共和国行政诉讼法〉若干问题的解释》第1条第4款第4项把“不具有强制力的行政指导行为”排除出受案范围。需要说明的是，这里所谓“不具有强制性”，不是说行政指导行为除了不具有强制性的行政指导行为，还包括强制性的行政指导行为，而是为了强调，如果某一种行为具有强制力或者某一种行为要求当事人必须为一定行为或者不为一定行为，行政管理相对人不履行或不执行就要承担不利的法律后果，那么这种行为就不再是行政指导行为了，当事人对这种行为不服，仍然可以向人民法院提起诉讼。(3)行政指导中产生的纠纷与矛盾可以通过行政复议制度来解决。通过行政复议，强化上级机关对下级机关的监督，以减少违法或不当行政指导行为的做法，使矛盾和纠纷通过行政司法行为得以解决，有利于节约社会成本，且《中华人民共和国行政复议法》并没有明文规定行政指导不属于其复议范围。因此，行政相对人认为行政机关的行政指导行为侵犯其合法权益时，有权依法请求上一级行政机关或法定复议机关对该行政指导是否合法、适当进行审查，维护相对人合法权益。

在我国，行政指导尚未纳入司法审查范围，行政指导同样不适用国家赔偿救济，但从责任救济制度完善与国际通行惯例和发展趋势来看，在知识产权保护上，这两种救济方式不可缺少。

8）建立行政指导程序机制，促进行政指导规范化、制度化。行政程序合法是行政实体合法的基石。最基本的程序约束也是行政指导法治化的内在要求，行政管理者的行为如果缺乏约束必然走向反面。从实际情况看，行政指导由于较少受到行为法上的制约，主要依据行政主体的判断，又缺乏必要的程序规制，容易导致行政指导的随意性，所以必须以行政程序法之类的制度去规范约束，在一定程度上制约行政指导的实施者“瞎指挥”。

政府的指导与参与的一个重要方面是制定适应中俄两国科技合作的知识产权发展战略。当前，许多国家把知识产权从过去的纯法律范畴提升到国家大政方针和发展方略的宏观高度，把加强知识产权作为在科技、经济领域保持竞争优势的一项重要战略。如美国、日本、欧盟把保护知识产权作为继续其在科技、经济领域现有优势的一种基础措施，亚洲新兴工业国家也越来越重视保护自己的知识产权。在高科技、知识经济时代，拥有知识产权量，尤其是专利的多少是反映一个国家和企业国际竞争能力的重要标志。知识产权将关系到国家和企业发展的重要地位，关系到国家经济发展和国际市场占有的重大问题，世界各国均高度重视。据统计，截止到1998年底，国外在我国申请发明专利122 370件①，西方发达国家若干年前就已进入中国争夺知识产权阵地，中俄两国要尽早制定切实可行的与科技合作有关的知识产权发展战略。要把建立知识产权战略作为一项国策，纳入国家和地方科技、经济发展战略的大系统中。两国中央和各级地方政府要组织力量，深入全面研究各国特别是发达国家的知识产权战略，积极制定战

① 郭俊华：《我国知识产权保护的现状与对策研究》，载《科技进步与对策》，2000年第1期。

略对策。除了用知识产权保护自己外,还要主动出击,要站在走向国际的战略高度,积极参与国际竞争。在科技、经济、教育、社会发展等各项政策法规制定中,时刻把贯彻和实施知识产权战略摆在重要位置。

三、中俄科技合作中建立以知识产权交易保护为导向的公共政策体系

公共政策是以政府为主的公共机构,在一定时期为实现特定的目标,通过政策成本与政策效果的比较,对社会的公私行为所作出的有选择性的约束和指引,它通常表现为一系列的法令、条例、规定、规划、计划、措施、项目等。知识产权制度在公共政策体系中也是一项知识产权政策,是在国家层面上制定、实施和推进的,即政府以国家的名义,通过制度配置和政策安排对于知识资源的创造、归属、利用以及管理等进行指导和规制。其内容包括:一是制定法律法规,以产权形式对相关知识财产提供保护。二是提供实施条件与手段,建立包括司法裁判、行政管理、社会服务等在内的配套机制。三是以相关公共政策作为支撑,共同服务于"总政策"目标。与知识产权政策相关联的公共政策主要有文化教育政策、产业经济政策、科学技术政策、对外贸易政策等。

1)文化政策方面,应制定战略规划,采用知识产权的保护方式保存我国现有的大量优秀历史文化遗产,促进"非物质文化遗产"的法律保护,同时,对于民族民间文化资源予以积极保护与开发,协调不同地区间文化事业发展的重点,鼓励文化创新,推动文化的版权化、市场化;

2)在教育政策方面,要积极发挥大学的研究智力优势,充分利用政府财政与社会公共投入,将现有的理论研究成果产业化,进而促进"产—学—研"的良性循环;

3)在科技政策方面,应引导、鼓励各类企业增加科技投入,使其逐步成为科技投入的主体,通过自主创新并对创新成果加以法律保护,形成自主知识产权,加大对发明创造者的保护力度,注意科技成果的

产权化、产业化；

4）在产业政策方面，应着力调整产业结构，促进智力成果产业化，国家产业政策和发展规划要把发展高新技术产业摆到优先位置，在财税、信贷和采购等政策上给予重点扶持，高新科技的知识产权申请、管理与利用制度应与财税，信贷等政策置于同等重要的地位；

5）在对外贸易政策方面，应转变对外贸易增长方式，优化进出口商品结构，扶持具有自主知识产权、自主品牌的商品扩大出口，实现从贸易大国向贸易强国跨越的战略目的[①]。

① 吴汉东：《中国应建立以知识产权为导向的公共政策体系》，载《中国发展观察》，2007年第5期。

第七章　中俄知识产权交易的立法保护与中俄科技合作的展望

第一节　中俄知识产权交易保护的发展趋势

一、中俄知识产权交易的立法保护渐趋完善

随着中俄关系的进一步发展和中俄交流合作的扩大,两国越来越重视科技合作领域的知识产权保护问题,知识产权交易保护制度成为两国关注的重点。2008年《俄罗斯联邦民法典(第四部分)》的施行为俄罗斯知识产权的保护提供了基础性法律;我国国家发改委、科技部、财政部、国家工商总局、国家版权局、国家知识产权局也在2008年联合下发了《建立和完善知识产权交易市场的指导意见》。以此促进知识产权交易市场规范发展,构建多层次知识产权交易市场体系。该意见着重解决现有部分产权交易机构存在的定位和服务对象不清,交易方式单一,知识产权价值评估难,成果转化率低,条块分割,缺乏统筹规划,保护和监管不到位等问题[①]。沟通与交流的深入,为两国协调知识产权交易的保护提供了便利,特别是两国的总理会晤机制以及知识产权保护协定的签署,为中俄间知识产权交易的保护创造了条件。

---

①　参见《国家日前发布〈建立和完善知识产权交易市场的指导意见〉》,载《功能材料信息》,2008年第1期。

二、中俄知识产权交易市场逐渐向规范、透明、高效化方向发展

中俄两国科技研究开发力量大多集中在大学和科研院所，知识产权持有人也大多是自然人和高校、科研机构。知识产权人拥有的发明、商标等知识产权必须通过市场才能得到转化、流通，但由于交易市场机制的不健全、不完善造成大量知识产权的闲置或对权利持有人的利益造成损害。伴随知识经济的发展，中俄两国对规范知识产权交易市场的问题也越来越重视。主要采取了以下措施：1）推动建立知识产权交易中介组织。一方面，中介机构为知识产权权利人寻找需要其持有的科技成果的企业；另一方面，中介机构通过其咨询功能，为企业提供能产生最大市场经济利益的科技成果。2）建立智力成果的检索、评价、推广机制。智力成果的检索对于了解技术专利的时效性、地域性以及保护情况，特别在涉及国际间技术贸易时更具有现实意义。两国技术市场主要采取科技信息交流会、技术交易会、通讯式技术网络、技术开发中心、技术咨询服务中心、技术成果拍卖会、技术难题招标会等形式评价和推广知识产权。3）创新知识产权交易机制。知识产权人可以利用信托机制实现利益最大化，如我国《信托投资公司管理办法》第 20 条明文规定知识产权可以作为信托财产，使得有关知识产权信托的研究和发展开始有了法律依据，信托作为一种高效的财产管理工具，开始成为知识产权利用的新渠道。[①] 此外，在信息时代，利用网络进行知识产权的电子商务交易也是一个优先发展方向。在现代社会，从知识产权利益最大化角度考虑，知识产权证券化无疑是很好的选择。美国一公司在 1997 年曾以唱片特许使用权为支持发行证券，成功地从资本市场融资 5 500 万美元，成为第一笔知识产权证券化交易。中俄两国应对此知识产权交易方式进行有益的尝试。

三、在中俄知识产权交易保护中政府作用日趋明显

在中俄知识产权交易保护中政府的作用体现在：一方面政府通过签

---

① 李琴：《知识产权交易机制创新探析》，载《经济与社会发展》，2008 年第 1 期。

订国家间协议,定期会晤沟通、解决两国间存在的争议,理顺关系,传递信息,沟通抵制第三方的侵权行为;另一方面,从一国内部来说,知识产权交易市场建设是一个非常复杂的系统工程,需要政府许多部门的协作与配合。知识产权交易市场在发展的初期应是以政府主导为主、市场机制为辅。在进一步明确知识产权交易市场是"专业化的权益性资本市场"定位的基础上,只有政府才能综合各部门的力量,发挥宏观调控的作用,站在提高国家竞争力的高度,全面推进知识产权交易市场的建设与发展,进而对知识产权的合法交易进行保护①。以我国政府多部门联合下发的《建立和完善知识产权交易市场的指导意见》为例,该意见在围绕提高企业自主创新能力,促进知识产权公开公正有序交易,形成有效的保护和监管体系,创新融资模式,拓宽融资渠道,促进中小企业又好又快发展等方面提出了积极有效的指导意见。又如:为了进一步推动知识产权、特别是专利权的交易和转化,我国国家知识产权局在全国各地大力推动建立专利技术交易平台;全国省会城市以及具有相应条件的区域中心城市都逐步建立了国家专利技术展示交易中心。可见,政府的作用是至关重要的。

可以预见,在中俄两国的共同关注下,中俄知识产权交易保护状况必将呈现良性发展的态势。

第二节　中俄知识产权交易制度的规范与中俄科技合作

一、中俄双方科技合作的前景

我国与俄罗斯的科技合作较与欧美日科技合作虽然存在一定的差距,但通过以下因素分析可以看出两国合作仍然具有广阔的前景,主要表现在:

---

① 常晓明:《知识产权交易市场的创新与发展》,载《中国科技投资》,2008年第2期。

1. 中俄两国科技互补性强,合作空间广阔。前苏联解体后,俄罗斯仍保持了科技体系的完整性,而且在基础研究方面屡有建树。2000 年 5 月,俄联邦政府对本国科技实力进行了全面评估,结果表明,在当今世界 102 项尖端科学技术中,俄罗斯有 77.45% 处于世界前列,其中 52 项保持世界主导地位,27 项具有世界一流水平。但是俄罗斯科技发展不平衡,军事技术、航空航天技术、重工业技术、基础学科领域发展较快,俄罗斯有 80% 的科研机构和 70% 的科研人员是服务于军事工业部门的,使得其民用技术的发展速度严重落后于西方国家,尤其在微电子、集成电路、计算机等高技术领域相当落后。在航空航天、核能、激光、新材料、化工及军事技术等诸多领域都达到了世界领先水平,但在应用研究、消费工业部门力量相对薄弱。其科研成果转化、投入生产领域速度慢。俄罗斯的科技成果转化率由 80 年代的 60%—70% 降为目前的 4%—6%。[①] 而中国的应用研究投入较多,在工业技术方面,如:食品、家电、轻纺、轻化工、医药等方面发展较快,通讯及信息产业的发展也优于俄罗斯。特别是中国农业技术总体水平高于俄罗斯,而这些也是今后一个时期内俄罗斯所鼓励发展的行业,这就为我国以上技术的输出提供了一个巨大的市场。目前,中俄科技合作中的科技含量仅占 6%,而发达国家对俄经贸合作中科技含量大多不低于 40%,这说明我们并没有利用好双方在科技领域中的互补性。两国在科技发展上的特点正好给双方提供了合作契机,中国可以借此获得从西方难以得到的高新技术和设备,节省大量资金[②]。俄罗斯科技人力资源丰富,而俄方科技人员工资待遇较低,但素质很高,我国可以通过引进俄罗斯的科技人才来合作开发高技术产品,既有广阔的前景,又能创造出较高的效益。随着我国经济建设的不断发展,对俄罗斯的高新技术、产品以及人才都有着较大需求。

2. 两国对相互科技合作的重视为中俄科技合作的发展提供了政治保障。1992 年、1999 年中俄两国达成了两项科技合作协议,2000 年又签

---

① 载 www. cataloy. aport. ru(俄罗斯报刊网)。

② 杨伟毅:《中俄科技合作模式及对策研究》,哈尔滨工程大学 2006 年论文 ,载中国知网中国学位论文全文数据库。

署一项备忘录,这三个文件是中俄科技合作的基础性文件。同时两国在副总理级的中俄经贸科技合作委员会下设的科技合作常设分委员会,1993年—1996年间共召开了四届例会。1997年6月,中俄双方正式决定在中俄总理定期会晤委员会框架内设立科技合作分委员会。2004年,双方会晤时均强调中俄科技合作特别是大型经济技术合作是双边贸易的龙头。2006年、2007年两国互办"国家年",表明两国政府对科技合作的高度重视。其原因在于:(1)两国新世纪发展战略中有众多的吻合点,都致力于发展集约型经济,优先发现的主导产业都是高、精、尖的科技密集型产业,经济增长点相同。(2)两国在经济转型时期存在需要解决的体制创新及技术创新的共性问题。两国科研机构向公司、企业的转制,将为提高中俄技术市场链接度创造条件。俄罗斯经济转轨危机使俄政府逐步认识到,加强对外科技合作,既是获取资金和市场、扭转转轨危机的有效途径之一,同时也是稳定和发展俄罗斯科技的重要途径之一。(3)两国具有他国无法比拟的地缘优势。几千公里的接壤面积,是两国科技合作的便利条件,能节省大量的人力、物力、财力。

3. 经济全球化、知识化是中俄科技合作的国际背景。90年代科技、交通的迅猛发展,特别是网络通讯的快速普及,缩短人与人、国与国之间的距离,短时间内实现世界范围的经济交往与知识普及成为现实,世界经济迅速向全球化、知识化转变,科技实力成为衡量各国综合国力的主要指标。这是一次史无前例的科技革命,无论对发展中国家还是对发达国家都是一次考验和机遇,占据主动的国家必将在此次科技革命中获得更为有利的地位和发展。中俄两国均是处于经济转型时期的国家,发展高技术产业,提高在国际市场上的科技竞争力,更是摆在两国面前的迫切任务。在此大背景下,中俄迎来了两国经济发展的战略机遇期。把握时机,促进本国科技发展,增强国际竞争力,摆脱对西方的依赖,两国对此达成了共识。现在中国正在实施现代化建设第三步战略部署(到2020年国内生产总值将在2000年的基础上再翻两番)和振兴东北老工业基地的计划;俄罗斯将要完成到2013年国内总产值翻一番的目标。这为中俄科技交流与合作带来了新的机遇。双方认识到:在知识经济的发展下,中俄两国毗邻,发展互补型、创新型科技合作是两国实现经济安全、促进战略协作伙伴关系重要的一环。所以,中俄科技合作是提高中俄两国科技竞争力的客观需要[①]。两国科技合作的战略升级对两国共同应对经济科技全球化、巩固充实战略协作伙伴关系、快速提升我国产业层次意义重大。

综上所述,中俄科技合作有着广阔前景,双方也应该充分认识合作面临的困难,积极创造条件,稳步前进。其中重要的一点是:必须在双方认可的法律框架内进行合作,确保各方合法利益得到有效保护,特别是代表先进科技的知识产权。这样才能调动科研人员积极性,使科技合作顺利进行,达到预期效果。

二、中俄知识产权交易制度的规范对中俄科技合作的积极影响

在中俄科技合作中,两国通过健全知识产权保护的合作制度对知识产权的交易制度进行规范。中俄知识产权保护合作制度包含两方面内容:一是两国自身法律制度的契合,二是知识产权联合保护中协调、沟通制度。两国法律制度的契合包括法律上的求同存异、利益共赢基础上的法律选择、以不违反两国法律为前提的趋利避害的项目选择等。协调、沟通制度包括会晤制度、信息传递制度、争议解决机制等。

对外科技合作中的知识产权保护,不仅是参与国际竞争的准入条件,也是知识创新工程对对外科技合作中的知识产权保护提出的新的要求:创新体制的建立将促进科技工作者有更多的科学发现和发明创造,这些知识产权要求相应的制度来保护,使科技投入获得应有的回报,促进科技事业的持续发展;知识创新需要更广泛的国际合作,要求相应的知识产权保护制度来保证合作各方的权利,以实现科技合作中的互利互惠;国际合作的发展使各国法律制度在大方向上日益趋同,尤其是知识产权保护在世界范围内已经逐步纳入有关国际协议的框架之下,做好知识产权保护的合作,规范交易行为有利于中俄两国的科技合作。主要体

① 邵景波、段玉鹤:《俄罗斯科技潜力评价及中俄科技合作前景》,载《学术交流》,2004年5月。

现在：

1. 通过知识产权保护的合作完善两国知识产权交易制度有利于规避风险，保障科技合作顺利进行。

在中俄科技合作中既有被侵权的风险，也有侵犯他人知识产权、引发追诉的可能，无论哪一种情况出现都会影响科技合作预期目的的实现。利用信息通报制度，一方发现侵权或被侵权，可以及时向对方通报，通过协商迅速确定解决方式。同时，当合作双方在某一问题上存在争议时，可以通过事先确定的争议解决机制化解矛盾。合作中双方资源共享，可以及时得到对方国家的最新知识产权信息。利用协助机制，可以要求对方协助解决在该国领域内有关合作的事务。

2. 健全与完善两国间知识产权交易制度有利于拓宽中俄科技合作的领域与路径。

中俄知识产权保护合作的发展促进了知识产权交易制度的完善，因此能够消除诸多的未知风险，特别是来自于国家政治、经济、法律和社会变化的消极影响，使各领域的中俄合作主体在确定投资意向时无后顾之忧，从而开辟更多的科技合作领域与途径。从国家视角看，完善的合作制度，特别是有政府参与的情况下（如签订合作协议、主持大项目合作），对中俄科技合作发展的积极促进作用是毋庸置疑的。

3. 知识产权交易制度的完善有利于增强中俄科技合作各方的国际竞争力。

随着知识经济的迅猛发展、经济全球化的进程加快，知识产权已经成为决定国家科技和经济争取竞争优势的重要手段。拥有专利权的数量和质量以及运用专利制度保护自身利益的能力和水平已经成为衡量一个经济主体科技创新水平和市场竞争能力的重要标志，也是科技、经济发展后劲的重要标志。中俄在知识产权保护方面的合作，在完善交易制度的同时，一方面使各自享有的和合作产生的知识产权得到有效的保护，另一方面中俄合作者在知识产权保护合作中形成合力，从而使合作企业在激烈的国际竞争中处于优势地位。知识产权保护的特点使企业利用知识产权获得产品生产的垄断地位，从而在定价上拥有一定的自主性，保证其能够获得高额利润。

参 考 文 献

一、中文参考文献

(一)中文著作

[1] 罗玉中主编:《科技法学》,华中科技大学出版社 2005 年版。
[2] 王铁崖主编:《国际法》,法律出版社 1995 年版。
[3] 郑成思:《知识产权法教程》,法律出版社 2003 年版。
[4] 刘春田:《知识产权法教程》,中国人民大学出版社 1995 年版。
[5] 吴汉东:《知识产权法》,中国政法大学出版社 2004 年版。
[6] 刘春茂:《知识产权原理》,知识产权出版社 2002 年版。
[7] 郑成思:《知识产权法新世纪若干研究重点》,法律出版社 2003 年版。
[8] 李双元主编:《国际私法学》,北京大学出版社 2001 年版。
[9] 徐家力:《知识产权在网络及电子商务中的保护》,人民法院出版社 2006 年版。
[10] 冯晓青、杨利华等:《知识产权热点问题研究》,中国人民公安大学出版社 2004 年版。
[11] 陈传夫:《高新技术与知识产权法》,武汉大学出版社 2000 年版。
[12] 张平、马骁:《标准化与知识产权战略》,知识产权出版社 2002 年版。
[13] 吴汉东等:《知识产权基本问题研究》,中国人民大学出版社 2005 年版。
[14] 冯晓青:《国际知识产权法哲学》,中国人民公安大学出版社 2003 年版。
[15] 张今:《知识产权新视野》,中国政法大学出版社 2000 年版。
[16] 张文显主编:《二十世纪西方法哲学思潮研究》,法律出版社 1996

版。
[17] 吕忠梅等:《经济法的法学与经济学分析》,中国检察出版社 1998 年版。
[18] 徐国栋:《民法基本原则解释——成文法局限性之克服》(增订本),中国政法大学出版社 2001 年版。
[19] 王文宇:《民商法理论与经济分析》,中国政法大学出版社 2002 年版。
[20] 曾世雄:《损害赔偿法原理》,中国政法大学出版社 2001 年版。
[21] 刘剑文、张里安:《现代中国知识产权法》,中国政法大学出版社 1993 版。
[22] 唐广良、董炳和:《知识产权的国际保护(修订版)》,知识产权出版社 2006 年版。
[23] 冯晓青:《知识产权法利益平衡理论》,中国政法大学出版社 2006 年版。
[24] 郑成思:《知识产权法》,法律出版社 1997 年版。
[25] 万鄂湘:《国际知识产权法》,河北人民出版社 2001 年版。
[26] 朱榄叶、刘晓红主编:《知识产权法律冲突与解决问题研究》,法律出版社 2004 年版。
[27] 胡开忠:《知识产权法比较研究》,中国人民公安大学出版社 2004 年版。
[28] 吴汉东等:《西方诸国著作权制度研究》,中国政法大学出版社 1998 年版。
[29] 陈旭、吕国强:《法官论知识产权》,法律出版社 1999 年版。
[30] 张德霖:《竞争与反不正当竞争——反不正当竞争法理论实践与国外法律规范》,人民出版社 1994 年版。
[31] 孔祥俊:《反不正当竞争法新论》,人民法院出版社 2001 年版。
[32] 吴汉东主编:《知识产权法学》,北京大学出版社 2000 年版。
[33] 孔祥俊:《WTO 知识产权协定及其国内适用》,法律出版社 2002 年版。
[34] 李明德:《美国知识产权法》,法律出版社 2003 年版。
[35] 佟柔:《中国民法》,法律出版社 1990 年版。

[36] 程永顺:《中国专利诉讼》,知识产权出版社2005年版。
[37] 张文显主编:《法理学》,高等教育出版社1999年版。
[38] 陈旭主编:《法官论知识产权》,法律出版社1999年版。
[39] 刘红缨、王健民:《世界遗产概论》,中国旅游出版社2003年版。
[40] 高步德:《产权与增长:论法律制度的效率》,中国人民大学出版社1999年版。
[41] 陆忠伟:《非传统安全论》,时事出版社2003年版。
[42] 张玉瑞:《商业秘密.商业贿赂法律风险与对策》,法律出版社2005年版。
[43] 冯晓行:《企业知识产权保护战略》,知识产权出版社2002年版。

(二)译著

[1] [法]卢梭著,何兆武译:《社会契约论》,商务印书馆1980版。
[2] [德]康德著,沈叔平译,林荣远校:《法的形而上学原理——权利的科学》,商务印书馆1991版。
[3] [德]黑格尔著,范扬、张企泰译:《法哲学原理》,商务印书馆1961版。
[4] [美]罗尔斯著,何怀宏等译:《正义论》,中国社会科学出版社1988年版。
[5] [德]卡尔·拉伦茨著,王晓晔等译:《德国民法通论》(上册),法律出版社2003年一版。
[6] 黄道秀译:《俄罗斯联邦民法典》(全译本),北京大学出版社2007年11月版。
[7] [法]孟德斯鸠著,张雁深译:《论法的精神》(上),商务印书馆1982年版。
[8] 黄道秀译:《俄罗斯联邦刑法典释义》(上册),中国政法大学出版社2000年版。

(三)中文文章

[1] 孙键、刘云、熊政:《中俄科技合作现状分析与发展对策》,载《中国基础科学》,2008年3期。

[2] [俄]B. N. 谢尔吉延科著,殷剑平译:《中俄科技合作的现状与发展研究》,载:李传勋主编《中俄区域合作研究》,黑龙江人民出版社2003 年版。

[3] 高中毅:《中俄科技合作:现状、问题与前景》,载《东欧中亚市场研究》,2002 年第 4 期。

[4] 宋魁:《中俄科技合作新理念》,载《俄罗斯与亚太》, 2005 年第 3 期。

[5] 蔡婧姝:《中俄科技合作的新特点》,载《边疆经济与文化》,2007 年第 1 期。

[6] 杨伟毅:《中俄科技合作模式及对策研究》,哈尔滨工程大学 2006 年论文,载中国知网硕士学位论文全文数据库。

[7] 邵景波、段玉鹤:《俄罗斯科技潜力评价及中俄科技合作前景》,载《学术交流》,2004 年 5 月。

[8] 古祖雪:《论国际法的理念》,载《法学评论》,2005 年第 1 期。

[9] 王超:《国际科技合作中的知识产权归属问题研究》,厦门大学2006 年论文,载中国知网硕士学位论文全文数据库。

[10] 孙万湖:《面向新世纪、新时期的中俄科技合作》,载《俄罗斯东欧中亚研究》,2005 年第 1 期。

[11] 马书芳、崔霞:《俄罗斯科技对外合作态势与中国当前对俄科技合作对策》,载《世界科技研究与发展》, 2003 年 10 月。

[12] [俄]恰普科维奇:《俄中高新技术合作已经取得实质性进展》,载《俄罗斯评论》,2002 年夏季号。

[13] 戚文海、赵传君:《中俄科技合作的前景与战略》,载《东欧中亚市场研究》,2001 年第 2 期。

[14] 张伟等:《知识产权概念新论》,载《科技管理研究》,2006 年第 2 期。

[15] 王晨雁:《对知识产权概念的质疑与反思》,载《福建论坛》(人文社会科学版),2005 年第 9 期。

[16] 冯文生:《知识产权国际私法基本问题研究》,载郑成思主编:《知识产权文丛》(第四卷),中国政法大学出版社,2000 年版。

[17] 郑颖捷:《论知识产权滥用的反垄断法规制》,中国政法大学 2004

年论文,中国知网硕士学位论文全文数据库。

[18] 王军明:《论知识产权的特殊性及保护》,载《中央政法管理干部学院学报》,1996 年第 1 期。

[19] 胡红明、刘江:《我国限制知识产权滥用的法律思考》,载《法制与社会》,2007 年第 6 期。

[20] 周兴芳:《数字网络技术与知识产权保护》,载《福建工程学院学报》,2005 年第 2 期。

[21] 孙萁、巩顺龙:《网络环境下的知识产权保护研究》,载《情报科学》2007 年第 8 期。

[22] 潘志玉:《网络作品的版权与保护》,西南政法大学 2005 年论文,载中国知网硕士学位论文全文数据库。

[23] 谢小玲:《浅谈网络环境下图书馆信息资源的知识产权保护》,载《科技情报开发与经济》,2007 年第 21 期。

[24] 冯薇:《网络环境下的域名与商标法律制度》,中国政法大学 2002 年论文,载中国知网硕士学位论文全文数据库。

[25] 颜样林、朱庆华:《网络环境下商业秘密侵害的防范与救济》,载《信息系统》,2002 年第 4 期。

[26] 陈艾姣:《网络环境下档案信息安全与知识产权保护》,载《新时期档案工作论文集》。

[27] 一丁:《俄罗斯的信息政策与法规》,载《国外社会科学》,1999 年第 2 期。

[28] 苏云天:《俄罗斯国家杜马讨论关于因特网的立法草案》,载《全球科技经济瞭望》,2000 年第 9 期。

[29] 张玉涵:《我国高技术专利保护法律制度研究》,大连理工大学 2008 年论文,载中国知网硕士学位论文全文数据库。

[30] 陈传夫:《高技术知识产权研究的紧迫性、目标与国际趋势》,载《中国软科学》,1998 年第 3 期。

[31] 董桂兰:《知识产权保护面临新的挑战》,载《中国科技论坛》,2000 年第 2 期。

[32] 张哗:《商业软件联盟首席执行管论坛发布最新研究报告》,载《电子知识产权》,1999 年第 8 期。

[33] 赵爱云:《国内外知识产权保护的发展趋势》,载《高科技与产业化》,2005 年第 5 期。

[34] 姚建宗:《法律生活的哲学观照:法哲学的智慧》,载《北方法学》,2007 年第 2 期。

[35] 万鄂湘、冯洁菡:《知识产权国际保护的新发展》,载《法律适用》,2003 年第 7 期。

[36] [美]奥德曼·R. 查普曼:《将知识产权视为人权:与第 15 条第 1 款第 3 项有关的义务》,载国家版权局主办:《版权公报》,2001 年第 3 期。

[37] 张焱:《国际识产权法基本理论研究》,大连海事大学 2006 年论文,载中国知网硕士学位论文全文数据库。

[38] 杨才然:《与知识产权有关的权利冲突协调原则之理论基础》,载《电子知识产权》,2005 年 11 月。

[39] 秦毅:《试论知识产权国际保护的基本原则》,载《法制与社会》,2008 年第 7 期。

[40] 廖晓虹:《浅议知识产权的国际保护》,载《中山大学学报论丛》,2005 年第 5 期。

[41] 唐烈英:《试论知识产权的几个基本问题》,载《四川师范大学学报(社会科学版)》,2005 年 3 月。

[42] 郑胜利:《集成电路布图设计保护法比较研究》,载《北大知识产权评论》第 1 卷。

[43] 方诗龙:《集成电路布图设计权的法律保护》,载《科技与法律》,2002 年第 2 期。

[44] 林冬妹:《论商业秘密的法律保护》,载《广东青年干部学院学报》,2002 年第 1 期。

[45] 黄武双、于帮清:《论反不正当竞争法对知识产权的附加保护》,载《中国知识产权发展战略论坛论文集》2005 年。

[46] 刘银良:《怎样保护传统知识:客体的排除与选择》,载国家知识产权局条法司编:《专利法研究》,知识产权出版社 2006 年版。

[47] 李磊:《传统知识的知识产权保护探讨》,载《南京财经大学学报》,2008 年第 4 期。

[48] 毛平:《传统知识的知识产权法保护问题研究》,西安理工大学2008 年论文,载中国知网硕士学位论文全文数据库。

[49] 马海群:《网络环境下的知识产权战略管理及对知识产权信息管理机制的推动》,载《新世纪图书馆》,2003 年 3 期。

[50] 任晓玲等著:俄罗斯联邦知识产权现状一瞥,载《中国发明与专利》,2007 年第 7 期。

[51] 陈美章:《国际科技合作中知识产权归属及保护策略》,载《电子知识产权》,1995 年第 5 期。

[52] 潘葆铮:《国际科技合作中的知识产权管理》,载《中国基础科学》,2005 年第 2 期。

[53] 罗艺方:《跨国知识产权侵权管辖原则的新发展——对传统地域管辖原则的突破》。载《政法学刊》,2003 年第 3 期。

[54] 李常有:《积极应对涉外知识产权侵权纠纷》,载《云南科技管理:知识产权》,2007 年第 1 期。

[55] 戴桂菊:《中俄两国共同遵守的知识产权国际公约》,载《俄语学习》,2005 年 3 月。

[56] 曹志平:《TRIPS 与知识产权国际保护新体系》,载《知识产权》,1998 年第 4 期。

[57] 李向阳:《全球经济失衡及其对中国经济的影响》,载《国际经济评论》,2006 年第 3、4 期(合刊)。

[58] 吴汉东:《后 TRIPS 时代知识产权制度的变革与中国的应对方略》,载《法商研究》,2005 年第 5 期。

[59] 罗晓霞、戴湘波:《失衡之制度 平衡之理念———从利益平衡的角度评析现行知识产权国际制度》,载《经济与社会发展》,2006 年第 1 期。

[60] 何华:《论知识产权国际保护体制与中国应对之道》,载《国际问题研究》,2008 年第 1 期。

[61] 吴汉荣:《略论 WTO 框架下的知识产权国际保护》,载《科技管理研究 》,2005 年第 7 期。

[62] 吴汉东:《试论知识产权国际保护制度的变革与发展》,载《法学研究》,2005 年第 3 期。

[63] 汤锡芳:《浅谈国际科技合作与交流中的知识产权保护》,载《中国科学基金》,1995 年第 2 期。
[64] 王春燕:《商标保护法律框架的比较研究》,载《法商研究》,2001 年第 4 期。
[65] 吴汉东:《知识产权保护论》,载《法学研究》,2000 年第 1 期。
[66] 任磊石编译:《俄罗斯加大打击盗版侵权力度》,载《公安研究》,2003 年第 5 期。
[67] 高超:《当前我国知识产权犯罪统计数据分析及预测》,载《中国人民公安大学学报》,2005 年第 2 期。
[68] 徐新、相丽君 :《职能视角下的企业知识产权管理》,载《科技管理研究》,2008 年第 8 期。
[69] 朱雪忠、黄静:《试论我国知识产权行政管理机构的一体化设置》,载《科技与法律》,2004 年第 3 期。
[70] 赵建国:《识产权管理机构肩负起历史的重任》,载《中国知识产权报》,2008 年 10 月 24 日第 2 版。
[71] 熊淑珺:《中外知识产权海关保护法律制度比较》,载《合作经济与科技》,2007 年 8 月号下。
[72] 于璇、王晓晶:《浅议知识产权海关保护》,载《对外经贸实务》,2006 年 6 月。
[73] 马海生:《中法知识产权刑事保护制度比较》,载《中国欧盟知识产权法比较研究》,2005 年 3 月。
[74] 宋建文:《TRIPS 侵权行为归责原则与中国知识产权司法保护》,吉林大学 2004 年论文,载中国知网硕士学位论文全文数据库。
[75] 杨波:《中外知识产权侵权法律问题比较研究》,大连海事大学论文 2003 年,载中国知网硕士学位论文全文数据库。
[76] 徐家力:《我国知识产权司法保护目前存在的问题及对策》,载《法律适用》,2006 年 3 期。
[77] 范纯:《论俄罗斯的司法改革》,载《俄罗斯中亚东欧研究》,2007 年第 2 期。
[78] 刘媛媛:《浅议国际贸易中的知识产权保护》,载《法制与社会》,2007 年第 8 期。

[79] 刘莹:《国际贸易中知识产权保护问题研究》,载《法制与社会》,2008 年第 8 期。

[80] 严青云:《加强知识产权保护促进国际技术贸易发展》,载《湖南农业大学学报》(社会科学版),2007 年 9 月。

[81] 鄢一美:《俄罗斯知识产权立法与民法典的编纂》,《世界知识产权》,2006 年第 3 期。

[82] 任晓玲等著:《俄罗斯联邦知识产权现状一瞥》,载《中国发明与专利》,2007 年第 7 期。

[83] 朱颖 :《俄罗斯入世与知识产权保护》,载《世界贸易组织动态与研究》,2008 年第 4 期。

[84] 葛伟民:《我国知识产权保护现状》,载《网络与信息》,2006 年第 5 期。

[85] 马忠源:《海关出口商品知识产权保护问题研究》,吉林大学 2006 年论文,载中国知网硕士学位论文全文数据库。

[86] 蔡文洁:《我国科技保密制度建设和运行状况的实证调查与分析研究》,东南大学 2005 年论文,载自中国知网硕士学位论文全文数据库。

[87] 孔奕雯:《浅析我国知识产权保护的现状及对策》,载《法制与社会》, 2008 年第 3 期。

[88] 范光:《英国在国际合作中保护知识产权的举措》,载《全球科技经济瞭望》,2002 年第 12 期。

[89] 张义明:《印度在国际科技合作中的知识产权保护》,载《全球科技经济瞭望》,2002 年第 12 期。

[90] 张玉涵:《我国高技术专利保护法律制度研究》,大连理工大学 2008 年论文,载中国知网硕士学位论文全文数据库。

[91] 王凯:《法国在国际科技合作中的知识产权保护》,载《全球科技经济瞭望》,2002 年第 12 期。

[92] 王炎冲等:《加强我国科技活动中知识产权保护的若干思考》,载《研究与发展管理》,2003 年 2 月。

[93] 陈海秋等:《发挥知识产权制度功效:基于运行机制内涵的分析》,载《科学学研究》,2007 年 6 月。

[94] 聂毅、黄建华:《欧美知识产权海关保护制度的特点及对我们的启示》,载《世界知识产权》,第 15 卷。

[95] 徐家力:《我国知识产权司法保护目前存在的问题及对策》,载《法律适用》,2006 年第 3 期。

[96] 彭向阳:《在 TRIPS 协议视角下完善我国知识产权的司法审查制度》,载《广东科技》,2007 年第 6 期。

[97] 杨亚非:《判例与俄罗斯法的发展》,载《法制与社会发展》,2000 年 01 期。

[98] 胡春华、游晓兰:《公众参与民族民间文化遗产保护的法理基础及制度安排》,载《西华大学学报》(哲学社会科学版),2008 年 12 月。

[99] 林若扬:《中国科学院与省市、企业合作的运行机制分析》,载《中国软科学》,2005 年第 5 期。

[100] 史臻:《中小企业信息化联盟的运行机制分析》,载《消费导刊》,2008 年 12 月。

[101] 黄寿增、孙键:《俄罗斯科技体制改革主要趋势及对中俄科技合作的影响》,载《满洲里中俄科技合作网》,2009 年 1 月 2 日。

[102] 潘永:《知识产权保护与国际科技合作》,载《北方经贸》,2004 年第 6 期。

[103] 黄宝中:《我国知识产权管理人才培养模式研究》,载《牡丹江教育学院学报》,2008 年第 4 期。

[104] 郝磊:《网络环境下的商业秘密权保护》,山东大学 2006 年论文,载中国知网硕士学位论文全文数据库。

[105] 徐英华、李志刚:《企业在商业秘密保护中存在的问题及对策》,载《经济师》,2003 年第 9 期

[106] 江南、华军:《商业秘密的保密方法》,载《中国牧业通讯》,2005 年第 2 期。

[107] 王伟军、汪琳:《网络环境下企业的商业秘密保护》,载《科技进步与对策》,2002 年 7 月。

[108] 陈琦:《数字时代的文献资源共享和知识产权保护》,载《图书馆学研究》,2004 年第 5 期。

[109] 王丽曼:《档案管理与知识管理的关系研究》,载《边疆经济与文化》,2008 年第 12 期。
[110] 熊英:《国外企业知识产权管理机制比较与启示》,载《现代企业》,2008 年第 3 期。
[111] 刘建军:《建立行政指导法律救济制度——社会和谐的一种制度安排》,载《宜宾学院学报》,2008 年 4 月。
[112] 刘卫东:《中外行政指导制度的比较与借鉴》,载《理论导刊》,2002 年 11 月。
[113] 唐云龙:《试论我国的行政指导制度及规制》,载《中小企业管理与科技》,2008 年第 26 期。
[114] 许岭:《试论我国行政指导制度的完善》,载《法制与社会》,2008 年第 5 期(中)。
[115] 郭俊华:《我国知识产权保护的现状与对策研究》,载《科技进步与对策》,2000 年第 1 期。
[116] 吴汉东:《中国应建立以知识产权为导向的公共政策体系》,载《中国发展观察》,2007 年第 5 期。
[117] [俄]罗·安德烈:《WTO 与俄罗斯法律改革》,载《俄罗斯中亚东欧市场》,2006 年第 12 期。
[118] 周云祥:《论技术类知识产权保护方式的选择》,载《科技管理研究》,2009 年第 5 期。
[119] 李琴:《知识产权交易机制创新探析》,载《经济与社会发展》,2008 年 1 月。
[120] 《国家日前发布〈建立和完善知识产权交易市场的指导意见〉》,载《功能材料信息》,2008 年第 1 期。
[121] 吕萍:《黑龙江省对俄罗斯科技合作发展战略研究》,载《西伯利亚研究》,2007 年第 1 期。
[122] 丁丽等:《中俄科技合作现状、问题与对策》,载《黑龙江对外经贸》,2001 年第 2 期。

(四)参考报摘

[1] 《国务院关于印发国家知识产权战略纲要的通知》,国家知识产权

局官方网站,2008 年 6 月 11 日。
[2] 《司法审查的权利救济价值及其改革重点》,载《人民法院报》,2001 年 3 月 12 日第 B01 版。
[3] 阳河:《第二批保护知识产权举报投诉服务中心投入运行》,载《国际商报》,2006 年 7 月 29 日第 1 版。
[4] 《关于举办〈中俄科技成果产业化法律指南〉推介会的通知》,载湖北国际科技合作网,2003 年 10 月 30 日。
[5] 《俄罗斯联邦民法典(第四部分)施行法》第 2 条,载《俄罗斯报》,2006 年 12 月 22 日。
[6] 《海关总署关于依法拍卖海关没收的侵权货物的公告》(公告〔2007〕16 号),载海关总署网站 2007 年 11 月。
[7] 《俄罗斯联邦知识产权专利商标局 2005 年年报》。
[8] 《俄罗斯联邦知识产权 2007 ~ 2010 年发展战略规划》,载俄罗斯联邦知识产权专利商标局网站。
[9] 《中俄将确定保护版权和知识产权合作的形式》,载 www. china. cn2ru. com,2006 年 9 月 11 日。
[10] 《俄罗斯与中国有意在知识产权领域扩大合作》,载 www. XINHUANET. com,2006 年 7 月 28 日。
[11] 张伟勋:《欧美签署知识产权行动战略协议——矛头直指中国和俄罗斯》,载《中国贸易报》,2006 年 6 月 29 日第 9 版。
[12] 李建伟:《全国首家传统知识知识产权保护试点县(市)河南授牌》,载《中国知识产权报》2008 年 10 月 17 日第 1 版。
[13] 国家知识产权局条法司翻译的 WIPO/GRTKF/IC/7 /5 附录,载国家知识产权局网站主页“传统知识和遗传资源保护”专栏。
[14] 《国际科技合作中的知识产权问答》,载《农业科研经济管理》,1997 年第 4 期。
[15] 中国社会科学院法学研究所民法教研室编:《苏俄民法典》,中国社会科学出版社 1980 年版。
[16] 赵阳:《俄罗斯:盗版被列入重罪》,载《法制日报》,2007 年 4 月 20 日。
[17] CarolsCoTrea:《传统知识与知识产权》,专题 6,知识产权现有形

式下的传统知识保护，国家知识产权局译，中国生物多样性知识产权信息网。

[18] 王小敏：《网络环境下著作权的合理使用》，载 chimlawedu. com。

[19] 王婧：《中国需要大批管理型知识产权人才》，载《法制日报》，2008 年 6 月 22 日第 8 版。

[20] 郑成思：《我国知识产权保护的定位与路径》，载《检察日报》，2005 年 7 月 18 日第 5 版。

[21] 姜毅、郑羽：《世纪之交的中俄关系》，来自 http://www. cass. net. cn/chinese/s24_s/produetion/proJeets29. html。

[22] 张恒瑞：《构建知识产权保护新平台》，载《中国消费者报》，2006 年 8 月 21 日第 C01 版。

[23] 曾祥素：《网络纠纷案件审理难度大——专家研讨互联网环境下的知识产权司法保护》，载《中国质量报》，2007 年 05 月 10 日。

[24] 鄂眉：《制度措施 + 保密合同 + 法律武器保护商业秘密重在人员管理》，载《中国医药报》，2004 年 11 月 16 日。

[25] 张海志：《我国正加快知识产权信息平台和预警机制建设》，载《中国知识产权报》，2007 年 12 月 7 日第 1 版。

[26] 陈光：《"知识产权海关保护执法系统"正式运行》，载《国际商报》，2008 年 1 月 26 日第 6 版。

[27] 刘尚华：《商业秘密保护战略(2)》，参见：http://www. chinaiprlaw. cn/file/200601176810. hmt。

[28] 吕薇：《我国知识产权工作面临的主要问题》，载《中国经济时报》，2003 年 8 月 7 日。

[29] 叶学军、彭建东：《知识产权保护方式的选择》，载《中国知识产权报》，2005 年 8 月 12 日第 3 版。

[30] 辜胜阻、洪群联：国家创新体系要汇集政府和民间两股力量，载 heory. people. com. cn/GB/49154/49156/7009549. html。

（五）参考法律与条约

[1] 《维也纳条约法公约》

[2] 《中华人民共和国政府和俄罗斯联邦政府关于在知识产权保护领

域合作的协定》
[3] 《中俄知识产权保护和权利分配原则议定书》
[4] 《世界保护非物质文化遗产公约》
[5] 《俄罗斯联邦宪法法院法》
[6] 《俄罗斯联邦刑法典》
[7] 《俄罗斯联邦民法典》
[8] 《俄罗斯联邦行政违法法典》
[9] 《俄罗斯联邦海关法典》
[10] 《俄罗斯联邦反垄断法》
[11] 《俄罗斯联邦限制外资程序法》
[12] 最高人民检察院、公安部《关于经济犯罪案件追溯标准的规定》
[13] 2003 年国务院新闻办公室:《中国知识产权保护状况白皮书》(2003 年)。
[14] 《最高人民检察院、公安部关于经济犯罪案件追溯标准的规定》
[15] 《关于办理侵犯知识产权刑事案件具体应用法律若干问题的解释》
[16] 《中华人民共和国海关法》
[17] 《中华人民共和国著作权法》
[18] 《中华人民共和国专利法》
[19] 《中华人民共和国商标法》
[20] 《中华人民共和国公司法》
[21] 《中华人民共和国反垄断法》
[22] 我国《计算机软件保护条例》
[23] 1997 年我国《传统工艺美术保护条例》
[24] 《北京市高级人民法院关于涉外知识产权民事案件法律适用若干问题的解答》,京高法发[2004]49 号。
[25] 我国《驰名商标认定和管理暂行规定》
[26] 我国《关于商标行政执法中若干问题的意见》
[27] 我国《关于对外科技合作交流中保护知识产权的示范导则》
[28] 1996 年我国劳动部在《关于企业职工流动若干问题的通知》
[29] 我国《关于加强科技人员流动中技术秘密管理的若干意见》

[30] 科技部:《加强与科技相关的知识产权保护和管理工作的思路和安排》

[31] 国务院办公厅:《关于加强我国非物质文化遗产保护工作的意见》, 2005 年 3 月 26 日。

[32] 文化部、财政部:《关于实施中国民族民间文化保护工程实施方案》, 2004 年 4 月 8 日。

[33] 《植物新品种保护国际公约》

[34] 《关于中华人民共和国公民在俄罗斯联邦和俄罗斯联邦公民在中华人民共和国的短期劳务协定》

[35] 《中俄海关合作与互助协定》

[36] 《中华人民共和国政府和俄罗斯联邦政府关于经济贸易关系的协定》

[37] 《中华人民共和国和俄罗斯联邦关于经济和科技合作基本方向的谅解备忘录》

[38] 《中华人民共和国政府和俄罗斯联邦政府关于农工综合体经济与科技合作协定》

二、外文参考文献

[1] Arkady Ostrovaky, "Putin Fires Hardline Prosecutor General in Turf War, Financial Times, June 3, 2006.

[2] Inrelleetualp pertyonInnanadRussia,来源于美国 2004 年 301 报告调查节选(英文版)

[3] SeeWIPOIntergovernmentalCommitteeonIPandGR, TKandF, SixthSession(Geneva, Mareh15to19, 2004), RevisedversionofTKpolieyandLegalOptions, p. 6.

[4] See Peter Drahos, A Philosophy of Intellectual Property, Dhrtmouth Puhlishing Company Limited, 1996, p. 17.

[5] ГРАЖДАНСКИЙ КОДЕКС РОССИЙСКОЙ ФЕДЕРАЦИИ(ЧАСТЬ ЧЕТВЕРТАЯ), издательство《Ось – 89》, Москва, 2007

[6] В. П. ШАВШИНА, Р. Е. ГОЛОВАЦКИЙ, ПРАКТИЧЕСКИЕ АСПЕКТЫ ЗАЩИТЫ ИНТЕЛЛЕКТУАЛЬНОЙ СОБСТВЕННОСТИ

ТАМОЖЕННЫМИ ОРГАНАМИ ПРИ ПЕРЕМЕЩЕНИИ КОНТРАФАКТНЫХ ТОВАРОВ ЧЕРЕЗ ТАМОЖЕННУЮ ГРАНИЦУ РФ

[7] Н. А. НАЗАРЕНКО, ПРАВОВОЕ РЕГУЛИРОВАНИЕ ОХРАНЫ ОБЪЕКТОВ ИНТЕЛЛЕКТУАЛЬНОЙ СОБСТВЕННОСТИ ПРИ ПЕРЕМЕЩЕНИИ ТОВАРОВ ЧЕРЕЗ ТАМОЖЕННУЮ ГРАНИЦУ РОССИЙСКОЙ ФЕДЕРАЦИИ, Финансовое право. – 2008. – № 4

[8] Лукин: Что касается улучшения текущей деятельности специального доклада Русский жюри суда; Русская газета; 14 октября, 2004.

[9] К. Гу Доценко редактора:; Уголовно – процессуальный кодекс.; Зеркало прессы, издание 2005 года

[10] ПРАКТИЧЕСКИЕ АСПЕКТЫ ЗАЩИТЫ ИНТЕЛЛЕКТУАЛЬНОЙ СОБСТВЕННОСТИ ТАМОЖЕННЫМИ ОРГАНАМИ ПРИ ПЕРЕМЕЩЕНИИ КОНТРАФАКТНЫХ ТОВАРОВ ЧЕРЕЗ ТАМОЖЕННУЮ ГРАНИЦУ РФ , В. П. ШАВШИНА, Р. Е. ГОЛОВАЦКИЙ, Арбитражные споры. – 2007. – № 1.

[11] Полный сбрник кодексов Русссийской Федерации, Эксмо. 2007。

[12] Таможенные органы в борьбе с контрафактом в России и за рубежом, Т. Л. Мелто, 发表于 Интеллектуальная собственность. Контрафакт。Актуальные проблемы теории и практики :сб. науч. трудов. Т. 2 / под. ред. д – ра юрид. наук В. Н. Лопатина. – М. :Издательство Юрайт, 2009. – 303 с.

[13] Ответственность за нарушение прав интеллектуальной собственности, Сайт газеты ? Вечерний Алматы?, 2008. 11. 25.

[14] ПРОБЛЕМЫ СИСТЕМАТИЗАЦИИ ЗАКОНОДАТЕЛЬСТВА ОБ ИНТЕЛЛЕКТУАЛЬНОЙ СОБСТВЕННОСТИ, И. А. Близнец, К. Б. Леонтьев, 来源网站: www. copyright. ru/ru

[15] Котельникова З. В. (в соавт. с Радаевым В. В. , Барсуковой С. Ю.) Изменение масштабов и форм борьбы с контрафактной продукцией на российском рынке потребительских товаров (Аналитический отчет). М. : Русбренд, 2008.

[16] Извлечения из пресс – релиза Департамента правительственной информации, 3 октября 2002 г. 来源: www. medialaw. ru/publications/zip/100/2. htm

[17] Положение о защите прав интеллектуальной собственности таможенными органами, Приложение к приказу ГТК России от 27. 10. 2003 № 1199, 来源: www. customs. ru/ru/ved _ info/. . . pro/popup. php?

[18] Уголовно – правовая охрана интеллектуальных прав, 论文摘要, Бондарев, М. Ю. , 2008 年, 来源: www. law. edu. ru/book/book. asp? bookID = 1307433

[19] Сергей Харючи О проекте Концепции сохранения и развития нематериального культурного наследия народов Российской Федерации на 2009 – 2015 гг. 2008 年 10 月 7 日, 来源 http://www. edinros. ru/news. html? id = 141946

[20] О государственной поддержке традиционной народной культуры в России, 2006 年 12 月 26 日, 来源: depculture. tomsk. gov. ru/news/. . . /01/20070109_03. html

[21] Авторское право в цифровыех технологиях и СМИ, Луцкер А. П. М:《КУДИЦ – ОБРАЗ》, 2005.

[22] Авторское право: законодательство, теория, практика. Хохлов В. А, Издательский Дом《Городец》, Москва, 2008.

[23] Охрана интеллектуальной собственности в России, Сборник законов, международных договоров, правил Роспатента с комментариями/Ответственный редактор : Трахтенгерц Л. А, Жуйков В. М, Юридическая фирма《 КОНТРАКТ 》, Москва, 2005.

[39] Право интеллектуальной собственности в сфере периодческой печати, Ермакова А. Р. – СПБ: Издательство《Юридический центр Пресс》, 2002.

[40] Авторское право: Учебное пособие, Максимова Л. Г, М: 《Гардарики》, 2005.

[41] Защита интеллектуальной собственности и патентоведение. Учбник, Карпухна С. И, – М.: Издательство 《Международные отношения》, 2004.

[42] Субъекты авторского права / Авторское право: Учебное пособие // Авторский коллектив Allpravo. Ru – 2004. 来源: www. allpravo. ru/library/doc1972p0/. . . /print1993. html

后 记

本书是作者近些年来在对中俄科技合作中知识产权保护方面所涉及的相关法律问题粗浅认识的一点总结。同时,本书也是黑龙江省教育厅海外学人科研资助项目(项目编号:1152hq03)以及黑龙江大学杰出青年科学基金项目(项目编号:JC2006W4)的结题成果。人类步入工业文明以来,伴随技术革命和知识经济的迅猛发展,科技成果的数量日益成为衡量一国综合国力的重要指标。世界各国纷纷通过知识产权的各项立法保护本国的智力成果,以期能在国际竞争中取得优势。在国际科技合作中知识产权的保护问题始终是各国关注的重要方面,它不仅直接涉及经济利益,同时也可能影响国家在国际市场中的竞争力以及国家安全问题。中俄两国作为地缘毗邻的战略邻邦,在经济技术领域具有显著的互补性,两国科技合作有着得天独厚的优势。特别是21世纪以来,伴随俄罗斯经济形势的好转和中俄经贸往来的深入发展,中俄科技合作的深度与广度也进一步增强,如何保护合作双方的无形资产(知识产权)利益问题凸现,然而对此问题的认知及解读需要多元视角和多维立体透视。作者从中俄科技合作的实际出发,结合多年来法律工作的实践经验,整合中俄最新资料及信息,对中俄科技合作及其知识产权保护问题进行了辩证分析,有针对性地对立法保障的现实机制提出了系统的立法建议,期翼借此拙作为中俄科技合作的知识产权保护在立法和制度构建方面提供精神动力和理论支持。

本书的写作得到了恩师俄罗斯科学院国家与法研究所生态法中心主任，俄罗斯功勋法学家 M. M. 布林丘克教授、俄罗斯联邦政府立法与比较法研究所，俄罗斯功勋法学家 C. A. 巴葛柳波夫教授、俄罗斯莫斯科大学法律系主任戈利钦科，以及俄罗斯的同窗学友 A. И. 施拉博科夫、И. И. 伊乌金等人的支持和帮助。同时也得到了一直扶持我成长的黑龙江大学法学院于逸生、贺轶文、钱福臣、胡东、刘彦辉等诸位领导，中国社会科学院法学所李林、陈甦、冯军等诸位领导及黑龙江大学俄罗斯法律问题研究所刘春萍教授、刘旭东副教授、龚兵助理研究员等诸多专家同仁的支持和关心，在此特此鸣谢！

本书能够完成和付梓出版，应特别感谢黑龙江大学学科发展与规划处马长山教授的扶持、鼓励和帮助，特别感谢黑龙江大学出版社的优秀编辑团队，尤其是本书责任编辑孟庆吉先生为本书顺利出版提供的精湛的专业意见和付出的辛勤劳动。需要感谢的人实在很多，在此不想一一列举，我会永远铭记那些为了本书的出版及对我的学术成才默默付出和关心的朋友和亲人们！

刘洪岩

2010 年 12 月于黑龙江大学